山东社会科学院出版资助项目

山东省社会科学规划研究重点项目（20BLSJ02）

东亚视阈下的明初中琉关系研究（1368—1435）

李健 著

中国社会科学出版社

图书在版编目(CIP)数据

东亚视阈下的明初中琉关系研究:1368－1435/李健著. —北京:中国社会科学出版社，2024.4

ISBN 978－7－5227－3291－6

Ⅰ.①东… Ⅱ.①李… Ⅲ.①中外关系—国际关系史—研究—琉球—1368－1435 Ⅳ.①D829.313

中国国家版本馆CIP数据核字(2024)第055550号

出 版 人 赵剑英
责任编辑 李金涛
责任校对 刘春芬
责任印制 李寡寡

出　　版 中国社会科学出版社
社　　址 北京鼓楼西大街甲158号
邮　　编 100720
网　　址 http://www.csspw.cn
发 行 部 010－84083685
门 市 部 010－84029450
经　　销 新华书店及其他书店

印刷装订 三河市华骏印务包装有限公司
版　　次 2024年4月第1版
印　　次 2024年4月第1次印刷

开　　本 710×1000 1/16
印　　张 20
插　　页 2
字　　数 298千字
定　　价 168.00元

凡购买中国社会科学出版社图书，如有质量问题请与本社营销中心联系调换
电话:010－84083683

目　　录

绪论 ……………………………………………………………… (1)
　第一节　对"明初中琉关系"的定位 ……………………………… (1)
　第二节　"碎片化"的关系相 ……………………………………… (5)
　第三节　"串珠成链"的尝试
　　　　——区域视角和关联史料 ……………………………… (17)

第一章　明朝招抚琉球与国交建立 ……………………………… (22)
　第一节　明初招抚琉球的国际形势背景 ……………………… (22)
　第二节　明朝招抚琉球的前期筹划 …………………………… (36)
　第三节　明朝招抚琉球的意图 ………………………………… (55)
　第四节　琉球中山王遣使朝贡动因的再探讨 ………………… (68)

第二章　李浩出使琉球 …………………………………………… (82)
　第一节　对李浩"市马"说的质疑 ……………………………… (82)
　第二节　耽罗"索马" ………………………………………… (103)
　第三节　琉球首次到明"贡马" ……………………………… (129)
　第四节　李浩"市马"的成行 ………………………………… (138)

第三章　梁民出使琉球 ………………………………………… (149)
　第一节　出使前夕的东亚局势 ……………………………… (149)

第二节　山南王朝贡的影响 …………………………………… (157)
第三节　梁民出使琉球的文本分析
　　　　——以所携敕谕为中心 …………………………………… (160)
第四节　"赐印"的内涵 …………………………………… (163)
第五节　"市马"的意图 …………………………………… (176)

第四章　"地保奴事件" …………………………………… (194)
第一节　明朝对归附的故元宗室的处置 …………………………………… (194)
第二节　"地保奴事件"的发生与明朝的应对 …………………………………… (198)
第三节　"地保奴事件"与明丽关系 …………………………………… (201)

第五章　永乐、宣德时期明琉关系的变容 …………………………………… (224)
第一节　永乐前期的明琉关系 …………………………………… (224)
第二节　永乐后期明朝东亚战略中的琉球角色 …………………………………… (239)
第三节　宣德时期柴山三次出使琉球 …………………………………… (259)

结语 …………………………………… (274)
附录一　明朝初期遣使琉球一览 …………………………………… (278)
附录二　明初琉球遣使到明一览 …………………………………… (280)
附录三　明初琉球与高丽、朝鲜遣使往来一览 …………………………………… (288)
附录四　明初琉球与日本往来一览 …………………………………… (290)
参考文献 …………………………………… (291)
后记 …………………………………… (311)

图目录

图 1 - 1　洪武朝每年遣使海外的次数分布 ……………………………（40）
图 2 - 1　琉球群岛与日本九州地区出土中国陶瓷器的地点数量
　　　　　时代变化 ……………………………………………………（135）
图 3 - 1　表文封面和结尾 ………………………………………………（170）
图 3 - 2　表文正文 ……………………………………………………（170）

表 目 录

表 1 – 1　英祖王统世系 …………………………………………………… (34)
表 1 – 2　察度王统世系 …………………………………………………… (35)
表 1 – 3　山南王统世系 …………………………………………………… (35)
表 1 – 4　山北王统世系 …………………………………………………… (35)
表 1 – 5　《明太祖实录》中所见之明朝招抚海外国家一览 ………… (39)
表 1 – 6　洪武时期海外国家首次朝贡之际受赏物品一览 ………… (78)
表 2 – 1　元朝十四道牧场所在地一览 ………………………………… (84)
表 2 – 2　洪武七年(1374)以前朱元璋政权俘获马匹情况一览 …… (86)
表 2 – 3　吴元年(1367)以前朱元璋政权同时俘获的军士数、马匹数一览 ……………………………………………………… (89)
表 2 – 4　洪武七年(1374)以前贡马情况一览 ……………………… (92)
表 2 – 5　洪武七年(1374)以前史籍中明确记有职位的明朝使者一览 ………………………………………………………… (100)
表 3 – 1　明初向海外国家赐印一览 ………………………………… (163)
表 3 – 2　洪武朝册封海外国家一览 ………………………………… (166)
表 3 – 3　洪武时期明朝国内市马一览 ……………………………… (178)
表 3 – 4　《延喜式》中收录的醍醐天皇时期置牧养马诸国一览 …… (189)
表 3 – 5　洪武十六年(1383)以前海外国家入明贡马一览 ………… (190)
表 4 – 1　洪武二十年(1387)以前明朝对归附的故元宗室的处置 …… (196)
表 4 – 2　洪武后期琉球三山到明朝贡次数一览 …………………… (218)

表 5 - 1　洪武时期琉球平均每年朝贡次数一览 …………………… (225)
表 5 - 2　洪武末年海外国家到明朝贡次数一览 …………………… (225)
表 5 - 3　第一尚氏王统世系 ………………………………………… (237)
表 5 - 4　永乐十三年(1415)以前朝鲜从日本刷还被掳人
情况一览 ……………………………………………………… (243)

绪　论

第一节　对“明初中琉关系”的定位

关于明朝历史阶段的划分，因标准不同，观点各异。总体而言，大致将其划分为三期，即前期（1368—1449）、中期（1450—1582）、后期（1582—1644）。[①] 每一分期内，又根据研究的具体需要，进一步细化。本书所说的“明初”是从“明前期”中析分出的研究阶段，它指的是洪武至宣德（1368—1435）近 70 年的历史时期。这个时期是明琉关系史，乃至明代对外关系史上的关键阶段，具有丰富的历史意涵和重要的历史地位。

谈到中琉关系，往往会追溯至隋代。在《隋书》中，第一次出现了“琉球”这一称呼，当时记作“流求”。[②] 自此以后，有关“琉球”的记载才逐渐出现在中国、朝鲜、日本等国的史籍中。但是，在字形和称谓上有着极大差异，如将之写作“流虬”“瑠求”“流球”“留求”，称其为“流鬼”“阿儿奈波”“倭急拿”“屋其惹”“冲绳”等。一般来说，学界

---

① 南炳文、汤纲：《明史》，上海人民出版社 2021 年版。

② 学界对《隋书》中“流求”的认知经历了五个阶段：（1）1868 年以前：将“流求”认定为冲绳本岛的时期；（2）1868—1912 年：从“流求”是冲绳本岛的固定观念中脱离而开始认定为台湾的时期，揭开这一序幕的是法国学者圣第尼；（3）1912—1926 年：“台湾说”全盛的时期；（4）1926 年至 20 世纪 30 年代：“冲绳说”“台湾说”争论期；（5）1965 年以降：“冲绳说”再度显露头角的时期，主要契机是梁嘉彬《琉球及东南诸海岛与中国》的出版。参见［日］山里純一《『隋書』流求伝について——研究史・学說の整理を中心に》，《琉球大学法文学部紀要　史学・地理学篇》1993 年第 36 期。

对元代以前“琉球”的确切所指尚未达成一致意见，大致存在着“台湾说”“冲绳说”“台湾冲绳折中说”等观点，时至今日，仍是聚讼纷纭。而对明代以来的“琉球”则不存在争论，它指的就是现在的冲绳地区。洪武五年（1372）正月，明朝遣使招抚琉球。是年十二月，琉球“三山”之一的中山王察度遣使入贡，明琉国交关系正式建立，琉球也在历史上第一次真正加入以中国王朝为中心的国际秩序体系中。此后，终明之世，双方往来不断。[①] 由此，“明初”无疑是中琉关系的拓荒期和国交建立期。

明朝建立后，积极遣使海外，招抚诸国，对外交往迎来了热潮，屠应埈就说：“高皇帝放驱胡元，揃饬异域，诸海外夷狄君长，振慑威德，交臂屈膝，以称臣归死。”[②] 到明朝贡者虽多，但在明朝看来，最为恭顺勤谨的还是琉球，史载：“其翊戴本朝，尤为忠悫，非若朝鲜、安南之世事中国者比也。”[③] 明朝对双边关系的定位也很高：“父子之国，情同一体，唇齿之地，势实相联。”[④] 由此，明朝待琉球自然别于他国，“素所亲厚宠礼”[⑤]，集中体现便是为人所熟知的“朝贡不时”、贡道自由、海船拨予、“闽人三十六姓”下赐等系列优待政策。这些优待政策在国交建立后就被陆续推行，并在宣德时期最终定型。优待政策是维系明琉关系的重要纽带，也是推动琉球国家发展变革的重要凭借。此后，虽有部分调整和变更，但基本的政策趋向始终未变。从这个意义上说，“明初”实则奠定了有明一代双边交往的政策基调和制度基础，是深刻理解明琉关系发展演进的起点和前提。

阶段划分是对明琉关系整体发展演进过程进行把握和认知的直观体现。限于管见，最早对明琉关系进行阶段划分的是小叶田淳，他根据

① 根据粗略统计，有明一代，到明朝贡的国家共有87个。其中，琉球总计朝贡295次，位居到明朝贡国的第2位，足见明琉关系的紧密程度。参见［日］野口鉄郎《中国と琉球》，東京：开明書院1977年版，第186—206頁；［日］大隅晶子《明代の東アジア世界》，《大妻女子大学比較文化学部紀要》2007年第8期；［日］中岛乐章《明代朝贡贸易体系的变化与重组》，载复旦大学文史研究院编《世界史中的东亚海域》，中华书局2011年版，第96页。

② 方宝川、谢必震主编：《琉球文献史料汇编（明代卷）》，海洋出版社2014年版，第93页。

③ 方宝川、谢必震主编：《琉球文献史料汇编（明代卷）》，海洋出版社2014年版，第117页。

④ 方宝川、谢必震主编：《琉球文献史料汇编（明代卷）》，海洋出版社2014年版，第344—345页。

⑤ 方宝川、谢必震主编：《琉球文献史料汇编（明代卷）》，海洋出版社2014年版，第348页。

《历代宝案》中琉球遣明船的派遣频次，将明琉关系分为鼎盛期（1372—1476）、过渡期（1477—1526）、衰退期（1527—1644）。[①] 但是，《历代宝案》中1372—1424年、1443—1462年期间的史料全部缺失，因此这一分期并不十分妥当。陈武强、郭海东则将明琉关系分为初期（1372—1449）、中期（1450—1566）、后期（1567—1629），但其阶段划分的依据并不明确。[②] 上述阶段划分并未将"明初"单独对待，只是将之纳入"鼎盛期""初期"的分期中进行研讨。与之相对，生田滋将明琉关系分为前期（1372—1439）、中期（1440—1517）、后期（1518—1609），并进一步将之细化为7个阶段。其中，又以洪武十六年（1383）为界，将"前期"划分为两个阶段。[③] 从"前期"的阶段划分中，可以察知生田滋对"明初"的关注程度。然而遗憾的是，生田滋并未对此进行详细论证，也没有给出明确的划分依据。谢必震从中琉贸易的演进出发，将郑和下西洋的停止和隆庆开海作为节点，将明琉关系分为起步（1372—1431）、鼎盛（1431—1566）、衰亡（1566—1644）三个阶段，凸显了贸易史视阈下"明初"的地位。[④] 真正对"明初"进行系统性研讨的是冈本弘道，他依据《明实录》和《历代宝案》，以10年期为单位分析琉球的朝贡动向，通过数据分析，论证了"明初"在明琉关系史上的地位。他指出，以洪武十六年（1383）为界，此前琉球大致维持着"二年一贡"，此后朝贡频度急剧增加，总体稳定在"一年三贡"，并在15世纪30年代达到了有明一代的最高峰，进而渐次衰退。[⑤] 事实上，这一趋势从明朝对琉球遣使的分布中也可看出。明朝共向琉球遣使34次。[⑥] 其中，"明初"遣使18

---

① ［日］小葉田淳：《中世南島通交貿易史の研究》，東京：刀江書院1968年版，第80—81頁。

② 陈武强、郭海东：《明代中国日本琉球三国关系与东亚国际秩序研究》，四川大学出版社2017年版。

③ ［日］生田滋：《朝貢関係から見た明代中琉関係の変化とその意味》，载《第五回琉球·中国交涉史に関するシンポジウム論文集》，南風原：沖縄県教育委員会1999年版，第1—12頁。

④ 谢必震：《明清中琉航海贸易研究》，海洋出版社2004年版，第12—18页。

⑤ ［日］岡本弘道：《明朝における朝貢國琉球の位置附けとその變化》，《東洋史研究》1999年第4號。

⑥ 前18次遣使见《附录一　明朝初期遣使琉球一览》，后16次遣使如下：正统八年（1443）余忭、刘逊，正统十三年（1448）陈傅、万详，景泰三年（1452）陈谟、童守宏，景泰（转下页）

次，平均4年遣使1次；正统以后遣使16次，平均13年遣使1次，“明初”无疑占据着主导地位。而在“朝贡贸易体制”下，明朝与琉球的交往主要依靠官方层面的双边遣使，使节往来的分布足以说明双边关系的演进过程。从中就可看到，“明初”也是整个明代中琉关系的发展鼎盛期。

处在“唐宋变革期”与“明清更替期”之间的“明初”，以往并未受到学界足够的关注。与之相对，宫崎市定提出了“元明史”的概念，强调元明历史发展的连续性，并赋予这一时期以特殊地位。[①] 檀上宽在此基础上又提出了“初期明帝国体制论”。[②] 李新峰则对“宋元明过渡”说所秉持的连续理念提出质疑，认为这一时期既不与元代构成一个整体，也独立于一般观念中的“明清”之外，应该将之视为宋代以来中国发展进程中的一个独立历史单元。[③] 上述立论虽各有不同，但无疑都强调了“明初”本身所具有的“独特性”。当然，对其“独特性”的研讨，不应只聚焦于明朝的政治、经济、社会、文化等方面，也应关注当时的对外关系。学界对“明初”的对外关系，多从“朝贡”的角度进行解读，但这不免有“以一元涵盖多元的外交史，以静态的追溯与归纳，代替动态的实证考察”的缺憾，无法体现明朝对外交往的实态和丰富内涵。[④] 正如檀上宽所言，明朝初期的对外交往还应在深入研讨明朝与海外国家各自交往的“具体像”（即“复数的关系束”）的基础上进行把握。[⑤] 由此，对明初中琉关系的研讨自然也是题中应有之意。

（接上页）七年（1456）李秉彝、刘俭，天顺七年（1463）潘荣、蔡哲，成化八年（1472）官荣、韩文，成化十五年（1479）董旻、张祥，嘉靖十三年（1534）陈侃、高澄，嘉靖四十年（1561）郭汝霖、李际春，万历七年（1579）萧崇业、谢杰，万历三十四年（1606）夏子阳、王士桢，天启三年（1623）萧崇基，崇祯元年（1628）闵邦基，崇祯六年（1633）杜三策、杨抡，崇祯十七年（1644）花煾，隆武二年（1646）闵邦基。

① ［日］宫崎市定：《洪武から永樂へ：初期明朝政權の性格》，《東洋史研究》1969年第27卷。

② ［日］檀上寛：《初期明帝国体制論》，载《岩波講座世界歴史》第11卷，東京：岩波書店1997年版，第303—324頁。

③ 李新峰：《论元明之间的变革》，《古代文明》2010年第4期。

④ 万明：《明代中外关系史论稿》，中国社会科学出版社2011年版，第141页。

⑤ ［日］檀上寛：《明代海禁＝朝貢システムと華夷秩序》，京都：京都大学学術出版会2013年版，第308頁。

第二节 “碎片化”的关系相

琉球虽为“海中小国”，“孤悬绝岛，素称硗瘠”，却总能吸引研究者们的目光，正如梁嘉彬感慨的那样：“余以为琉球虽小，常为各方学者研究兴味之所聚。”在他看来，琉球像是“宝库”一般，“任何学家似皆可于琉球取其所需之资料也”①。具体到中琉关系，对此怀有相当研究兴趣的主要是中国和日本学界。

中国学界对中琉关系的研究，实肇端于清末的琉球归属之争。但是，截至第二次世界大战前后，因受政治环境、价值预设、史料限制等的影响，一定程度上降低了研究的学术价值，但却难掩前辈学者们筚路蓝缕的开拓之功。当时的研究侧重中琉政治、经济、地理关系的梳理，代表性的著述有胡焕庸的《台湾与琉球》、高明的《琉球》、傅角今和郑励俭的《琉球地理志略》、吴壮达的《琉球与中国》、傅衣凌的《福州琉球通商史迹调查记》、程鲁丁的《琉球问题》等。20 世纪 50 年代起，利用《历代宝案》等新出史料，对中琉关系进行了相对细致的研讨，比较有代表性的是陈大端的《雍乾嘉时代的中琉关系》、徐玉虎的《明代琉球王国对外关系之研究》、杨仲揆的《琉球古今谈》等。到了 20 世纪 90 年代，中琉关系研究取得了突破性进展，中国与日本学界建立了密切的学术交流，整理出版了部分档案资料，诸如谢必震的《中国与琉球》、米庆余的《琉球历史研究》等通史性专著也纷纷问世。进入 21 世纪后，中国的中琉关系研究向纵深发展，研究队伍不断壮大，档案资料汇编大量出版，国际交流稳步推进，高水平著述层出不穷。②

日本学界并未专门设定“中琉关系”这一研究领域，主要是将之置

---

① 梁嘉彬：《琉球及东南诸海岛与中国》，台中：广益印书局 1965 年版，第 347 页。

② 李玉昆：《中琉关系史研究述略》，《海交史研究》1992 年第 1 期；徐恭生：《九十年代以来中琉关系史研究概述——以中国大陆为中心》，《福建师范大学学报》（哲学社会科学版）2002 年第 4 期；赖正维、李郭俊浩：《回顾与展望：中琉关系史研究三十年》，《中国边疆史地研究》2017 年第 1 期；谢忱、谢必震：《中琉历史关系研究的回顾与展望》，《海交史研究》2020 年第 1 期。

于“冲绳学”① 和“海域史”的框架下进行间接研讨。起初，在所谓的“日琉同祖论”的影响下，日本学界对中琉关系的研究较为低调，主要围绕《隋书》“流求”的论争和中琉间的海外贸易展开，比较有代表性的是伊能嘉矩的《台湾与琉球》、市村瓒次郎的《唐以前的福建与台湾》、秋山谦藏的《隋书流求国的再吟味》、币原坦的《琉球台湾混同论争批判》、白鸟库吉的《关于夷洲和亶洲》、小叶田淳的《中世南岛通交贸易史的研究》、东恩纳宽惇的《黎明期的海外交通史》、安里延的《冲绳海洋发展史》等。第二次世界大战结束后，琉球为美国托管。从 1950 年开始，琉球“复归”运动兴盛。在此背景下，直至 20 世纪 70 年代，“琉球处分”始终是日本中琉关系史研究的主流，代表性的有井上清的《冲绳》、下村富士男的《“琉球王国”论》、田港朝昭的《琉球与幕府制社会》等。1972 年，琉球“复归”日本。此后，随着日本国内档案资料的编辑出版、汉籍文献的翻译、考古发掘的推进、国际学术交流会议的举办，日本学界对中琉关系的研究愈益深化，视野也更加开阔。②

学界对明琉关系的研究，主要涉及五个方面。一是，政治交往：明琉朝贡关系（建立的原因、特点、演变等）、明朝对琉球的册封（诸如册封使团构成、制度性规定、册封次数及内涵等）和对琉球的系列优待政策、使节往来、“外力”（日本、倭寇、西方殖民者等）影响下的明琉关系、情报传递、漂风难民救护等。二是，经济往来：明琉朝贡贸易（兴起、特点、管理机构、演变、衰落等）、明朝私人海外贸易与琉球的关系、琉球中介贸易（产生原因、特点、作用）等。三是，文化交流：琉

① 日本学界对“冲绳学”的定义是：“一门专门研究与琉球相关问题的学问，其研究范围涵盖广阔，包括民俗学、历史学、地理学等诸多领域。”但是，正如徐勇指出的那样，“冲绳学”一词只是所谓的“琉球处分”的殖民同化的产物，其本质是否定上千年琉球国历史文化传统，否定琉球族人的身份权益的不平等的霸权话语，应以“琉球学”替代“冲绳学”，构建“自为一国”的琉球历史研究。参见徐勇《琉球学还是冲绳学——复兴琉球学的课题与前景》，《琉球远望》2016 年 3 月号；徐勇、汤重南主编《琉球史论》，中华书局 2016 年版，第 319—340 页。

② ［日］赤岭守：《琉中关系史研究的回顾与展望》，《近代中国史研究通讯》1990 年第 29 期；［日］浜下武志：《沖縄入門——アジアをつなぐ海域構想》，東京：筑摩書房 2000 年版，第 19—25 頁；［日］高良倉吉：《琉球史研究をめぐる四〇年》，《沖縄文化》2006 年第 2 期；［日］豊見山和行：《琉球列島の海域史研究序説：研究史の回顧と二、三の問題を中心に》，《琉球大学教育学部紀要》2006 年第 68 期。

球到明留学生、儒学传播、语言文学、宗教民俗、音乐戏曲、技术交流、友好遗存等。四是，移住琉球的华人："闽人三十六姓"下赐的时间、构成、补赐、作用及在琉华人与亚洲各地出现的华侨社会的关联性等。五是，文献史料：《使琉球录》的研究出版、相关史料的发掘整理。从中可以看到，研究问题广泛，成果丰富。具体而言，涉及明初中琉关系的研究如下。

一 明琉国交的建立

对于洪武五年（1372）明朝主动遣使招谕琉球的原因，中国学界多从中国传统的涉外理念出发，将之视为明朝巩固和完善以自身为中心的朝贡体制的一环，较少深究招谕背后的利益考量。① 曹永和则从杨载的出使经历着手，强调使日与使琉的关联性，进而结合当时倭寇猖獗的现实，指出："招谕琉球似具有羁縻琉球，以防倭的用意。"又根据明初缺马和琉球产马的现实认为，招谕琉球也是为了获得马匹。② 高良仓吉认为，招谕琉球的目的有二：其一，将琉球纳入册封体制中；其二，获得马匹、硫黄等军事物资，对抗北元。③ 宫城荣昌则指出，除吸纳朝贡外，招谕琉球也是鉴于宋代琉球劫掠泉州，为避免其侵扰明朝沿海而采取的举措。④ 边土名朝有认为，琉球位于倭寇入侵明朝的航路之上，招谕琉球是为了将之作为对倭寇的防波堤和情报的收集站。⑤ 真荣平房昭认为，招谕琉球一方面是为了确保马匹、硫黄等军需品的供应，另一方面是担心民间海商倭寇化，借助琉球统制走私贸易。⑥

---

① 杨冬荃：《中国招抚琉球史实考》，《海交史研究》1994 年第 1 期；谢必震：《中国与琉球》，厦门大学出版社 1996 年版，第 1—3 页；米庆余：《琉球历史研究》，天津人民出版社 1998 年版，第 29—30 页；柳岳武：《明朝时期中、日、琉球关系研究》，《安徽史学》2006 年第 4 期；修斌、姜秉国：《琉球亡国与东亚封贡体制功能的丧失》，《日本学刊》2007 年第 6 期；等等。

② 曹永和：《明洪武朝的中琉关系》，载张炎宪主编《中国海洋发展史论文集（三）》，台北"中研院"中山人文社会科学研究所 1989 年版，第 299—301 页。

③ ［日］高良倉吉：《琉球王国》，東京：岩波書店 1993 年版，第 47 頁。

④ ［日］宮城栄昌：《琉球の歴史》，東京：吉川弘文館 1996 年版，第 55 頁。

⑤ ［日］邊土名朝有：《琉球の朝貢貿易》，東京：校倉書房 1998 年版，第 32 頁。

⑥ ［日］真栄平房昭：《明朝の海禁政策と琉球——海禁・倭寇論を中心に》，《交通史研究》2008 年第 67 號。

对于洪武五年（1372）琉球中山王遣使朝贡的原因，币原坦认为，中山夹在山南、山北之间，进退无凭，难以伸展，明朝的招抚使中山获得了凌驾于二山之上的绝好机会，因之朝贡明朝。① 加藤三吾认为是迫于朱元璋的威吓。② 伊波普猷认为是为了谋取经济利益。③ 三国谷宏进一步指出，琉球地域狭小、资源匮乏，如果不成为明朝的朝贡国就难以进行公然的贸易活动，故而中山王遣使朝贡是为了开展贸易，补充国用的不足。④ 郑樑生认为，中山立刻接受明朝招谕，是在三山并立的态势下，“想借助与明所建立之政治关系，来使自己居于更有利的地位”。此外，当时琉球已与东南亚建立了贸易往来，“故除政治关系外，也可能希望假借与明朝所建立之政治关系，来加强、扩大其对当时东亚之国际贸易，从而使其国内财政更为充裕，民生更加富足的”⑤。宫城荣昌也认为，“入明朝贡的目的是以大国权威为背景，扩张势力，并利用朝贡收取贸易之利，以图富强，将之作为打破三山均衡的有力手段”⑥。同样，高良仓吉也指出，中山王察度响应招谕是为了谋求贸易振兴与提高自身对抗山北、山南的实力。⑦ 总之，概括起来，就是“贸易取利”说和“竞争优位”说。

二　明朝遣使琉球

截至宣德时期，明朝共向琉球遣使 18 次，除洪武五年（1372）杨载使琉外，学界主要关注以下 6 次遣使。

（1）洪武七年（1374）李浩出使琉球

单就《明太祖实录》的记载而言，李浩出使主要是为了市马。对此，东恩纳宽惇指出，从洪武七年（1374）明朝确立马政和设立群牧监两点

---

① ［日］幣原坦：《南島沿革史論》，東京：冨山房 1899 年版，第 39—41 頁。

② ［日］加藤三吾：《琉球の研究》上卷，佐世保：魁成舍 1906 年版，第 17 頁。

③ ［日］伊波普猷：《孤島苦の琉球史》，東京：春陽堂 1926 年版，第 56 頁。

④ ［日］三国谷宏：《明と琉球との関係について》，《東洋史研究》1938 年第 3 卷。

⑤ 郑樑生：《明代中琉两国封贡关系的探讨》，载《中日关系史研究论集（一）》，文史哲出版社 1990 年版，第 124 页。

⑥ ［日］宮城栄昌：《琉球の歴史》，東京：吉川弘文館 1996 年版，第 57 頁。

⑦ ［日］高良倉吉：《アジアのなかの琉球王国》，東京：吉川弘文館 1998 年版，第 22 頁。

考虑，李浩出使是为了获得孳养的种马。[①] 曹永和认为是获得马匹，以资军事。[②] 荫木原洋从明朝、高丽、纳哈出三者间关系演变的角度出发，认为李浩的出使是在明朝与高丽关系恶化后为补充马匹而采取的应急性措施。[③] 池谷望子认为，李浩市马是由于“初次朝贡的琉球马的资质被姑且判定为可堪实用”[④]。总地来看，基于史籍记载的明确性，大部分学者都认为“市马”本身就是目的。最早对“市马”提出质疑的是平田守，他认为李浩市马并不是为了获得马匹，而是满足琉球陶瓷器、铁釜需求的羁縻政策。[⑤] 但遗憾的是，平田守并未就明朝羁縻琉球的原因进行深入研讨。

（2）洪武十六年（1383）梁民出使琉球

《明太祖实录》给出的出使缘由是，洪武十五年（1382）使琉的路谦在归国后，奏报了琉球国内三王征战不休的情况，为了劝导三王罢战息兵，朱元璋便派遣梁民出使。当前学界也大体持此看法。米庆余对梁民的出使给予了极高评价，认为这是中国皇帝在“中国奠安，四夷得所”原则下，通过和平方式调节琉球国内矛盾的具体事例，并将之视为中琉册封关系形成的政治基础。[⑥] 与之相对，黄枝连认为，明朝对于琉球国内三王相争的局面，“除了一般性的呼吁，大谈其礼治主义和‘天道人常’外，中国人亦是无能为力的”，这是一个使“中国人处境尴尬的局面”[⑦]。因梁民在返国时从琉球市马 983 匹，曹永和据此认为，梁民此行“仍然尚有以采购马为目的”[⑧]。平田守也认为，梁民市马纯粹是为了获得马匹，

① ［日］東恩納寬惇：《黎明期の海外交通史》，東京：帝國教育會出版部 1941 年版，第 309 頁。

② 曹永和：《明洪武朝的中琉关系》，载张炎宪主编《中国海洋发展史论文集（三）》，台北“中研院”中山人文社会科学研究所 1989 年版，第 301—302 页。

③ ［日］蔭木原洋：《洪武帝初期の対琉球政策——馬・高麗・納哈出を通して》，《東洋史訪》2008 年第 14 期。

④ ［日］池谷望子：《琉球馬の中国への朝貢とその形質について》，海洋文化國際學術研討會暨海峽两岸東亞沿海地區與島嶼文化學術研討會會議手冊，基隆，2014 年，第 2 頁。

⑤ ［日］平田守：《琉明関係における琉球の馬》，《南島史学》1986 年第 28 期。

⑥ 米庆余：《琉球历史研究》，天津人民出版社 1998 年版，第 31 页。

⑦ 黄枝连：《天朝礼治体系研究》上卷，中国人民大学出版社 1992 年版，第 262—263 页。

⑧ 曹永和：《明洪武朝的中琉关系》，载张炎宪主编《中国海洋发展史论文集（三）》，台北“中研院”中山人文社会科学研究所 1989 年版，第 304 页。

并强调："这是琉球马被积极用于军马的唯一例子。"① 荫木原洋认为梁民市马是为了补充征讨纳哈出的马匹的不足。② 池谷望子认为，梁民市马是"明朝急于征讨云南的马匹的调拨"③。冈本弘道从明朝对日交涉陷入僵局、海禁海防政策的展开中进行把握，认为梁民出使不是为了市马，主要还是想通过支持琉球并将其培育成有力的朝贡主体，以此实现明朝在亚洲海域正常运转朝贡体制的目的。④ 对于市马所用之"货币"，佐久间重男认为可能是绢织物和银块的总称，抑或是以用银为主。⑤

（3）洪熙、宣德时期柴山四次出使琉球

根据《历代宝案》的记载，柴山曾分别于洪熙元年（1425）、宣德元年（1426）、宣德三年（1428）、宣德七年（1432）4 次出使琉球。又吉真三在《琉球历史综合年表》中认为，洪熙、宣德时期柴山 7 次出使琉球，⑥ 但其根据并未得见。一般来说，对柴山使琉的研究主要限于以上 4 次。中国学界并无研讨柴山使琉的专论，只是在梳理明初中琉交往的史实时附带提及。与之相对，日本学界对柴山使琉较为关注。宫田俊彦根据《历代宝案》中收录的敕谕和咨文，以"尚巴志封王""皮弁冠服与铜钱""颁赐与大安禅寺""与日本和好通商及铜钱二千贯""二千贯贡物与八郎正琪"等为标题，理顺了柴山 4 次使琉的经过。⑦ 但是，宫田俊彦侧重基本史实的梳理，并未探讨柴山连续出使的内在原因。川胜守相对细致地分析了《历代宝案》中有关宣德时期柴山 3 次使琉的文本，他得出了如下结论：其一，宣德五年（1430）替明朝前往日本收买物货的琉球船遭遇海难促成宣德帝重开对日国交；其二，通过对比宣德三年

① ［日］平田守：《琉明関係における琉球の馬》，《南島史学》1986 年第 28 期。

② ［日］蔭木原洋：《洪武帝初期の対琉球政策——馬・高麗・納哈出を通して》，《東洋史訪》2008 年第 14 期。

③ ［日］池谷望子：《琉球馬の中国への朝貢とその形質について》，海洋文化國際學術研討會暨海峽两岸東亞沿海地區與島嶼文化學術研討會會議手冊，基隆，2014 年，第 5 頁。

④ ［日］岡本弘道：《明朝における朝貢國琉球の位置附けとその變化》，《東洋史研究》1999 年第 4 號。

⑤ ［日］佐久間重男：《日明関係史の研究》，東京：吉川弘文館 1992 年版，第 188 頁。

⑥ ［日］又吉真三：《琉球歴史総合年表》，那霸：那覇出版社 1988 年版，第 46 頁。

⑦ ［日］宮田俊彦：《琉明・琉清交渉史の研究》，東京：文献出版 1996 年版，第 112—159 頁。

(1428)、七年（1432）柴山两次使琉时明朝赐予琉球中山王及王妃的物品与宣德八年（1433）明日复交后明朝赐予日本国王及王妃物品指出，赐予日本国王的纻丝、纱、罗的数量是琉球中山王的5倍，且有单独赐予日本国王及王妃的白金、彩绢等物，表明较之琉球，明朝破格优待日本；其三，将宣德七年（1432）出使时发生的“八郎事件”定位为到琉明使与日本贸易商人之间围绕日本物产的交易引发的事件。①

三 明朝对琉球的册封

明朝初次册封琉球的时间，学界普遍倾向于是永乐二年（1404）。②以岛尻胜太郎为首的部分学者主张洪武五年（1372），但是此与明朝“非有意于臣服之也”的外交理念和册封海外国家的惯例相悖，因而并不能成立。孙薇对“洪武五年册封”说提出了相对折中的看法，她认为洪武五年琉球朝贡与明朝给赐，标志着明琉君臣关系正式确立，这成了此后明朝册封和琉球请封的前提。③ 米庆余认为，明琉册封关系形成的基础在洪武十六年（1383）明朝遣使敕谕三王罢战息兵时就已具备。从洪武二十七年（1394）中山王“奏乞王位冠带”和洪武二十九年（1396）山北王世子“受封于朝”来看，明琉册封关系理应始于洪武年间。④ 金城正

---

① ［日］川勝守：《環中国海地域間交流と明帝国冊封体制——沖縄県『校訂本・歴代宝案』による新研究》，载《日本近世と東アジア世界》，東京：吉川弘文館2000年版，第23—38頁。

② 吴壮达：《琉球与中国》，上海：正中书局1948年版，第77页；徐玉虎：《明代琉球王国对外关系之研究》，台湾学生书局1981年版，第12页；孫薇：《冊封・朝貢について——中琉の冊封・朝貢関係を中心に》，《沖縄文化研究》1991年第17期；［日］豊見山和行：《琉球国王位と冊封関係について》，载中琉文化经济协会主编《第一届中琉历史关系国际学术会议论文集》，联合报文化基金会国学文献馆1987年版，第422頁；黄枝连：《天朝礼治体系研究》上卷，中国人民大学出版社1992年版，第219页；［日］高良倉吉：《琉球王国》，東京：岩波書店1993年版，第43頁；谢必震：《中国与琉球》，厦门大学出版社1996年版，第50页；［日］原田禹雄：《冊封使録からみた琉球》，宜野灣：榕樹書林2000年版，第50頁；何慈毅：《明清时期琉球日本关系史》，江苏古籍出版社2002年版，第4页；［日］赤嶺守：《琉球王国——東アジアのコーナーストーン》，東京：講談社2004年版，第174頁；李金明：《明清琉球册封使与中国文化传播》，《历史档案》2005年第3期；范江涛：《〈明史〉中琉球朝贡问题述论》，载《明清海防研究》（第四辑），广东人民出版社2010年版，第136—144页；等等。

③ 孫薇：《「貢品」と「下賜品」に見る中琉関係》，《沖縄文化研究》2003年第29期。

④ 米庆余：《明代中琉之间的册封关系》，《日本学刊》1997年第4期。

笃根据《明太祖实录》《明史》《中山世谱》等的记载指出："洪武二十九年春以前，明朝可能已经派使臣册封攀安知为山北王了。"[①] 三国谷宏认为，既然镀金银印是国王的印玺，那么不如以印章的赐予作为事实上的册封更加妥当。[②] 傅角今、郑励俭、赵连赏、万明也认为洪武十六年（1383）的赐印应为册封之始。[③] 近来，檀上宽从分析明代册封成立的标志入手，认为洪武、永乐时期证明册封成立的是印章和诰命的赐予，进而指出洪武十六年（1383）赐予中山王金符和镀金银印可以看作册封。[④]

第一任册封使，最早见于汪楫的《中山沿革志》，其认为是永乐二年（1404）出使琉球的行人时中，学界普遍赞同此说。对此，原田禹雄指出，时中出使时明朝对琉球的册封采取的是分别派遣谕祭使和册封使的方式，并不像后世那样以正副使同时承担谕祭、册封这两项任务。而且，与时中同行的尚有 3 位使者，分别负责谕祭察度、册封武宁、册封汪应祖、颁赐山南冠带。时中是否承担册封武宁的任务，在史料上无法得到证明。[⑤] 再者，依靠《使琉球录》等史料，学界也从制度层面对册封进行了探讨，涉及册封使选派、封舟建造、册封仪轨等。对明琉册封关系的评价，早期日本学者并未给予足够重视。东恩纳宽惇认为，对琉球来说，册封关系只不过是为实现朝贡贸易的手段，是形式上的关系。[⑥] 但从当时琉球国内"三王并立"的国情和王国体制尚未确立的现实来看，册封对于琉球来说理应具有重要意义。丰见山和行就明确指出，对于琉球来说，册封关系并非是外在的关系，册封及通过册封引入的明朝冠服制度，对于

---

① ［日］金城正篤：《頒封論・領封論——冊封をめぐる議論》，载《第三回琉球・中国交涉史に関するシンポジウム論文集》，南風原：沖縄県教育委員会 1996 年版，第 31 頁。

② ［日］三国谷宏：《明と琉球との関係について》，《東洋史研究》1938 年第 3 卷。

③ 傅角今、郑励俭：《琉球地理志略》，上海：商务印书馆 1948 年版，第 73 页；赵连赏：《明代赐赴琉球册封使及赐琉球国王礼服辨析》，《故宫博物院院刊》2011 年第 1 期；万明：《明代历史叙事中的中琉关系与钓鱼岛》，《历史研究》2016 年第 3 期。

④ ［日］檀上寛：《明代海禁 = 朝貢システムと華夷秩序》，京都：京都大学学術出版会 2013 年版，第 297—304 頁。

⑤ ［日］原田禹雄：《冊封使録からみた琉球》，宜野灣：榕樹書林 2000 年版，第 50—59 頁。

⑥ ［日］東恩納寛惇：《黎明期の海外交通史》，東京：帝國教育會出版部 1941 年版，第 25—36 頁。

琉球国内身份制的形成和王权的巩固都起到了至关重要的作用。[①]

四 琉球官生

“琉球官生”是指明清时期琉球向中国的最高学府国子监派遣的留学生。明清时期琉球官生派遣大致分为四期，明初为第一期。[②] 琉球初次派遣官生到明的时间，以《明实录》为代表的大部分史籍都记为洪武二十五年（1392）。与之相对，《使琉球录》《中山世鉴》《琉球国由来记》《琉球国旧记》等则认为是洪武二十二年（1389）。中国学界对第一期琉球官生的研究主要涉及官生的身份、明朝对琉球官生的系列制度规定（如派遣流程、安置措施、学业设定、归省复监等），并特别强调官生在明琉友好交往和文化传播方面发挥的作用。[③] 日本学界最早对此进行研究的是伊波普猷，他认为第一期的琉球官生是贵族子弟，因游逸不学，成绩较差，最终导致官生派遣以失败告终。[④] 这一论述直接影响了日本学界对第一期官生的评价。真境名安兴、仲原善忠强调了琉球官生在吸收中国文化和习得语言能力等方面发挥的作用。[⑤] 前田舟子认为，明朝接纳琉球官生，是谋求将儒教秩序推广至周边国家，对外开放国子监，进而招纳外蕃子弟入学的文教政策的一环。[⑥] 对第一期琉球官生做系统性深入研

---

① ［日］豊見山和行：《琉球王国の外交と王権》，東京：吉川弘文館2004年版，第20—53頁。

② 按照仲原善忠的划分，1392—1413年为第一期，1481—1579年为第二期，1686—1759年为第三期，1802—1868年为第四期。冈本弘道根据《南雍志》的记载，将第一期官生派遣的下限延长至宣德年间。

③ 徐恭生：《琉球国在华留学生》，《福建师范大学学报》1987年第4期；谢必震：《明清时期中国培养琉球留学生述略》，《教育评论》1992年第2期；黄新宪：《封贡体制与琉球来华留学生教育》，《河北师范大学学报》1998年第2期；郑樑生：《明清两朝对琉球官生的处置》，载《第六届中琉历史关系学术研讨会论文集》，中国第一历史档案馆2000年版，第424—454页；杨冬荃：《明代国子监琉球官生考》，载《第六届中琉历史关系学术研讨会论文集》，第471—497页；郑辉：《明清琉球来华留学生对琉球文教事业的贡献》，《东疆学刊》2007年第3期；等等。

④ ［日］伊波普猷：《古琉球》，那覇：沖縄公論社1911年版，第215頁。

⑤ ［日］真境名安興：《沖縄一千年史》，福岡：沖縄新民報社1923年版，第378—395頁；［日］仲原善忠：《官生小史——中国派遣の琉球留学生の概觀》，载《仲原善忠全集》第1卷，那覇：沖縄タイムス社1977年版，第530—569頁。

⑥ ［日］前田舟子：《明清時代の琉球官生派遣年表について》，载［日］赤嶺守編《中国と琉球人の移動を探る——明清時代を中心としたデータの構築と研究》，東京：彩流社2013年版，第278頁。

究的是冈本弘道，他以有别于《明实录》系史料的《南雍志》为基础，认为第一期官生派遣的目的是补充和完善琉球的朝贡业务，明朝接受琉球官生则是出于巩固自身统治的需要。琉球官生以“三年归省”为借口，频繁“归省—复监”的原因是可以就便开展贸易活动。随着迁都北京及国家统治体制的确立，对明朝来说，琉球官生存在的意义降低。明朝改变了厚待琉球官生的政策，不允许他们滞留北京，这使琉球官生无法继续为本国朝贡服务。在此背景下，琉球失去了派遣官生的热情，第一期官生派遣走向了终结。①

五 “闽人三十六姓”下赐

“闽人三十六姓”下赐一事，最早出现在陈侃的《使琉球录》中。对于下赐的时间，单纯就史籍记载而言，存在着洪武二十五年（1392）、洪武二十九年（1396）、洪武三十一年（1398）、洪武时期、洪永时期、永乐、洪熙等看法。谢必震从大多数史籍的记载倾向、政策制定有一个过程等方面考虑，认为下赐的时间应是洪武二十五年（1392）。② 这也是当前学界的普遍看法。曹永和从程复等人在洪武初年被派往琉球、明朝获得琉球马匹的迫切心情、琉球缺少惯海之人等方面出发，认为朱元璋拨赐闽人应该是在建立朝贡关系之时的洪武五年（1372）。③ 方宝川将“赐舟”与“赐姓”进行关联思考，认为赐舟之时也会赐予部分“闽中善操舟者”，而这很可能就是所谓的“赐闽人三十六姓”之事。④ 孙薇强调了下赐的连续性，认为洪武至洪熙时“闽人三十六姓”被持续下赐，出现了“下赐的政策化”⑤。但是，由于《明实录》等同期史料中并无下赐的记载，因之也存在着否定下赐的观点。杨国桢便认为，“闽人三十六

---

① ［日］岡本弘道：《明代初期における琉球の官生派遣について》，《歴代宝案研究》1996年第6·7合併號。

② 谢必震：《明赐琉球闽人三十六姓考述》，《华侨华人历史研究》1991年第1期。

③ 曹永和：《明洪武朝的中琉关系》，载张炎宪主编《中国海洋发展史论文集（三）》，台北“中研院”中山人文社会科学研究所1989年版，第305—307页。

④ 方宝川：《明代闽人移居琉球史实考辨》，《福建师范大学学报》（哲学社会科学版）1988年第8期。

⑤ 孫薇：《閩人三十六姓と明初の対琉政策》，《沖縄文化研究》2000年第26期。

姓”也许是“形象化的虚构”。“赐姓”说的出现，应该是初到琉球的中国人立足未稳，便利用朱元璋这一权威人物的“特赐”来标榜他们的入籍居住权和通贡职业的专任权。[①] 真荣平房昭指出，“下赐”说很难认为是确切的事实，“如果从在亚洲各地形成华侨社会这一大的历史潮流中考虑闽人的琉球渡来这一现象，结合华侨史的普遍文脉来理解可能更加接近实态”，强调其“自发形成的”可能。[②] 田名真之也认为，很难说有“闽人三十六姓”下赐一事，将“闽人三十六姓”看作奉命到琉的通事或船员的见解或许是妥当的。[③] 下赐的原因，学界多归结为以利朝贡、变民用为官用而将私人贸易合法化、“用夏变夷”传统思想的影响和真心爱护弱小邻邦四个方面。对于下赐的评价，多从下赐个案、文化交流等角度，强调“闽人三十六姓”对琉球的“教化”功能及其在明琉交往、琉球与东南亚贸易中发挥的作用。[④] 近来，万明又归纳了以“闽人三十六姓”为代表的琉球海外移民的 3 个特点：属于国家主导的海外移民；中国海外移民担任外交关系中的重要角色，正式占有外交的一席之地；海

---

① 杨国桢：《闽在海中：追寻福建海洋发展史》，江西高校出版社 1998 年版，第 93—94 页。

② ［日］真栄平房昭：《琉球 = 東南アジア貿易の展開と華僑社会》，《九州史学》1983 年第 76 期；［日］真栄平房昭：《対外関係における華僑と国家》，载《アジヤのなかの日本史 Ⅲ》，東京：東京大学出版社 1996 年版，第 243—260 頁。

③ ［日］田名真之：《古琉球の久米村》，载高良倉吉編《新琉球史 古琉球篇》，那覇：琉球新報社 1992 年版，第 231—233 頁。

④ ［日］東恩納寛惇：《黎明期の海外交通史》，東京：帝國教育會出版部 1941 年版，第 354—399 頁；［日］富島壯英：《明末における久米村の衰退と振興策について》，载中琉文化经济协会主编《第一届中琉历史关系国际学术会议论文集》，联合报文化基金会国学文献馆 1987 年版，第 469—490 頁；［日］高瀬恭子：《明代琉球国の「久米村人」の勢力について》，载《南島——その歴史と文化 五》，東京：第一書房 1985 年版，第 153—178 頁；谢必震：《论朱元璋的琉球移民政策及其作用》，《安徽史学》1988 年第 1 期；吴霭华：《十四至十九世纪琉球久米村人与琉球对外关系之研究》，《台湾师范大学历史学报》1991 年第 19 期；吴霭华：《久米村人在中国册封琉球王过程中所扮演之角色》，《台湾师范大学历史学报》1993 年第 21 期；叶恩典、陈丽华：《明代冠带琉球通事林易庵家史考略》，载《第九届中琉历史关系国际学术会议论文集》，海洋出版社 2005 年版，第 147—155 页；［日］和田久徳：《琉球王国の形成——三山統一とその前後》，宜野灣：榕樹書林 2006 年版，第 201—222 頁；王立芳：《移民琉球与东南亚的闽人》，《八桂侨刊》2008 年第 2 期；陈学霖：《“华人夷官”：明代外蕃华籍贡使考述》，《中国文化研究所学报》2012 年第 54 期；［日］村井章介：《日本中世境界史論》，東京：岩波書店 2013 年版，第 317—337 頁；等等。

外移民增进了中琉关系的发展，政治外交与经济贸易并行。[①] 从现有的研究来看，明初确实存在“下赐”的史实，但却并未形成“闽人三十六姓”的概念。其概念的形成应在明代中期，似可将之看作尚真王进行国内体制整备以应对明朝海外政策调整和对琉优待退缩的一环。此外，单纯从教化论和以利通交的角度，并不能完整体现明朝下赐的意图，还要考虑到下赐之后明朝对“闽人三十六姓”的后续跟进政策，做历时性的思考。赤岭守便特别关注洪武时期对在琉华人采取的诸如授职、赐冠带等政策，并将洪武二十七年（1394）授予在琉华人“千户”一职与海防做关联性思考，认为“下赐”或许也是为了构筑以琉球为中介的情报收集网络，是对倭寇战略的一部分。[②]

由上可知，学界对明初中琉关系的基本问题已经进行了较为全面的研讨，成果斐然。但总地来看，研究侧重单个具体问题点的论述，缺少由“点”及“面”的系统性横向研究。各个具体的问题点之间缺乏联系，彼此孤立，以致“明初中琉关系相”无法成型，“碎片化”色彩较为明显。也就是说，缺少一条能将这些散落的“点”串联起来的“链条”。除此之外，也存在着颇多尚未究明的问题点，例如：既然明朝对琉球怀有诸如包含巩固朝贡体制、羁縻防倭、获得马匹等在内的众多“企图心”，那么为何不在建国之初就向琉球遣使，反而要在海外招抚告一段落，迟至洪武五年（1372）方才进行？洪武四年（1371）九月，朱元璋以“隋炀帝征讨琉球”一事为例，首次全面阐述明朝的海外政策。他为什么偏偏选取有关琉球的事件为例？这是“无意为之”，还是“深思熟虑”？洪武七年（1374）李浩出使琉球，名曰“市马”，但为何最后只买马40匹，却另购硫黄“五千斤”？明朝为何迟至洪武十六年（1383）方才向琉球赐印？赐印是否意味着册封？洪武二十一年（1388）朱元璋舍弃耽罗这一此前“故元子孙”惯常的海外安置地，转而将地保奴迁往琉球的举动是否另有深意？永乐十五年（1417）明朝要求琉球“引路”

---

① 万明：《乡国之间：明代海外政策与海外移民的类型》，《暨南学报》2016年第4期。

② ［日］赤嶺守：《琉球王国——東アジアのコーナーストーン》，東京：講談社2004年版，第47—48頁。

“征日”、永乐十七年（1419）室町幕府扣押琉球船、永乐十八年至二十年（1420—1422）琉球到明朝贡“空档期”的出现之间是否存在联系？柴山初次出使时只言册封，而后三次出使皆为开展贸易，促使柴山出使“连续化”“经贸化”的原因为何？在柴山第四次出使时发生的“八郎事件”果真只是琉球国内的一桩普通刑事案件吗？

第三节 “串珠成链”的尝试

——区域视角和关联史料

事实上，明初中琉关系研究不足自有其原因，史料匮乏是其主要的瓶颈制约。有关明琉关系的史料，若按国别划分，可大致分为中国、琉球、朝鲜、日本四个系统。其中，中国系史料又可分为《明实录》《明史》《使琉球录》和其他典籍四类。[①] 对于明初中琉关系的记载，《明实录》大多仅列条目，记述过于简略。《明史》虽经归类、补充，但在记述上基本因袭《明实录》。《使琉球录》多记使琉经历、册封礼仪、琉球民俗等，对明初中琉关系少有涉及，且前期使录无存，现存最早者为嘉靖时期陈侃所作。而以《大明会典》《大明一统志》《皇明四夷考》《西洋朝贡典录》《筹海图编》《琉球图说》《殊域周咨录》《续文献通考》《皇明世法录》等为代表的其他典籍中的相关记述与《明实录》相比大致相同，鲜有新意。琉球系史料主要有《琉球神道记》《奥摩罗双纸》（《おもろさうし》）《中山世鉴》《中山世谱》《球阳》《琉球国由来记》《琉球国旧记》《久米村家谱》《历代宝案》等。其中，《琉球神道记》《奥摩罗双纸》《中山世鉴》中的相关记载甚少，主要以记述琉球的内部情况为主。《中山世谱》《球阳》基本因袭中国系史料。《琉球国由来记》《琉球国旧记》有少量记载，可补中国系史料之缺。《久米村家谱》侧重明中后期的中琉关系。《历代宝案》中涉及洪武、永乐时期的外交文书全部缺失。朝鲜系史料主要有《高丽史》《朝鲜王朝实录》《春官志》《边例集

① 谢必震、胡新：《中琉关系史料与研究》，海洋出版社 2010 年版，第 33—56 页。

要》《燕行录选集》《海东诸国纪》等。[①] 朝鲜系史料多收录有中国系、琉球系史料不载者，价值较高，但相关记载的数量却极为有限。日本系史料主要有《善邻国宝记》《续善邻国宝记》《通航一览》《异国日记》《萨藩旧记杂录》《三国通览图说》《岛津家文书》《南浦文集》《南聘纪考》等，这些史籍对明琉关系的记载多集中于明代中后期，即便有部分涉及明初的，也大多是承袭中国系史料，做简要的脉络梳理。

然而，史料匮乏并不意味着无法进行深入研讨。众多研究成果表明，经过宋元时代的发展，时至明初，“东亚通交圈”越发成熟。当时的东亚海域内部联系紧密，存在着密切的人员、物资、文化、情报等的交流，形成了区域性的通交网络，是一个具有广泛关联性和联动性特质的有机体。[②] 在此背景下，对明初中琉关系的解读就不能单纯局限于明朝和琉球两方，而是应该将之置于明朝初期与东亚其他国家关系演变的宏观视阈下进行整体性思考。而且，史籍中也确实存在着体现明朝、琉球、高丽、朝鲜、日本等相互关联和联动的“蛛丝马迹”，这就为我们转换研究视角，深入分析明初的中琉关系提供了可能。

基于此，本书尝试运用文献研究、比较研究、多学科综合研究等方法，并适当借鉴国际关系学中的“地缘政治”“错误知觉”等相关理论，依托相对丰富的中朝、中日等的关系史料，构筑起明初东亚关系的“宏观场景”，进而在东亚国家间关系普遍关联、联动的前提下，利用关联性史料线索，将奉天门晓谕、杨载凿空、李浩市马、梁民出使、地保奴移居、吕渊使日、柴山渡琉等重要交往事件“嵌入”其中，借助“宏观场景”，间接定位和诠释明初中琉关系的发展演变轨迹，以此呈现出立体、

---

① ［韩］孫承喆：《朝鮮・琉球關係史料集成》，漢城：韓國國史編纂委員會1998年版，第1—22頁。

② ［日］高橋公明：《中世東アジア海域における海民と交流——済州島を中心として》，《名古屋大学文学部研究論集》1987年第98期；［日］関周一：《香料の道と日本・朝鮮》，载《アジヤのなかの日本史 Ⅲ》，東京：東京大学出版社1996年版，第261—280頁；［日］田中健夫：《東アジア通交圏と国際認識》，東京：吉川弘文館1997年版；［日］藤田明良：《蘭秀山の乱と東アジア海域世界——十四世纪舟山群岛と高麗・日本》，《歴史学研究》1997年第698期；［日］山内晋次：《東アジア海域論》，载《岩波講座日本歴史》第20卷，東京：岩波書店2014年版，第89—111頁；等等。

动态、系统的“明初中琉关系相”，凸显明初东亚区域秩序构建的复杂过程。

具体来说，本书主要包括以下五部分内容。

第一章主要围绕洪武五年（1372）明琉国交的建立展开。首先，通过与其他海外国家的比较，说明明朝招抚琉球的相对滞后性。进而从“归道琉球”和“地位凸显”两个方面，探讨明朝招抚琉球的阶段性，认为阶段性的存在是造成招抚滞后性的直接原因。接下来，从当时明日关系的状况和即将北征的事实出发，论述明朝正式招抚琉球的意图：其一，树立藩屏与牵制日本；其二，强化正统与配合北征。最后，在“贸易取利”说和“竞争优位”说之外，从琉球中山面临的内外情势出发，对中山王察度响应明朝招抚，遣使朝贡的原因进行补充：一方面，是为了依靠明朝权威，强化王权；另一方面，是想借助明朝的威势，对抗涌入琉球的日本势力，巩固国防。

第二章主要探讨洪武七年（1374）李浩出使琉球。首先，对李浩“市马”是为获得马匹这一通说提出质疑。具体来说，从明初面临的马匹危机和琉球产马两方面，肯定李浩“市马”说的合理性，进而从市马数量、马匹质量、气候差异、饲养环境、时效性、安全性、保有率等方面对李浩“市马”说提出质疑。在此基础上，细读《明太祖实录》中有关李浩市马的文本，李浩此行更多是满足琉球方面的需求，其本身的市马意味并不强烈。其次，论述洪武七年（1374）明朝的耽罗“索马”、琉球“贡马”与李浩“市马”的内在关联性。概而言之，从洪武五年至六年（1372—1373）东亚地区局势的波动着手，详细说明洪武七年（1374）明朝向高丽索要耽罗马，进而促成高丽征讨耽罗的原因，即探查高丽国内政局与促使高丽对元切割、摧毁反明势力巢窟与威逼日本事大服属。在此基础上，从情报传递的角度和明朝调整海外贸易政策两个方面，分析洪武七年（1374）琉球中山王首次遣使贡马的起因及目的。接下来，结合洪武七年（1374）吴祯在“琉球大洋”捕获倭寇和同年中山王首次贡马两事件，论述朱元璋对琉球认知和定位的转换，并由此引出派遣李浩前往“市马”的意图，即羁縻琉球，防止琉球继耽罗之后成为反明势力在海外聚集的新巢窟。

第三章主要论述洪武十六年（1383）梁民出使琉球。首先，从洪武七年至十五年（1374—1382）东亚局势的演进出发，说明洪武十三年（1380）山南王朝贡对明朝东亚外交带来的潜在冲击。接下来，从文书类型、具体内容两个方面，对梁民携带的三通敕谕进行细读。单从敕谕文本看，梁民出使的意图是以“恩威并举”的方式，实现琉球三王对明服属。进而选取敕谕中的“赐印”和“市马”两个问题，深入探讨梁民出使并非只是针对琉球的外交行为，而是联动影响东亚整体地缘政治走向的战略举措。具体来说，探讨洪武时期册封成立所需的要素和印章本身具有的凭信特性可以看出，赐印并不能等同于册封，赐印是与下赐金符相互配合的，明朝形塑琉球中山在东海海域对明通交贸易窗口地位的手段，是明朝借助信用制度构建海域秩序的尝试。从出使前后明朝国内市马尚且正常运转出发，认为“市马”可能并非只是为了获得马匹。接着结合明朝对琉球认知的转换和高丽、日本产马的现实，论述市马的主要政策目标，即实现琉球三王朝贡，逼迫高丽倒向明朝，剿捕倭寇与震慑日本。

第四章主要聚焦于洪武二十一年（1388）的“地保奴事件”。首先，对截至洪武二十年（1387）明朝对归附的故元宗室的处置情况进行梳理和总结。接下来，通过对《明太祖实录》中相关文本的细读，对洪武二十一年（1388）朱元璋因“怨言”将地保奴移居琉球一事提出质疑，进而将“地保奴事件”置于明丽关系演进的视阈下进行考虑。具体来说，从“口宣圣旨”这一形式、不对高丽界定“铁岭”所指、铁岭置卫设站的意图、在高丽使者陈情后暂时停止收回四个方面，分析洪武二十年（1387）明朝经略铁岭的初衷，即限制高丽向东北面的扩张和威压高丽诚心事大。接着详细论述“地保奴事件”与铁岭经略后明朝转换对高丽政策的内在关联：一方面，向高丽释放缓和双边关系的信号；另一方面，请求琉球代为探查高丽国内情报。

第五章相对系统地论述了永乐、宣德时期的明琉关系。首先从东亚国家关系的演进和明朝对外政策的转换着手，概括永乐前期明琉关系的特点，即明朝对琉球的重视程度有所弱化。与之相对，琉球却频繁朝贡，积极对明示好，具体事例有“山南王弟汪应祖”朝贡和永乐八年（1410）中山王主动遣使贡马。进而从永乐十五年（1417）明朝关联日、朝、琉的举动和永乐十七年（1419）吕渊借助琉球“引路”出使日本两方面，探讨永乐后期明朝东亚战略中的琉球角色。最后，论述宣德时期明朝三次派遣柴山出使，循序渐进地向琉球中山提出充当明日复交中介请求的过程。然而，出于维护自身国家利益的考虑，琉球中山不愿介入明日交涉，并一手制造了“八郎事件”，最终导致明朝借助琉球重开对日国交的政策以失败告终。

第一章　明朝招抚琉球与国交建立

第一节　明初招抚琉球的国际形势背景

一　元代的亚洲国际关系

自13世纪开始，伴随着蒙古势力的崛起及其对外军事扩张，东西交流日趋频繁，国际贸易逐步兴盛，出现了贯通欧亚大陆和印度洋海域的国际性网络，阿布－卢格霍德断言当时业已形成前现代的“世界体系”。[①]本田实信、杉山正明等学者则将13、14世纪蒙古作为世界及时代中心的时期称为“蒙古时代”。[②]具体到东亚，13、14世纪的东亚历史也是围绕蒙元帝国的成立、隆兴、衰亡而展开的。[③]

成吉思汗统一蒙古诸部后，凭借强大的军事实力，倚恃长生天的气力，以近乎宗教般的狂热，不断发动对外战争。[④]雷纳·格鲁塞形象地称之为：“将环绕禁苑的墙垣吹倒，并将树木连根拔起的风暴。”[⑤]在此过程中，蒙古逐步从居于蒙古高原的区域性游牧政权向地跨欧亚的世界帝国

---

① ［美］珍妮特·L. 阿布－卢格霍德：《欧洲霸权之前：1250—1350年的世界体系》，杜宪兵等译，商务印书馆2015年版，第12页。

② ［日］佐竹靖彦：《宋元時代史の基本問題》，東京：汲古書院1996年版，第497頁。

③ ［日］中村栄孝：《日鮮関係史の研究》（上），東京：吉川弘文館1965年版，第1頁。

④ 当然，正如高荣盛指出的那样，蒙古起初的对外征讨，并不是主动的、预设的，也不是因强大而必然发动的征服战争，只是被迫挑起的、对一个“未知世界”的复仇战争。在此过程中，蒙古军很快就显示出所向披靡的威力而一发不可收拾，并作为一种强大的“惯性”相沿下去，进而发展成了有目的、有计划的对外征服之战。参见高荣盛《元史浅识》，凤凰出版社2010年版，第9—10页。

⑤ ［法］雷纳·格鲁塞：《蒙古帝国史》，龚钺译，商务印书馆1996年版，第278页。

转变，以东亚为主的地区也不可避免地受到影响。最先受到冲击的是金朝、西夏、高丽等政权。① 到了窝阔台统治时期，蒙古汗国灭掉金国，接连发动对高丽的战争，并以"端平入洛"为借口，征讨南宋。窝阔台死后，蒙古汗国内部动荡不安，无暇顾及域外事务。蒙哥汗即位后，对外战争始告恢复。发动全面的对宋战争，降服大理，并积极尝试向安南地区扩展势力。蒙古对东亚地区发动的一系列战争，其真正目的并非实际统治，而是掠夺财富和强征贡赋。② 这实则是当时蒙古以草原地区为重心，对定居地区采取间接统治政策的表现。③ 经过长期战争，东亚大陆上的国家或臣服，或灭亡，或继续抵抗，原有的政治格局被打破，并间接影响了东亚内部国家间的关系。④

忽必烈即位后，鉴于以往"武功迭兴，文治多缺"的现实，转而"附会"汉法，以君临中国的正统帝王自居，改变了对东亚大陆一味掠夺、压榨的政策，推动蒙古帝国国家基盘从草原向中原转变。⑤ 自至元三年（1266）开始，忽必烈以"非利其贡献，但以无外之名，齐天下耳"⑥为标榜，积极对外派遣招谕使者。当时的海外招谕主要面向"南部海区"⑦，以对位于航路之上的占城、爪哇等国的招谕为依托，重点招抚居于南亚次大陆的马八儿和俱蓝。⑧ 但是，元朝的海外招谕具有明显的强压

① 1205 年，为确保征讨金国时的侧翼安全，成吉思汗首先攻打西夏。1211 年，正式征金。1218 年蒙丽联合剿灭了窜入高丽的反蒙契丹势力，战后双方约为兄弟。1225 年蒙使被杀事件发生后，蒙丽关系断绝。

② ［日］杉山正明：《忽必烈的挑战》，周俊宇译，社会科学文献出版社 2013 年版，第 135 页。

③ 萧启庆：《内北国而外中国：蒙元史研究》，中华书局 2007 年版，第 13—14 页。

④ 高丽为了应对蒙古入侵，尝试与南宋接触，并在 1244 年放弃金朝正朔，改用宋历，宗庙、城邑、官称、冠服等也悉复宋风。此外，南宋政权为了确保国家财政以对抗蒙古，在对外窗口庆元采取了减轻高丽、日本商船税率及停止官贸易等措施，应对可能出现的海外贸易船减少的情况。这些都可以看作蒙古对外扩张给东亚国家关系带来的间接影响。

⑤ 萧启庆：《元代史新探》，新文丰出版公司 1983 年版，第 263 页。

⑥ 《异国出契》，日本国立公文书馆内阁文库藏手抄本，史料番号：和 35088。

⑦ "南部海区"是高荣盛设置的概念，系指"从中国沿海诸港出发，南下进入南海与印度洋这一庞大海域以及这一海域所涉及的国家与地区"。参见高荣盛《元代海外贸易研究》，四川人民出版社 1998 年版，第 44 页。

⑧ 忽必烈自始便对招谕南亚次大陆，特别是马拉巴尔海岸的国家存有兴趣。至元九年（1272），忽必烈派遣亦黑迷失出使八罗孛国。两年后（1274），八罗孛国奉珍宝朝元，这（转下页）

性，多以“六事”[①]为原则，逼迫海外国家臣属，并恣意干涉他国内政，谋求直接支配。[②]然而，自唐朝灭亡后，东亚地区原有的国际政治构造便已崩坏。自宋代以来，东亚地区就处于缺乏政治权威的状态，东亚国际关系主要表现为宽松、自由的贸易关系。因此，元朝的强压政策势必遭到海外国家的抵制。[③]对此，从至元十一年（1274）开始，忽必烈转而采取政治恫吓与军事征讨相结合的策略，接连发动对日本、缅国、占城、安南、爪哇等国的战争。尽管“四征不庭，靡暇安处”[④]，但除征缅之役外，基本以失败告终。此后，从至元二十四年（1287）起，忽必烈逐步减少对外征伐，依靠沙不丁等商人积极开展市舶贸易，对外贸易的主体、形式日益多样化，海外国家也纷纷入元“朝贡”[⑤]，进而出现了“海外岛夷，无虑数千国，莫不执玉贡琛，以修民职，梯山航海，以通互市”[⑥]的繁荣景象。当然，由于忽必烈“嗜利黩武之心……终其身未尝稍变”[⑦]，这就使得元朝与海外国家的关系并不十分稳定，东亚国际环境还是呈现出相对紧张的状态。[⑧]

忽必烈薨逝后，元成宗铁穆耳即位，逐步放弃了对外征伐的强硬路线。中止三征日本的计划，派遣一山一宁使日，谋求缓和。日本方面虽

（接上页）也成了忽必烈时代最早的海外朝贡事例。《元史》虽对八罗孛国着墨不多，但却极为看重马八儿和俱蓝，并特别强调：“海外诸蕃国，惟马八儿与俱蓝足以纲领诸国。”

① 至元四年（1267）九月，元朝以“六事”晓谕安南：“一、君长亲朝；二、子弟入贡；三、编民数；四、出军役；五、输纳税赋；六、仍置达鲁花赤统治之。”

② ［韩］全海宗：《中韩关系史论集》，全善姬译，中国社会科学出版社 1997 年版，第 19 页。

③ ［日］桃木致朗：《一〇——一五世紀の南海交易とウェトナム》，载《シリーズ世紀史への問い3：移動と交流》，東京：岩波書店 1990 年版，第 245 頁。

④ （元）苏天爵：《元文类》（六），《万有文库》第二集，上海：商务印书馆 1936 年影印本，第 546 页。

⑤ 海外国家入元朝贡的动机各有不同，但基本都是将“朝贡”作为实现自身诉求的手段，并非真心朝贡。向正树将元代的“朝贡”分为三种类型，即商使贸易型朝贡、外交战略型朝贡、商人冒充型朝贡。参见［日］向正树《元代“朝贡”与南海信息》，载李治安主编《元史论丛（第十辑）》，中国广播电视出版社 2005 年版，第 390—391 页。

⑥ （元）汪大渊著，苏继庼校释：《岛夷志略校释》，中华书局 1981 年校释本，第 385 页。

⑦ （清）赵翼：《廿二史札记》，凤凰出版社 2008 年标点本，第 458 页。

⑧ 例如，弘安之役后，日元双方都加强了防卫态势，元朝强化了对倭船的警戒，并制定了三征日本的计划。日本提出了“异国征伐”，并在九州地区设置镇西探题，强化“异国警固”。1280—1308 年间，日本的元僧聘请始终不曾推行，这也被认为是当时东亚国际环境紧张的缘故。

未遣使入元，但九州沿海地区的警备状态有所减轻。此后，元朝与日本的贸易渐趋繁荣，僧侣往来兴盛。再者，取消征讨东南亚、南印度洋的军事行动，确立起“凡不庭之国，先遣使招谕，来则按堵如故，否则必致征讨”① 的原则，对外政策趋向和平、收缩、保守。② 此外，采取诸如实施海禁、制定市舶则法、维持沿海治安等措施，强化对海外贸易的统制，努力经营与海外国家的通商关系。③ 成宗以后，尽管海外国家的“朝贡”日益减少④，但自 9 世纪以来便已兴起的民间海外贸易却被推向了顶峰，东亚海域内部出现了广泛的人员、物资、文化、情报等的交流，对外交往的政治色彩逐步褪去，东亚海域变成“共生的海”⑤ “开阔通畅的海”⑥。

---

① 元贞二年（1296），朝议征讨暹罗、马八儿等国。迦鲁纳答思指出：“此皆蕞尔之国，纵得之，何益？兴兵徒残民命，莫若遣使谕以祸福，不服而攻，未晚也。”这一原则后来被收入《经世大典》中：“未来朝者，遣使而服之，不服则从而征伐之。”成为此后元朝开展对外交往的基本原则。

② 朱法武：《简论元代封贡体制的建立及外交政策的变化》，载陈尚胜《儒家文明与中国传统对外关系》，山东大学出版社 2008 年版，第 181 页。

③ 元代海禁共有 4 次，实施时间分别为至元二十九年至至元三十一年（1292—1294）、大德七年至至大元年（1303—1308）、至大四年至延祐元年（1311—1314）、延祐七年至至治二年（1320—1322）。檀上宽指出，元朝 30 年间实施了 4 次海禁，但每次持续时间极短（2—5 年），海禁对象主要是商人。因而，海禁的目的是确保国家的海外贸易独占和防止违禁货物流出。元代两次制定市舶则法，即“至元则法”和“延祐则法”，则法制定之际恰为解除海禁之际，故而，则法制定也被看作整备市舶制度，为重启海外贸易服务，体现了元朝对海外贸易的热情。元朝维持沿海治安的集中体现是大德七年（1303）在庆元设置浙东道都元帅府，增强军备，镇遏海道。此后，又逐步强化对日本贸易船的管控，禁止倭人入城。然而，正如榎本涉所说，防卫措施的实施并不是为了限制贸易，而是在防范日本来袭的前提下，积极发展海外贸易。

④ 根据高荣盛的统计，元代海外国家到元“朝贡”共计 97 次。其中，世祖忽必烈时 47 次，成宗铁穆耳时为 16 次，合计 63 次，占入贡总数的 66%，说明入元“朝贡”主要集中于世祖、成宗两朝。此后，朝贡次数渐趋减少。当然，元朝在对外交往中并不以“朝贡”为目标，也没有笼络、羁縻海外诸国的打算，只是想与海外诸国建立一种通商贸易关系，这实则也是世界征服者心态和重商主义传统的反映，因而并未给予到元朝贡者相应的“作价回赐”，海外国家没有获取经济上的回报，缺乏朝贡的利益驱动。世祖、成宗时期之所以还能出现频繁“朝贡”的景象，主要源于海外国家对元朝军事威逼政策的畏惧。成宗以后，随着军事威逼政策的解除，海外国家到元朝贡的情况也就日趋减少。参见高荣盛《元代海外贸易研究》，四川人民出版社 1998 年版，第 115—121 页。

⑤ ［日］向正树：《1250—1350——开阔通畅的海》，载复旦大学文史研究院编《世界史中的东亚海域》，中华书局 2011 年版，第 53 页。

⑥ ［日］榎本涉：《宋元交替と日本》，载《岩波講座日本歴史》第 7 巻，東京：岩波書店 2014 年版，第 103 頁。

二　元末内乱与国际变局

14世纪中期，元末内乱爆发，东亚以及东南亚地区的国际局势也随之发生重大改变。

元末内乱使元朝国内陷入群雄割据的混战状态。“近自畿辅，远至岭海，倡乱以百数。”① 因忙于平息内部叛乱，元朝无暇顾及海外事务，方国珍便说：“天子方以中土未尽平，弗暇理东海事。”② 由此带来的就是元朝对东亚海域控制力的衰退和海域秩序的混乱。当时沿海地区盗贼蜂起，啸聚作乱。至正十年（1350），广西雷州路海盗麦福攻占高州。至正十七年（1357），福建爆发亦思巴奚之乱。沿海地区治安状况的恶化，又增加了渡航元朝的危险性，《证羊集》有载：“大元既衰，海内沸腾，敢无一日安，外国船舶，尽罹殃逆。”③ 在此背景下，海外国家到元者大为减少，史载：“自元政失纲，天下兵争者十有七年，四方遐远，信好不通。”④ 以方国珍、张士诚等为代表的滨海豪强乘机崛起，他们把持着“南粮”“北运”，极力招诱江浙等地的土豪阶层和海民集团，不断扩充海上势力，成了超越国家之上的独立存在。总地来说，元朝对东亚海域统合能力的下降和私人海上势力的勃兴，在一定程度上提升了海域内部的自由化水平，但因缺乏国家层面的体制、机制保障，无法构筑起稳定、有序、安全的交流环境，并不利于交流的实现和深化。

元朝的内乱为周边国家摆脱元朝统治提供了历史机遇。高丽恭愍王即位后，大力推行反元改革，撤销征东行省，肃清以奇辙为首的亲元派势力，攻打双城总管府和东宁府，努力收复、扩展国土。⑤ 安南自陈英宗即位后，国力逐步增强。此后，安南借元朝国势渐衰之机，公然支持左

① （清）顾祖禹：《读史方舆纪要》卷8，中华书局2005年标点本，第358页。

② 杨讷、陈高华主编：《元代农民战争史料汇编》（中），中华书局1985年版，第649页。

③ 《大日本史料》第7编第27册，東京：東京大学出版会1995年版，第61頁。

④ 《明太祖实录》卷37，洪武元年十二月壬辰，台北“中研院”史语所1962年影印版，第750页。

⑤ ［韩］李基白：《韩国史新论》，厉帆译，国际文化出版公司1994年版，第170页。

江土官黄圣许作乱，屡屡侵略元朝边境地区，大肆向北扩张领土。[①] 与元朝衰败同时，此前因受元朝入侵威胁而被暂时搁置的部分国家和地区间的矛盾和冲突却日益显在化。安南自前黎朝（980—1009）起便屡次侵略占城。李朝（1010—1225）建立后，继续对占城用兵，并两次攻陷占城都城，俘虏、杀害占城国王。到了陈朝前期，安南转而与占城联合，共同对抗蒙元入侵。元末内乱爆发后，北部边境的军事威胁解除，安南又开始对占城用兵，直至明朝建立，两国战事仍在继续。此外，随着元朝对周边国家控制力的减弱，逐步涌现出谋求建立地区霸权的国家。自13世纪30年代开始，室里佛逝日益衰落，爪哇麻喏巴歇王朝趁势崛起。元泰定五年（1328），哈奄·武禄继承王位，麻喏巴歇王朝迎来鼎盛时期。自元至顺二年（1331）起，爪哇大力向周边地区扩展势力，占据岛屿沿线的重要港口和海军基地，将室里佛逝、浡泥等国纳入自身势力范围，并且控制了马鲁古群岛的香料贸易，确立了自身在南海地区的霸主地位。[②] 至正十一年（1351），乌通建立了暹罗阿瑜陀耶王国，随即对真腊吴哥王朝发动战争，妄图夺取为吴哥掌握的地区霸权，并一度实现了对吴哥的短期占领。[③] 借机摆脱元朝统治、国家间固有矛盾冲突显在化和谋求地区霸权国家的出现，这一系列的情况表明：在元明鼎革之际的地缘政治舞台上，出现了国家权力普遍上扬的趋势。当然，这又反过来加剧了地区内部动荡不安的程度。

周边国家虽然借元朝内乱乘势取利，但在元朝国内群雄逐鹿、胜负未明、大势未定的态势下，普遍采取观望态度，绝少直接介入元朝内乱。[④] 例如，至正二十一年（1361）二月安南就明确拒绝了陈友谅乞师以对抗朱元璋的请求。[⑤] 此外，因地理位置邻接元朝，利害所及，高丽、安

---

① 郭振铎、张笑梅主编：《越南通史》，中国人民大学出版社2001年版，第357—359页。

② 梁英明：《东南亚史》，人民出版社2010年版，第28页。

③ ［新］尼古拉斯·塔林主编：《剑桥东南亚史》第1卷，贺圣达译，云南人民出版社2003年版，第139页。

④ 在至正十四年（1354）脱脱第二次镇压南方叛乱时，高丽派遣柳濯等率精兵充当南征先锋。但是，派兵助剿并非高丽主动为之的，而是脱脱主动要求的。恭愍王迫于脱脱威势，不得已派兵赴元。因之，不能将之视为高丽主动介入元朝内乱的事例。

⑤ 陳荊和：《校合本大越史記全书》，東京：東京大学東洋文化研究所1983年版，第432頁。

南等国十分关注元朝局势的演进。入元从征的高丽军士借机探查情报[①]、安南遣使北上“觇虚实”[②]便是其表现。而自至正十六年（1356）攻占集庆后，朱元璋集团的实力日益增强，并逐渐从群雄中脱颖而出，最终肩负起“扫群雄、清幽燕、定华夏”的历史使命。至正二十年（1360），朱元璋采纳刘基“陈氏灭，张氏势孤，一举可定，然后北向中原，王业可成”[③]的建议，先后消灭陈友谅、张士诚等割据势力，并于吴元年（1367）十月确立“南征”“北伐”的大计。在南征军降服方国珍一个月后，朱元璋于南京即皇帝位，正式建立明朝。

明朝建立后，国内战争仍在继续，统一大业尚未完成，周边局势依然严峻。元朝仍旧控制着山东以北地区，福建、两广、云南等地也处在忠于元朝的势力的掌控下，明昇的大夏政权盘踞四川，以兰秀山海民为代表的方、张残部则啸聚海岛，“勾倭为寇”，严重威胁明朝的海疆安全。从爪哇在元朝灭亡前夕“奉使于元”一事看，元朝在海外国家中仍然保有较大的影响力。部分国家和地区间的战争和冲突仍在继续，东亚地区依然处在缺乏政治权威的混乱状态，东亚区域秩序亟待重建。

三　琉球的内部动向

有关琉球国开辟的记载最早见于《中山世鉴》，其大要如下：

> 往昔天城中有神名阿摩美久，天帝招而谕之：“天城之下，有神可居之灵地，惟是尚未成岛，尔可降而作岛。”阿摩美久畏而降之，但见东海浪打西海，西海浪打东海，岛屿未成。未几，阿摩美久上天乞给土石草木作岛。天帝有睿感，给以土石草木。阿摩美久持土石草木，作成数岛。……然经数万岁后，并无人类，神威无从可显。阿摩美久复上天，乞给人种。天帝曰：“如尔知之，天中神虽多，但

① ［日］末松保和：《麗末鮮初に於ける対明関係》，载《青丘史草1》，東京：笠井出版社1965年版，第300頁。

② 陳荊和：《校合本大越史記全书》，東京：東京大学東洋文化研究所1983年版，第431頁。

③ 《明史》卷128《刘基传》，中华书局1974年标点本，第3778页。

并无可下之神。”遂给天帝御子男女二人。……遂生三男二女，长男为国主之始，号天孙氏。①

此即在琉球广为流传的阿摩美久筑岛、天孙氏建国的神话。宫城荣昌认为，文中的“天帝”“御子男女”类似于日本神话中的“天御中主”、男神伊邪那岐和女神伊邪那美，或许是向象贤将日本开国传说移植到琉球的结果。② 从近年的考古发掘看，冲绳岛出土的最早人类是距今32000年前的“山下町洞人”，但普遍认可的能够证明冲绳岛存在人类繁衍生息情况的则是距今18000年前的“港川人”。这与《中山世谱》《球阳》中记载的琉球开国的时间基本吻合。③ 因此，阿摩美久筑岛、天孙氏开国的神话中或许也掺杂着部分真实性和合理性。当然，17世纪以前的琉球始终处于“国无史书，厥详莫闻”④ 的状态。对其早期历史的构建，不能单纯依靠后世史籍，还要在借鉴考古学、人类学、民俗学等学科成果的基础上进行综合研究。

---

① ［琉］向象賢：《中山世鑑》卷1，《琉球史料叢書》，東京：東京美術刊1973年整理本，第5册，第13頁。原文如下：“曩昔、天城ニ、阿摩美久ト云神、御坐シケリ。天帝是ヲ召レ、宜ケルハ、此下ニ、神ノ可住靈處有リ。去レ下モ、未ダ島ト不成事コソ、クヤシケレ。爾降リテ、島ヲ可作トゾ、下知シ給ケル。阿摩美久畏リ、降リテ見ルニ、靈地トハ見ヘケレドモ、東海ノ浪ハ、西海ニ打越シ、西海ノ浪ハ、東海ニ打越シテ、未ダ嶋トヅ不成ケリ。去程ニ、阿摩美久、天ヘ上リ、土石草木ヲ給ハレバ、嶋ヲ作リテ奉ントゾ、奏シケル。天帝、睿感有テ、土石草木ヲ給リテケレバ、阿摩美久、土石草木ヲ持下リ、嶋ノ數ヲバ作リテケリ。……數萬歲ヲ經ヌレドモ、人モ無レバ、神ノ威モ、如何デカ可顯ナレバ、阿摩美久、又、天ヘ上リ、人種子ヲゾ、乞給ケル。天帝、宜ルハ、爾ガ知タル如ク、天中ニ神多シト云ヘドモ、可下神無シ。サレバトテ、默止スベキニ非ズトテ、天帝ノ御子、男女ヲゾ、下給。……遂ニ三男二女ラゾ、生給。長男ハ國ノ主ノ始也。是ヲ天孫氏ト號ス。”

② ［日］宮城栄昌：《琉球の歴史》，東京：吉川弘文館1996年版，第14頁。

③ 根据《中山世谱》《球阳》所载：“天孙氏……相传凡二十五纪，起乙丑，尽丙午，历一万七千八百有二年”。从中可知，天孙氏的统治始于“乙丑”年，终于“丙午”年。舜天王统取代天孙氏的时间为南宋淳熙十四年，此年为“丁未”年，即“丙午”年之次年，以公元纪年换算为公元1187年，由此“丙午”年应是公元1186年。天孙氏统治琉球长达17802年，以此反推，其开国当在公元前16615年。“港川人”于1967年在冲绳岛南部具志头村被发现，其存在年代被推定为距当时18000年前。而1967年这一时点距离天孙氏开国的时间为18582年，这与“港川人”存在于18000年前的年代设定基本一致。

④ ［日］新井白石：《南岛志》卷上，《丛书集成续编》第245册，新文丰出版公司1988年版，第367页。

琉球早期历史多被冠以“先史时代”[①]的称呼，此即琉球史书中所说的天孙氏统治时期（前16615—1186）。当时的琉球存在两大文化圈，即包括奄美诸岛、冲绳诸岛在内的北琉球先史文化和包括宫古诸岛、八重山诸岛在内的南琉球先史文化。北琉球先史文化又被称为“贝冢文化”，分为前、后两期。前期大致与日本绳文文化同时，后期则相当于日本的弥生文化至平安时期。南琉球先史文化也分为前、后两期，前期为距今4000—3000年前，后期则为距今2000余年前至12世纪。[②]

琉球早期历史的发展深受日本文化的影响，前述神话中的“阿摩美久”便被认为是来自九州南部的海部族。[③]从出土器物类型来看，前期贝冢文化几乎与绳文文化一致。因此，新里惠二认为绳文时代的琉球发展出了与日本完全同质的文化。[④]但是，前期贝冢文化遗迹中极少出土代表绳文文化特征的石镞、石匙、土偶等，反而出土了绳文文化中没有的蝶形骨制品和兽形贝制品，这表明前期贝冢文化即使受到了绳文文化的影响，也绝非其简单翻版。此外，从久米岛清水贝冢中出土的与中国文化密切相关的贝符看，其文化来源也并不单一。前期贝冢文化理应是属于琉球自身的独特文化形态。[⑤]再者，由于“庆良间海裂”[⑥]的存在，绳文文化的影响并未及于南

---

① 对于琉球历史阶段的划分，学界存有争论。最早提出阶段划分的是仲原善忠，他将琉球历史分为原始社会（狩猎时代）、古代社会（部落时代）、封建社会前期（按司时代、三山时代）、封建社会后期（王国时代前期、后期）、近代社会（冲绳县时代）。新里惠二在仲原善忠分期的基础上，提出了理论色彩浓厚的原始、古代·中世、近世、近代·现代的阶段划分。宫城荣昌则将之划分为村落时代、按司时代、王国时代、县政时代、美国施政时代、县政时代。高良仓吉提出了先史时代、古琉球、近世琉球、近代冲绳、战后冲绳的五分法，并将“古琉球”细分为“古斯库”时代、第一尚氏王朝、第二尚氏王朝前期三个阶段。来间泰男主张琉球古代、琉球中世、琉球近世的三分法。尽管观点各异，但一般都采用高良仓吉的五分法。其中，“先史时代”是琉球历史发展的第一个阶段，其时间范围为12世纪以前。

② ［日］安里進：《琉球王国の形成と東アジア》，载豊見山和行《琉球・沖縄史の世界》，東京：吉川弘文館2003年版，第91—92頁。

③ ［日］宮城栄昌：《琉球の歴史》，東京：吉川弘文館1996年版，第11頁。

④ ［日］新里恵二、田港朝昭、金城正篤：《沖縄県の歴史》，東京：山川出版社1991年版，第20頁。

⑤ ［日］角南聡一郎：《南島の交流と交易——環東シナ海における位置》，载加藤雄三、大西秀之、佐々木史郎《東アジア内海世界の交流史》，京都：人文書院2008年版，第87—89頁。

⑥ “庆良间海裂”又被称为“宫古凹地”，指冲绳岛和宫古岛之间长约200千米的海域，此海域中不存在岛屿，无法逐岛航行。

部琉球。南琉球先史文化前期深受南亚系文化的影响，但其谱系不明。

贝冢文化后期，适应珊瑚礁广布的特殊环境，海岸沙丘上形成了众多聚落。少数聚落组成了以礁湖为单位的“群”，出现了共同拥有珊瑚礁内海的“渔捞共同体”。南琉球先史文化也进入后期，其遗迹同样位于珊瑚礁发达的海岸沙丘之上。然而，此后期文化究竟是从前期文化中产生的，还是由南方集团引入的，并不明确。以往对贝冢文化后期、南琉球先史文化后期的评价较低，主要立论点是当时的琉球并未像日本弥生文化那样进入农耕阶段，并将其原因归结为铁器出现的滞后性。但事实上，早在弥生时代中期，冲绳岛就已经有了充当实用工具的铁斧。至弥生时代后期，奄美大岛也已开始生产铁器。[①] 因此，铁器输入滞后导致琉球社会发展缓慢的说法是存有疑问的。

实际上，自先史时代后期起，琉球就利用其特有的贝类资源，积极开展对外贸易，《球阳》中便有“泛与诸国相通，以致贸易”[②] 的记载。在以北九州为中心的弥生时代遗迹中，出土了护法螺制作的腕轮。护法螺是只栖息于奄美以南温带海域的贝类，这一时期的冲绳遗迹中也出土了半制成品的护法螺。由此，存在着护法螺被从琉球带至日本的可能。在弥生时代，九州与琉球或许已经通过“贝之道”相连。[③] 而且，琉球贝交易的对象并不只限于日本。从久米岛清水贝冢出土的五铢钱和冲绳诸岛出土的朝鲜乐浪土器来看，琉球与中国大陆和朝鲜半岛也建立了贸易联系。对于当时的琉球来说，通过贝交易就可获得自身所需的各种物资，并无改变渔捞生活，接受农耕的必要。[④] 自5、6世纪起，作为马具生产必需品的芋贝被大量运往日本九州和朝鲜。此后，伴随着螺钿的发展，唐朝对夜光贝的需求进一步增加，其与琉球的经济联系也进一步加强，

---

① ［日］當真嗣一：《考古遺跡は語る》，载高良倉吉編《新琉球史　古琉球篇》，那霸：琉球新報社1992年版，第58頁。

② ［琉］郑秉哲：《球阳》卷1，筑波大学图书馆藏手抄本，史料番号：360－29。

③ ［日］當真嗣一：《考古遺跡は語る》，载高良倉吉編《新琉球史 古琉球篇》，那霸：琉球新報社1992年版，第33頁。

④ ［日］岡本弘道：《琉球王国における貢納制の展開と交易》，载加藤雄三、大西秀之、佐々木史郎《東アジア内海世界の交流史》，京都：人文書院2008年版，第48頁。

开元通宝在琉球的广泛出土说明了这一点。[①] 从8世纪后半叶开始，日本与琉球的夜光贝交易逐步繁荣。到了9世纪，伴随着佛教的兴盛，琉球产作为法具的法螺贝被大量交易，并经日本九州运到中国和朝鲜半岛。至道三年（997）发生的奄美岛人袭击九州的事件，被认为是起因于夜光贝和法螺贝的贸易纠纷。[②] 因贸易纠纷而果断反抗，也反映出海外贸易对琉球的重要程度。因此，相较于以往将先史时代后期的琉球视为“停滞社会”的认识，安里进提出了7—10世纪的琉球是“交易社会”的新看法。[③]《中山世谱》中“至于唐宋，泛与诸国来往，俗习日改”[④] 的描述或许就是当时“交易社会”实态的反映。

自11世纪开始，随着宋朝海外贸易振兴政策的推行，东亚交易圈渐趋繁荣。为获得夜光贝、赤木等南海物产，以博多为据点的宋朝海商和以“八郎真人”为代表的日本海商纷纷南下琉球。[⑤] 受此影响，11、12世纪的琉球逐步从先史时代向“古斯库时代”过渡。[⑥]“古斯库时代”的

① 山里纯一总结了琉球开元通宝的出土情况较之日本的不同：（1）出土地一般是聚落；（2）遗迹中出土数量在3—33枚，存在集中出土的情况；（3）在琉球没有与其他中国钱和日本的皇朝十二钱同时出土的情况。有一种看法认为，开元通宝是因夜光贝交易而被带到琉球的。

② ［日］山里純一：《古代の琉球弧と東アジア》，東京：吉川弘文館2012年版，第136頁。

③ ［日］安里進：《琉球王国の形成と東アジア》，载豊見山和行《琉球・沖縄史の世界》，東京：吉川弘文館2003年版，第114頁。

④ ［琉］蔡温：《中山世譜》卷1，《琉球史料叢書》，東京：東京美術刊1973年整理本，第4册，第24頁。

⑤ ［日］木下尚子：《貝交易と国家形成——9世紀から13世紀を対象に》，载《先史琉球の生業と交易——奄美・沖縄の発掘調査から》，熊本：熊本大学2003年版，第120頁。

⑥ “グスク”的发音为“gusuku”。笔者取其发音，用汉字“古斯库”代替。20世纪70年代，学界围绕“古斯库”展开了大讨论，出现了山里永吉的“住居说”、安里淳嗣的“城寨说”、仲松弥秀的“圣域说”等观点。尽管见解各异，但正如安里进所说，“古斯库”作为政治首长的据点这一点是明确的。“古斯库时代”原本只是琉球考古学上的用语，最早提及此的是多和田真淳，他在1956年发表的《琉球贝冢编年》中，将贝冢晚期排在“古斯库时代”之前。到了1960年，高宫广卫进一步修改了多和田真淳的编年，明确指出贝冢晚期是以“按司”（支配者）居住的“城”（“古斯库”）为代表的时代，已进入“城的时代”（“古斯库时代”）。一般来说，其大致分为四期：成立期（10世纪前后）、发展期（12—13世纪）、成熟期（14世纪至15世纪前半）、衰退期（15世纪后半至16世纪前半）。与考古学界相对，以仲原善忠为代表的历史学者将11世纪末至15世纪前期称为“按司时代”。后来，高良仓吉将“古斯库时代”的用语引入历史学中，用以取代“按司时代”的表述，并逐渐为历史学界所接受。参见［日］来間泰男《グスクと按司》（下），東京：日本経済評論社2013年版，第105—151頁。

特征主要表现为：第一，农业生产正式定着化①，出土碳化米、麦的遗迹数量增加，为适应农业发展，居住地域从海岸沙丘转移到地势稍高的丘陵地带和石灰岩台地，人口出现爆发式增长；第二，琉球各地出现了“古斯库”这一石垣包围的建筑，产生了被称为“世主”“太阳”等的首长阶层；第三，海外贸易扩展，与宋朝、日本、高丽的经济联系增强，形成了“东海行贩圈”②，亀烧③、滑石制石锅④、中国陶瓷器遍及琉球群岛，推动先史时代南、北分立的两文化圈渐趋统一，并最终实现了文化上的一体化。

进入13世纪后，“古斯库”间的抗争日益显在化，弱小的“古斯库”被次第兼并。琉球群岛出现了多郭构成、面积达2000平方米以上的大型城寨“古斯库”，并形成了以“古斯库”城主为中心的阶层社会。在“古斯库”城主的领导下，海外贸易更加活跃。至13世纪后期，冲绳本岛建立了以浦添为中心，由大型“古斯库”构成的“初期中山王国”⑤，

---

① 宫城荣昌认为，在公元前4世纪以前，琉球的农耕已经存在，只是没有实物资料可资证明。木下尚子指出，那霸市那崎原遗迹出土的杂谷表明，9—10世纪的冲绳岛已经存在农耕，但是当时的饮食生活并未发生根本改变，农耕没有得到普及。

② 曹永和：《明洪武朝的中琉关系》，载张炎宪主编《中国海洋发展史论文集（三）》，台北“中研院”中山人文社会科学研究所1989年版，第288—289页。

③ 1984年在奄美群岛的德之岛发现了大量窑址，从中出土的陶器被命名为“亀烧”。但实际上，称呼并不唯一。白木原和美称之为“类须惠器”，大西智和称其为“南岛须惠器”。其存在年代是11—14世纪。“亀烧”并非琉球自生，其生产样式类似中国陶瓷器，制造技术源自高丽，窑的构造同于日本九州南部。吉冈康畅指出：“亀烧是海洋性浓厚的中世陶器。”新里亮人认为它是保存稻种的贮藏容器，流通范围北至鹿儿岛县，南至与那国、波照间岛，遍布琉球群岛全域。此后，在“亀烧”的影响下，冲绳诸岛产生了“古斯库”土器，先岛诸岛产生了外耳土器。参见［日］吉岡康畅《南島の中世須恵器：中世初期環東アジア海域の陶芸交流》，《国立歴史民俗博物館研究報告》2002年第94集；［日］新里亮人《カムィヤキとカムィヤキ古窯跡群》，《東アジアの古代文化》2007年第130號。

④ 滑石制石锅存在于11—14世纪，其原产地为长崎县西彼杵半岛。铃木康之根据琉球群岛出土的石锅形制，将之分为11—12世纪、12—14世纪两期。新里亮人认为，承担石锅流通的是以博多为据点的商人。石锅流通同样遍及琉球群岛，与琉球群岛向农业社会的转化密切相关。参见［日］鈴木康之《滑石製石鍋のたどった道》，《東アジアの古代文化》2007年第130號；［日］新里亮人《琉球列島出土の滑石製石鍋とその意義》，载谷川健一主编《日琉交易の黎明》，東京：森話社2008年版，第58—69頁。

⑤ ［日］安里進：《琉球王国の形成と東アジア》，载豊見山和行《琉球・沖縄史の世界》，東京：吉川弘文館2003年版，第112頁。

这就是《中山世谱》《球阳》中记载的“英祖王统”。

英祖王统治时期，“正经界，均民力”，强化城主对耕地的统治权，完善贡租体系；在泊村设置公馆、公仓，积极发展对外贸易；联合“古斯库”城主，成功抵御元军侵攻。① 蔡温给予英祖王以高度评价：“宅位四十载，功冠诸王，德溢裔夷。”② 但是，到了 14 世纪，伴随着海外贸易的发展，大型“古斯库”城主的实力和独立化倾向不断增强。“由是，诸按司不朝，百姓胥怨”，初期中山王国也渐趋解体。③

表 1－1　英祖王统世系

王号	生卒年	在位时间	在位年数
英祖王	绍定二年至大德三年（1229—1299）	景定元年至大德三年（1260—1299）	40 年
大成王	淳祐七年至至大元年（1247—1308）	大德四年至至大元年（1300—1308）	9 年
英慈王	咸淳四年至皇庆二年（1268—1313）	至大二年至皇庆二年（1309—1313）	5 年
玉城王	贞元二年至至元二年（1296—1336）	延祐元年至至元二年（1314—1336）	23 年
西威王	致和元年至至正九年（1328—1349）	至元三年至至正九年（1337—1349）	13 年

表中数据源于《中山世谱》《球阳》。

元延祐（1314—1320）年间，初期中山王国最终分裂成了三个较大的政治集团：大里按司称山南王，今归仁按司称山北王，英祖后裔称中

① 根据《元史》记载，成宗元贞三年（1297），“福建省平章政事高兴言：‘今立省泉州，距瑠求为近，可伺其消息，或宜招宜伐，不必它调兵力，兴请就近试之。’九月，高兴遣省都镇抚张浩、福建新军万户张进赴瑠求国，禽生口一百三十余人”。《中山世谱》《球阳》记有：“见元兵来侵，国人合力，拒战不降。张浩无计可施，卒掳一百三十人返。”

② ［琉］蔡温：《中山世譜》卷 1，《琉球史料叢書》，東京：東京美術刊 1973 年整理本，第 4 册，第 27 頁。

③ 相较于依托“初期中山王国论”得出的“从合到分”的“三山形成论”，伊波普猷认为，三山分立并不是统一政权的分裂，“此三方各自发达，在此时代各自采取了国家形态的见解是稳当的”。大城立裕进一步指出，“国分为三”并不是一统天下的分离，而是意味着琉球社会的政治权力趋于收束或兼并。

山王，此即新井白石所言："盖古之时，厥民各分散，洲岛自有君长，然莫能相一。迨于中世，始合为一。未几，其地亦分为中山、山南、山北之国。"① 琉球内部就此陷入"纷纭吞噬，乱无宁日"的状态。

表 1－2　　察度王统世系

王名	生卒年	在位时间	在位年数
察度	至治元年至洪武二十八年（1321—1395）	至正十年至洪武二十八年（1350—1395）	46 年
武宁	至正十六年至？（1356—？）	洪武二十九年至永乐三年（1396—1405）	10 年

表中数据源于《中山世谱》《球阳》。

表 1－3　　山南王统世系

王名	生卒年	在位时间	在位年数
大里	不详	不详	不详
承察度	不详	不详	不详
汪应祖	不详	永乐二年至永乐十二年（1404—1414）	11 年
他鲁每	不详	永乐十三年至宣德四年（1415—1429）	15 年

表中数据源于《中山世谱》《球阳》。

表 1－4　　山北王统世系

王名	生卒年	在位时间	在位年数
今归仁	不详	不详	不详
帕尼芝	不详	不详	不详
珉	不详	洪武二十五年至洪武二十九年（1392—1396）	5 年
攀安知	不详	洪武二十九年至永乐十四年（1396—1416）	21 年

表中数据源于《中山世谱》《球阳》。

到了元至正十年（1350），中山国内发生政变，西威王世子被废，浦添按司察度被拥立为中山王。此后，直至明朝建立，琉球国内始终处在三山割据分立，彼此争雄的态势下。

---

① ［日］新井白石：《南岛志》卷上，《丛书集成续编》第 245 册，新文丰出版公司 1988 年版，第 364 页。

第二节　明朝招抚琉球的前期筹划

一　明朝海外招抚的成行

洪武元年（1368）八月，徐达兵入大都，元顺帝北走。元朝残余势力败退北方后[①]，虽越发陷入孤立状态[②]，但并未受到重创，“名号尚存”[③]，引弓之士也有百万，山西、甘肃等地依然处在其控制之下，元顺帝及其臣下“犹有觊觎之志”[④]，日夜谋划复归大计，出现了“元亡而实未始亡”[⑤] 的局面，明朝面临着元军南下的巨大压力。此外，自许衡、郝经等人对“道统”和“政统”进行合一化解读以来，华夷之间的绝对界限日益淡化，形成了“今日能用士，能行中国之道，则中国主也”的新理念，这就为汉族知识分子入仕元朝及论证元朝统治的正统性和合法性提供了理论支撑。[⑥] 直至明朝建立，将元朝视为正统仍然是普遍认识，并多有追念“故国”的情怀。[⑦]

---

① 元朝败退北方与朱元璋制定的北伐政策有密切关系。在北伐前，朱元璋曾向诸将询问过作战计划，常遇春提出了“直捣元都”“乘胜长驱，余可建瓴而下”的永逸之策，但却未被采纳，最终实施的是朱元璋本人制定的收取山东、旋师河南、攻拔潼关、进兵元都、鼓行而西的政策。这一计划虽稳妥可靠、步步为营，但却无法截断元廷北撤的去路，这就为其退居漠北提供了可能。洪武元年（1368）六月，出于“中原初定，倘顿刃塞外，无以百全”的考虑，朱元璋确定了北伐的最终战略目标：“纵其北归，天命厌绝，彼自澌尽，不必穷兵追之，但其出塞之后，即固守疆圉，防其侵扰耳。”

② 这种“孤立状态”主要表现为贸易停顿、商路荒废、商旅绝迹、匪盗横行等，参见［苏］Б. Я. 符拉基米尔佐夫《蒙古社会制度史》，刘荣焌译，中国社会科学出版社1980年版，第199—200页。

③ （明）郑晓：《今言》卷2，中华书局1984年点校本，第58页。

④ （明）邓士龙：《国朝典故》卷3，北京大学出版社1993年点校本，第57页。

⑤ （清）谷应泰：《明史纪事本末》卷10，中华书局1977年点校本，第149页。

⑥ 李治安：《元初华夷正统观念的演进与汉族文人仕蒙》，《学术月刊》2007年第4期。

⑦ 钱穆认为，明初士人普遍具有“遗民”心态，“明祖开国，虽曰复汉唐之旧统，光华夏之文物，后人重其为民族革命。然在当时文学从龙诸臣，意想似殊不然。或则心存鞑庭，或则意灭新朝。虽经明祖多方敦迫，大率怯于进而勇于退”。郑克晟也认为，元末明初的江南士人在政治态度上都不同程度地怀念元朝。萧启庆对元明之际士人的政治选择进行了统计，认为“忠元”者大致占到了60.4%，元明易代之际的士人更加看重“君臣大义”，而非“夷夏大防”。参见钱穆《中国学术思想史论丛》第6册，生活·读书·新知三联书店2009年版，第86页；郑克晟《元末的江南士人与社会》，《东南文化》1990年第4期；萧启庆《元明之际士人的多元政治选择：以各族进士为中心》，《台大历史学报》2003年第32期。

明朝底定之初，虽“所急者衣食，所重者教化”[①]，但在新旧政权对峙，且前朝正统性未被动摇的态势下，如何论证自身统治的合法性，自然就成了朱元璋必须要面对的现实课题。对此，朱元璋依托“天命论”，在肯定元朝建立是“帝命真人于沙漠，入中国为天下主”的同时，一再强调元朝灭亡是“天厌其德而弃之”，明言：“朕本无意天下，今日成此大业，是皆天地神明之眷佑，有非人力之所致。”并特别强调，明朝建立是“取天下于群雄之手，不在元氏之手”[②]，树立自身“除暴乱，救生民”的形象。此外，又通过继续北征、编纂《元史》[③]、服饰改革[④]等具体措施，将元朝灭亡“事实化”。而对欲“承古先圣王之统”的朱元璋来说，依托传统的涉外理念，积极开展对外交往，招徕海外国家朝贡，营造万邦来朝的盛况，无疑也是论证自身统治地位的重要手段。

朱元璋向海外遣使始于至正十九年（1359）正月通好安南。[⑤] 此时恰逢朱元璋与陈友谅相持不下，胜负难决之时。而在此五年前陈友谅就曾向安南遣使，乞求和亲。[⑥] 因此，选择在此时遣使通好，很可能是为了避免出现安南援助陈友谅的局面。最早“入贡”的事例发生在平定浙江以后，当时泉州海商朱道山“率群商入贡于朝”，朱元璋对朱道山一行礼遇有加，并利用“入贡”之机，“示所以怀柔远人之道”，使“海外”皆知“入贡之荣”。[⑦] 朱元璋借助海商招引“海外”朝贡之举与元世祖“可因蕃舶诸人”[⑧] 宣谕东南诸国的做法可谓如出一辙，这也从侧面反映出朱元璋在明朝建立前夕就有发展海外贸易、拓展对外关系的期许。

---

① 张德信、毛佩琦主编：《洪武御制全书》，黄山书社 1995 年版，第 415 页。

② 《明太祖实录》卷 53，洪武三年六月丁丑，台北“中研院”史语所 1962 年影印版，第 1046 页。

③ 陈高华：《陈高华文集》，上海辞书出版社 2005 年版，第 473 页。

④ 张佳：《重整冠裳：洪武时期的服饰改革》，《中国文化研究所学报》2014 年第 58 期。

⑤ 陳荊和：《校合本大越史記全书》，東京：東京大学東洋文化研究所 1983 年版，第 431 頁。

⑥ 陳荊和：《校合本大越史記全书》，東京：東京大学東洋文化研究所 1983 年版，第 426 頁。

⑦ 参见李庆新《明代海外贸易制度》，社会科学文献出版社 2007 年版，第 44—45 页。

⑧ 《元史》卷 10《世祖七》，中华书局 1976 年标点本，第 204 页。

明朝建立后，可供对外交往的区域有三，即西域、东洋和西洋。[①] 然而，明初通往西域沿线的重要据点基本处于元朝的控制之下，对明朝来说，并不具备通过西北陆路开展对外交往的条件，朱元璋在洪武三年（1370）六月诏谕元朝宗室部落臣民时就说：“朕即位之初……唯西北阻命遏师。”[②] 因之，明初的对外交往主要仰给海路，面向东洋和西洋。朱元璋对其所要建立的对外关系模式有着清晰的认识，早在吴元年（1367）十月檄谕齐鲁等地时便说：“自古帝王临御天下，中国居内以制夷狄，夷狄居外以奉中国。”[③] 这其实就是对中国古代传统涉外理念——天下观和华夷观的继承。尽管对外交往的理念已经具备，但明朝建立后却并未立刻向海外遣使。

朱元璋在洪武元年（1368）八月的诏谕中明确指出：“朕惟建邦基以成大业，兴亡之根本，为先居中夏而治四方。”[④] 表明“治四方”需要建立在“居中夏”的基础上。那么，何为“居中夏”？洪武三年（1370）三月明朝在发往海外的诏书中说：“粤自古昔，帝王居中国而治四夷，历代相承，咸由斯道。”[⑤] 由此，“居中国”应与“居中夏”同义。洪武二年（1369）四月，朱元璋在给高丽的玺书中说：“（朕）荷天之灵，授以文武，东渡江左，习养民之道十有四年。其间西平汉主陈友谅，东缚吴王于姑苏，南平闽粤，戡定八蕃，北逐胡君，肃清华夏，复我中国之旧疆。”[⑥] 文中以时间顺序罗列了自身征战四方的经历，并在“北逐胡君”后出现了“肃清华夏，复我中国之旧疆”的局面。既然“中国”旧疆已复，“中国”自然也就成了其所居之地。故而，“北逐胡君”之后方才意味着“居中国”。

如前所述，“北逐胡君”完成于洪武元年（1368）八月，但明朝仍未

---

① 万明：《明代中外关系史论稿》，中国社会科学出版社2011年版，第6页。

② 《明太祖实录》卷53，洪武三年六月丁丑，台北“中研院”史语所1962年影印版，第1047页。

③ 《明太祖实录》卷26，吴元年十月丙寅，台北“中研院”史语所1962年影印版，第401页。

④ 《明太祖实录》卷34，洪武元年八月己巳，台北“中研院”史语所1962年影印版，第599页。

⑤ 《明太祖实录》卷50，洪武三年三月，台北“中研院”史语所1962年影印版，第987页。

⑥ 《高丽史》卷41，洪武二年四月壬辰，人民出版社2014年标点本，第1285页。

立即向海外遣使。究其原因，应当在于：元顺帝在北奔后不久便命扩廓帖木儿南下收复大都。对明朝来说，存在着幽燕之地得而复失的可能。同年十二月，徐达以“批亢捣虚”之计大败扩廓帖木儿主力，并乘势夺取山西，留守通州的曹良臣又以疑兵之计吓退也速，“元兵自是不敢窥北平”①，明朝“居中国”的地位更加稳固。在此背景下，朱元璋才正式下达了遣使招抚海外国家的命令。

二　明朝招抚琉球的相对滞后性

洪武时期到明朝贡的海外国家共有 16 个，除览邦、百花、彭亨、须文达那四国外②，其余 12 国都是经明朝遣使招抚后方才朝贡的（表 1 – 5）。

表 1 – 5　　《明太祖实录》中所见之明朝招抚海外国家一览

国家	招抚时间	朝贡时间
高丽	洪武元年（1368）十二月	洪武二年（1369）八月
安南	洪武元年（1368）十二月	洪武二年（1369）六月
日本	洪武二年（1369）正月	洪武四年（1371）十月
占城	洪武二年（1369）正月	洪武二年（1369）九月
爪哇	洪武二年（1369）正月	洪武三年（1370）三月前
西洋琐里	洪武二年（1369）正月	洪武三年（1370）三月前
暹罗	洪武三年（1370）八月	洪武四年（1371）九月
三佛齐	洪武三年（1370）八月	洪武四年（1371）九月
浡泥	洪武三年（1370）八月	洪武四年（1371）八月
真腊	洪武三年（1370）八月	洪武四年（1371）十一月
佛菻	洪武四年（1371）八月	不详
琉球	洪武五年（1372）正月	洪武五年（1372）十二月

明朝的海外招抚都发生在洪武五年（1372）以前，且集中分布于洪武元年至三年（1368—1370），占到了招抚总数的 83.3%。这一态势也可以从

① 《明史》卷 133《曹良臣传》，中华书局 1974 年标点本，第 3892 页。

② 《明太祖实录》中未见有明朝主动遣使招抚览邦、百花、彭亨、须文达那的记载，四国应该是受到明朝招抚南海、西洋诸国的影响，主动朝贡的，其朝贡时间分别在洪武九年（1376）八月、洪武十一年（1378）十一月、洪武十一年十一月、洪武十六年（1383）十二月。

《明太祖实录》中每年向海外国家遣使的次数分布图（图1－1）中看出。①

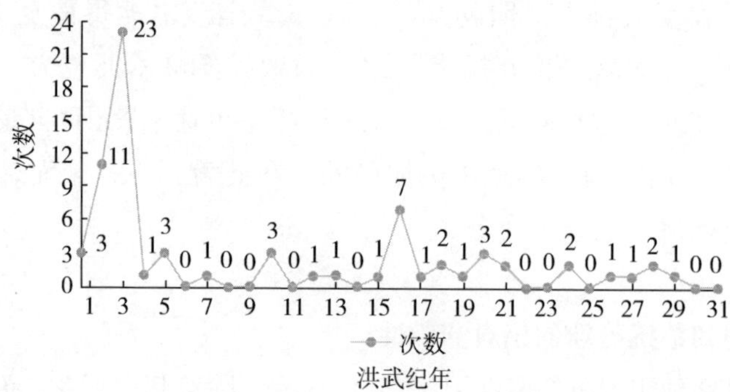

图1－1　洪武朝每年遣使海外的次数分布

从图1－1可知，自洪武元年（1368）开始，明朝每年向海外遣使的次数成倍激增，至洪武三年（1370）达到了最高峰（23次）。洪武朝总计向海外遣使71次，洪武元年至三年为37次，占比52%，平均每年遣使12次，远远高于此后的平均每年遣使1.2次，这也与前述明朝海外招抚的集中分布时间吻合。

另据《明史·佛菻》记载："元末，其国人捏古伦入市中国，元亡不能归。太祖闻之，以洪武四年（1371）八月召见，命赍诏书还谕其王。"② 表明当时只是借佛菻国人归国之机，就便由其携带诏书还国，不能算作严格意义上的遣使招抚。次年（1372）正月，明朝遣使招抚琉球。此后，终洪武朝，再不见有明朝主动遣使招抚其他海外国家的举动。可以看到，洪武元年至三年（1368—1370）无疑是明朝积极开展对外交往，

① 图中数据源于《明太祖实录》，具体数据信息如下：洪武元年，高丽、安南、日本各1次；二年，高丽2次、安南2次、日本1次、占城4次、爪哇1次、西洋琐里1次；三年，高丽5次、安南6次、日本1次、占城4次、爪哇1次、西洋琐里2次、暹罗1次、三佛齐1次、浡泥1次、真腊1次；四年，佛菻1次；五年，高丽、日本、琉球各1次；七年，琉球1次；十年，高丽、暹罗、三佛齐各1次；十二年，占城1次；十三年，日本1次；十五年，琉球1次；十六年，占城、暹罗、真腊各2次，琉球1次；十七年，安南1次；十八年，高丽、琉球各1次；十九年，高丽1次；二十年，高丽、暹罗、真腊各1次；二十一年，占城、琉球各1次；二十四年，高丽2次；二十六年，高丽1次；二十七年，高丽1次；二十八年，安南、暹罗各1次；二十九年，安南1次。

② 《明史》卷326《佛菻传》，中华书局1974年标点本，第8458页。

构筑以自身为中心的对外关系体系的时期。然而，对琉球的招抚却不在此时，招抚琉球较之他国来说，至少晚了两年，具有相对滞后性。

三　明朝招抚琉球的阶段性

对于招抚琉球的滞后性，朱元璋给出的理由是琉球位于“东南远处海外，未及报知”。然而，从明朝册封恭愍王及发给爪哇的诏书内容来看，其对高丽、爪哇也有“地设险远”① “僻在远方”② 的认识，但对它们的招抚却并未受此影响，这说明因“远”而延迟招抚或许只是朱元璋的托词。实际上，明朝对琉球的招抚并不是一蹴而就的，而是经历了两个关键节点，呈现出明显的阶段性，而阶段性的存在可以看作造成招抚滞后的直接原因。

（一）归道琉球：洪武二年（1369）杨载到访琉球的可能性

《明太祖实录》《中山世谱》《球阳》以及历代《使琉球录》中有关明琉交涉的最早记述皆为洪武五年（1372）杨载出使琉球。因此，将洪武五年作为明琉关系开端的看法确实有其合理性。然而，与明确指出洪武五年是琉球入明之始不同③，史籍中并未明确提及明朝首次遣使琉球的时间。换句话说，明琉交涉可能并非始于洪武五年的杨载出使。在明琉关系开端这一问题上，理应存在进一步解释的空间。而且，在明代以前，虽有隋朝、元朝前后 5 次招抚琉球，但都以失败告终，中琉间始终未能建立起正式的官方交往。④ 对处事谨慎且熟于史事的朱元璋来说，不顾前

---

① 《明太祖实录》卷44，洪武二年八月丙子，台北“中研院”史语所1962年影印版，第866页。

② 《明太祖实录》卷53，洪武三年六月戊寅，台北“中研院”史语所1962年影印版，第1050页。

③ 根据《明太祖实录》的记载，洪武五年（1372）正月，朱元璋派遣杨载出使琉球。同年十二月，琉球中山王察度派遣泰期到明朝贡。对此，《中山世谱》《球阳》明确指出：“由是琉球始通中国，以开人文维新之基。”《琉球国由来记》也认为：“同五年壬子，察度王遣使贡方物，是进贡之始也。”

④ 隋炀帝曾于大业三年（607）、大业四年（608）、大业六年（610）三次招抚琉球，但都以失败告终。元世祖于至元二十八年（1291）派遣海军副万户杨祥出使琉球，最终“不至而还”。元成宗元贞三年（1297），福建行省平章政事高兴派遣张浩、张进率军前往琉球，擒生口一百三十余人。从此前高兴“可伺其消息，或宜招、宜伐”的表述看，张浩此行应该怀有招抚之念，可能因琉球拒绝招纳，方才擒获人口而还。因之，明代以前虽有隋朝、元朝前后5次招抚，但都以失败告终。

代招抚失败的教训，在未进行任何前期接触的情况下就贸然遣使，也绝非明智之举。吴壮达[①]、曹永和[②]、赤岭守[③]就曾指出，洪武五年（1372）以前，杨载在使日归国途中或许已与琉球取得了联系。但三位学者并未对此进行深入分析，立论稍显薄弱。以下，将从杨载两次使日的经历着手，尝试从航路的角度论证洪武二年（1369）杨载到访琉球的可能性。

根据《明史稿》记载："又有杨载者，尝官行人，凡再使日本，还，复使琉球，皆有功。"[④] 从"再使""复使"的表述看，杨载曾分别两次出使日本和琉球。《明太祖实录》中有关杨载出使日本的记载只有一次，时间为洪武二年（1369）二月。对另外那次出使，佐久间重男认为是洪武元年（1368）十一月[⑤]，但实际的可能性不大。[⑥] 另据《胡仲子集》："洪武二年，余客留京师，会杨载招谕日本，自海上至京畿，诏复往使其国。四年秋，日本奉表入贡，载以劳入朝宠赉。"[⑦] 从中可知，杨载确曾两次出使日本，且两次使日归国的时间分别为"洪武二年"和"洪武四年秋"。《明太祖实录》虽明言杨载使日的时间为洪武二年二月，但这理应是命令下达的时间，真正出航还要等到五六月。[⑧] 其被怀良亲王扣押3个月，归国的时间当在八九月。九月和十月，环东海地区持续盛行东北

① 吴壮达：《琉球与中国》，上海：正中书局1948年版，第68页。

② 曹永和：《明洪武朝的中琉关系》，载张炎宪主编《中国海洋发展史论文集（三）》，台北"中研院"中山人文社会科学研究所1989年版，第296—298页。

③ ［日］赤嶺守：《琉球王国——東アジアのコーナーストーン》，東京：講談社2004年版，第35頁。

④ （清）王鸿绪：《明史稿》卷182《赵秩传》，雍正元年敬慎堂刻本，第6页a。

⑤ ［日］佐久間重男：《日明関係史の研究》，東京：吉川弘文館1992年版，第51頁。

⑥ 洪武元年（1368）十一月明朝遣使日本一事仅见于《皇明通纪》，并无其他史料可兹旁证。根据《善邻国宝记》的记载，在洪武五年（1372）以前，明朝"凡三命使于日本关西亲王"。这三次遣使在《明太祖实录》中分别对应洪武二年（1369）正月、洪武二年二月、洪武三年（1370）三月。佐久间重男认为，前两次遣使之间仅相差16日，应是同一次遣使。若此，洪武五年以前的遣使便仅有两次。而《皇明通纪》洪武元年十一月的遣使恰好可以填补三次遣使之缺，并自然地成了明朝遣使日本的开端。然而，《大日本史料》明确指出："故首命使适日本通好，舟至境内，遇贼杀杀害来使，诏书毁溺。"首次派往日本的使者在抵达日本国境后就被贼杀害。因此，即便洪武元年十一月的遣使确实存在，充当使者的也不会是杨载。

⑦ （明）胡翰：《胡仲子集》卷5，《丛书集成初编》，上海：商务印书馆1935年排印本，文学类，第2108册，第67页。

⑧ ［日］木宫泰彦：《日中文化交流史》，胡锡年译，商务印书馆1980年版，第401页。

信风，明代防海者称之为“小汛”[①]，杨载恰好可借助“小汛”于同年返国。因此，洪武二年归国的那次出使当指洪武二年二月这次。《明太祖实录》中有关“四年秋，日本奉表入贡”的记述只有一次，即是年十月赵秩促成日本国王良怀派遣祖来入明，并未提及杨载。另据赵秩使日时携带的国书：“为此都省令差宣使杨载等侔送灵南、阳谷等一十五名前去。”[②] 表明杨载是以“宣使”身份陪同赵秩出使的。由此，杨载第二次使日的时间应该是洪武三年（1370）三月，并在次年十月使毕归国。按《明史稿》所言，杨载在第二次使日归国后，又再次受命出使琉球。而洪武四年（1371）十月以后，杨载使琉只有一次，即洪武五年（1372）正月以“即位建元”诏告琉球，这就意味着洪武五年的这次出使应该只是“复使”，在此之前杨载就已经到访过琉球了。

按照《中山世鉴》所载：“大明洪武二年己酉，大祖皇帝遣使颁诏。”[③] 这说明，洪武二年已有明使到访琉球。《中山世鉴》虽为琉球的第一部国史，但因成书于岛津氏入侵之后，多认为其凭信性不高，梁嘉彬便认为：“大体每多歪曲事实，化‘无’为‘有’。”[④] 然而，徐葆光早已指出：“至向象贤，始穷搜博采，集成此书。”[⑤] 东恩纳宽惇[⑥]、田名真之[⑦]的研究也表明《中山世鉴》并非凭空捏造的产物，其在编纂时参考了大量原始文献，史料价值极高。以“集诸家之长”见长的郑秉哲在编纂《琉球国旧记》时也采纳了《中山世鉴》的看法：“洪武二年己酉，大祖皇帝，差使赐诏。”[⑧]

---

① （明）陈仁锡：《皇明世法录》卷75《日本海》，《四库禁毁书丛刊》，北京出版社1997年影印本，史部，第16册，第239页下栏。

② 参见［日］村井章介《アジアのなかの中世日本》，東京：校倉書房1988年版，第241頁。

③ ［琉］向象賢：《中山世鑑》卷2，《琉球史料叢書》，東京：東京美術刊1973年整理本，第5册，第34頁。

④ 梁嘉彬：《琉球及东南诸海岛与中国》，台中：广益印书局1965年版，第337页。

⑤ （清）徐葆光：《中山传信录》卷3《中山世系》，《国家图书馆藏琉球资料汇编》，北京图书馆出版社2000影印本，中册，第191—192页。

⑥ ［日］東恩納寬惇：《中山世鑑・中山世譜及び球陽》，《琉球史料叢書》，東京：東京美術刊1973年整理本，第5册，第10頁。

⑦ ［日］田名真之：《王府の歴史記述——『中山世鑑』と『中山世譜』》，载島村幸一《琉球：交叉する歴史と文化》，東京：勉誠出版社2014年版，第11—16頁。

⑧ ［琉］鄭秉哲：《琉球国舊记》卷4，《琉球史料叢書》，東京：東京美術刊1973年整理本，第3册，第82頁。

这些情况表明,《中山世鉴》有关洪武二年(1369)明使到访琉球的记述应该具有较大的可信度。但遗憾的是,具体的颁诏使者不明。如前所述,杨载曾于洪武二年出使日本,对其归国经历虽付之阙如,但却可略加推测。

自元末起,由于江浙沿海地区治安状况的恶化,以往联系中日的“大洋路”(博多—庆元)日益衰落。与之相对,“南岛路”(博多—肥后高濑—萨摩—琉球—福建)则被频繁使用。① 而借助“南岛路”从日本南下琉球需凭借三、四、五月的“大汛”或九、十月的“小汛”。② “大汛”之时到航琉球的最具代表性事例是萨摩藩入侵琉球,当时桦山久高率军出发的时间就在1609年三月。而万历三十四年(1606)六月,册封使夏子阳一行到达琉球,“九月间,忽夷属有报倭将来寇者,地方甚自危……倭数舶至,则贺国王及来贸易者也”③。从时间上看,此来自日本的数艘倭船应该是利用“小汛”前来的。④

① [日]榎本涉:《東アジア海域と日中交流》,東京:吉川弘文館2007年版,第191—192頁;[日]橋本雄:《中世の国際交易と博多——“大洋路”対“南島路”》,载佐藤信、藤田覚《前近代の日本列島と朝鮮半島》,東京:山川出版社2007年版,第157—167頁。

② 胡松在《海图说》中言道:“(日本)南至琉球,必由萨摩州开洋,顺风七日。……若入寇,则随风所之。东北风猛则由萨摩或五岛至大、小琉球……”(参见茅瑞征《皇明象胥录》,《四库禁毁书丛刊》,北京出版社1997年影印本,史部,第10册,第585页。)从中可知,日本驶往琉球的开洋地是萨摩,而萨摩也是前述“南岛路”的重要经由地之一,文中的“大琉球”就是琉球,而从萨摩驶往琉球需要依靠东北信风。另据陈仁锡《皇明世法录》:“倭舶之来,恒在清明之后。前乎此,风候不常,难以准定。清明后方多东北风,且积久不变。过五月,风自南来,不利于行。重阳后风亦有东北者。过十月,风自西北来,亦非所利。故防海者以三、四、五月为‘大汛’,九、十月为‘小汛’。”(参见陈仁锡《皇明世法录》卷75《日本海》,《四库禁毁书丛刊》,北京出版社1997年影印本,史部,第16册,第239页下栏。)由此,一年中应有两次东北信风,分别发生在清明后和重阳后,防海者将之分别称为“大汛”和“小汛”,而每年从日本渡航琉球应该就集中在大、小汛之时。对于“大汛”“小汛”产生的原因,周煌认为:“清明以后,地气自南而北,则南风为常。霜降以后,地气自北而南,则北风为常。”其中,“小汛”尤以九月为最,“九月则北风或至连月,俗称‘九降风’”。(参见周煌《琉球国志略》卷5,《丛书集成初编》,上海:商务印书馆1936年排印本,史地类,第3246册,第83页。)

③ (明)夏子阳:《使琉球录》卷上,《使琉球录三种》,大通书局1988年标点本,第223页。

④ 另据崇祯六年(1633)陪同杜三策使琉的胡靖所撰《琉球记》:“八月初旬,日本萨师马人至,市利三倍矣。”(参见胡靖《琉球记》,《国家图书馆藏琉球资料汇编 上》,北京图书馆出版社2000年影印本,第270页。)松浦章认为,此“萨师马人”是萨摩人,这似表明也有八月从日本到航琉球的事例。然而,萨摩人的身份并不能说明就是从萨摩到航琉球的。“过五月,风自南来,不利于行”,而且此南来的信风要持续到八月,凭借南风是无法从萨摩航行至琉球的。因此,所谓的“八月初旬”到琉的萨摩人应是此前前往明朝东南沿海或南洋从事贸易的商人,只是在归国时到航琉球的。

杨载被怀良亲王释放的时间为洪武二年（1369）八九月，此时恰好可以借助“小汛”南下琉球。此外，根据明代《使琉球录》的记述，册封使船从琉球归国必须依靠东北风，且开洋时间多集中于十月[①]，此时间与借助“小汛”从日本到航琉球的时间恰好相接续。从琉球返国，平均耗时 13 日，册封使归国的时间多在十一月。[②] 但是，所谓的十一月归国是指最终达到福州的时间。宣德七年（1432）四月，温州知府何文渊针对琉球船到舶瑞安一事，在上奏时援引了当地耆民所说的话："洪武、永乐间，琉球入贡，舟泊宁波。”对此，行在礼部指出：“永乐间，琉球船至，或泊福建，或宁波，或瑞安。”[③] 这说明洪武、永乐时期琉球船到明的到舶地并未被严格限定在福州，存在着到航宁波、瑞安等浙江沿海地区的情况。当然，这一状况的出现并不完全是人为影响的结果。

事实上，历代册封使归国虽皆以福州为目的地，但在开洋针路的选取上却不能以福州为指标，必须要以浙江温州的南杞山为指标，以此应对因北风凛冽而造成的“风送流”现象。之后再沿浙、闽海岸南返福州，进而换行陆路返京。[④] 因此，到达浙江沿海地区是自然条件使然。对急于归朝复命的杨载来说，并没有再行到航福州的必要，在到达浙江沿海以后顺势北上，直航京师，方为正途，《胡仲子集》中所说的“自海上至京畿”或许便是指此。从郭汝霖、萧崇业等的归国经历看，自那霸开洋 5—8 日后便可到达宁波、台州、温州等地，无需 13 日之久。[⑤] 从日本至琉

① 陈侃、郭汝霖、萧崇业、夏子阳、杜三策自那霸开洋的时间分别是九月十八日、十月十八日、十月二十四日、十月二十日、十一月九日，时间多集中于十月。

② 陈侃、郭汝霖、萧崇业、夏子阳、杜三策归国所用时间分别为 14 日、15 日、12 日、14 日、10 日，平均耗时 13 日。陈侃、郭汝霖、萧崇业、夏子阳、杜三策的归国时间分别是十月二日、十一月二日、十一月五日、十一月三日、十一月十九日，时间多集中于十一月。

③ 《明宣宗实录》卷 89，宣德七年四月甲寅，台北“中研院”史语所 1962 年影印本，第 2051 页。

④ 梁嘉彬：《明清两代福州那霸间风帆去程之研究》，载中琉文化经济协会主编《第一届中琉历史关系国际学术会议论文集》，联合报文化基金会国学文献馆 1987 年版，第 336 页。

⑤ ［日］夫馬進：《增訂使琉球錄解題及び研究》，宜野灣：榕樹書林 1999 年版，第 25—46 頁。

球，则“顺风七日”[1]。两项合计耗时12—15日。即便算上停靠琉球的时间，也不会超出2个月的范围。因此，存在着杨载利用“小汛”从日本至琉球，再从琉球返回明朝的可能。若比附陈侃九月十八日从那霸开洋的事例，杨载在九月底便可归国。故而，《中山世鉴》中洪武二年（1369）到访琉球的颁诏使者很可能是采行“南岛路”的杨载。

当然，“南岛路”的存在虽为“归道琉球”提供了可能，但吸引杨载采行“南岛路”的动因尚需要进一步探讨，毕竟“大洋路”返国只需10天左右，在航程上明显优于“南岛路”。如果稍加推测的话，这个动因极有可能是被掳人的流向。博多是被掳人的主要流向地，祖阐、克勤在使日返国之际就曾在博多看到了被倭寇掳掠的“中国及高句丽民，无虑百五十人”[2]。田中健夫认为，除博多外，琉球的那霸港也是被掳人转卖的重要据点，倭寇活动圈业已扩及琉球。[3] 而洪武二年（1369）杨载出使日本的起因便是“倭人入寇山东海滨郡县，掠民男女而去”，其使命之一是就倭寇问题进行交涉。但是，怀良亲王杀害、扣押明使的举动无疑阻断了官方层面的交涉路径。在滞留日本期间，杨载理应设法通过其他渠道尽力探查倭寇的相关情报，而被掳人问题自然是题中之意。在情报探查的过程中，杨载很可能获悉了被掳人大量流往日本以南地区的情报，毕竟当时被掳人“转卖琉球国者甚众”。根据大田由纪夫的研究，在13—14世纪的日本又存在着将奄美以南的“南岛”视为“琉球”的认识。[4] 杨载或许就此察知了琉球的存在，因而在归国时舍弃以往的“大洋路”，转而沿九州西海岸南下，采行“南岛路”，尝试与琉球进行接触，并表达招抚之意，进而于是年携带琉球情报归国。

---

① ［日］伊知地季安：《南聘纪考》上卷，琉球大学伊波普猷文库藏手抄本，史料番号：092.4 Ki11。

② ［日］伊藤松辑录：《邻交征书》3篇卷1《诗文部》，上海辞书出版社2007年版，第229页。

③ ［日］田中健夫：《倭寇とアジア通交圏》，载《日本の社会史》第1卷，東京：岩波書店1987年版，第156頁。

④ ［日］大田由紀夫：《ふたつの「琉球」：13・14世紀の東アジアにおける「琉球」認識》，载《13—14世紀の琉球と福建》，熊本：熊本大学2009年版，第207頁。

（二）地位凸显：洪武四年（1371）奉天门晓谕中的“琉球”

洪武四年（1371）九月，朱元璋在奉天门晓谕省、府、台臣，第一次全面阐述了明朝的总体对外政策方针：

> 海外蛮夷之国，有为患于中国者，不可不讨；不为中国患者，不可辄自兴兵。……如隋炀帝妄兴师旅，征讨琉球……徒慕虚名，自弊中土，载诸史册，为后世讥。朕以诸蛮夷小国阻山越海，僻在一隅，彼不为中国患者，朕决不伐之。惟西北胡戎，世为中国患，不可不谨备之耳。[①]

对于上述谕旨，学界早有关注。石原道博认为，谕旨的颁布标志着“不征之国”的精神或雏形业已确立。[②] 万明认为这是“不征”国策的最早表露，是朱元璋现实外交思想的反映。[③] 郑永常指出，在此时公布“不征”这一海外政策的目的是消除蕃国对明朝的疑虑，标志着明代海外政策原则的确立。[④] 学界多将此谕旨作为“不征”国策的表现加以解读、援引，侧重文本内容的探讨，对文本构成要素的研究则较为欠缺。其中，理应引人关注的就是谕旨中所举的事例——隋炀帝征讨琉球，这实际上也是明代官方史籍中有关琉球的最早记录。

朱元璋虽出身贫农，“目不知书”[⑤]，但由于自身聪慧好学，亲近儒臣，文化修养不断提高。其阅读涉猎广泛，兵书、星占、经书、史书无所不读，以致达到了“文士顾不及”的程度。凭借丰厚的知识储备，朱元璋往往能够引经据典，旁征博引，灵活运用。[⑥] 特别是在对外关系中，

① 《明太祖实录》卷 68，洪武四年九月辛未，台北“中研院”史语所 1962 年影印版，第 1277 页。

② ［日］石原道博：《日明交涉の開始と不征國日本の成立》，《茨城大學文理學部紀要》1954 年第 4 號。

③ 万明：《中国融入世界的步履：明与清前期海外政策比较研究》，故宫出版社 2014 年版，第 55—56 页。

④ 郑永常：《来自海洋的挑战——明代海贸政策演变研究》，稻乡出版社 2004 年版，第 15 页。

⑤ （清）赵翼：《廿二史札记》，凤凰出版社 2008 年标点本，第 494 页。

⑥ 张德信：《论朱元璋对传统文化的认识与理解》，《史学集刊》1995 年第 3 期。

善于援引古代交往事例，以古喻今，借以明晰自身的外交诉求，增强对外交涉的效力。因此，以隋炀帝征讨琉球为例来论述其海外政策似就属正常。但问题的关键在于，为何偏偏选取隋炀帝征讨琉球一事。

洪武三年（1370）三月，朱元璋在对外诏谕中指出："朕若效前王，恃甲兵之众，谋士之多，远涉江海，以祸远夷，安靖之民，非上帝之所托，亦人事之不然。"①说明朱元璋对明代以前"前王"征伐海外的事例有着清楚的认识。是年四月，朱元璋派遣翰林编修王廉出使安南，祭奠安南国王陈日煃。在王廉启程后，"又诏以汉伏波将军马援昔讨交趾，立铜柱为表，以镇服蛮夷。其功甚大，命廉就祀之"②。这是《明太祖实录》中明确提及的最早的海外征伐事例。洪武十四年（1381）七月，朱元璋令礼部移书切责日本国王良怀，其中有："若叛服不常，构隙中国，则必受祸。如吴大帝、晋慕容廆、元世祖皆遣兵往伐，俘获男女以归。千数百年间，往事可鉴也。"③洪武十七年（1384）五月，敕谕辽东守将绝高丽时说："（高丽）曩古侮汉，汉伐四次，绝灭其国族。魏伐二次，屠其所都。晋伐一次，焚其宫室，俘其男女五万口。隋伐二次，城困将亡，幸降而免。唐伐四次，斩首五万级，牛马八万余，夷王臧等戮于市。辽伐五次，焚其宫室，斩乱臣康肇，拔十余城。金伐一次。元伐五次，夷王窜耽罗，捕杀之。"④上述征讨日本、高丽的事例虽然出现在洪武十四年以后，但从对"前王"海外征伐事例的熟知程度看，在洪武三年（1370）以前，朱元璋就已知晓了历代征讨日本、高丽的详情。因此，在论述"不征"的海外政策时，没有必要非以隋炀帝征讨琉球为例。而且，即便是以隋炀帝征讨海外为例，也没有必要将征讨对象选定为琉球。

---

① 《明太祖实录》卷50，洪武三年三月，台北"中研院"史语所1962年影印版，第988页。

② 《明太祖实录》卷51，洪武三年四月壬申，台北"中研院"史语所1962年影印版，第1007页。

③ 《明太祖实录》卷138，洪武十四年七月戊戌，台北"中研院"史语所1962年影印版，第2174页。

④ 《明太祖实录》卷162，洪武十七年五月，台北"中研院"史语所1962年影印版，第2515页。

根据《明太祖实录》记载，朱元璋对隋炀帝的关注当始于至正二十五年（1365）。是年六月，令滕毅、杨训文“集古无道之君，若夏桀、商纣、秦皇、隋炀帝所行之事以进”①。此后，多将之作为反面典型，全无好感。洪武元年（1368）闰七月，“上与侍臣观古帝王画像，因论其贤否得失，至汉高祖、唐太宗、宋太祖，则展玩再三，谛视久之。至隋炀帝、宋徽宗则速阅而过，曰：乱亡之主，不足观也”②。在发往海外的外交文书中，初次提及隋炀帝是在洪武五年（1372）九月，在亲谕高丽使者张子温时说：“昔日好谎的君王，如隋炀帝者，欲广土地，枉兴兵革，教后世笑坏他，我心里最嫌有。”③ 尽管没有明言，但实际上所谓的“欲广土地，枉兴兵革”一事指的就是隋炀帝征伐高丽。朱元璋在对外文书中第一次明确提及隋炀帝征讨高丽是在洪武七年（1374）五月，在给高丽国王的手诏中有：“若汉唐之夷，彼隋君之伐东，在朕之今日，非诈侮与我，安敢违上帝而劳扰生民者乎?”④ 事实上，早在洪武元年（1368）十二月明丽国交建立之时朱元璋就说过：“昔我中国之君，与高丽壤地相接，其王或臣或宾。”⑤ 表明他对以往中国与高丽交往的历史有着清楚的了解。再结合其对“前王”海外征伐的熟知程度，隋炀帝东征高丽一事想必早已为其知晓。也就是说，在洪武四年（1371）九月这一时点，朱元璋不仅知道隋炀帝征讨过琉球，也应该知道其东征过高丽。那么，在论述“不征”的海外政策时为何偏偏“舍高丽”而“就琉球”?

元代学者吴莱在“未冠”之时曾作《论倭》一文，其“论议俊爽，识者谓有秦汉风”，颇为时人所称赞。其内容中有与“不征”谕旨相合之处⑥，现摘录如下（暂将两段分别标记为A、B）：

---

① 《明太祖实录》卷17，乙巳六月乙卯，台北“中研院”史语所1962年影印版，第232页。

② 《明太祖实录》卷33，洪武元年闰七月戊辰，台北“中研院”史语所1962年影印版，第597页。

③ 《高丽史》卷43，洪武五年九月壬戌，人民出版社2014年标点本，第1324页。

④ 吴相湘主编：《明太祖御制文集》，台湾学生书局1965年影印本，第75页。

⑤ 《明太祖实录》卷37，洪武元年十二月壬辰，台北“中研院”史语所1962年影印版，第750页。

⑥ 管见所及，最早提及吴莱《论倭》与洪武“不征”谕旨联系的是石原道博，他指出了两者在内容上的相合之处。

> (A) 然取其地不能以益国，掠其人不可以强兵，徒以中国之大，而使见侮于小夷，则四方何所仰观哉？……(B) 吴尝浮海伐夷州矣，获其人三千，而兵不助。隋尝浮海伐留仇矣，拔其城数十，而国不加益也。[①]

洪武四年（1371）九月“不征”谕旨中关于隋炀帝征讨琉球的论述如下（暂将其分为 a、b 两段）：

> (a) 如隋炀帝妄兴师旅，征讨琉球，杀害夷人，焚其宫室，俘虏男女数千人。(b) 得其地不足以供给，得其民不足以使令，徒慕虚名，自弊中土，载诸史册，为后世讥。

从中可以看到，“不征”谕旨中围绕隋炀帝征讨琉球一事的论述，是以（a）的事例引出（b）的主旨，而（b）与《论倭》中的（A）在立意上几乎相同，而（a）的事例又是源于（B）。[②] 因此，“不征”谕旨中有关隋炀帝征讨琉球的论述很可能脱胎于《论倭》。

按，《论倭》一文实收录在吴莱的文集《渊颖集》中，但此文集并非吴莱本人所编，而是在其死后，由及门弟子宋濂“为摘其有关学术议论之大者，编为斯本”。将《论倭》收入文集之中，说明此文已达录入标准，获得了宋濂的认可。而宋濂自至正十八年（1358）归附后，便“恒侍左右，备顾问”[③]。朱元璋在制定对外政策时应该会向其征求意见，宋濂将业师在《论倭》中阐述的对外理念加以阐发，这种可能性是存在的，更何况《论倭》本身就是符合“学术议论之大者”的好文。由此推测，朱元璋或许早就接触过《论倭》一文。然而，如（B）段所示，与征讨琉球并列的还有孙吴讨伐夷州的事例。此外，通观《论倭》全文，关于

---

① ［日］伊藤松辑录：《邻交征书》2 篇卷 1《诗文部》，上海辞书出版社 2007 年版，第 128—129 页。

② 根据《太平广记》的记载：“炀帝令朱宽征留仇（即后流虬）国还，获男女口千余人。”从中可知，“留仇”也是“琉球”的异称之一。

③ 《明史》卷 128《宋濂传》，中华书局 1974 年标点本，第 3784 页。

征伐海外的事例尚有慕容廆征日本、隋伐高丽、唐攻百济，但朱元璋都弃之不用，单单选取了隋征琉球。这是否是宋濂本人倾向于此，而朱元璋受其影响的结果？

宋濂在《浦阳人物记》中说："濂尝读《隋书》。"[①] 从屡借《隋书》事例阐发微言大义的举动看，其对《隋书》中的记事是非常熟悉的，比较有代表性的便是其所作的《隋室兴亡论》。由于是长篇论述，以下只摘取与本文论旨有关者：

> 及炀帝嗣位，借承平之休运，慕秦皇汉武之为人，治宫室而务侈靡，使绝域而勤远略，市武马而困烝庶，御龙舟而般游无度。自以为日月所照，雨露所及，孰敢不臣。高句骊一岛夷，怒其不恭，亲总大兵一百十三万，分十二军并发，旌旗弥亘千里，近古出师之盛，未之有也。意谓狼噬玄菟之野，鸱张扶余之境，电扫襄平之墟。未几，麦铁杖死辽东，宇文述败萨水，而九军先后陷焉。曾不悔祸，益务兴戎，府库空竭，头会箕敛，而民益不堪命，由是盗贼蜂起。[②]

宋濂作此文的时间不明。按照《明太祖实录》所载，洪武元年（1368）正月，"上御东阁，御史中丞章溢、学士陶安等侍，因论前代兴亡之事"[③]。这是实录中唯一一次提及朱元璋组织讨论历代兴亡之事，但参与讨论的人物中并未提及宋濂。据《銮坡集·恭题御赐书后》："（乙巳，即1365年）三月十五日，卧病京师之官舍，不入侍者六日。"[④] 此后，朱元璋便令宋濂"归养金华山中，父子祖孙欢然同聚，疾必易愈"。对于其返回京师的时间，《宋文宪公年谱》认为是洪武元年（1368）四月。[⑤]

---

① （明）宋濂：《浦阳人物记》卷上，《金华丛书》87，退补斋刻本，第1页a。

② 《潜溪前集》，《新编本宋濂全集》，第1册，浙江古籍出版社2012年标点本，第156页。

③ 《明太祖实录》卷29，洪武元年正月丁亥，台北"中研院"史语所1962年影印版，第497页。

④ 《銮坡前集》，《新编本宋濂全集》，第1册，浙江古籍出版社2012年标点本，第478页。

⑤ 《宋文宪公年谱下》，《新编本宋濂全集》，第8册，浙江古籍出版社2012年标点本，第2938页。

从时间上看，似不存在宋濂参与讨论的可能。此外，从朱元璋的事后论述看，此次讨论的主要问题是“骄逸”，而《隋室兴亡论》的主旨则是“德”在治理国家中的重要地位。因此，宋濂参与此次讨论的可能性不大。另据《明史》：“濂傅太子先后十余年，凡一言动，皆以礼法讽劝，使归于道，至有关政教及前代兴亡事。”① 由此，此文很可能是在授业太子时所作。

在文中，宋濂论述了隋炀帝征讨高丽一事，对其“益务兴戎”的政策表示批评，并认为这是导致“盗贼蜂起”的重要原因，强调对外政策与对内政策的密切关联性。文中丝毫不曾提及隋炀帝征讨琉球一事，其原因可能在于：在宋濂看来，隋炀帝征讨高丽本身已是“近古出师之盛，未之有也”的大事件，征讨琉球一事自然难以与之相提并论。

与宋濂同时代的梁寅，也是元末明初的大儒之一，学贯五经，精通典制，曾参与明初礼乐制度的制定，四方从学之士甚多。他在《原治》一文中说：“兵之以仁为弱，以义为强。故宋高宗之乞和金人，非仁之弱也；隋炀之远征高丽，非义之强也。”② 从中可知，梁寅在提及隋炀帝对外征伐时也选取了征讨高丽。

宋濂、梁寅等人在明初文人中极具地位和声望，其观点理应能代表当时士人的普遍看法。即便到了洪武十五年（1382）九月，桂彦良在《上太平治要十二条》中谈及“驭夷狄”之道时尚且说：“若汉武之穷兵黩武，徒耗中国而无益。隋炀之伐高丽，而中国蠡起。”③ 这意味着在明初士人看来，谈及隋炀帝海外征伐的首选事例应该还是征讨高丽。但朱元璋却未选取此例，表明他未被以宋濂为代表的当时士人的普遍观点所左右，而是进行了个人的选择。那么，朱元璋为何对隋炀帝征讨琉球一事如此“情有独钟”？这是“无意”为之的偶然行为，还是“有意”为之的深思熟虑？

明初在朝贡体制构建的过程中始终面临着“天下观”与“华夷观”的矛盾和冲突。由于元代“天下观”的转换，广义的“天下”概念首次从理论变成了现实，“无远弗届”“天下一家”业已成了时人对元朝的普

---

① 《明史》卷128《宋濂传》，中华书局1974年标点本，第3785页。

② （明）程敏政：《明文衡》卷16，吉林人民出版社1998年标点本，第177页。

③ （明）陈子龙选辑：《明经世文编》卷7，中华书局1962年影印本，第50页。

遍印象。[①] 而“华夷观”强调的却是“华夷分立”，依靠“华夷观”建立的朝贡体制并不能实现广义的天下概念。相反，朝贡体制表现的却是广义天下观的收缩和狭义天下观的确立，朱元璋也极其清楚这一点。[②] 朱元璋对外仅称“君主华夷”，却从未说过“天下一家”。[③] 然而，明初正统性的论证并不像明朝中后期那样强调华夷之辨，而是最看重“混一寰宇”的大一统，这实际上也是元代“天下观”转换后影响的延续。[④] 对朱元璋来说，为了达到“混一寰宇”的效果，就需要对朝贡体制灵活调适：一方面，通过制定、完善朝贡礼仪，凸显朝贡的政治性和形式上的臣属关系；另一方面，积极向已知的海外国家派遣使者，突出“量”的优势，努力营造“万邦来朝”的景象，特别是要努力招徕元朝招谕失败的海外国家朝贡，对日本的招抚便有此考虑。

日本自遣唐使废止后便终止了与中国的官方交往，元朝虽两次征讨日本，但皆以失败告终，谢肇淛就说：“元之盛时，外夷朝贡者千余国，可谓穷天极地，罔不宾服，而惟日本崛强不臣。”[⑤] 因此，明朝若能招徕日本朝贡，势必有助于凸显元亡明兴的必然性。自洪武二年（1369）正月起，明朝便向日本遣使，但始终无实质性进展。到了洪武四年（1371）七月，随着明军攻灭巴蜀，除云南外，明朝的国内战争基本结束。“方今天下一统，东戍辽海，南镇诸番，西控数种戎夷，北屯沙塞。”[⑥] 经过三年的遣使诏谕，截至洪武四年（1371）九月，高丽、安南、占城、爪哇、西洋琐里、渤泥、三佛齐、暹罗等国也已朝贡，明朝的对外交往格局基本成型。但时至此时，日本仍未遣使到明，这对朱元璋来说不能不说是极大的遗憾。更为重要的是，赵秩自洪武三年（1370）三月出使日本以

① 刘迎胜：《蒙元世界帝国的时代印记》，载张志洲主编《重新讲述蒙元史》，生活·读书·新知三联书店 2016 年版，第 80—101 页。

② 吴元年（1367）九月，朱元璋在将故元宗室神保大王等发还元主时说：“古者帝王混一止乎中原，四夷不治。惟殿下之祖宗，四海内外，殊方异类，尽为土疆，亘古所无。”参见《明太祖实录》卷 25，吴元年九月戊戌，台北“中研院”史语所 1962 年影印版，第 374 页。

③ ［日］檀上寛：《天下と天朝の中国史》，東京：岩波書店 2016 年版，第 209 頁。

④ 刘浦江：《元明革命的民族主义想象》，《中国史研究》2014 年第 3 期。

⑤ （明）谢肇淛：《五杂俎》卷 4《地部二》，上海书店出版社 2009 年标点本，第 81 页。

⑥ 张德信、毛佩琦主编：《洪武御制全书》，黄山书社 1995 年版，第 25 页。

来，已有17个月之久，却始终杳无音信。赵秩一行是否已经遭遇不测，不得而知。这自然会加剧朱元璋对对日交涉前景的担忧。

在明代以前，隋朝和元朝都曾向琉球遣使招抚，但都以失败告终，周煌感慨道："琉球东南蕞尔，隋招之不至，元耆之不服。"① 琉球与日本一样，也是"不臣""不服"之国，这一认识在明初同样存在。胡翰有言：

> 元入中国，所统土宇，与汉唐相出入。至元中，尝命省臣阿剌罕将兵讨日本，及其国而海舟多漂覆不利。其后又议取流球，用闽人吴志斗之言，不出师而遣使往谕其国，留泉南者虽久之，讫不能达而罢。岂二国之不可制乎？亦中国未有以服其心也。②

在对日交涉无果的态势下，又在洪武四年（1371）九月将同为"不臣""不服"之国的琉球引入群臣的视野中，这不免有"雪上加霜"之嫌，缺乏思量。比较合理的解释是朱元璋对招抚琉球一事已然成竹在胸，这也反过来说明明朝在此前应该已经与琉球就朝贡事宜达成一致，而这一局面的出现或许就与洪武二年（1369）杨载使日归国时到访琉球有关，郑若曾所说的"明洪武初，行人杨载使日本，归道琉球，遂招之"③ 可能便是指此。

在首次论述对外政策方针的重要场合就以琉球为例，表明朱元璋有意对琉球进行"地位凸显"。结合当时的情势分析，"地位凸显"的意图应该有二。其一，针对日本仍未朝贡的现实，将琉球作为日本的某种"补充"和"替代"。通过琉球朝贡，"淡化"日本不臣，并将之作为明朝优于元朝的一种"象征"。其二，由于"自古不通中国"，时人对琉球的认知有限，琉球基本处在被忽略和遗忘的境地。萧崇业就说："夫琉球

① （清）周煌：《琉球国志略》卷3，《丛书集成初编》，上海：商务印书馆1936年排印本，史地类，第3246册，第9页。

② （明）胡翰：《胡仲子集》卷5，《丛书集成初编》，上海：商务印书馆1935年排印本，文学类，第2108册，第68页。

③ （明）郑若曾：《琉球图说》，早稻田大学图书馆馆藏，史料番号：ル4－4709－1，第2页b。

遐居海峤，久与中国不相闻，无怪其名寖以不章矣。”① 朱元璋应该也是鉴于此，借“地位凸显”唤起群臣对琉球的关注，引导他们主动了解琉球，明确其“不臣”“不服”的化外形象，为正式招抚琉球进行舆论动员，为彰显招抚成功后的重大意义奠定认知储备。

第三节　明朝招抚琉球的意图

在“地位凸显”一个月后的洪武四年（1371）十月，怀良亲王派遣祖来到明，这是日本首次向明朝遣使。尽管学界对祖来此行是否是“朝贡”存有争论②，但对朱元璋来说，宁愿将之理解成朝贡。祖来抵京后，被安置在会同馆，“三日一燕之，南北进贺之使，皆列坐其下”③，足见明朝对日本的礼遇程度。此举其实也是明朝对实现日本“朝贡”的一种宣传和夸饰。是年十一月，真腊朝贡，标志着此前明朝招抚的10个海外国家业已悉数朝贡明朝。由此，“元朝皇帝海外、中原、天下尽归天朝”④。然而，尽管日本“业已奉贡称藩矣，而寇掠如故”⑤。这自然会使日本“已臣”“已服”形象的真实性大打折扣，表明明日关系仍然存在较大的不确定性。再者，“地位凸显”已经引起群臣对琉球的关注。因此，从减轻对日交涉不确定性给朝贡体制带来的潜在冲击和强化群臣对明朝正统性的认同两方面考虑，都有继续招抚琉球的必要。此外，基于当时

① （明）萧崇业：《使琉球录》卷下，《使琉球录三种》，大通书局1988年标点本，第223—224页。

② 对此，藤田明认为称臣的表笺是伪作的，不存在称臣一事。石原道博认为：“果真称臣与否是有疑问的，或者是文案起草者的舞笔，或者是明朝史臣的润色。”佐久间重男认为：“恐怕是中国方面将日本使节带来的表文和作为进贡的名马、宝刀等解释成了臣服意志的表现。”田中健夫则倾向于藤田明的“伪作说”。

③ ［日］伊藤松辑录：《邻交征书》3篇卷1《诗文部》，上海辞书出版社2007年版，第227页。

④ （明）俞本：《纪事录》，载陈学霖《史林漫识》，中国友谊出版社2000年版，第442—443页。洪武五年（1372）正月，朱元璋在发给琉球的诏书中说：“是用遣使外夷，播告朕意，使者所至，蛮夷酋长称臣入贡。”在此之前的洪武三年（1370）三月，赵秩出使日本的诏谕中尚有：“即皇帝位已三年矣，比尝遣使持书飞谕四夷，高丽、安南、占城、爪哇、西洋琐里即能顺天奉命，称臣入贡。”当时诏书中详列到明朝贡的国家名单，此时只以“蛮夷酋长称臣入贡”来代替，表明随着真腊朝贡，基本达到了预想的“四夷入贡”的目标。

⑤ （明）罗日褧：《咸宾录》卷2，中华书局2000年点校本，第57页。

东亚，特别是东北亚的地缘战略态势，朱元璋又赋予了招抚琉球更多的内涵。

一　树立藩屏与牵制日本

（一）“倭人入寇”事件对明朝的冲击

洪武二年（1369）正月，“倭人入寇山东海滨郡县，掠民男女而去”①。这是《明太祖实录》中有关倭寇侵扰的最早记录。学界多从“海防”和“国交”的角度进行解读，将之视为明代倭寇问题的开端和明朝开展对日交涉的契机。但是，上述叙事框架并不能完整体现这一事件的深刻内涵，相反倒在一定程度上淡化了明日关系的复杂性及其对明初东北亚地缘政治局势演变和明朝的东北亚认知的影响。

至正二十三年（1363）八月，“倭人寇蓬州，守将刘暹击败之”②。对于“蓬州”的确切所指，后藤秀穗认为是山东蓬州③，高荣盛、陈尚胜认为是山东蓬莱④，但不管怎样，“蓬州”位于山东却是共识。可见“倭人”寇山东的情况，早在元代便已存在了。洪武二年（1369）明朝发往日本的玺书中也有“自辛卯以来，中原扰扰，彼倭来寇山东，不过乘胡元之衰耳”的表述，说明朱元璋对元代“倭人”寇山东之事也有着较为清晰的认识。因此，明初的“倭人入寇”，常被看作元代“倭寇”的一种延续，明人郑舜功就云：“倭寇国初者，乃寇元之利也。”⑤ 然而，若从明初的国内局势及山东海滨地区所处的地缘战略位置看，洪武二年（1369）正月的“倭人入寇”事件的影响，绝非简单的元代“倭寇”的延续就可完全涵盖的。

自刘暹击溃“倭人”寇掠后，山东海滨地区即出现了“海隅遂安”

① 《明太祖实录》卷38，洪武二年正月，台北“中研院”史语所1962年影印版，第781页。

② 《元史》卷46《顺帝九》，中华书局1976年标点本，第964页。

③ ［日］田中健夫：《倭寇——海上历史》，杨翰球译，武汉大学出版社1987年版，第30页。

④ 高荣盛：《元史浅识》，凤凰出版社2010年版，第255页；陈尚胜：《东亚海域前期倭寇与朝贡体系的防控功能》，《中国边疆史地研究》2017年第1期。

⑤ （明）郑舜功：《日本一鉴·穷河话海》卷6，东北师范大学图书馆馆藏1939年影印本，第6页b。

的局面。虽然学界对此多有存疑，诸如陈文石便认为："显系夸张，或仅为一时现象。"[①] 但元末"倭寇"多集中在渤海海峡地区，目的也主要是劫掠海运船只[②]，并不以侵扰山东为主要目标。在至正二十三年至洪武二年（1363—1369）正月间，《元史》《明太祖实录》等典籍中也未有"倭寇"侵扰山东的记载，所以元末"倭寇"入侵山东的事例还是较为稀疏的。除至正二十三年（1363）"倭人"寇蓬州外，影响较大的只有一例，还是发生在至正三年（1343）。[③] 与之相对的辽东地区，状况则截然不同。自至正十八年（1358）"倭人"入侵金州、复州后，辽东沿海的"倭寇"侵扰便持续发酵。至正二十六年（1366），山南道廉访使月鲁不花渡航至辽东半岛南部的铁山，"遇倭贼船甚众"，结果为贼所杀。[④] 至正二十八年（1368）前，工部郎中揭汯从四明渡海北上大都，在抵达铁山后，"卒遇倭寇，同行多被害"[⑤]。

正因如此，洪武二年（1369）正月"倭人"突然寇山东，自然就显得十分引人瞩目。尤为重要的是，此时正处于明朝一统六合的关键时刻。洪武元年（1368）十二月太原战役后，明军迅速平定山西全境。次年正月，"倭人入寇"山东之际正是明军集结兵力，意欲西进克取盘踞在陕西的李思齐、张思道等势力之时。[⑥] 在这种情况下，山东沿海的异动，不能不引起明朝政府的警觉。这年二月，朱元璋在颁给日本的玺书中就明确提到"山东来奏……数寇海边"的问题。

《明太祖实录》并未明确记载此次"倭人入寇"的具体地点，只是笼统地称为"山东海滨郡县"。入寇事件发生后不久，明朝正式设置了莱

① 陈文石：《明洪武嘉靖间的海禁政策》，台大文学院1966年版，第8页。

② ［日］榎本涉：《東アジア海域と日中交流》，東京：吉川弘文館2007年版，第178頁。

③ 据虞集《道园稿》卷43《赵天纲神道碑》："至正三年，（赵天纲）上言：山东傍海诸郡奸盗，潜通岛夷，叵测上下，数千里无防察之备，请置万户府益都，出甲兵、楼橹以制其要害，凡七十二处。"高荣盛认为，文中的"岛夷"即指倭寇无疑，详见高荣盛《元史浅识》，凤凰出版社2010年版，第254页。

④ 《元史》卷145《月鲁不花传》，中华书局1976年标点本，第3451页。

⑤ 《芝园续集》卷3，《新编本宋濂全集》，第5册，浙江古籍出版社2012年标点本，第1707页。

⑥ 曹永年：《蒙古民族通史》第3卷，内蒙古大学出版社2002年版，第3页。

州卫，并“分莱州卫官军以备登州”[①]，还在金州设置了备御所。[②] 在这三地加强军备，应该和洪武二年（1369）正月的“倭人入寇”有所关联。从此后明朝的行政区划看，山东地区的海滨郡县主要隶属登州、莱州、青州、济南四府，“山东三面濒海，登、莱二府岛屿环抱，其在青、济则乐安、日照、滨州、利津、沾化、海丰，诸境皆抵海为界”[③]。洪武时期山东地区的倭寇侵掠，大多集中分布于渤海外围靠近黄海的地区和黄海北部沿岸，并未及于渤海内部。[④] 诸如胶州、诸城、莱阳、宁海、即墨等地，主要是登、莱二府及青州府东南部的沿海地区，洪武二年（1369）正月的“倭人入寇”之地理应在此范围内。

从三府地区所处的地缘位置看，与辽东隔海相望，登莱地区更是“扼辽左之嗉喉”“外控辽碣”的战略要地[⑤]，早在汉唐时期便是经略辽东的重要基地。洪武初年，辽东地区还处于以纳哈出为代表的残元势力掌控之下，青、登、莱三府所在的山东半岛地区自然也就成为明朝与辽东残元势力隔海对峙的战略前线。从史料记载来看，朱元璋依托山东半岛经营辽东，似乎始于洪武四年（1371）七月，派遣马云、叶旺等“由登莱渡海，驻兵金州”[⑥]。但他对于山东与辽东关系及其战略地位的认识，应该要早得多。据俞本《纪事录》记载（至正十九年，1359）：

> 山东宋守将毛平章被淮安赵平章所杀，将士忿，亦杀赵公，众率其幼子仍为总兵，以镇山东之地。上欲知齐鲁、燕冀兵力强弱，地理险易，复遣何必聚阳为毛平章烧饭食，欲以探中原虚实。[⑦]

---

① 《增修登州府志》卷12《军垒》，国家图书馆藏光绪七年刻本，第1页b。

② 嘉靖《山东通志》卷11《兵防》，《四库全书存目丛书》，齐鲁书社1996年影印本，史部，第188册，第64页。

③ 嘉靖《山东通志》卷1《图考》，《四库全书存目丛书》，齐鲁书社1996年影印本，史部，第187册，第726页。

④ 赵树国：《明代北部海防体制研究》，山东人民出版社2014年版，第57页。

⑤ （清）顾祖禹：《读史方舆纪要》卷36，中华书局2005年标点本，第1661—1681页。

⑥ （清）谷应泰：《明史纪事本末》卷10，中华书局1977年点校本，第132页。

⑦ （明）俞本：《纪事录》，载陈学霖《史林漫识》，中国友谊出版社2000年版，第416页。

可见，山东红巾军内乱发生后，朱元璋便对“齐鲁”地区产生了关注，对其“地理险易”也有所了解。按文中所言，赵君用最终为“将士”所杀，但这些“将士”的身份却极其特殊。据《元史》记载：“赵君用既杀毛贵，其党续继祖自辽阳入益都，杀君用。”[①] 也就是说，这些“将士”是自辽阳而来的毛贵余部。另据《高丽史》记述，在“关先生”（关铎）率领的北伐中路军攻占辽阳后，“山东之贼，航海而来，与之相合，势甚猖獗”[②]。由此推测，这些“将士”是通过“航海”的方式往来于辽阳、山东之间的。这种重要的情报，在何必聚的报告中，应该也会有所涉及。

而且，山东与高丽同样关系紧密。由“登州海行入高丽”的航路早在唐代以前便已存在，西汉灭卫氏朝鲜、唐朝东征高丽都曾从山东渡海前往。[③] 从洪武二年（1369）八月明朝册封高丽国王诏书中“逾渤海而称臣”[④] 之语，洪武五年（1372）十二月要求高丽“教恁官人每往登州过海”[⑤]，以及洪武十七年（1384）五月敕谕辽东守将时详列“历代征伐高丽事例”[⑥] 等情形来看，朱元璋对高丽与山东的关系是有着较为深刻的认识的。

于是，洪武二年（1369）正月的“倭人入寇”事件，似乎无意间将明朝的国内战争、辽东、高丽、日本（“倭人”）四者关联在了一起。从当时东北亚的地缘政治格局看：辽东处在以纳哈出为代表的残元势力掌控之下，是北元对抗明朝的左翼。[⑦] 受自身实力所限，朱元璋尚难以消除纳哈出的威胁，只能采取“辽地虽远，不必用兵，天下平定，彼当自归”的经营策略。高丽与元朝关系紧密，为其驸马之国。元顺帝北走后，积极向高丽征兵、征饷，引为掎角。朱元璋在至正十四年（1354）援救六

---

① 《元史》卷45《顺帝八》，中华书局1976年标点本，第948页。

② 《高丽史》卷40，至正二十二年四月甲寅，人民出版社2014年标点本，第1254页。

③ 章巽：《我国古代的海上交通》，商务印书馆1986年版，第42页。

④ （明）程敏政：《明文衡》卷1，吉林人民出版社1998年标点本，第4页。

⑤ 《高丽史》卷44，洪武六年七月壬子，人民出版社2014年标点本，第1334页。

⑥ 《明太祖实录》卷162，洪武十七年五月，台北“中研院”史语所1962年影印版，第2515页。

⑦ 叶泉宏：《明代前期中韩国交之研究》，台湾商务印书馆1991年版，第36页。

合时，就与高丽军队有过接触，对高丽“助力”元朝的情况早有所知。[①]日本曾两度遭受元军的攻打，终元之世始终“崛强不臣”，其对代元而立的明朝的态度不明。可以说，明朝建立初期的东北亚地区还处在一个紧张对抗且晦暗不明的态势之下。

对朱元璋来说，北元、辽东残元势力与高丽的“相合一处”，一直是令他担心的一个重要问题。因此早在洪武元年（1368）十二月，就遣使通好高丽。但截至洪武二年（1369）正月，明使未归，贡使未至，高丽的对明态度一时难以确定。而恰在此时，又发生了与各方皆有潜在关涉的“倭人入寇”事件，这无疑进一步加剧了东北亚局势的复杂性，也使朱元璋对辽东残元势力、高丽、日本与“倭人入寇”是否存有关联产生了疑惑。尤其“倭人入寇”之际正值明军主力西进之时，这很容易让朱元璋产生辽东残元势力与高丽在左翼联合日本侵寇北部海疆，借以牵制明军主力西进，配合内陆元军抵抗大明的担忧。这就使得明初对日交涉目标的设定不会仅停留在两国关系的范围内，而是与明朝国内战争的进程、东北亚地缘政治局势的演进紧密关联在了一起。

在此背景下，从洪武二年（1369）开始，明朝积极对日遣使，在探查日本政府与“倭人入寇”事件关联性的同时，尽力招徕日本朝贡，避免可能出现的日本与辽东残元势力、高丽联合侵寇的局面。[②] 除此以外，朱元璋也将目光投向了日本周边地区。

（二）经略日本周边与吸纳琉球入贡

洪武二年（1369）八月，高丽派遣洪尚载入明，“奉表贺即位，请封爵”[③]，这也是高丽首次向明朝遣使。入贺请封之举暂时打消了朱元璋对丽日联合抗明的怀疑。12 天后，明朝遣使册封恭愍王为高丽国王[④]。同

---

① ［日］末松保和：《麗末鮮初に於ける対明関係》，载《青丘史草 1》，東京：笠井出版社 1965 年版，第 310 頁。

② 李健、刘晓东：《明初“倭人入寇”与明朝的应对》，《辽宁大学学报》（哲学社会科学版）2018 年第 3 期。

③ 《明太祖实录》卷 44，洪武二年八月甲子，台北“中研院”史语所 1962 年影印版，第 858 页。

④ 《明太祖实录》卷 44，洪武二年八月丙子，台北“中研院”史语所 1962 年影印版，第 866 页。

月，高丽又派遣成准得到明。九月，成准得抵达京师。十月，归国。成准归国之际，朱元璋特赐玺书一通：

> 近者使归，问国王之政。言王惟务释氏之道，经由海滨，去海五十里或三四十里，民方宁居者。朕询其故，言倭奴所扰，因问城郭何如……问甲兵何如……问王居何如……今胡运既终，沙塞之民非一时可统。而朕兵未至辽沈，其间或有狂暴者出，不为中国患，恐为高丽之扰。况倭奴出入海岛十有余年，王之虚实岂不周知？皆不可不虑也。王欲拒之，非雄武之将，勇猛之兵，不可远战于封疆之外；王若守之，非深沟高垒，广其储蓄，四有援兵，不能挫锐而擒敌。由是而观，王之负荷可谓甚重！惟智者能图患于未然，转危以为安也。前之数事，所言喋喋，不过与王同忧耳，王其审图之！①

从中可知，朱元璋当时已对高丽的“北虏”“南倭”问题产生了关注。在此两月前，明朝在册封恭愍王的诏书中说：“守礼义之国，作屏翰于东藩。”但并未明言作为“东藩”的高丽应该发挥什么样的作用。此时强调“北虏”“南倭”问题，实则是将“东藩”的职责明确化。从两者在文中所占的篇幅看，朱元璋应该更加侧重“南倭”问题。实际上，自攻克大都后，明军一路势如破竹。截至洪武二年（1369）十月，明军已接连取得太原战役、上都破袭战、庆阳会战的胜利。② 在此情势下，明朝并不需要高丽提供直接的军事援助，不论高丽是“拒之”，还是“守之”，只要明丽宗藩关系存在，就能起到牵制、威慑以纳哈出为代表的辽东残元势力的作用。③ 因此，侧重“南倭”问题也是时势使然。由此可以明显看到，朱元璋对高丽承担起“御倭东藩”职责的期待。

洪武三年（1370）三月，明朝派遣赵秩使日。从携带的诏谕内容看，其出使目的主要涉及通告日本明朝定鼎、四夷皆已朝贡、暂停征日、敦

---

① 《高丽史》卷42，洪武二年五月壬子，人民出版社2014年标点本，第1295—1296页。

② 达力扎布：《北元初期史实略述》，《内蒙古社会科学》1990年第5期。

③ 张士尊：《高丽与北元关系对明与高丽关系的影响》，《绥化师专学报》1997年第1期。

促朝贡四个方面。但实际上，赵秩此行并不像诏谕所描述的那样简单。

洪武七年（1374）三月，赵秩在为文溪周允的饯偈作序时说："余天子知日本尚佛法，故命有德行天宁禅师、瓦官讲师奉使辟扬佛教，遣余辈谕毛人，同其来。"[①] 从中可知，赵秩是陪同祖阐、克勤一同出使日本的，但其使命与祖阐、克勤的"辟扬佛教"不同，而是诏谕毛人。祖阐、克勤在滞留京都时，曾致书天龙寺主持："寻有岛民，逾海作乱，数犯边卤，多掠子女……故后两遣使来谕此意，俱为镇西所阻，彼自入朝称贺，皇帝虽不拒来，然知其非日本国王，必欲遣使入关为正。回使奏云，若欲过关，非僧不可……遂有选僧奉使之命。"[②] 文中的"两遣使"应是指洪武二年（1369）杨载、三年（1370）赵秩使日。而促成祖阐、克勤使日的直接原因是"回使"带来的"若欲过关，非僧不可"的情报。从出使先后推测，此"回使"应该是洪武三年（1370）使日的赵秩，这说明赵秩此前曾尝试过关东去，只因并非僧人身份而被拒绝。既如此，就没有必要再派赵秩随同祖阐、克勤出使。而且，最终承担起诏谕毛人使命的并非赵秩，而是祖阐、克勤，这说明诏谕毛人一事完全可由祖阐、克勤承担。再者，祖阐、克勤一行抵达博多后，就被今川了俊拘留在圣福寺，直至次年（1373）五月末方才收到允许上洛的命令。[③] 然而，赵秩在洪武五年（1372）冬就已经启程上洛了，说明赵秩与祖阐、克勤在行程上并不一致。综合以上三点考虑，赵秩陪同祖阐、克勤出使的可能性不大。村井章介认为，洪武三年（1370）使日的赵秩并未在洪武四年（1371）十月陪同祖来入明，而是继续留在日本，等候祖阐一行的到来。[④] 若此，则表明在洪武三年（1370）使日之际，赵秩应该就已怀有招谕毛人的使命，其尝试过关东去可能就与此有关。

在朱元璋眼中，毛人与高丽一样，都是日本的周边关系国，这可从

---

① 《大日本史料》第6编第40冊，東京：東京大学出版会2000年版，第322頁。

② 《大日本史料》第6编第37冊，東京：東京大学出版会1976年版，第349—350頁。

③ 宋濂在《送无逸克勤公出使还乡省亲序》中对祖阐一行上洛的描述如下："经涉北海，时近六月……行一月始至。"从"近六月"的表述看，当时并未进入六月，尚在五月。而祖阐一行抵达京都是在同年六月二十九日，按"行一月始至"计算，其启程时间当在五月末。

④ 参见［日］村井章介《アジアのなかの中世日本》，東京：校倉書房1988年版，第240頁。

《元史》中察知。《元史·日本传》中有如下之语："其土疆所至与国王世系及物产风俗，见《宋史》本传。"① 说明《元史》在日本"土疆所至"的记述上完全承袭《宋史》。《宋史》对日本疆域记为："其地东西南北各数千里，西南至海，东北隅隔以大山，山外即毛人国。"② 而朱元璋本人对《元史》极其熟悉，作为纂修者之一的赵汸就说："有旨即旧志成书，凡笔削，悉取睿断。"③ 陈高华认为，《元史》真正的总裁其实就是朱元璋。④ 因此，朱元璋对《元史》中被"笔削"的、见于《宋史》的日本"土疆所至"的情况应该有所了解。《元史》在洪武二年（1369）八月成书后，虽于洪武三年（1370）三月再度增修，但当时增修的内容为"故元元统及至正三十六年事迹"，并未涉及外夷传，这就意味着在洪武二年（1369）八月以前，朱元璋应该就已经知晓了日本东北大山外即是毛人国。

如前所述，赵秩使日时，杨载以"宣使"身份陪同出使，具体的任务是送还日本谍僧15人。然而，杨载前次使日并无实绩，反而招致使臣被杀、被拘。而且，送还谍僧并非专业事务，完全可由赵秩一并承担。也就是说，派遣杨载随同出使的必要性并不强。但实际的情况却是仍旧派遣杨载出使，这表明杨载在此次使日中具有不可替代性，而这种"不可替代性"很可能是指对琉关系方面。尽管此前杨载业已"归道琉球"，但毕竟行程匆匆，获悉的相关情报有限，需要再次赴日，进行更加全面详细的探查，这样才能为制定下一步的对琉政策提供参考。

通过以上论述可以看到，洪武二年（1369）十月以后，朱元璋对位于日本周边的高丽、毛人、琉球表现出了极大的关注，而这一时间点又恰好与前述推测的杨载"归道琉球"返国的时间相吻合。由此可以说，以杨载"归道琉球"返国为契机，朱元璋尝试积极经略日本周边地区，并隐约地呈现出一种借助周边、配合对日外交的策略态势，对琉球的招抚自然也是其中的一环。更进一步说，招抚琉球的意图应当在于：从南

① 《元史》卷208《日本传》，中华书局1976年标点本，第4625页。
② 《宋史》卷491《日本传》，中华书局1977年标点本，第14131页。
③ （明）程敏政：《明文衡》卷38，吉林人民出版社1998年标点本，第370页。
④ 陈高华：《陈高华文集》，上海辞书出版社2005年版，第478页。

部牵制日本，填补东南海防的空档，打造“南藩”琉球，并与对高丽、毛人的经略密切配合，营造大明居中，高丽、琉球为两翼，毛人为尾的策略态势，多方牵制日本，压缩其地缘战略空间，使之不敢主动介入明朝的国内战争。

万历年间的谢廷谅洞悉了朱元璋的这一意图，他说：“高皇帝……独以倭夷之反覆不情也，却其来。计以为倭介在海东，左流虬而右朝鲜，利舶一带，声息相闻。是故，带砺两国，以掎捔其山川，褒宠二王以歆动其天性。”① 徐葆光更是强调了吸纳琉球朝贡的地缘战略意义：“琉球弹丸缀闽海，得此可补东南荒，朝来张挂向东壁，红旭冉冉升扶桑。”② 琉球对自身扮演的这一角色也有着清晰的认识，中山王世子尚清明言：“臣世被中国厚恩，树之岛夷，以藩屏东海外。”③

二　强化正统与配合北征

洪武四年（1371）十月杨载使日归国，但在此后的两个月间，朱元璋丝毫不提招抚琉球之事。直至洪武五年（1372）正月，方才正式决定派遣杨载使琉。6天后，又决意再度北征。从时间上看，招抚与北征之间理应存在某种关联。

洪武五年（1372）正月，朱元璋与徐达等诸将在武楼讨论“边事”：

> 上御武楼，与诸将臣筹边事。中书右丞相魏国公徐达曰：“今天下大定，庶民已安，北虏归附者相继，惟王保保出没边境，今复遁居和林，臣愿鼓率将士，以剿绝之。”上曰：“彼朔漠一穷寇耳，终当绝灭，但今败亡之众，远处绝漠，以死自卫，困兽犹斗，况穷寇乎？姑置之。”诸将曰：“王保保狡猾狙诈，使其在，终必为寇，不如取之，永清沙漠。”上曰：“卿等必欲征之，须兵几何？”达曰：

① 方宝川、谢必震主编：《琉球文献史料汇编（明代卷）》，海洋出版社2014年版，第282—283页。

② （清）周煌：《琉球国志略》卷15，《丛书集成初编》，上海：商务印书馆1936年排印本，史地类，第3247册，第199页。

③ 方宝川、谢必震主编：《琉球文献史料汇编（明代卷）》，海洋出版社2014年版，第92页。

“得兵十万足矣。”上曰：“兵须十五万，分三道以进。”于是，命达为征虏大将军，出中路；曹国公李文忠为左副将军，出东路；宋国公冯胜为征西将军，出西路。①

从中可知，北征之议最早由徐达提出，其出发点是彻底消灭王保保（扩廓帖木儿）势力，但朱元璋并不赞同，认为“穷寇莫追”，主张“姑置之”。诸将则以必灭扩廓帖木儿，永清沙漠再度力请。最终，朱元璋顺应舆情，同意北征。通览全文，给人的感觉是：朱元璋原本并无北征的打算，只是在以徐达为首的武臣的力请之下而采取的顺势之举。然而实际的情况却并非如此。

朱元璋主动开展与扩廓帖木儿的交涉，始于至正二十三年（1363）派遣汪河护送尹焕章返归河南。此后，尽管朱元璋对扩廓帖木儿有“本一孺子”“将不过一匹夫耳”“曹操之奸”“信任奸邪”“跋扈擅爵”等负面评价，但这多半是出于策略上的考虑而有意为之的，其对扩廓帖木儿的能力、才智始终不曾质疑。在朱元璋眼中，扩廓帖木儿与一般的地方割据势力不同，他“据有齐鲁，根培洛阳，招贤纳士，练将养兵，实处中国，其志非小”②。在吴元年（1367）北伐之时，元朝地方势力大多“不战而奔”，“惟王保保犹力战以拒朕师”。据朱元璋事后回忆：“向使若等未平元都，而先与之角力，彼人望未绝，困兽犹斗，声势相闻，胜负未可知也。”③ 因此，朱元璋始终将扩廓帖木儿视为劲敌。明朝建立后，扩廓帖木儿虽在洪武元年（1368）的太原战役、洪武三年（1370）的沈儿峪之战中败于徐达之手，但明军并未将之彻底消灭。在逃归和林后，扩廓帖木儿又被元昭宗委以中书右丞相的重任，其本人也以恢复元朝在中原地区的统治为己任。这就使明朝始终面临着扩廓帖木儿南侵的威胁，而“王保保未擒”也就成了朱元璋的

① 《明太祖实录》卷71，洪武五年正月庚午，台北“中研院”史语所1962年影印版，第1321页。

② 《明太祖实录》卷17，甲辰九月丙辰，台北“中研院”史语所1962年影印版，第240—241页。

③ 《明太祖实录》卷58，洪武三年十一月戊戌，台北“中研院”史语所1962年影印版，第1141页。

“未了三事”之一。[①]

据《明太祖实录》，刘基在“乞归乡里”之际曾向朱元璋进言：“凤阳虽帝乡，然非天子所都之地，虽已置中都，不宜居。扩廓帖木儿虽可取，然未可轻，愿圣明留意。”[②] 对于刘基乞归乡里的时间，实录中并未记载，钱谦益认为是洪武元年（1368）[③]，其依据可能是洪武元年（1368）八月刘基以妻丧告归乡里一事。但从文中“已置中都”一句来看，其理应发生在洪武二年（1369）九月以后。然而，朱元璋真正关注中都（临濠）还要等到洪武四年（1371）。这年二月，朱元璋下令完善临濠周边地区的漕运网络，以中盐之法向临濠输粮，并亲自驾幸临濠，这一系列的举动可能让刘基产生了欲迁都于此的印象，因之才有上书劝阻之举。另据《明史》，洪武四年（1371）三月，“诚意伯刘基致仕”[④]。从时间上看，此“致仕”应该就是实录中所说的“乞归乡里”。这说明，在洪武四年（1371）三月，朱元璋便想以实际行动剿灭扩廓帖木儿。

如实录所言，北征起因于“北虏归附者相继，惟王保保出没边境”。陈鹤在《明纪》中也继承了这一观点：“（扩廓帖木儿）在和林数扰边，帝患之。”[⑤] 然而，在洪武三年（1370）十一月至洪武五年（1372）正月的将近 14 个月的时间里，北元扰边只发生过 1 次，即洪武五年（1372）正月胡人入寇汾州，结果为大同卫指挥佥事蔡端击溃，“擒获八百余人及孳畜以还”[⑥]。但此次扰边是否与扩廓帖木儿有关，并不明确。因此，“数扰边”的表述很让人怀疑。张奕善认为，这很可能只是为北征制造的借口。[⑦] 从“兵需十万，分三道以进”之语看，朱元璋在此前已经对征讨的部署做过通盘考虑，是“庙算”已久的产物。故而，洪武五年

① 叶子奇在《草木子余录》中指出：“高帝谓天下一家，尚有三事未了：一少传国玺，一王保保未擒，一元太子无音问。”

② 《明太祖实录》卷 99，洪武八年十月丁巳，台北“中研院”史语所 1962 年影印版，第 1689 页。

③ （清）钱谦益：《国初群雄事略》卷 11，中华书局 1982 年标点本，第 264 页。

④ 《明史》卷 2《太祖二》，中华书局 1974 年标点本，第 26 页。

⑤ （明）陈鹤：《明纪》，《四部备要》，中华书局 1936 年影印本，史部，第 43 册，第 44 页。

⑥ 《明太祖实录》卷 71，洪武五年正月庚戌，台北“中研院”史语所 1962 年影印版，第 1313 页。

⑦ 张奕善：《明太祖的沙漠战争》，《台湾大学历史学系学报》1988 年第 14 期。

（1372）北征的真正倡议者应该是朱元璋本人，而非徐达。[①] 实录之所以突出朱元璋在北征问题上的"被动"立场，很可能是鉴于此后明军惨败的现实，出于为尊者讳的曲笔。结合当时的情形看，洪武五年（1372）的北征可以看作在对外交往格局基本确立的态势下，朱元璋意图彻底解决北元势力，一举确立明朝东亚主导地位的重大尝试。

当然，朱元璋虽在洪武四年（1371）三月便想将剿灭扩廓帖木儿付诸实践，但对能否取得战争胜利并无十足把握，其突出表现就是在洪武四年（1371）九月册封扩廓帖木儿之妹为秦王妃，在礼册中有如下之语：

> 朕君天下，封诸子为王，必选名家贤女为之妃。今朕第二子秦王樉，年已长成，选尔王氏，昔元太傅中书右丞相河南王之妹，授以金册，为王之妃。尔其谨遵妇道，以助我邦家。敬哉！[②]

从中可以看到，朱元璋特意点明了秦王妃的身份是"元太傅中书右丞相河南王之妹"，并称其为"名家贤女"，暗含着对扩廓帖木儿本人及其家世的推崇。从"助我邦家"一句来看，朱元璋希望扩廓帖木儿可以归顺明朝，为其所用。在剿灭之外尚存招抚之念，本身就说明对剿灭扩廓帖木儿并不胜券在握。谈迁便看到了这一点："高皇帝忧在漠北，意未始一日释也。……而又最忌畏扩廓帖木儿，将来平城之虑，必其人也。欲縻制之不得，缔姻天室，盖即刘敬公主远嫁之策而逆用之，非寻常所测也。"[③]

朱元璋最终在洪武五年（1372）下定北征的决心，其原因应该在于：

---

① 王世贞在《弇州史料》中指出："高帝御武楼，与计边事，曰：'扩廓游魂，尚在出没，奈何？'达乃请曰：'亟发兵厄竖子耳。'"吴朴在《龙飞纪略》中也指出："壬子春正月，以大将军徐达帅师伐迤西，李文忠总东道兵趋上都。帝以残虏未除，终为边患，乃以达帅师伐之。"由此，王世贞、吴朴也认为洪武五年（1372）北征的真正倡议者是朱元璋本人。参见（明）王世贞《弇州史料》前集卷19《徐中山世家》，《四库禁毁书丛刊》，北京出版社2000年影印本，史部，第49册，第30页；（明）吴朴《龙飞纪略》，《四库全书存目丛书》，齐鲁书社1996年影印本，史部，第9册，第574页。

② 《明太祖实录》卷68，洪武四年九月丙辰，台北"中研院"史语所1962年影印版，第1272页。

③ （清）谈迁：《国榷》卷4，中华书局1958年点校本，第454页。

自吴元年（1367）明军北伐以来，一路势如破竹，特别是应昌之役后，北元遭受重创，其恢复中原的企图基本成为泡影。[①] 而且，元朝残存势力退居漠北后，无法实现向游牧社会的转换，纷纷南下降明。[②] 在此背景下，战争的前景越发乐观。尽管如此，在出师之际，朱元璋犹恐兵力不足，又下令故元汾王率部从征，并从河南、山东抽调兵卒4.8万人。朱元璋对战争获胜仍无十足把握，故而采取了谨慎、稳妥的方针，对琉球的招抚应也是出于这种考虑。

招抚琉球是利用其“自古不通中国”的地位，通过琉球朝贡，强化明朝取代元朝的正统性和合法性，特别是在北征结果无法准确预期的情况下，更加需要借助招抚琉球进行必要的“配合”和“补充”。北征若能获胜，招抚琉球就成了“锦上添花”之举，同时实现“混一寰宇”和“万国来朝”两大目标。北征如果失利，招抚琉球就成了“替代”之举，通过琉球朝贡，转移国内注意力，平衡、淡化战争失利给明朝带来的负面影响。从这个意义上说，招抚之中暗含着北征之意，招抚琉球可以看作北征的一环。

第四节　琉球中山王遣使朝贡动因的再探讨

洪武五年（1372）十二月，琉球中山王察度派遣其弟泰期到明朝贡，明琉国交正式建立，琉球也第一次加入以中国为中心的国际秩序体系中。对于琉球中山王遣使朝贡的原因，屠应埈认为：“高皇帝放驱胡元，揃饬异域，诸海外夷狄君长，振慑威德，交臂屈膝，以称臣归死，而琉球始通，贡献中国。”[③] 许天锡认为：“球阳有国，系于裨海，弗庭于华，奚啻千载。惟我皇祖，仁厚万方，率先慕义，来享来王。”[④] 谢杰也认为：“明兴，慕义来贡。”[⑤] 但是，这样的说法不免稍显理想化。周煌认为是出于

① 达力扎布：《北元初期史实略述》，《内蒙古社会科学》1990年第5期。

② ［日］萩原淳平：《明初の北邊について》，《東洋史研究》1960年第19卷。

③ 方宝川、谢必震主编：《琉球文献史料汇编（明代卷）》，海洋出版社2014年版，第93页。

④ （清）周煌：《琉球国志略》卷15，《丛书集成初编》，上海：商务印书馆1936年排印本，史地类，第3247册，第181页。

⑤ （明）谢杰：《〈琉球录〉撮要补遗》，《使琉球录三种》，大通书局1988年标点本，第270页。

“邻境奢服”和“贸迁有无”的考虑。[①] 从当时“三山争衡，攻战不息”的政治现实和“地无货殖，商贾不通”的经济窘况看，为了抗衡山南、山北，及开展贸易以供国用而遣使朝贡确在情理之中。然而，若从当时琉球国内整体的局势分析，中山王遣使朝贡的动因便不止于此。

一　“君臣道合”：强化王权[②]

根据《中山世鉴》中收录的《琉球中山王舜天以来世缵图》，琉球中山王统始于舜天。在察度王以前，共经历了舜天、英祖两大王统。其中，对于舜天王统存在的真实性，学界存有质疑。新井白石认为，在英祖王以前，“则知先世未有统一之主也明矣”[③]。宫城荣昌指出，琉球古代歌谣是从12世纪开始形成的，舜天王也是在12世纪初期即位的。因此，其中理应有歌颂舜天王的歌谣。但实际情况是没有，反倒存在着歌颂英祖、察度、尚泰久等“圣主”的歌谣。而且，歌谣多将后世的王歌颂为“英祖末裔之王”。因之，琉球中山王统之始理应“是英祖，而非舜天”[④]。但是，早在《中山世鉴》成书前百年，琉球“かたのはなの碑”中便有中山王尚清自称是舜天二十一代后的记载，说明至迟到尚清王时，舜天已

---

① （清）周煌：《琉球国志略》卷10，《丛书集成初编》，上海：商务印书馆1936年排印本，史地类，第3246册，第137页。

② 严格地说，“王”并非当时琉球土著的称呼，而是琉球加入封贡体制后被明朝赐予的。加藤三吾认为：“舜天以下至西威王之时，称为‘岛酋’比较恰当，未能找到称王的理由，认为‘琉球王’这一爵号是从明代册封之时开始的是最为恰当的。”高桥公明也认为，三山并立时期的“三王”并不能称“王”，只能将之视为“首长”，“册封才是从首长到王的第一步”。丰见山和行同样认为，“王”的称呼是被中国构筑的国际秩序（册封体制）所认定的，但是琉球内部的国家构造并不是单纯为册封关系所规定的，琉球拥有独自的国内政治体系，抛开册封体制这一框架，“王”的称呼是很难存在的。（参见［日］加藤三吾《琉球の研究》上卷，佐世保：魁成舍1906年版，第18頁；［日］高橋公明《琉球王国》，载《岩波講座日本通史》第10卷，東京：岩波書店1994年版，第305頁；［日］豊見山和行《琉球・沖縄史の世界》，東京：吉川弘文館2003年版，第27—29頁。）笔者在此使用“王权”这一表述，主要鉴于《中山世鉴》《中山世谱》《球阳》都将自舜天以来的统治者定位为“王”，是出于行文和史料引用便利的考虑。此处所说的“王权”，实则可以视为“首长权”。

③ ［日］新井白石：《南岛志》卷上，《丛书集成续编》第245册，新文丰出版公司1988年版，第369页。

④ ［日］宫城栄昌：《琉球の歴史》，東京：吉川弘文館1996年版，第35頁。

经得到琉球王府的认可，舜天可能并非全然被创作、想象的人物。[①]《琉球国由来记》就明确指出："盖我中山，自舜天王而来。"[②] 然而，自舜天王统开始，直至察度王统治时期，琉球中山王的权力都不十分稳固。

《中山世谱》记载："然前代诸王，或传子，或传贤，其系不一。"[③] 但并未明言"前代诸王"的确切所指为何。另据《琉球国由来记》："先王始舜天，终至尚巴志也。"[④] 由此，所谓的"前代诸王"应指从舜天至尚巴志的各王。《中山世谱》所载表明，在尚巴志以前并未建立起严格的基于血缘关系的王位传承制度。而且，中山国内的君臣等级关系也不牢固，"君臣上下之节，拜伏之礼，有之如无"[⑤]。臣下弑君篡位的情况时有发生，《琉球国旧记》中记有："前代之世，有一权臣，请待王，凤辇已驾，过园比屋武岳前，时岳门外有一老翁，出接圣驾，曰：'某欲谋害王，钦哉！戒哉！'语毕，忽化清风而不见其形容。王大惊大戒。已到他家，果有招集勇力之士，密藏之于内，要掳王，以篡宝位。"[⑥] 当然，所谓的"权臣"尚且不是王权的主要威胁，真正能够左右王权的是按司。[⑦]

按司在天孙氏开国之时就已存在，史载："爰相厥地，始建城都于中山，名曰'首里'。次后画野分郡（俗呼"郡"曰"间切"），每郡

① ［日］比嘉実：《琉球王統譜神号の思想史的研究：禅譲論受容の背景》，《沖縄文化研究》1990 年第 16 期。

② 《琉球国由来記》卷 1，《琉球史料叢書》，東京：東京美術刊 1973 年整理本，第 1 册，第 3 頁。

③ ［琉］蔡温：《中山世譜》凡例十條，《琉球史料叢書》，東京：東京美術刊 1973 年整理本，第 4 册，第 5 頁。

④ 《琉球国由来記》卷 10，《琉球史料叢書》，東京：東京美術刊 1973 年整理本，第 1 册，第 208 頁。

⑤ ［琉］蔡温：《中山世譜》卷 1，《琉球史料叢書》，東京：東京美術刊 1973 年整理本，第 4 册，第 23 頁。

⑥ ［琉］鄭秉哲：《琉球国舊记》卷 1，《琉球史料叢書》，東京：東京美術刊 1973 年整理本，第 3 册，第 12 頁。

⑦ 对于"按司"所指，伊波普猷认为是"あるじ"（"主"）的转讹；奥野彦六郎认为同于宫古的"あす"，意为"命令"；宫良当壮提出"あち"（"吾父"）说；仲原善忠认为与《古事记》中的"あき"（"吾君"）相通；新里惠二、外间守善认为是表示"父亲"之意的"あさ"的转讹。（参见［日］宫城栄昌《琉球の歴史》，東京：吉川弘文館 1996 年版，第 23 頁。）

置按司，奉事于首里，而上下安矣。”① 起初，按司任职勤谨，服事中山，承担着临郡治民和定期朝拜的职责，《琉球国旧记》有言：“窃按旧制：每郡设按司，常居其城，而莅治人民焉，犹若中华有诸侯也。或当见朝之期，则启行赴京。或有公事之时，则暂住首里。公务全竣，既归各城。”② 然而，到了天孙氏末期，中央对按司的控制力渐趋衰退，“四方按司，各据其土，筑城聚兵，以争权威”③。临郡治民逐渐为群郡争雄所取代，定期朝拜也名存实亡。为了使自身在征战中获胜，各地按司皆“权重兵战”，按司选任的标准也就变成“皆以善战者为之”。中央失去了任命按司的权力，按司选任最终为构成按司集团的各聚落首长的合议所掌握。中山本身就是诸按司构成的联合政权，中山王与他们也只是形式上的主从关系，如何处理与按司的关系，对王权的存在至关重要。

中山王统合诸按司的主要手段是发展海外贸易，以贸易之利换取诸按司的支持。在此背景下，海外贸易自然也就成了王权存在的基础。④ 为了稳定、拓展海外贸易，中山王需要通过对外战争的方式实现中山对海外贸易的独占。因此，担任中山王者大多是能征善战之人，英祖本人就是“伊祖的战争能手”⑤。此外，自英祖王修建浦添王陵以来，直至尚巴志，历代中山王皆在此地修造王陵，这些中山王陵与山南的佐敷王陵、山北的“百按司墓”王陵一样，都建立在能被本国重要港口所在地看到的高山断崖之上，这被认为是出于树立王权威信，谋求内外认可，增强存在感的考虑。⑥ 而大

① ［琉］蔡温：《中山世譜》卷1，《琉球史料叢書》，東京：東京美術刊1973年整理本，第4册，第21頁。

② ［琉］鄭秉哲：《琉球国舊记》卷1，《琉球史料叢書》，東京：東京美術刊1973年整理本，第3册，第33頁。

③ ［琉］蔡温：《中山世譜》卷1，《琉球史料叢書》，東京：東京美術刊1973年整理本，第4册，第30頁。

④ ［日］上里隆史：《琉球王国の形成と展開》，载桃木致朗《海域アジヤ史研究入門》，東京：岩波書店2008年版，第60頁。

⑤ ［日］外間守善、西鄉信綱主編：《おもろさうし》，東京：岩波書店1972年版，第357頁。

⑥ ［日］安里進：《琉球王国の陵墓制》，载《周縁の文化交涉学シリーズ3》，大阪：関西大学文化交涉学教育研究拠点2011年版，第210頁。

力修造瓦葺建筑的初衷也同样在此。[①] 中山王还通过与按司联姻的方式，强化与按司的联携，但实际效果不大，联姻按司反叛的情况依然存在。《琉球国旧记》中收录有如下事例：“往昔之世，有濑长按司者，创造此城而居焉。传至孙子，内有为王之驸马，威权日炽者，亦骄傲已极，心变谋叛。”[②] 总地来说，按司独大的局面难以根本改变，举凡国家政事，皆由按司组成的“寨官会议”决断。[③] 中山王的废立也被按司左右，《中山世鉴》记有：“西威王立，不明也，诸侯叛者多矣。西威王在位十四年薨，世子将立，诸侯废之，尊浦添按司为中山王。”[④] 直至察度王治世，王权依然极度羸弱。

据《遗老说传》：“往古之礼，圣上即位，必择吉旦，召群臣于禁中，且聚会国中男女于狱所，而觋巫呪诅，而烧灰宇吕武，和水而饮焉。”[⑤] 说明国王即位之际，需借助“觋巫”，与“群臣”“国中男女”进行盟誓，王权本身也有着极重的宗教色彩，而所谓的“觋巫”指的就是“神女”。

琉球的神女信仰主要源于对“姊妹的生灵”的崇拜。[⑥] 神女的地位和权威主要体现在她握有对祖先（灵）神的祭祀权。[⑦] 琉球自村落时代开始，便极其重视祖先（灵）神的祭祀，并将其视为实现村落安定与繁荣的根本。而掌握村落祖先（灵）神祭祀权的就是神女，当时被称作“根神”。其与“根人”一样，都由村落草创之家的后代担当。不同之处在

---

① ［日］石井龍太：《瓦と琉球——王権、制度、思想、交渉》，载《周縁の文化交渉学シリーズ6》，大阪：関西大学文化交涉学教育研究拠点 2012 年版，第 170 頁。

② ［琉］鄭秉哲：《琉球国舊记》卷 5，《琉球史料叢書》，東京：東京美術刊 1973 年整理本，第 3 册，第 97 頁。

③ ［日］安里進：《寨官と大型グスクの時代》，载高良倉吉《新琉球史　古琉球篇》，那霸：琉球新報社 1992 年版，第 115 頁。安里进认为，“三山时代”琉球中山的权力是由王权和寨官会议这两种权力组成的，并将这种权力架构称之为“王—寨官体制”，而这一体制的突出特点便是寨官会议高于王权。

④ ［琉］向象賢：《中山世鑑》首卷，《琉球史料叢書》，東京：東京美術刊 1973 年整理本，第 5 册，第 9 頁。

⑤ 《遗老说传》卷 1，琉球大学伊波普猷文库藏手抄本，史料番号：092. 2 Te21 1 – 3。

⑥ ［日］伊波普猷：《をなり神の島》，東京：樂浪書院 1938 年版，第 1 頁。

⑦ ［日］知名定寛：《沖縄宗教史の研究》，宜野灣：榕樹社 1994 年版，第 53 頁。

于，根人由男性担任，负责政事；根神由根人的姊妹担当，承担祭事，这就使得琉球政治自始便具有“祭政一体”的特点。[①] 按司产生后，原有的统合村落这一血缘共同体的根神无法承担起统合按司这一地域共同体的使命。因而，在按司内部，出现了位于村落根神之上的神女——“祝女”。[②] 按司筑城于祖先的安葬地，并在当地设置御岳，通过祝女祭祀御岳，祈求加护按司，统合共同体成员的信仰，强化按司的支配力。知名定宽认为，按司内部的“祭政合一”的政治体制实则是建立在按司的政治权威和祝女的宗教权威的两分之上的。从某种意义上说，祝女的实权甚至是超过按司的。但不管怎样，祝女宗教机能的归结点主要还是在于强化按司的政治权威。[③]

然而，从久米岛土著祝女与入侵者的关系看，祝女对入侵者并不积极抵抗，反而向其妥协，并最终成为入侵者支配当地的工具。[④] 表明祝女与按司的关系并不稳固，神权极易屈从于强力者。在英祖王统末期，出现了西威王之母“专权”的情况，宫城荣昌将之看作女性借助神力进行政治支配的表现[⑤]。但是，王母“专权”的时日甚短，不久就被按司推翻。这些情况表明，借助神女信仰难以真正实现统治稳固。

从王统开创者舜天、英祖的出身看，舜天是源为朝之子，“日本人皇五十六世清和天皇後胤，六条判官为义公第八之子也”[⑥]。英祖“乃天孙氏后裔也”，其父惠祖为伊祖按司。对其降生，《中山世鉴》认为是“其母梦上帝而妊娠”，《中山世谱》《球阳》则认为是“日轮入母怀”，英祖也因之被尊称为“日子”。从中可以看到，舜天与英祖都家世显赫，出身名门。与之相对，察度却家境贫寒，出身卑微，“不知为何人后裔也”，其父奥间大亲

---

① ［日］伊波普猷：《沖縄女性史》，那霸：小泽書店 1919 年版，第 4 頁。

② ［日］知名定寛：《沖縄宗教史の研究》，宜野灣：榕樹社 1994 年版，第 58 頁。

③ ［日］知名定寛：《沖縄宗教史の研究》，宜野灣：榕樹社 1994 年版，第 58—68 頁。

④ ［日］中村哲：《琉球王国形成の思想：政治思想史の一齣として》，《沖縄文化研究》1974 年第 1 期。

⑤ ［日］宫城栄昌：《琉球の歴史》，東京：吉川弘文館 1996 年版，第 44—45 頁。

⑥ 关于舜天出身的记载，见于琉球国史《球阳》第 1 卷。这里只是引用文本本身的意思，并不代表笔者赞同此说。

或为贫农。[1] 家中“垣牖倾圮，风透雨湿，不堪清贫”[2]。胜连按司在拒绝其女下嫁察度时曾说：“前不许名卿贵族之求，人与贱夫，岂非见笑于世耶!”[3] 说明在当时的琉球社会中，已经存在看重出身门第的观念。察度虽在此后被推举为中山王，开创一代王统，但“见笑于世”的“贱夫”形象或许也是其内心挥之不去的存在。如何塑造自身王统的光辉形象，淡化世人眼中的“贱夫”认识，自然也是察度即位后需要解决的问题。

从《球阳》中的记载看：“大明洪武年间，有宫古山主与那霸势头丰见亲者，童名真佐久。此时本岛兵乱大发，防战杀夺，干戈不息，争雄恃勇，自为岛主。于是乎，势头丰见亲深念骚动兵乱，民陷涂炭，要来享圣国，沐浴德政，泳游仁风，以安人民。”[4] 在当时的琉球，即便已成“岛主”，单靠一己之力也无法实现弭兵乱、安人民的目标，反而需要借助外部的“圣国”之力。综合以上论述，中山王察度遣使朝贡理应也是针对当时国内按司权重、神女势弱、本人又出身贫贱以致统治不稳的现实，希望通过到明朝贡，依靠明朝权威，强化王权，巩固统治。

二　“蛮夷不侵”：巩固国防

自 14 世纪中期开始，东亚海域的倭寇问题日益严重，琉球也不可避免地受到影响。以往对倭寇与琉球关系的研究，多侧重两者间的合一性，特别是强调被掳人贸易体现出的经济上的联携关系。[5] 然而，倭寇本身是兼具贸易与侵掠双重特性的存在，不会只对明朝和高丽进行侵掠，而唯独与琉球开展和平贸易。

根据《遗老传》记载：“往昔之世，人心笃实，神常为之护卫，有感必应。间有海寇来侵，则神辄化其米为沙，其水为咸。或使寇贼为盲哑，

---

① ［日］宫城栄昌：《琉球の歴史》，東京：吉川弘文館 1996 年版，第 48 頁。

② ［琉］蔡温：《中山世譜》卷 3，《琉球史料叢書》，東京：東京美術刊 1973 年整理本，第 4 册，第 38 頁。

③ ［琉］蔡温：《中山世譜》卷 3，《琉球史料叢書》，東京：東京美術刊 1973 年整理本，第 4 册，第 39 頁。

④ ［琉］郑秉哲：《球阳》卷 1，筑波大学图书馆藏手抄本，史料番号：360－29。

⑤ ［日］田中健夫：《倭寇とアジア通交圈》，载《日本の社会史》第 1 卷，東京：岩波書店 1987 年版，第 159 頁。

忽然飓风遽起，舟皆沉覆崩裂。"① 此事件也为陈侃《使琉球录》收入，但在表述上更加明确："闻昔倭寇有欲谋害中山王者，神即禁锢其舟，易而水为盐，易而米为沙，寻就戮矣。"② 日本五岛地区的倭寇就曾"流劫琉球等海夷国"③。中山国内也残存着众多抵御倭寇入侵的遗迹。《遗老说传》对"铁绳礁"有如下记载："往昔之世，那霸屋良佐城下有一铁绳礁，尝恐贼船来至，常系铁绳于此礁，以为预备。而其铁绳至于近世，藏在于亲见世。"④ 硫黄城的设立也与防备倭寇有关："往昔之世，王恐海贼来侵，预发精兵，整置军器，而收贮硫黄于此城，以备拒御，故曰'硫黄城'。"⑤ 上述情况表明，琉球中山与倭寇并不总是具有一体感，与明朝、高丽一样，中山也面临着倭寇的威胁。此外，与倭寇侵掠相比，更让中山担心的还有日本势力向山北、山南的涌入。

琉球"北与日本为邻"⑥，且与日本"并在海中洲岛之上，或绝或连"⑦。这种独特的自然地理环境为借助"岛链"以逐岛航行的方式交通往来创造了条件。而且，日本与琉球间存在着天然海流，《琉球国旧记》中有加贺国太守之子日秀上人"乘槎不用橹，泛海随波流，云游洋面，

---

① ［琉］蔡温：《中山世譜》卷1，《琉球史料叢書》，東京：東京美術刊1973年整理本，第4册，第22頁。

② （明）陈侃：《使琉球录》，《使琉球录三种》，大通书局1988年标点本，第26页。陈侃是如何获知倭寇谋害中山王一事的，使录中并未明言。八月中秋节，琉球中山王因"神降"无暇拜访陈侃，便遣王亲陪同游历佛寺。陈侃很可能就"神降"一事询问过王亲，王亲便提及了当年倭寇谋害中山王而最终为神所灭的传说。王亲此举为说明两点：其一，"神"护卫中山王不受倭寇谋害；其二，中山与倭寇的对立关系。这样，就将"神降"与倭寇关联在了一起。八天以后，中山王来访，说："清欲谒左右久矣！因日本人寓兹，狡焉不可测其衷，俟其出境而后行，非敢怠慢也！"从陈侃"已知之矣"的回复看，陈侃在此前已经知晓了"日本人寓兹"的消息。由此推测，此前以"神降"派遣王亲面会陈侃理应是中山王有意为之的，是借"神降"传递琉球与倭寇的对立关系，避免因"日本人寓兹"，让陈侃产生琉球与倭寇勾连的认识。

③ （明）郑舜功：《日本一鉴·穷河话海》卷4，东北师范大学图书馆馆藏1939年影印本，第21页b。

④ 《遗老说传》卷1，琉球大学伊波普猷文库藏手抄本，史料番号：092.2 Te21 1－3。

⑤ ［琉］鄭秉哲：《琉球国舊记》卷1，《琉球史料叢書》，東京：東京美術刊1973年整理本，第3册，第21頁。

⑥ （明）郑若曾：《琉球图说》，早稻田大学图书馆馆藏，史料番号：ル4－4709－1，第2页a。

⑦ ［日］新井白石：《南岛志》卷上，《丛书集成续编》第245册，新文丰出版公司1988年版，第361页。

漂荡天外，竟到琉球国金武郡属地富花津”[①] 的记载。从日本渡航琉球，一般从萨摩开洋，以位于山北的国头崎为指标，《琉球小志并补遗》有言：“国头崎（一云边户崎）……船舶自鹿儿岛至琉球，皆望此为标的。”[②] 山北也就成了日本抵达琉球本岛后的第一站。天神阿摩美久、舜天之父源为朝、入侵琉球的桦山久高等都是在山北的运天港登陆的，这就使得山北自始就与日本联系密切。

源为朝在山北登陆后，“遍行国中而游”，最终选择与山南大里按司之妹联姻。尚巴志的祖父鲛川大主在山北上陆后，也是选择到达山南，并在佐敷定居，娶大城按司之女为妻。鲛川大主此前的居住地伊平屋岛是日本海人渡航的重要基地，折口信夫认为他应该是与南朝有关的败退到琉球群岛的日本人。[③] 这些情况表明，山南理应是日本人员渡琉后的重要移居地。而“佐敷”的形成也与日本南朝方名和氏的支流有关，当地歌谣中多有“大和”“肥后八代”之语，佐敷苗代还有象征着八幡神的灵石，这些都可视为日本人移居山南的明证。[④] 从察度曾在浦添牧港与日本商船交易铁块看，也有日本人渡航至中山的情况。但是，截至察度王治世，史籍中并未见有日本人移居中山，进而在当地通婚的记载。这说明，中山与日本的关系远不及山北、山南与日本的关系紧密，双边关系更多的只是贸易层面上的往来。

涌入琉球的日本势力，除去一般的日本人外，还有军事力量，琉球古代歌谣中有载：

势理客的神女
势理客的神女
降下大雨

---

① ［琉］鄭秉哲：《琉球国舊记》卷 7，《琉球史料叢書》，東京：東京美術刊 1973 年整理本，第 3 册，第 131 頁。

② （清）姚文栋：《琉球小志并补遗》，《清代琉球纪录续辑》，大通书局 1988 年标点本，第 201 页。

③ ［日］稲村賢敷：《琉球諸島における倭寇史跡の研究》，東京：吉川弘文館 1957 年版，第 19—21 頁。

④ ［日］吉成直樹：《琉球の成立——移住と交易の歴史》，鹿児島：南方新社 2011 年版，第 224 頁。

淋湿铠甲
抵达运天
抵达小港
到达嘉津宇岳
降下大雨
淋湿铠甲
从大和涌来的军队
从山城涌来的军队①

文中的“运天”指“今归仁村运天”，“小港”是“运天”的别称，“嘉津宇岳”指“国头郡本部半岛”，② 此三地皆位于山北境内。考虑到日本与山北、山南的密切关系，这些日本军事力量在登陆后便会流向山北、山南。

在“三山并立”的态势下，包括军事力量在内的日本势力流入山北、山南，中山王察度自然会担心山北、山南联合日本势力介入琉球内争，而前述所谓的“倭寇欲谋害中山王”一事的原型可能就脱胎于此。由此，中山王察度遣使朝贡应该也是想借助明朝的力量和威势，对抗进入琉球的包括倭寇在内的日本军事势力，确保较之山北、山南的竞争优位，巩固国土安全。成化十六年（1480）四月，中山王尚真在奏疏中明言了此中深意：“然臣祖宗所以殷勤效贡者，实欲依中华眷顾之恩，杜他国窥伺之患。”③

泰期入明后，朱元璋按照惯例对其国王和使团成员进行赏赐。当时颁赐给察度的是大统历和织金文绮、纱罗，赐予泰期等人的是一般的文绮、纱罗。除此之外，还赐予了“袭衣”。对于此次袭衣下赐，学界并未

---

① ［日］外間守善、西鄉信綱主編：《おもろさうし》，東京：岩波書店 1972 年版，第 347 頁。原文为：“一　勢理客ののろの　あけしののろの　雨くれ　降ろちへ　鎧 濡らちへ　又　運天　着けて　小港　着けて　又　嘉津宇嶽　下がる　雨くれ　降ろちへ　鐵　濡らちへ　又　大和の軍　山城の軍”。

② ［日］外間守善、西鄉信綱主編：《おもろさうし》，東京：岩波書店 1972 年版，第 347 頁。

③ 《明宪宗实录》卷 202，成化十六年四月辛酉，台北“中研院”史语所 1962 年影印本，第 3544 页。

给予太多关注，只是将之视为官方层面明朝服饰输入琉球的嚆矢。[①] 按潘相所言："奉使入朝，辅君定国，其臣亦与有劳焉。"[②] 因此，下赐袭衣可以看作为了嘉奖使臣入贡之劳。然而，若将之与洪武时期明朝在其他海外国家初次朝贡时的赏赐情况进行对比的话，便会发现问题的所在。

表 1 -6　　洪武时期海外国家首次朝贡之际受赏物品一览

国家	时间	受赏者	受赏物品
占城	洪武二年（1369）二月	国王	大统历一本，织金绮缎纱罗四十匹
安南	洪武二年（1369）六月	国王	大统历一本，织金文绮纱罗四十匹
		正使四人	文绮、线罗各一匹，纱二匹
		副使及从人	文绮、线罗、纱有差
高丽	洪武二年（1369）八月	使者	罗绮有差
浡泥	洪武四年（1371）八月	国王	织金文绮、纱罗
		使者	绮帛有差
暹罗	洪武四年（1371）九月	国王	织金纱罗文绮
		使者	衣人一袭
三佛齐	洪武四年（1371）九月	国王	大统历，织金纱罗、文绮
		使者	罗绮有差
日本	洪武四年（1371）十月	国王	大统历，文绮、纱罗
		祖来	文绮、帛、僧衣
真腊	洪武四年（1371）十一月	国王	大统历，织金文绮
		使者	纱罗、文绮有差
琐里	洪武五年（1372）正月	国王	大统历，织金文绮、纱罗各四匹
		使者	文绮纱罗各二匹
		傔从	高丽布各二匹
琉球	洪武五年（1372）十二月	国王	大统历，织金文绮、纱罗各五匹
		泰期等	文绮、纱罗、袭衣有差
览邦	洪武九年（1376）八月	国王	金织文绮、纱罗
		使者及其从人	绮帛、衣靴有差

① ［日］豊見山和行：《琉球王国の外交と王権》，東京：吉川弘文館 2004 年版，第 41 頁。
② （清）潘相：《琉球入学见闻录》，《清代琉球纪录续辑》，大通书局 1988 年标点本，第 91 页。

续表

国家	时间	受赏者	受赏物品
百花	洪武十一年（1378）十二月	国王、使者	金织文绮、纱罗、衣服有差
彭亨	洪武十一年（1378）十二月	国王、使者	金织文绮、纱罗、衣服有差
须文达那	洪武十六年（1383）十二月	国王	大统历，绮、罗、钞
		使者	袭衣

表中数据源于《明太祖实录》。

从表1－6可知，在海外国家初次朝贡之际，明朝都会进行赏赐。对象上涵盖了国王、使者、从人。赏赐物品以大统历和织物为主，只有对暹罗、日本、琉球、览邦、百花、彭亨、须文达那的赏赐品中有服饰。其中，暹罗、日本、琉球是经明朝遣使招抚后方才朝贡的，而览邦、百花、彭亨、须文达那四国则是未经招抚主动朝贡的。因之，服饰赐予的对象可大致分为“招抚朝贡国”与“主动朝贡国”两类。在招抚朝贡国中，因日本使者的僧人身份，赐予的是僧衣，这应属特例，故而在此仅探讨暹罗和琉球的服饰赐予。《明太祖实录》中关于暹罗、琉球在初次朝贡之时被赐予服饰的记载如下：

> 暹罗：“诏赐其国王织金纱罗、文绮，使者衣人一袭。”①
>
> 琉球：“诏赐察度大统历及织金文绮、纱罗各五匹，泰期等文绮、纱罗、袭衣有差。”②

从暹罗的情况看，“使者衣人一袭”应该是指赐予使者每人一整套衣服，也即“赐使者袭衣”，在赐予的服饰类型上应与琉球相同。另据《明太祖实录》，洪武二年（1369）六月明朝在赏赐安南使团时，“赐同时敏、段悌、黎安世、阮法四人文绮、线罗各一匹，纱二匹，其副阮勋及从二十三人赐有差”③。

---

① 《明太祖实录》卷68，洪武四年九月辛未，台北“中研院”史语所1962年影印版，第1278页。

② 《明太祖实录》卷77，洪武五年十二月壬寅，台北“中研院”史语所1962年影印版，第1416页。

③ 《明太祖实录》卷43，洪武二年六月壬午，台北“中研院”史语所1962年影印版，第848页。

从“副阮勋”的表述看，前述四人理应是安南使团的正使。这说明，在当时明朝的认识中，朝贡使团里起码包括正使、副使、从人三部分。暹罗的袭衣下赐对象是“使者”，此“使者”究竟是单指正使，还是正、副使的合称并不确定，但应该不包括从人，否则必定会像对待安南使团那样逐一列出赏赐对象。而琉球的下赐对象却是“泰期等”，从“等”字来看，应包括正使泰期、副使、从人。更进一步说，实则涵盖了琉球到京朝贡使团。按照《琉球国进贡旧例》：“到京少则四五十人，多则六七十人，俱给赏有差。”① 由此，明朝向琉球下赐袭衣的规模当极大。那么，明朝此举的意图是什么？与此问题相关，更让人感兴趣的是袭衣下赐究竟是琉球请求的，还是明朝主动采取的？

洪武四年（1371）七月，占城国王遣使朝贡，在上呈的表文中有如下之语：“伏愿皇帝垂慈，赐以兵器、乐器、乐人，俾安南知我占城乃声教所被、输贡之地，则安南不敢欺凌。”② 从中可以看到，对占城来说，“兵器、乐器、乐人”是直观展示明朝权威的重要载体，能够起到“安南不敢欺凌”的作用。与“兵器、乐器、乐人”一样，服饰同样也是明朝权威的直观体现。考虑到当时中山面临的外部形势，袭衣下赐很可能是泰期请求的结果，是想借助明朝服饰，表明琉球是明朝“声教所被、输贡之地”，以此达到“远夷震慑”③ 的效果。当然，朱元璋也有着自己的考量：琉球使臣穿着明朝服饰，可以对外展示琉球服属明朝的形象，一方面，有助于强化自身统治的正统性，特别是在明军北征失利的境况下，明朝更加需要借此平衡、淡化战败的负面影响；另一方面，身穿明朝服饰的琉球使团在归国后，必定会在当地引起不小的震动，日本一旦获知此消息，势必产生明朝经略琉球，将有所图的担忧，这也可以看作积极践行借助周边经略日本策略的一部分。

---

① 《明宪宗实录》卷226，成化十八年四月甲子，台北“中研院”史语所1962年影印版，第3883页。

② 《明太祖实录》卷67，洪武四年七月乙亥，台北“中研院”史语所1962年影印版，第1260—1261页。

③ （清）周煌：《琉球国志略》卷13，《丛书集成初编》，上海：商务印书馆1936年排印本，史地类，第3247册，第158页。

事实上，琉球中山王在每年正月十一日至十三日的“御祈祷”之时，都会将“君臣和睦”和“四海安稳”当作重要内容加以强调[①]，这无疑体现出中山王内心对“君臣道合”和“蛮夷不侵”的极度关切。在此背景下，出于强化王权和巩固国防的考虑而接受明朝招抚、遣使朝贡也就不难理解了。

① 《琉球国由来記》卷1，《琉球史料叢書》，東京：東京美術刊1973年整理本，第1册，第15頁。

第二章　李浩出使琉球

第一节　对李浩“市马”说的质疑

学界普遍认为，琉球马是推动明琉关系建立、发展的重要因素，明朝有着获取琉球马的强烈愿望。明朝取得琉球马的主要途径有二：“贡马”和“市马”。其中，最能反映明朝求马心态的便是“市马”。有明一代，明朝共往琉球市马2次，且都发生在洪武时期。洪武七年（1374）十二月，明朝派遣李浩到琉球“市马”，被看作明琉马匹贸易的开端。

一　明代以前中国的马匹来源

在古代，马匹是重要的战略物资，在军事国防、国家礼制、交通运输、情报传递等方面发挥着积极作用。朱元璋就明确指出：“历代兴邦，戡定祸乱，咸赖戎马，民人是安。”① 陈讲也说：“夫马之登耗，国之舒蹙系之。”②

中国自古就是世界重要的产马地。《周礼》中列举了幽州、雍州、并州、豫州、兖州等产马地区。从周孝王命非子牧马于汧渭之间看，西北地区的养马业早在周代就已经存在了。秦朝建立后，除在边郡地区设立牧师苑牧马外，还与匈奴、西戎等开展贸易，换取马匹。西汉建立之初，

① 《明太祖实录》卷39，洪武二年二月庚辰，台北“中研院”史语所1962年影印版，第792页。

② （明）陈讲:《马政志》，《续修四库全书》，上海古籍出版社2002年影印本，史部，第859册，第15页。

“天子不能具钧驷”，马匹匮乏。自汉景帝开始，马政渐趋整备。在西、北边郡设置牧师诸莞36所，分养马30万头，并从乌孙、大宛等西域地区引入善马，改良马种。当时的养马地区主要集中在甘肃凉州一带，《汉书》有言：“自武威以西……地广民稀，水山宜畜牧。故凉州之畜，为天下饶。”[①] 北魏时期，“以河西水草善，乃以为牧地，畜产滋息，马至二百余万匹”[②]。唐朝建立后，因袭隋代旧制，将甘肃陇右作为全国的牧马中心，其牧地遍布甘肃、陕西、山西等地，“西起陇右、金城、平凉、天水，外暨河曲之野，内则岐、豳、泾、宁，东接银、夏，又东至于楼烦”[③]。唐朝在上述牧马之地设置监牧，监牧养马在唐高宗时达到鼎盛，马匹数量多达70万匹。从汉初开始，直至唐朝中期，甘肃、陕西始终是国家马匹来源的重心所在。[④]

唐肃宗以后，吐蕃占据陇右，监牧养马渐趋衰退，唐朝转而依靠贡马、市马等方式补充马匹。到了五代，由于长期战乱，“马政废矣”。其间，虽有后周在同州设置沙苑监养马，但蕃马市买却是马匹的主要来源。当时的主要市马对象是契丹、吐浑、回纥、党项等西北部族和文、黎、茂等西南诸州，灵州、镇州、岐州等沿边藩镇也自行开设马市，东北地区所产马匹也通过海路运至登州交易。北宋建立后，承袭唐朝旧制，设置监牧养马，当时统称为“河南北十二监”。但诸监孳生马匹的数量并不足以补充军需，而且官民侵占牧地的情况也日渐增多，最终导致监牧之制无法推行。因之，从宋神宗开始，又接连推行保马法、户马法、给地牧马法等措施，尝试以民牧取代官牧，但皆未获得实效。在孳生马匹不足的情况下，市马就成了获取马匹的主要手段。[⑤] 北宋初年的市马地区，“唯河东、陕西、川陕三路”[⑥]。太宗雍熙、端拱时又加入了河西的灵州、

① 《汉书》卷28下《地理下》，中华书局1962年标点本，第1644—1645页。

② 《魏书》卷110《食货》，中华书局1974年标点本，第2857页。

③ 《续资治通鉴长编》卷192，嘉祐五年八月甲申条，中华书局1985年影印本，第4642—4643页。

④ 谢成侠：《中国养马史》，科学出版社1959年版，第27页。

⑤ ［日］谷光隆：《明代馬政の研究》，京都：京都大学東洋史研究会1972年版，第11頁。

⑥ 《宋史》卷198《兵十二》，中华书局1977年标点本，第4932页。

银川等地以及京东的登州。仁宗以后，由于西夏政权建立，从河东、河西市马的数量日益减少，市马的中心地从陕西的秦凤路转移到了洮水流域的熙和路，以钱钞、布帛、盐、蜀茶等与藏人交易马匹，每年市马2万匹左右。宋室南渡后，在临安、扬州、汉阳等地设置牧监养马，但却并无实绩，“国家所用之马，西取于蜀，南取于广”①，四川、广西成了国家马匹的主要来源地。蒙古帝国“以弓马之利取天下”，自始便注重马匹，奉行马匹至上主义。成吉思汗时期的马匹主要源于蒙古本土牧马、对外掠夺和无偿征发三种方式，并未见有市马之举。② 窝阔台时期，创立了基于抽分制的征马制度，改变了过去无偿征发马匹的局面。③ 忽必烈即位后，在“东越耽罗，北逾火里秃麻，西至甘肃，南暨云南”的广阔区域内，设置了十四道官营牧场（表2－1）。④

表2－1　　元朝十四道牧场所在地一览⑤

<table>
<tr><th>名称</th><th>所在地</th><th colspan="2">所在区域</th></tr>
<tr><td>火里秃麻</td><td>今俄罗斯贝加尔湖周边地区</td><td rowspan="7">长城以北</td><td rowspan="10">北部地区</td></tr>
<tr><td>阿察脱不罕</td><td>今蒙古国科布多省</td></tr>
<tr><td>斡斤川等处</td><td>今蒙古国中央省南部及肯特省西部</td></tr>
<tr><td>折连怯呆儿等处</td><td>今内蒙古自治区通辽市附近</td></tr>
<tr><td>哈剌木连等处</td><td>今内蒙古自治区鄂尔多斯地区</td></tr>
<tr><td>阿剌忽乞等处</td><td>今内蒙古阿巴哈纳儿旗东北</td></tr>
<tr><td>玉你伯牙等处</td><td>今河北省张家口西北</td></tr>
<tr><td>左手永平等处</td><td>今河北省卢龙县等地</td><td rowspan="3">大都周边</td></tr>
<tr><td>右手固安州等处</td><td>今河北省固安县</td></tr>
<tr><td>益都</td><td>今山东省益都县</td></tr>
</table>

① （明）王圻：《续文献通考》第4卷，现代出版社1986年影印本，第2540页。

② ［日］吉原公平：《蒙古馬政史》，東京：東學社1938年版，第18頁。

③ 根据《大元马政记》记载：“马之在民间者，有抽分之制。数及百者，取一。及三十者，亦取一。杀乎此则免，牛羊亦然。”抽分之地有15个：虎北口、南口、骆驼岭、白马甸、迁民镇、紫荆关、丁宁口、铁门关、浑源口、沙静州、忙安仓、车坊、兴和等处、辽阳等处、察罕脑儿。

④ 《大元马政记》，广文书局1972年影印本，第1页。

⑤ 此表根据《元史·马政》、波·少布对十四道马场的地望考证及王磊《元代十四道官牧场》制作而成。

续表

名称	所在地	所在区域
甘州等处	今甘肃张掖等处	西北地区
云南、亦奚卜薛	今云南省及贵州省毕节地区	西南地区
芦州	今安徽省合肥市附近	江淮地区
高丽耽罗	今韩国济州岛	海外地区

从表2－1看，元朝十四道官营牧场遍布北部、西北、西南、江淮等地区，这些地区基本都是中国传统的产马区。[①] 十四道牧场的经营方式主要是游牧，“自夏及冬，随地之宜，行逐水草”[②]。但是，其并非处于无管理的放任状态。十四道牧场由太仆寺专管，每道牧场由牧人“哈剌赤”组成，并设有千户、百户，父子相承任事。每年九月、十月，太仆寺会遣官检视草场盛衰、马匹登耗及考评牧马官员，并对所产马驹登记造册，对失死马匹也要追查责任，进而以蒙、汉、回三种文字记录在案，上报朝廷。对民间马匹，则通过“和买”和“拘刷”两种方式获取。“和买”主要是以官定价格买马，但却经常出现“合该价钱，未尽实付”的情况，因此有马之家往往“不行赴官中纳，私下隐藏”[③]。“拘刷”是强制性地无偿征收马匹，一般是在和买不成之时推行。拘刷之法严重损害民间养马者的利益，挫伤了养马者的积极性，元成宗时期的丞相完泽说：“为刷马之故，百姓养马者少。”[④] 为了应对拘刷，民间养马者大多“私下其直卖之”。总地来说，获取民间马匹虽有“和买”“拘刷”两种方式，但往往是“和买”为表，“拘刷”为里。[⑤] 十四道官营牧场的设置和“和买”“拘刷”的推行表明，元朝已从“官”

---

① 谢成侠认为，中国传统的产马地区主要有“冀北多良马”的北部地区、西北地区、东北地区、西南山区、内地黄淮平原及福建滨海数县。其中，东北地区的马匹在明代以后才受到关注，福建滨海数县虽在唐代便有马匹牧养，但产量极其有限。因此，截至明朝建立，产马地区理应集中于北部、西北、西南、江淮四区。

② （明）王圻：《续文献通考》第4卷，现代出版社1986年影印本，第2542—2543页。

③ 《大元马政记》，广文书局1972年影印本，第13页。

④ 《大元马政记》，广文书局1972年影印本，第27页。

⑤ ［日］吉原公平：《蒙古馬政史》，東京：東學社1938年版，第42頁。

和“民”两个层面，对产马地区和民间马匹进行了有力统合，牢牢地掌控着中国内部的马匹流通。

二　明朝建立初期的马匹危机

明朝建立后，长城以北、西北、西南、海外的产马地区并不处在明朝的有效控制下，其保有的产马地仅有大都周边三处和江淮地区。元朝末年，元顺帝曾两度下令征括关内马匹。至元二年（1336），命汉人、南人凡有马者悉数拘刷入官。至正十二年（1352），又拘刷陕西、河南两行省和大都、腹里等处汉人马匹。[①] 拘刷马匹虽是出于“防乱之计”的考虑，但无疑极大地破坏了内地养马业的发展，使民间的马匹保有量锐减。因此，从“官”“民”两个层面看，明朝建立初期陷入了马匹短缺的危机中，朱元璋便明言：“中国所乏者，马。”[②] 王圻也认为：“高皇帝时南征北讨，兵力有余，唯以马为急。”[③] 在国内马匹短缺，北元百万“引弓之士”压境的态势下，如何确保稳定的马匹供给，“备多骑以御侮”[④]，就成了朱元璋必须要解决的现实问题。

明朝建立初期，从战争中俘获的马匹较多，史籍中多以“战俘驼马”之称统括之。截至洪武七年（1374），朱元璋政权俘获马匹的情况如表2－2。

表2－2　洪武七年（1374）以前朱元璋政权俘获马匹情况一览[⑤]

时间		数量（匹）		占总俘获数百分比
至正十七年（1357）	四月	2000	4050	3.45%
	七月	50		
	十月	2000		

① 谢成侠：《中国养马史》，科学出版社1959年版，第188页。

② 《明太祖实录》卷123，洪武十二年三月丙申，台北“中研院”史语所1962年影印版，第1988页。

③ （明）王圻：《续文献通考》第4卷，现代出版社1986年影印本，第2544页。

④ 张德信、毛佩琦主编：《洪武御制全书》，黄山书社1995年版，第236页。

⑤ 此表依据《明太祖实录》制作而成。实录有时会将俘获的马匹数量记为“马牛羊万头”“马骡牛畜千余”“人马一万”“无算”等，因无法知晓确切的马匹数量，故而并未将之列入表中，表中只收录明确记有俘获马匹数量的事例。

续表

<table>
<tr><th colspan="2">时间</th><th colspan="2">数量（匹）</th><th>占总俘获数百分比</th></tr>
<tr><td>至正十八年（1358）</td><td>三月</td><td>130</td><td>130</td><td>0.11%</td></tr>
<tr><td rowspan="2">至正十九年（1359）</td><td>正月</td><td>60</td><td rowspan="2">3060</td><td rowspan="2">2.61%</td></tr>
<tr><td>四月</td><td>3000</td></tr>
<tr><td>至正二十一年（1361）</td><td>八月</td><td>2000</td><td>2000</td><td>1.71%</td></tr>
<tr><td>至正二十二年（1362）</td><td>三月</td><td>40</td><td>40</td><td>0.03%</td></tr>
<tr><td>至正二十四年（1364）</td><td>十一月</td><td>500</td><td>500</td><td>0.43%</td></tr>
<tr><td rowspan="8">至正二十五年（1365）</td><td>五月</td><td>1800</td><td rowspan="8">5613</td><td rowspan="8">4.79%</td></tr>
<tr><td>十月</td><td>30</td></tr>
<tr><td rowspan="2">闰十月</td><td>160</td></tr>
<tr><td>373</td></tr>
<tr><td rowspan="3">四月</td><td>1500</td></tr>
<tr><td>150</td></tr>
<tr><td>1000</td></tr>
<tr><td>十一月</td><td>600</td></tr>
<tr><td rowspan="11">吴元年（1367）</td><td>二月</td><td>500</td><td rowspan="11">4184</td><td rowspan="11">3.57%</td></tr>
<tr><td>五月</td><td>39</td></tr>
<tr><td>九月</td><td>287</td></tr>
<tr><td>十月</td><td>80</td></tr>
<tr><td rowspan="2">十一月</td><td>241</td></tr>
<tr><td>1600</td></tr>
<tr><td rowspan="5">十二月</td><td>429</td></tr>
<tr><td>129</td></tr>
<tr><td>190</td></tr>
<tr><td>50</td></tr>
<tr><td>639</td></tr>
</table>

续表

<table>
<tr><th colspan="2">时间</th><th colspan="2">数量（匹）</th><th>占总俘获数百分比</th></tr>
<tr><td rowspan="15">洪武元年
(1368)</td><td rowspan="3">正月</td><td>20</td><td rowspan="15">60376</td><td rowspan="15">51.50%</td></tr>
<tr><td>100</td></tr>
<tr><td>273</td></tr>
<tr><td>二月</td><td>300</td></tr>
<tr><td rowspan="6">三月</td><td>16000</td></tr>
<tr><td>150</td></tr>
<tr><td>300</td></tr>
<tr><td>200</td></tr>
<tr><td>600</td></tr>
<tr><td>400</td></tr>
<tr><td>八月</td><td>1600</td></tr>
<tr><td>九月</td><td>35</td></tr>
<tr><td>十月</td><td>50</td></tr>
<tr><td rowspan="3">十二月</td><td>40000</td></tr>
<tr><td>48</td></tr>
<tr><td></td><td>300</td></tr>
<tr><td rowspan="4">洪武二年
(1369)</td><td>正月</td><td>70</td><td rowspan="4">5094</td><td rowspan="4">4.35%</td></tr>
<tr><td>五月</td><td>2000</td></tr>
<tr><td>六月</td><td>3000</td></tr>
<tr><td>八月</td><td>24</td></tr>
<tr><td rowspan="3">洪武三年
(1370)</td><td>三月</td><td>40</td><td rowspan="3">15620</td><td rowspan="3">13.32%</td></tr>
<tr><td>四月</td><td>15280</td></tr>
<tr><td>十二月</td><td>300</td></tr>
<tr><td rowspan="3">洪武四年
(1371)</td><td>六月</td><td>300</td><td rowspan="3">14500</td><td rowspan="3">12.37%</td></tr>
<tr><td>七月</td><td>400</td></tr>
<tr><td>九月</td><td>13800</td></tr>
<tr><td rowspan="4">洪武五年
(1372)</td><td rowspan="2">二月</td><td>1160</td><td rowspan="4">1333</td><td rowspan="4">1.14%</td></tr>
<tr><td>100</td></tr>
<tr><td rowspan="2">四月</td><td>23</td></tr>
<tr><td>50</td></tr>
</table>

续表

时间		数量（匹）		占总俘获数百分比
洪武六年（1373）	八月	14	94	0.08%
	十一月	80		
洪武七年（1374）	三月	330	644	0.55%
	十二月	314		

从表2－2中可以看到，在吴元年（1367）以前，单次俘获马匹数量最多的是3000匹，总俘获数量为19577匹，仅占洪武七年（1374）以前俘获总数的16.7%。较之洪武元年（1368）以后，数量明显偏低。实际上，在吴元年以前，朱元璋政权的作战区域大多位于江淮以南，这些地区河流纵横，湖泊广布，地形起伏较大，并不适宜大规模骑兵军团作战，主要仰赖步兵和舟师。因之，其俘获马匹的情况并不突出，多以俘获军士为主。每次俘获军士少则“千余人”，多则“八千余人”“万人”，甚至出现了俘获“十余万”的情况。根据《明太祖实录》统计可得表2－3。从中可见，截至吴元年（1367），同时俘获的军士数与马匹数之比，最低为0.0025，最高为66.7，综合此22次俘获事例，平均每次俘获的军士数大概是俘获马匹数的108.4倍。这表明，在吴元年以前，占朱元璋政权俘获主体的并非是马匹，而是军士，俘获马匹的情况并不突出。

表2－3　吴元年（1367）以前朱元璋政权同时俘获的军士数、马匹数一览

时间		军士数（人）	马匹数（匹）	军士数与马匹数之比
至正十七年（1357）	四月	5	2000	0.0025
	七月	100000	50	2000
	十月	10000	2000	5
至正十八年（1358）	三月	400	130	3.1
至正十九年（1359）	正月	4000	60	66.7
	四月	1000	3000	0.3
至正二十二年（1362）	三月	1000	40	25

续表

<table>
<tr><th colspan="2">时间</th><th>军士数（人）</th><th>马匹数（匹）</th><th>军士数与马匹数之比</th></tr>
<tr><td>至正二十四年（1364）</td><td>十一月</td><td>8000</td><td>500</td><td>16</td></tr>
<tr><td rowspan="6">至正二十五年（1365）</td><td>五月</td><td>5000</td><td>1800</td><td>2.8</td></tr>
<tr><td rowspan="2">闰十月</td><td>5000</td><td>160</td><td>31.25</td></tr>
<tr><td>1175</td><td>373</td><td>3.2</td></tr>
<tr><td rowspan="2">四月</td><td>10000</td><td>1500</td><td>6.7</td></tr>
<tr><td>4000</td><td>1000</td><td>4</td></tr>
<tr><td>十一月</td><td>20000</td><td>600</td><td>33.3</td></tr>
<tr><td rowspan="8">吴元年（1367）</td><td>二月</td><td>270</td><td>500</td><td>0.54</td></tr>
<tr><td>五月</td><td>1900</td><td>39</td><td>48.7</td></tr>
<tr><td>九月</td><td>7342</td><td>287</td><td>25.6</td></tr>
<tr><td rowspan="2">十一月</td><td>2000</td><td>241</td><td>8.3</td></tr>
<tr><td>10500</td><td>1600</td><td>6.6</td></tr>
<tr><td rowspan="3">十二月</td><td>2855</td><td>429</td><td>6.7</td></tr>
<tr><td>5460</td><td>129</td><td>43.3</td></tr>
<tr><td>9200</td><td>190</td><td>48.4</td></tr>
</table>

洪武元年（1368）以后，伴随着北伐、西征，作战区域逐渐向北部和西北地区推进，俘获马匹的数量逐步增加。截至洪武七年（1374），总计俘获97661匹。其间，曾4次出现俘获万匹以上的情况，最多时甚至达到了4万匹。此4次过万的事例，分别发生在平定山东、太原之役、沈儿峪之战、征讨明昇之时，基本都是主力军团的大会战。除俘获万匹以上的事例外，其余30次俘获的数量都在3000匹以下，且有25次是在400匹以下，俘获总数为12626匹，与吴元年（1367）以前俘获马匹的总数大致相当。这表明，除去大型会战外，一般战役所获马匹极其有限，“战俘驼马”并不能成为国家马匹的稳定来源。①

① 洪武时期俘获的马匹大多源于大型会战，除前述4次俘获万匹以上的事例外，在洪武七年（1374）以后，尚有洪武十二年（1379）沐英征讨西番获马2万匹、洪武十五年（1382）征讨云南获马12560匹、洪武二十一年（1388）捕鱼儿海大捷获马4.7万匹等事例，其余的俘获数量则大多在500匹以下，且俘获次数日益减少。

按照《皇朝马政记》的记载，除去“战俘驼马”外，明朝获取马匹的方式还有厩牧、孳牧、折粮、进贡、收买等。①

“厩牧”始于吴元年（1367），史载：“太祖高皇帝定都金陵。吴元年，凡兵马所在，屯聚放牧，在京师有典牧所。”②“厩牧”多是“编户养马，牧以公厩，放以牧地，居则骒驹，征伐则师行”③。这说明，厩牧本身并“不专孳牧孳息”，遇有战事可随时调取马匹。洪武三年（1370）五月，朱元璋采纳监察御史郑沂的建议，在“两淮空闲之地”设置牧马之官，选牝马餋于其中。次年，又在答答失里营设置群牧监，随水草之便，专职牧养。到了洪武六年（1373）二月，更置于滁州。同月，改“群牧监”为“太仆寺”，并正式制定了“餋马之法”，孳牧制由此确立。孳牧制下的马匹“不用征伐，专主孳息”。当时负责养马的是应天、庐州、镇江、凤阳等府，及滁、和等州的民户和江南民户。前者牧马于江北，一户养马一匹。后者牧马于江南，十一户养马一匹。截至洪武八年（1375），大概每年孳生马驹1272匹。④

明初的厩牧、孳牧主要推行于江淮和直隶。江淮为内地的产马地之一，但内地养马的效果却远不及边地。“牧马惟口外最善，水草肥美，不糜饷而孳生甚多，如驱入内地牧之，即日费万金不足矣。”⑤而且，直隶南部的江南地区并不适合牧养马匹，嘉靖时期的苏松巡抚翁大立就明确指出：“而大江之南不便养马……江南地卑，而马性恶湿，岁倒损十二三。”⑥为此，明朝又采取了诸如祭祀马祖和马神、减免养马者田租等政策，但江淮、直隶地区的孳牧实效并不很高。洪武八年（1375）二月，朱元璋在命刑部尚书刘惟谦申明马政时说：“恐所司因循，牧餋失宜。或

① （明）杨时乔：《皇朝马政记》，正中书局1981年影印本，第217页。

② （明）杨时乔：《皇朝马政记》，正中书局1981年影印本，第36页。

③ （明）杨时乔：《皇朝马政记》，正中书局1981年影印本，第35页。

④ 据《明太祖实录》，洪武九年（1376）十二月条：“太仆寺奏：直隶、江淮间总一百四十八群，畿甸之民牧马者一万五千户，是岁孳生马二千三百八十四匹。自六年至今岁，通得驹六千一百九十七匹。”由此，在洪武六年至八年（1373—1375）间共得马驹3817匹，平均每年得马驹1272匹。

⑤ 《清史稿》卷141《兵十二》，中华书局1977年标点本，第4173页。

⑥ （清）蔡方炳：《历代马政志》，《续修四库全书》，上海古籍出版社2002年影印本，史部，第859册，第10页。

巡视之时，扰害养马之民，此皆当告戒之。……尔其为朕申明马政，严督所司，尽心刍牧，务底蕃息，有不如令者，罪之。”[①] 从中可以察知，当时已经出现了“牧養失宜”“扰害養马之民”的情况，远未达到朱元璋期许的状态。汪楫所说的“圉人太仆但充位，登床厌谷皆虚词”[②] 可能就是当时情形的反映。

“折粮”是指：“各处土官衙门秋粮，各依原认数目，折纳马匹。有粮二十五石有余折马一匹者，有五十余石折马一匹者。起解到，医人验明白具奏，送御马监交收。马或不堪，责令差来土官赔纳。”[③] 从《明太祖实录》的记载来看，截至洪武七年（1374），只有洪武三年（1370）十二月明朝在“东至庆阳，南至凤翔、汉中，西至平凉，北至灵州”的地区推行“入马中盐”的事例[④]，未见有土官折粮纳马的记载。

“进贡”始于至正二十三年（1363）六月方国珍派遣沈惟敬贡马。[⑤] 此后，至洪武七年（1374），进贡马匹的情况见表2－4。

表2－4　洪武七年（1374）以前贡马情况一览

<table>
<tr><th colspan="2">时间</th><th>进贡者</th><th>数量（匹）</th></tr>
<tr><td>至正二十三年（1363）</td><td>六月</td><td>方国珍</td><td>不详</td></tr>
<tr><td rowspan="4">吴元年（1367）</td><td>二月</td><td>湖广慈利军民宣抚使</td><td>不详</td></tr>
<tr><td>五月</td><td>湖广慈利军民宣抚使</td><td>20</td></tr>
<tr><td>七月</td><td>贵州思南道宣慰使司都元帅</td><td>不详</td></tr>
<tr><td>十月</td><td>贵州思州宣慰使</td><td>不详</td></tr>
<tr><td rowspan="2">洪武元年（1368）</td><td rowspan="2">九月</td><td>故元湖广平章</td><td>不详</td></tr>
<tr><td>湖广保靖安抚司安抚</td><td>不详</td></tr>
</table>

① 《明太祖实录》卷97，洪武八年二月庚申，台北“中研院”史语所1962年影印版，第1666页。

② （清）潘相：《琉球入学见闻录》，《清代琉球纪录续辑》，大通书局1988年标点本，第144页。

③ （明）杨时乔：《皇朝马政记》，正中书局1981年影印本，第218页。

④ 《明太祖实录》卷59，洪武三年十二月庚申，台北“中研院”史语所1962年影印版，第1148页。

⑤ 《皇朝马政记》将“进贡”这一方式限定为“云南、贵州、湖广、四川、广西等处土官、土人、番僧人等进贡马匹”。但本书所说的“进贡”并不仅指此，而是泛指通过“贡”这一形式获得马匹的行为，进贡者也不限于土官、土人、番僧，也包括故元降将、降官、海外诸国等在内。

续表

时间		进贡者	数量（匹）
洪武二年（1369）	六月	贵州思州土官	不详
		广西右江田州府土官	不详
	十一月	湖广辰州永顺宣抚	不详
洪武三年（1370）	正月	湖广辰州等地长官	不详
	二月	贵州思南宣慰使	不详
	十月	广西向武州土官、知州及田州府知府	不详
	十二月	故元降将	20
		故元平章等	不详
		吐番宣慰使	不详
洪武四年（1371）	三月	湖广武靖卫指挥同知	不详
	四月	广西文州汉蕃千户所	不详
	六月	伪夏守金州九龙山寨平章	不详
		故元右丞等	不详
	八月	故元宗王子	20
	十月	日本	不详
	十一月	四川礼店千户等	不详
	十二月	故元惠王伯	不详
		故元宗子	马驼 300 余
洪武五年（1372）	正月	琐里	1
		贵州播南故元参政、宣慰使普定府女总管、龙番等安抚	不详
		故元知枢密院	800
		故元知枢密院	不详
	二月	陕西河州卫指挥使司佥事	不详
		西番十八族千户等	不详
	三月	故元枢密同知、金筑安抚等	不详
	四月	故元参政	不详
	七月	高丽	不详
	九月	高丽	17

续表

时间		进贡者	数量（匹）
洪武六年（1373）	四月	故元知院	不详
	十月	高丽	50
	十一月	陕西西平卫指挥佥事	不详
		陕西文县土官	2
洪武七年（1374）	三月	陕西阶县西固城故元千户	不详
	五月	和林国师、甘肃平章	2
		四川茂州等地土官	不详
	六月	日本	不详
		四川马湖府知府	不详
		湖广辰州五寨长官	不详
	七月	广西土官	不详
	九月	贵州宣慰使	不详
		贵州思南宣慰使	不详
		琉球中山王	不详
	十一月	广西田州府知府、泗城州知州等	不详

表中数据源于《明太祖实录》。

从表2－4中可知，明朝建立后，截至洪武七年（1374），向明贡马的主要有三类：其一，湖广、贵州、四川、广西、陕西等地土官；其二，故元宗室、降将、降臣；其三，日本、琐里、高丽、琉球等海外国家。其中，土官及与故元有关者的贡马事例占压倒性多数。因贡马数量缺失严重，无法进行统计比对。从现有数据看，少者1匹，多者800匹，明显少于洪武六年至八年（1373—1375）每年孳生的马匹数额。实际上，贡马本身并非强制性行为，多出于贡者的意愿，贡与不贡、贡多贡少具有明显的不确定性。而且，明朝也极少采取“索贡”的方式。因此，“进贡”同样难以为明朝提供稳定的马匹来源。

“收买”也即“市马”。谷光隆认为，除去厩牧、孳牧外，明初最看重收买之法。[①] 收买始于至正二十三年（1363）二月，朱元璋派遣王时搭

① ［日］谷光隆：《明代馬政の研究》，京都：京都大学東洋史研究会1972年版，第28頁。

乘方国珍海船，到大都市马。事实上，在元朝末年，从江南渡海北上市马就极其普遍，《五府少年钓马歌》中有载："南客南归必买马，冀北马群最多者，白银星灿贱如尘，千金买得那论价。……海飓去天经万里，海洋风波仍万死，脱生免死幸已难，岂意江南犹未已。"① 明朝建立后最早的收买事例是洪武四年（1371）八月针对辽东军卫乏马的窘况，"发山东绵布万匹，贯马给之"②。另据《马政志》："洪武四年，令自三月至九月，每月差行人一员，于陕西河州、临洮、四川碉门、黎、雅等处，省谕把隘关口头目，禁约私茶出境。"③ 文中虽未明言禁止陕西、四川等地私茶出境的原因，但从洪武四年（1371）十二月朱元璋令有司收贮陕西汉中所产茶叶以备西番易马和洪武五年（1372）二月征收四川所产巴茶"贮候西蕃易马"来看，禁约私茶出境应该是为了开展茶马贸易，这说明早在洪武四年（1371）三月以前，朱元璋就有了收买马匹的打算。洪武五年（1372）正月，明朝在四川的纳溪、白渡设置盐马司，并令四川盐井按盐马司所需岁额煎办，筹备以盐易马。次月，在秦州设置茶马司。七月，又发山东绵布万匹买马，以补充辽东的马匹缺额。到了洪武六年（1373）八月，命工部主事魏浚在沿江府县打造马船285艘，以备运载四川所市马匹。洪武七年（1374）三月，四川纳溪、白渡盐马司收买的250匹马被运送至典牧所。九月，又在河州设置茶马司，官制与秦州茶马司相同。十一月，在广西庆远府的思恩县设置庆元裕民司，收买八番、溪洞等地马匹。此后，明朝在洪武九年（1376）、十一年（1378）、十二年（1379）、十三年（1380）分别购得马868匹、1155匹、1883匹、2050匹，表明收买处在稳步推进之中。

在洪武八年（1375）以前，明朝主要从陕西、四川、广西收买马匹，但是此三地的马匹质量参差不齐。据《宋会要辑稿》所载："凡马所出，以府州为最，盖生于黄河之中洲曰'子河汊'者，有善种。出环、庆者，

---

① 杨讷、陈高华主编：《元代农民战争史料汇编》（中），中华书局1985年版，第635页。

② 《明太祖实录》卷67，洪武四年八月癸巳，台北"中研院"史语所1962年影印版，第1265页。

③ （明）陈讲：《马政志》，《续修四库全书》，上海古籍出版社2002年影印本，史部，第859册，第18页。

次之。秦、渭马虽骨骼高达，而蹄薄多病。文、雅诸州为下，止给本处兵，及充铺马。”① 说明马匹质量沿北部——西北——西南一线逐次下降。陕西所产马匹称“秦马”，体型高大，虽“蹄薄多病”，但质量总体优于文、雅诸州所获的“川马”。两广、云南、贵州所产马匹统称“广马”，广马中尤以大理马质量出众，“为西南蕃之最”。明初，云南虽处在梁王的控制下，但自南宋时期起，大理马就被自杞、罗殿等输往广西交易，周去非明确指出：“故自杞、罗殿皆贩马大理，而转卖于我者也。”② 当时的交易地点主要在广西境内的宜州和邕州③，而前述洪武七年（1374）明朝在广西设置的庆元裕民司所在的思恩县，就北邻宜州（明代称“宜山”），南接邕州（明代称“南宁”）。因此，明朝在广西收买的马匹中应该包含着部分质量较高的大理马。

依据《明太祖实录》进行统计，洪武四年至九年（1371—1376）的五年间，明朝共计收买马 1118 匹，收买地区为上述三地。其中，陕西市马 171 匹，广西市马 294 匹，四川市马 653 匹，四川所市马匹占到了市马总数的 58.4%，说明当时收买的中心地区应该在四川。张萱在《西园闻见录》中指出：“祖宗定马之则，年以四岁，高及三尺七寸以上。”④ 表明明初马匹的选取标准是年及四岁，体高至少要达到“三尺七寸”（118.4 厘米）。而川马的平均体高大致为 110—120 厘米，与“三尺七寸”的表述基本一致。由此，明初的马匹选取标准极有可能是参照川马制定的，这也从侧面反映出川马在明初马匹构成中占据的地位。与之相对，同期北方蒙古马的平均体高为 131.4 厘米，在质量上明显优于川马。对明朝来说，川马自然很难承担起“巡守封疆而备侮”的重任，无怪乎朱元璋在洪武九

---

① （清）徐松：《宋会要辑稿》兵 24，中华书局 1957 年标点本，第 7180 页。文中的“子河汊”指今内蒙古自治区中部和林格尔地区的浑河与黄河交汇的三角洲地区，“环、庆”分别是指甘肃的环州、庆阳。

② （宋）周去非：《岭外代答校注》卷 5，中华书局 1999 年点校本，第 189—190 页。除去自杞、罗殿外，大理人也主动到广西开展马匹贸易。例如，南宋乾道九年（1173），大理人李观音得等便到横山寨卖马，以求得“五经”、《国语》等书籍。这说明，广西与云南存在着密切的民间贸易往来。

③ 谢成侠：《中国养马史》，科学出版社 1959 年版，第 172—174 页。

④ （明）张萱：《西园闻见录　七》，明文书局 1991 年影印本，第 127 页。

年（1376）十一月会发出“近世以来，凡马既多，良马甚少”[①] 的感慨。在此背景下，将收买马匹的目光适时投向海外就在情理之中。

三　李浩“市马”的诸多疑点

海外收买马匹的情况在三国时期就已存在，当时地处江左的孙吴政权曾7次派船队交通盘踞辽东的公孙氏，其目的之一就是“诱纳愚弄，以规其马”[②]。至正二十四年（1364）四月，朱元璋曾与詹同谈论过有关孙权的“三国时事”。[③] 因之，其对孙吴政权跨海收买马匹一事想必也已有所了解。而且，朱元璋对自身政权与孙吴的相似性也有极大的认同。在至正二十五年（1365）九月发给明玉珍的文书中就说：“足下处西蜀，予居江左，盖有类昔之吴蜀矣。”[④] 此后，在诏令文书中，也多有“开基江左”“创业江左”“建邦设都于江左”之语。在朱元璋看来，自身政权无疑极具“江左”色彩。因此，明朝建立后，针对国内马匹匮乏且质量较低的现状，效仿同为江左政权的孙吴，派遣使者到海外市马就属顺理成章。

《琉球国旧记》有言：“大古之世，天然马生国中。天孙氏首出为君时，即有骑马者也。”[⑤] 这说明琉球自古就是产马之国，《奥摩罗双纸》中也保留着描述马群的歌谣。[⑥] 但是，琉球的养马业起初并不发达。直至隋代，在遭受陈稜讨伐之后，才逐步兴盛。[⑦] 根据历代《使琉球录》的记载，琉球国内养马极其普遍，“虽村户下贫，亦多畜马”[⑧]。其价格也相当低廉，“每一值银二三钱而已”[⑨]。在李浩出使前两个月，琉球中山王遣使贡马，朱元璋在当时对琉球产马的情况应该已有所认识。从养马业发达、

---

① 张德信、毛佩琦主编：《洪武御制全书》，黄山书社1995年版，第211页。

② 黎虎：《孙权对辽东的经略》，《北京师范大学学报》（社会科学版）1994年第5期。

③ 《明太祖实录》卷14，甲辰四月壬戌，台北“中研院”史语所1962年影印版，第194页。

④ 《明太祖实录》卷17，乙巳九月丙辰，台北“中研院”史语所1962年影印版，第240页。

⑤ ［琉］鄭秉哲：《琉球国舊记》卷5，《琉球史料叢書》，東京：東京美術刊1973年整理本，第3册，第94頁。

⑥ ［日］外間守善、西鄉信綱主編：《おもろさうし》，東京：岩波書店1972年版，第321頁。

⑦ 梁嘉彬：《琉球及东南诸海岛与中国》，台中：广益印书局1965年版，第132页。

⑧ （清）周煌：《琉球国志略》卷4下，《丛书集成初编》，上海：商务印书馆1936年排印本，史地类，第3246册，第76页。

⑨ （明）陈侃：《使琉球录》，《使琉球录三种》，大通书局1988年标点本，第27页。

价格低廉两方面考虑，琉球自然是理想的“市马”对象。

然而，在李浩出使前，明朝已经从四川购得马250匹。在其归国的同一年，明朝又从陕西、四川等地市马868匹。李浩仅得马40匹，在数量上明显不及国内市马。而且，琉球马“高者绝少”，与川马相同，体高亦为110—120厘米①，依靠琉球马很难起到优化马匹质量的作用。因此，若是单纯出于补充马匹的考虑，完全可以从四川等地购买，并没有远赴琉球收买的必要。此外，由于琉球“地居炎徼，常暖而少寒，隆冬无冰，霜雪希降，草木常青”②，马匹饲养多以新鲜草料为主，以致琉球马“终岁食青，不识栈豆”③。运抵明朝的琉球马能否适应隆冬严寒的气候条件和以刍草、豆类为主的饲养环境也大有疑问。加之，明琉交往因“无路可通，往来皆由于海”④，去时需借助夏季之西南风，回时需凭借秋季之东北风，此即《琉球图说》中所言：“我使者去必孟夏，来以季秋，乘风便也。”⑤ 如若风信不合，则必须“候风”。李浩于洪武七年（1374）十二月出发，迟至九年（1376）四月方才回国，其原因可能在于等候洪武八年（1375）的夏季风而又错过是年冬季风，不得不利用来年三四月的东北风归国，前后用时16个月。而从洪武六年（1373）八月令魏浚督造运载四川马匹的马船和洪武七年（1374）三月四川所市马匹被运抵典牧所来看，获得川马只需6个月左右。另据《谕曹国公李文忠敕》，朱元璋在派李文忠前去四川平叛时说：“京师大军居下流，急不能扑捕到四川，非两月内不得至。”⑥ 这意味着在加急情况下，川马运抵京师或许只需4个月。再者，明琉交往的海路不像出使“西南诸国，行不二三日，即有小港避风。若琉球则去闽万里，中道无止宿之地”⑦。加之“浪大如山，波迅如矢，风涛汹涌，极目连天”⑧。萧崇业对出使琉球

① ［日］平田守：《琉明関係における琉球の馬》，《南島史学》1986年第28期。

② （清）潘相：《琉球入学见闻录》，《清代琉球纪录续辑》，大通书局1988年标点本，第56页。

③ （清）徐葆光：《中山传信录》，《清代琉球纪录续辑》，大通书局1988年标点本，第82页。

④ （明）陈侃：《使琉球录》，《使琉球录三种》，大通书局1988年标点本，第46页。

⑤ （明）郑若曾：《琉球图说》，早稻田大学图书馆馆藏，史料番号：ル4－4709－1，第3页a。

⑥ 张德信、毛佩琦主编：《洪武御制全书》，黄山书社1995年版，第134页。

⑦ （清）周煌：《琉球国志略》卷5，《丛书集成初编》，上海：商务印书馆1936年排印本，史地类，第3246册，第85页。

⑧ （明）陈子龙选辑：《明经世文编》卷6，中华书局1962年影印本，第5040页。

就有着“风波上下，卷雪翻蓝，险衅不可胜纪”[①] 的切身感受。特别是在返国之时，“然北风凛烈，不比南风和缓，故归程尤难”[②]。洪武五年（1372）十二月，朱元璋在猜测出使高丽的孙内侍迟迟未归的原因时曾说：“缘故老院使并两个内侍我见不来，想这船风浪里打将那里去了”。[③] 说明朱元璋早已认识到了海上航行的危险程度。洪武十五年（1382）五月，朱元璋在言及海运军士时也说：“（辽左之地）其粮饷岁输海上，每闻一夫有航海之行，家人怀诀别之意。然事非获已，忧在朕心，至其复命，士卒无虞，心乃释。然近闻有溺死者，朕终夕不寐，尔等其议屯田之法，以图长久之利。”[④] 在朱元璋看来，海运本身实则是“士卒有虞”“忧在朕心”的“非长久之利”，其对航海并不抱有积极心态。既然在出使“壤地相接”的高丽和海运辽东时都会有倾覆、漂流的可能，那么对于出使“在中国东南远处海外”的琉球的危险程度想必也为朱元璋所顾及。另外，在第二期明日勘合贸易中，日本使者曾向明朝内官询问贡马的必要性，内官便认为海上运输马匹极其困难，主张以黄金代替。[⑤] 万历二十九年（1601），蔡奎到明朝贡，其“进贡马四匹，内三匹倒毙”[⑥]。万历三十六年（1608），郑子孝所贡马匹则是“俱已倒毙”[⑦]。这说明，海上运输马匹的保有率并不高。

综上所述，从市马数量、马匹形质、气候差异、饲养环境、时效性、安全性、保有率等方面看，李浩到琉球市马的必要性并不强。

四　《明太祖实录》中相关“市马”文本的再探讨

《明太祖实录》中有关李浩“市马”的记载有二：

---

① （明）萧崇业：《使琉球录》卷下，《使琉球录三种》，大通书局 1988 年标点本，第 133 页。

② （清）潘相：《琉球入学见闻录》，《清代琉球纪录续辑》，大通书局 1988 年标点本，第 41 页。

③ 《高丽史》卷 44，洪武六年七月壬子，人民出版社 2014 年标点本，第 1330 页。

④ 《明太祖实录》卷 145，洪武十五年五月，台北“中研院”史语所 1962 年影印版，第 2284 页。

⑤ ［日］木宫泰彦：《日中文化交流史》，胡锡年译，商务印书馆 1980 年版，第 566 页。

⑥ ［琉］蔡铎：《历代宝案》第 1 集卷 8，台湾大学 1972 年影印本，第 251 页。

⑦ ［琉］蔡铎：《历代宝案》第 1 集卷 8，台湾大学 1972 年影印本，第 266 页。

（洪武七年十二月）命刑部侍郎李浩及通事梁子名使琉球国，赐其王察度文绮二十匹、陶器一千事、铁釜十口。仍令浩以文绮百匹、纱罗各五十匹、陶器六万九千五百事、铁釜九百九十口就其国市马。①

（洪武九年四月）刑部侍郎李浩还自琉球，市马四十匹、硫黄五千斤。察度遣其弟泰期从浩来朝，上表谢恩，并贡方物。命赐察度及泰期等罗绮、纱帛、袭衣、靴袜有差。浩因言其国俗市易，不贵纨绮，但贵磁器、铁釜等物。自是赐予及市马多用磁器、铁釜云。②

从上述记载中可得到以下信息：

（1）单纯就史料而言，李浩此行目的有二："赏赐"和"市马"。由于"赏赐"是出使海外国家的通例，"市马"就成了此行的主要目的。

（2）使者李浩的身份——"刑部侍郎"。对于李浩其人，史籍中记载甚少，对其经历也只能做简单的勾勒。据《弇山堂别集》："李浩，山西曲沃人，由荐举，七年任左，本年使琉球。"③ 至洪武九年（1376）四月，李浩回国。洪武十年（1377）三月，被任命为湖广按察使。按照洪武元年（1368）八月中书省奏定的六部官制，侍郎为正四品。④ 以正四品的官员出使似乎也没有什么问题，但是如果将之与洪武七年（1374）以前明朝向其他海外国家的遣使做一对比的话，就会发现问题所在。

表 2－5　洪武七年（1374）以前史籍中明确记有职位的明朝使者一览

出使时间		使者	所任官职	品秩	出使对象
洪武元年（1368）	十二月	偰斯	符宝郎	从五品	高丽
		易济	汉阳知府	正四品	安南

① 《明太祖实录》卷 95，洪武七年十二月己卯，台北"中研院"史语所 1962 年影印版，第 1645 页。

② 《明太祖实录》卷 105，洪武九年四月甲申，台北"中研院"史语所 1962 年影印版，第 1754 页。

③ （明）王世贞：《弇山堂别集》卷 58《刑部左右侍郎》，《影印文渊阁四库全书》，台湾商务印书馆 1986 年影印本，史部，第 409 册，第 742 页。

④ 《明太祖实录》卷 34，洪武元年八月丁丑，台北"中研院"史语所 1962 年影印版，第 609 页。

续表

出使时间		使者	所任官职	品秩	出使对象
洪武二年（1369）	二月	杨载	行人	未入流	日本
	六月	张以宁	翰林院侍读学士	从四品	安南
		牛谅	典簿	正七品	
	八月	偰斯	符宝郎	从五品	高丽
	十二月	罗复仁	翰林院编修	正八品	安南、占城
		张福	兵部主事	正七品	
		甘桓	中书省管勾	从七品	占城
		景贤	会同馆副使	从九品	
洪武三年（1370）	三月	赵秩	莱州府同知	正五品	日本
	四月	王廉	翰林院编修	正八品	安南
		林唐臣	吏部主事	正七品	
	八月	赵述	行人	未入流	三佛齐
		张敬之	监察御史	正七品	浡泥
		沈秩	福建行省都事	从七品	
		吕宗俊	监察御史	正七品	暹罗
洪武五年（1372）	正月	杨载	行人	未入流	琉球
	五月	祖阐、克勤	僧人	无品	日本
洪武七年（1374）	十二月	李浩	刑部侍郎	正四品	琉球

表中数据源于《明太祖实录》《明史》。

从表2－5可以看到，在洪武七年（1374）以前，出使海外的明朝使者职位最高的是洪武元年（1368）十二月派往安南的汉阳知府易济，为正四品。此后，明朝对外遣使的职位都在正五品以下，这一局面持续了6年。但洪武七年（1374）十二月出使琉球使者的选取却并未遵循此一“惯例”，而是派遣了正四品的刑部侍郎这样的高官出使。

（3）市马所用的交易物——“磁器”和“铁釜”。“磁器”即为“窑器”之俗称，“盖河南磁州窑最多，故相沿名之”①。琉球的陶瓷生产起

① （明）谢肇淛：《五杂俎》卷12《物部四》，上海书店出版社2009年标点本，第245页。

步较晚，嘉靖时出使琉球的陈侃尚有“人不善陶，虽王屋亦无兽头，况民间乎”的感叹。按《琉球国由来记》：“当国陶始者，万历四十四年丙辰，尚丰王为佐敷王子时，渡御于萨州。其时，高丽人一官、一六、三官云，三人之者，御召列御归国也。本国之于人教陶。”[①] 文中的“一六”指的是张献功，他被认为是琉球陶瓷生产的始祖。[②] 而在此以前，琉球主要通过对外贸易获取陶瓷器。而且，琉球国内少铁，民间炊爨多用螺壳。琉球政府对铁器的管理也很严格，“如欲以釜甑爨、以铁耕者，必易自王府而后敢用之。否则，犯禁而有罪焉”[③]。这说明，瓷器、铁釜皆为琉球所缺之物。

（4）市马的数量。李浩此行名曰“市马”，但却仅从马多价廉的琉球购得马40匹。与之相对，却另购硫黄“五千斤”，表明李浩此行并非完全局限于市马，其对市马在操作上具有极大的灵活性。当然，硫黄与马匹也有相通之处。按照《海东诸国纪》的记载：“土产硫黄，堀之一年，复满坑，取之无穷。”[④] 谢杰也说：“硫黄最多，值且甚贱。”[⑤] 说明硫黄也是琉球量多价廉的土产。

将以上四点重新组合，便可得到对李浩出使琉球的新认识：派遣刑部侍郎这样的正四品高官，携带琉球所缺的瓷器、铁釜等物，前去购买琉球自身量多价廉的马匹、硫黄等土产，这表明李浩此行更多的是满足琉球方面的需求，其本身的市马意味并不强烈。既如此，明朝为何还要打着“市马”的名义向琉球遣使呢？引人关注的是，就在李浩出使的10个月前，明朝曾专程向高丽遣使，索要耽罗马匹。从当时的东亚情势分析，琉球“市马”与耽罗“索马”之间理应存在着关联。

---

① 《琉球国由来記》卷4，《琉球史料叢書》，東京：東京美術刊1973年整理本，第1册，第133頁。

② ［韩］洪仲伈：《琉球王国制陶始祖——朝鲜人张献功》，《世界历史》1997年第2期。

③ （明）陈侃：《使琉球录》，《使琉球录三种》，大通书局1988年标点本，第29页。

④ ［朝］申叔舟：《海東諸国紀》，東京：岩波書店1991年影印本，第364—365頁。

⑤ （明）谢杰：《〈琉球录〉撮要补遗》，《使琉球录三种》，大通书局1988年标点本，第278页。

第二节　耽罗“索马”

一　耽罗“索马”非为马

洪武七年（1374）二月三日，朱元璋派遣礼部主事林密、孳牧大使蔡斌出使高丽。[①] 以“已前征进沙漠，为因路途穹远，马匹多有损坏”及“如今大军又征进”为由，向高丽索要耽罗马2000匹。[②]

耽罗是位于朝鲜半岛南部海域的岛屿，也即现在的济州岛。[③] 吉田伍东认为，《尚书·禹贡》中“厥包橘柚锡贡，沿于江海，达于淮泗”的“岛夷”即为耽罗。[④] 但此说是否可信并不确定。[⑤] 就现有史籍看，有关耽罗的最早记载见于《后汉书》《三国志》，其中“乘船往来，货市韩中”的“州胡国”即是耽罗。[⑥] 就自然条件而言，耽罗“地多乱石，田畴硗确”[⑦]，“入土数寸皆岩石，以此不得深耕”，以致常常出现“连耕二三年，则谷穗无实。不得已，又垦新田，功倍获少”[⑧] 的情况，表明耽罗并不适宜农耕生产，这也成了当地“惟以海产水道经纪谋生”[⑨] 的根源所

① ［日］前間恭作遺稿，末松保和編纂：《訓読吏文》卷2，東京：极東書店1962年版，第19頁。

② 《高丽史》卷44，洪武七年四月戊申，人民出版社2014年标点本，第1344页。

③ 森公章将古代耽罗的历史发展分为5个时期：第Ⅰ期（5世纪末6世纪初以前），与马韩、百济交易的时期；第Ⅱ期（5世纪末6世纪初至660年），因百济南下，成为其服属国的时期；第Ⅲ期（660—679），因百济灭亡而独立，在东亚的巨大转换期中为保持独立，几度向日本遣使，但最终却成了新罗的服属国；第Ⅳ期（679—1105），从统一新罗的服属国到高丽的服属国；第Ⅴ期（1105—）成为高丽郡县，并在此后完全成为朝鲜半岛国家的领土。

④ ［日］吉田伍東：《日韓古史斷》，東京：冨山房1977年版，第71—72頁。

⑤ 此说是否可信虽不确定，但耽罗“家家橘柚”却是事实。而且耽罗农业生产发展缓慢，自始就十分注重海外贸易，权近便明确指出：“地偏民业犹生遂，风便商帆任往还。”因此，携带自身所产的橘柚朝贡，并借机开展贸易，换取中国物货便也在情理之中。故而，理应存在着此“岛夷”即为耽罗的可能。

⑥ ［日］森公章：《古代耽羅の歴史と日本——七世紀後半を中心として》，《朝鮮学報》1986年第118輯。

⑦ ［朝］金正浩：《大东地志》卷12，首尔大学图书馆藏刻本，史料番号：古4790－37－6，第34页a。

⑧ 《东国舆地志》戊册，首尔大学图书馆藏刻本，史料番号：古4790－51－5。

⑨ ［朝］李荇、洪彦弼主编：《新增东国舆地胜览》，平壤：朝鲜科学院出版社1959年影印本，第689页。

在。与之相对，耽罗“天气常暖……草木经冬不死……无虎豹、熊罴、豺狼、狐兔、鸺鹠之属”[①]。气候适宜、草场不枯、天敌不存的环境无疑为牧养马匹提供了条件。

事实上，在耽罗开国的神话中就有“且牧驹、犊，日就富庶”[②] 的记载，表明耽罗的养马业早在开国之时既已存在。此后，牧马渐趋普及，马匹的数量也逐步增多，出现了“处处骅骝”[③] “以马为货”[④] 的景象。自 1105 年成为高丽辖下的耽罗郡后，耽罗的养马业又得到了极大发展。高丽牧马主要采取“放马于诸岛，使之蕃息，简出壮者，以充尚乘，其余班赐诸王、宰辅、文武臣僚”[⑤] 的方式，耽罗自然也就成了“放马”的对象之一。根据《高丽史》的记载，从“诸岛”所获的马匹，犹以“耽罗之出居多”。郑以吾就说：“马畜之所孳，犹晋之屈产，非诸州之所可拟也。”[⑥] 而且，耽罗所产马匹质量较高，“地如幽冀马多良”[⑦]。徐居正给予耽罗马高度评价：“良马之产，大有资于国用。”[⑧] 元朝在帮助高丽平定三别抄之乱后，也在耽罗放养马匹，耽罗成为元朝的十四道官营牧场之一。从“索马”诏书中有“元朝曾有马二三万留在耽罗牧养，孳生尽多”之语看，朱元璋对此也有着清楚的认识。对“代元而立”的明朝来说，耽罗马匹理应由其继承。特别是在马匹损伤严重，即将征进的背景下，为了补充马匹，遣使到高丽索要耽罗马就在情理之中。但是，种种迹象表明，洪武七年（1374）林密出使高丽很难说是为了获

---

① ［朝］金正浩：《大东地志》卷 12，首尔大学图书馆藏刻本，史料番号：古 4790－37－6，第 34 页 a。

② 《高丽史》卷 57《地理二》，人民出版社 2014 年标点本，第 1839 页。

③ ［朝］金正浩：《大东地志》卷 12，首尔大学图书馆藏刻本，史料番号：古 4790－37－6，第 34 页 a。

④ ［朝］成海应：《研经斋全集外集》卷 42《食货议》，韩国古典综合数据库 http：//db. itkc. or. kr，2021 年 11 月 23 日。

⑤ 《高丽史》卷 82《兵二》，人民出版社 2014 年标点本，第 2619 页。

⑥ ［朝］卢思慎等编：《东国舆地胜览》卷 38，首尔大学图书馆藏刻本，史料番号：贵 1932－25－17，第 9 页 a。

⑦ ［朝］卢思慎等编：《东国舆地胜览》卷 38，首尔大学图书馆藏刻本，史料番号：贵 1932－25－17，第 20 页 a。

⑧ ［朝］徐居正：《四佳文集》卷 5《送济州节度使梁公诗序》，韩国古典综合数据库 http：//db. itkc. or. kr，2021 年 11 月 23 日。

取马匹。

明朝建立后，朱元璋以“复先王之旧”为旗号，拨乱反正，消除胡元遗俗，擘画国家典制。在开展对外交往时，也每以“法古先哲王”自居，“不宝远物，不劳夷人”①。并且，“待远人，厚往而薄来”②。洪武五年（1372）十月，高丽使臣姜仁裕到明朝贡，上表叩谢此前赏赐之恩，且贡马17匹。但是，朱元璋却将之看作“高丽贡献使者往来烦数”的表现，要求中书省移文高丽：“今高丽去中国稍近，教他依着三年一聘之礼，将来的方物，只土产布子不过三五对表意，其余的物都休将来。”③朱元璋对高丽频繁朝贡并不持欢迎态度，反而限制高丽贡期，而且也无获取苎布以外的，诸如马匹之类贡物的愿望。此外，在林密到达高丽一月前的洪武七年（1374）三月，朱元璋又令中书省申明此意，并明确表示：“其所贡方物不过表诚敬而已。”④ 是年五月，在面谕高丽使臣时，朱元璋又说，自己要效仿“圣人之心”，只求高丽“其民之安耳”，并特别强调：“宁使物薄而情厚，勿使物厚而情薄。”⑤ 这些情况表明，截至洪武七年（1374）五月，朱元璋获取高丽贡物的心态并不积极。在他看来，贡物只不过是“表诚敬”的手段而已。因此，主动向高丽遣使索要马匹就明显与此主旨相悖。即便明朝确实急需获得马匹，那也可以直接令高丽“贡马”，毕竟当时高丽“往来烦数”。这样，既可免去遣使之扰，又能省去转输之费，着实没有遣使远赴高丽索马的必要。

林密一行在抵达高丽，表明来意后，恭愍王即刻派遣门下评理韩邦彦前往耽罗取马。韩邦彦在是年七月到达耽罗。但是，耽罗的达达牧子

① 《明太祖实录》卷89，洪武七年五月壬申，台北“中研院”史语所1962年影印版，第1575页。

② 《明太祖实录》卷87，洪武七年正月乙亥，台北“中研院”史语所1962年影印版，第1546页。

③ ［日］前間恭作遺稿，末松保和編纂：《訓読吏文》卷2，東京：极東書店1962年版，第17頁。

④ 《明太祖实录》卷88，洪武七年三月癸巳，台北“中研院”史语所1962年影印版，第1565页。

⑤ 《明太祖实录》卷89，洪武七年五月壬申，台北“中研院”史语所1962年影印版，第1575页。

却以“吾等何敢以世祖皇帝放畜之马献诸大明”为由加以拒绝，“只送马三百匹”[①]。林密对此极为不满，一方面，以取马不利为名，要求高丽处死韩邦彦；另一方面，以“济州马不满二千数，则帝必戮吾辈，请今日受罪于王”[②]之语逼恭愍王就范。恭愍王“无以对”，不得不与臣下商议讨伐耽罗，这便有了高丽征讨耽罗的军事行动。是年八月，高丽正式平定耽罗。根据《吏文》的记载，耽罗马被运抵高丽本土的时间是是年十月初三日。[③]但早在九月，林密一行业已启程归国。也就是说，林密并未等候耽罗马到来。而且，林密在回国时携带的马匹数也并非 2000 匹，而是 300 匹[④]，这与此前达达牧子给予的马匹数相同。综合这些情况分析，林密此行的主要意图很难被看作索要 2000 匹耽罗马，更像是以“索马”为借口，有意促成高丽征讨耽罗的军事行动。那么，明朝促使高丽征讨耽罗的意图究竟为何?

二 耽罗“索马”与调控东亚秩序

(一) 探查高丽政局与促使高丽对元切割

洪武三年(1370)八月，高丽使臣姜师赞到明，在谢册命、纳金印的同时，又“计禀耽罗事”，此为明丽双方围绕耽罗问题进行交涉的开端，耽罗马也由此进入朱元璋的视线中。

高丽在上呈的《计禀表》中表达了五层意思:

(1) 开篇明言:“切以耽罗之岛，即是高丽之人，开国以来，置州为牧。”耽罗的主权归属明晰，高丽自始便在耽罗设官牧马。

(2)“自近代通燕之后，有前朝牧马其中，但资水草之饶，其在封疆如旧。”元朝曾在耽罗牧养马匹，但耽罗仍归高丽所有。

(3)“乃者奇氏兄弟谋乱伏诛，辞连耽罗达达牧子忽忽达思。差人究问，宰相尹时遇等尽为所杀。其后，前侍中尹桓家奴金长老，党附前贼，

---

① 《高丽史》卷44，洪武七年七月乙亥，人民出版社 2014 年标点本，第 1348 页。

② 《高丽史》卷44，洪武七年七月戊子，人民出版社 2014 年标点本，第 1348 页。

③ [日] 前間恭作遺稿，末松保和編纂:《訓読吏文》卷2，東京:极東書店 1962 年版，第 44 頁。

④ 《高丽史》卷44，洪武七年九月甲子，人民出版社 2014 年标点本，第 1349 页。

谋害本国，俱各服罪。”达达牧子参与奇氏谋乱，并与国人图谋不轨。

（4）“岛屿虽云蕞尔，人民屡至骚然，病根苟存，医术难效。”耽罗屡叛不服，难以治理。“谓致耽罗之安业，莫如鞑靼之移居。”达达牧子的存在是导致耽罗无法“安业”的主要原因。

（5）“将前朝太仆寺、宣徽院、中政院、资政院所放马匹、骡子……责付土人牧养”，并将达达牧子“迁将别处去呵”。进而，以“时节进献”耽罗马为条件，谋求明朝的支持。①

然而，《计禀表》中的内容却颇多不实之处。

首先，高丽太祖八年（925）十一月，耽罗贡方物，此为高丽与耽罗关系的开端。太祖二十一年（938年）十二月，“耽罗国太子末老来朝，赐星主、王子爵”②。由此，耽罗成为高丽属国。肃宗十年（1105），高丽设置耽罗郡，古代耽罗的历史就此终结，耽罗成了高丽国土。③ 因此，“耽罗之岛，即是高丽之人”的表述虽有其合理性，耽罗与高丽存有政治上的隶属关系，但却“风殊俗别，卒悍民嚣”④。“其人差短小，言语不与韩同，皆髡头如鲜卑。”⑤ 从恭愍王五年（1356）九月“遣使于杨广、全罗道刷济州人及禾尺、才人充西北面戍卒”⑥ 一事看，高丽并未将耽罗人与一般的“高丽之人”等同看待，而是将之视为与禾尺、才人等“贱民”相当的存在。耽罗人对自身“高丽之人”的身份也缺乏认同，《张允文墓志》明确指出：“耽罗在海中，自以谓殊疆异壤”。⑦ 因此，“耽罗之岛”并非真正意义上的“高丽之人”。

其次，据《高丽史》，忠烈王二年（1276）八月，“元遣塔剌赤为耽

---

① 《高丽史》卷42，洪武三年七月甲辰，人民出版社2014年标点本，第1303—1304页。

② 《高丽史》卷57《地理二》，人民出版社2014年标点本，第1840页。

③ ［日］森公章：《古代耽羅の歴史と日本——七世紀後半を中心として》，《朝鮮学報》1986年第118輯。

④ ［朝］卢思慎等编：《东国舆地胜览》卷38，首尔大学图书馆藏刻本，史料番号：贵1932－25－17，第5页a。

⑤ 《三国志》卷30《魏书三十》，中华书局1959年标点本，第852页。

⑥ 《高丽史》卷39，至正十六年九月庚辰，人民出版社2014年标点本，第1210页。

⑦ ［韩］金龙善编：《高丽墓志铭集成》，漢城：翰林大學校出版部1993年整理本，第307頁。

罗达鲁花赤，以马百六十匹来牧”[①]。此为元朝在耽罗牧养马匹的开端。在此三年前的至元十年（1273）四月，元丽联军剿灭了盘踞在耽罗的三别抄余党。但是，元朝军队并未完全撤离，忻都辖下的500名蒙古军仍然留在了耽罗。是年六月，元朝正式设置耽罗国招讨使司，任命失里伯为正使，尹邦宝为副使，耽罗从高丽郡县变成元朝的直辖地。[②] 另据《元史》，至元三十一年（1294）忽必烈薨逝后，高丽国王上言：“耽罗之地，自祖宗以来，臣属其国。林衍逆党既平之后，尹邦宝充招讨副使，以计求径隶朝廷，乞仍旧。”[③] 这说明，从设置招讨使司开始，直至至元三十一年（1294），耽罗都处在“隶朝廷”的状态下。从“乞仍旧”的表述看，高丽对此前耽罗隶属元朝的事实也有着清楚的认识。因之，在元朝起初放养马匹之时，耽罗就已不在高丽“封疆”。元成宗虽接受高丽的请求，将耽罗还属高丽，高丽在此后也采取了诸如改“耽罗”为“济州”、设置安抚使和牧使、向元朝进贡耽罗物产、安抚星主王子等措施，借以宣示对耽罗的主权，强化对耽罗的控制。但是，元朝仍然保留着在耽罗的牧马场和设置达鲁花赤的权力。高丽忠肃王五年（1318）和恭愍王十一年（1362），又两度出现了耽罗隶属元朝的情况。[④] 此外，耽罗的土著势力星主对高丽的统制并无好感，仍旧继续借助元朝的力量，维护、巩固自身的独立地位。[⑤] 连高丽自己也认为：“耽罗今归于我……然（星主）进马于元不绝。”[⑥] 这些情况表明，在“还属”高丽后，耽罗并非总是“在封疆如旧”，高丽也未能获得管辖耽罗的全权。当时的耽罗实则出现了元朝、高丽、星主并立的政治格局。《东国舆地志》对此有明确记述：“国家时遣安抚使、牧使等官，元亦遣招讨使、达鲁花赤等官以招

---

① 《高丽史》卷28，至元十三年八月丁亥，人民出版社2014年标点本，第887页。

② ［日］池内宏：《元の世祖と耽羅島》，《東洋学報》1926年第16卷。

③ 《元史》卷208《耽罗传》，中华书局1976年标点本，第4624页。

④ 高丽忠肃王五年（1318）二月，发生了以使用、金成为首的叛乱，事闻于元，“复置官吏”。恭愍王十一年（1362）八月，耽罗牧子叛，高丽派遣金庾讨伐，牧子“诉于元”，请重新隶属元朝。是年十月，元朝以副枢文阿但不花为耽罗万户，杀高丽济州万户朴都孙。

⑤ ［日］大葉昇一：《元・明初の耽羅（濟州島）》，《昭和女子大学文化史研究》1999年第3期。

⑥ 《高丽史》卷31，忠烈王二十年十一月庚戌，人民出版社2014年标点本，第990页。

抚，然使星主、王子各立官衙门，分治所管，维持风俗，贡献方物。”[①] 高丽恭愍王十六年（1367）二月，元朝在灭亡前夕再度将耽罗还属高丽，这或许便是高丽标榜“其在封疆如旧”的底气所在。然而，还属只不过是元顺帝为顺利实现“避乱济州”的计划而采取的友善之举[②]，是名义上的还属，耽罗三分的政治格局并未就此改变。从《计禀表》中“病根苟存，医术难效”的表述看，高丽仍旧无法对耽罗进行有力统合。因此，“其在封疆如旧”之语无疑掩盖了耽罗与元朝、高丽关系的复杂性，片面夸大了耽罗对高丽的隶属关系。

再次，高丽恭愍王五年（1356）五月，高丽诛杀后族奇氏。当时奇氏的罪名，除去“倚后势纵恣”“其亲党夤缘骄横”“穷极侈丽”“恣行不法”外，最为重要的便是“阴树党援，将图大逆”[③]。在此前的三月，恭愍王收到了“奇辙潜通双城叛民，结为党援谋逆”[④] 的密告。因之，奇氏结党谋乱应确有其事。但是，对于奇氏联合耽罗达达牧子反叛，史籍中却并没有明确记载。事实上，在诛杀奇氏的当天，恭愍王就任命柳仁雨为东北面兵马使，攻打双城等地，并以姜仲卿为西北面兵马使，进击鸭绿江以西。诛杀奇氏实则拉开了高丽摆脱元朝控制、恢复封疆的序幕。而攻打双城等地，固然是收复国土的表现，但理应也与双城曾经参与奇氏谋逆有关。如果确有奇氏谋乱“辞连”达达牧子的情况，就应该在同时经略耽罗，但实际情况却并非如此。高丽在诛杀奇氏，用兵东北、西北 1 个月后方才派遣尹时遇前往耽罗。而且，尹时遇此行的目的也不是究问“辞连”之事，而是出任济州都巡问使。这表明，奇氏谋乱与耽罗之间并无明显的一体感。此外，尹时遇在前往耽罗以前的身份是“赞成事”，此后，直至是年十月被达达牧子杀害，其身份都是“济州都巡问使”。《计禀表》中“宰相”的定位无疑有夸大、杜撰之嫌。恭愍王十一年（1362），不满高丽统治的达达牧子拥立星主高福寿反

① 《东国舆地志》第 16 册，首尔大学图书馆藏刻本，史料番号：古 4790－51－5。
② 李领：《元顺帝企图避乱济州岛发微》，《北大史学》2011 年第 16 期。
③ 《高丽史》卷 131《奇辙传》，人民出版社 2014 年标点本，第 3961—3962 页。
④ 《高丽史》卷 39，至正十六年三月甲辰，人民出版社 2014 年标点本，第 1204 页。

叛，并向元朝请求隶属，元朝随即派遣从二品的高官枢密副使文阿但不花为耽罗万户。根据《高丽史》的记载，文阿但不花“与本国贱隶金长老到州，杖万户朴都孙，沉于海”①。这说明，在到达耽罗后，文阿但不花便杀害了高丽属官朴都孙，高丽“贱隶”金长老只是随同抵达，究竟是否与杀害朴都孙有关，并不十分明确。从此前耽罗屡屡发生杀高丽官员以叛的情况看，即便金长老与此事有关，那也只能算是参与谋害高丽属官的一般事件，并不是《计禀表》中所说的“党附前贼，谋害本国”那样严重。

再者，耽罗屡叛难服确属事实，达达牧子经常杀害高丽属官，对抗高丽。② 高丽恭愍王十六年（1367）四月，济州宣抚使林朴在到达耽罗后对万户说：“达达牧子喜反侧，君宜尽心抚绥，毋令生事。”③ 但是，影响“耽罗安业”与否的并非只有达达牧子。星主是耽罗土著势力的代表，在成为高丽郡县后，其依然存续。星主本身的自立性极强，并不甘心服属高丽，《东国舆地志》明言：“星主、王子之号，自新罗始封，世世袭爵。高丽时，本岛沿革相仍，人心乖隔，乍顺乍逆。”④ 星主等土著势力的肆意压榨，也是导致耽罗反叛难治的重要原因，郑以吾在《送朴德恭之任序》中指出：“加以星主、王子及夫土豪之强者，争占平民为役使，谓之‘人禄’，残民以逞，称难治也。”⑤ 此外，高丽派往耽罗的官员也多有横行不法、贪暴恣意之人，以致抚民无方，叛乱迭起。高丽毅宗二十二年（1167）二月，发生了“近者官吏不法，贼首良守等谋叛，逐守宰”的事件。高丽忠肃王时期的使用、金成之乱也被认为源于大护军张公允和济州副使张允和的贪暴。⑥ 因此，星主自立、土豪压榨、吏治不振都是影响耽罗

---

① 《高丽史》卷57《地理二》，人民出版社2014年标点本，第1840—1841页。

② 例如：高丽恭愍王五年（1356）十月，耽罗牧胡加乙赤、忽古托杀巡问使尹时遇以叛；恭愍王十一年（1362）八月，耽罗牧胡胡古秃不花、石迭里必思等以星主高福寿叛；恭愍王十六年（1367），元牧子强暴，累杀高丽所遣牧使、万户以叛。

③ 《高丽史》卷111《林朴传》，人民出版社2014年标点本，第3407页。

④ 《东国舆地志》戊册，首尔大学图书馆藏刻本，史料番号：古4790-51-5。

⑤ ［朝］卢思慎等编：《东国舆地胜览》卷38，首尔大学图书馆藏刻本，史料番号：贵1932-25-17，第5页a—第5页b。

⑥ 《高丽史》卷34，延祐四年四月戊申，人民出版社2014年标点本，第1096页。

稳定的重要因素，单纯“韃靼之移居”，并不能真正实现“耽罗之安业”。

最后，《计禀表》中所列的元朝在耽罗存有马匹的机构是太仆寺、宣徽院、中政院、资政院。其中，太仆寺“典掌御位下、大斡耳朵马”，并负责全国十四道官营牧场的管理。① 达达牧子牧养的马匹中就有元世祖忽必烈放养的御马（大宛马）。因此，太仆寺在耽罗存有马匹当属事实，1347 年太仆寺派遣安伯颜不花等到耽罗取马也说明了这一点。② 宣徽院承担着“牧养孳畜，岁支刍草粟菽，羊马价直”的职责。而且，在至元二十五年（1288）以前，太仆寺直接隶属于宣徽院。因此，说宣徽院在耽罗牧马也有其合理性。另据《新元史》，在后至元六年（1340）伯颜倒台后，“改徽政院为资政院”③。这说明，“资政院”的前身当为“徽政院”。按照《元史》记载，元统元年（1333）十二月，“依太皇太后故事，为皇太后置徽政院，设立官属三百六十有六员”④。从中可知，徽政院理应是负责皇太后有关事务的机构。另据《高丽史》，早在高丽忠烈王二十六年（1300），皇太后就已在耽罗放养“厩马”。⑤ 既然徽政院负责皇太后事务，那么，这些“厩马”也应归其管辖。因此，耽罗存有资政院马匹也属事实。中政院“掌中宫财赋、营造、供给，并番卫之士，汤沐之邑”⑥，简而言之，便是负责与皇后有关的事务。耽罗存有中政院马匹就意味着皇后曾在该地养马。但是，史籍中并未有中政院在耽罗牧马的记载。而且，限于管见，皇后在耽罗牧马也只有一例。据《济州观德亭重新记》，南原梁判相对徐居正说：“余惟济本古之乇罗国，即吾东方九韩之一。……丽季，奇皇后侪置牧场。”⑦ 这一记述也为此后的《东国舆地胜览》《新增东国舆地胜览》所承袭。但是，《元史》《高丽史》《高丽史节要》对此全无记载。实际上，与伯颜倒台同时，元朝宫廷内部也发生

---

① 《元史》卷 100《兵三》，中华书局 1976 年标点本，第 2553 页。

② 《高丽史》卷 37，至正六年八月戊寅，人民出版社 2014 年标点本，第 1167 页。

③ 柯劭忞：《新元史》卷 104《后妃传》，开明书店 1935 年影印本，第 240 页。

④ 《元史》卷 192《百官八》，中华书局 1976 年标点本，第 2330—2331 页。

⑤ 《高丽史》卷 57《地理二》，人民出版社 2014 年标点本，第 1840 页。

⑥ 《元史》卷 88《百官四》，中华书局 1976 年标点本，第 2230 页。

⑦ ［朝］徐居正：《四佳文集》卷 2《济州观德亭重新记》，韩国古典综合数据库 http：//db. itkc. or. kr，2021 年 11 月 23 日。

了重大变化。其一，“母后”被废。这里的“母后”并非指元顺帝的生母罕禄鲁氏，而是指其婶母——文宗皇后不答失里。因不答失里有拥立之功，元顺帝即位伊始便尊其为“皇太后”，并为其设置徽政院。到了后至元六年（1340）六月，不答失里被废去尊号，发配东安州。其二，元顺帝采纳学士沙剌班希旨的建议，立高丽人奇完者忽都为第二皇后。随着太后被废，徽政院也就失去了存在的意义，这便有了“母后虚位，徽政院当罢”[①] 的进言。二皇后新立，但伯颜大皇后仍主中政院，这就需要为二皇后设置新的服务机构。“改徽政院为资政院”，资政院本身又是专门“为完者忽都皇后置”[②] 的情况表明，当时应该采取了只改变机构名称，由资政院全盘继承徽政院官属的方式来同时解决旧机构的废去与新机构的创设这两大问题。在机构改称的过程中，徽政院在耽罗的马匹自然也就被划归资政院名下。远处高丽的梁判相很可能将耽罗的徽政院马匹改隶资政院一事误认作奇皇后在耽罗借助资政院“侨置牧场”。因此，奇皇后牧马耽罗具有“偶然”色彩，不能算作严格意义上的皇后在耽罗牧马的事例。此外，在伯颜大皇后薨逝后，奇皇后在领有资政院的同时，又“兼主中政院”[③]。在资政院已有牧马的情况下，再由中政院在耽罗牧马就显得没有必要。这些情况表明，耽罗存有中政院马匹一事应该并非事实。

综上所述，《计禀表》中的内容基本不实，充满了夸大、掩盖、杜撰事实之语。这表明《计禀表》理应是高丽精心谋划、巧妙设计的产物。对于高丽选择在此时“计禀耽罗”的原因，史籍中并未有确切记载，但姜师赞此行却是自洪武二年（1369）八月派遣成准得到明以后的首次遣使。在这一年的时间里，明朝接连取得了庆阳会战、沈儿峪之战、应昌奔袭战的胜利，北元再也无力南下与明朝争夺，元顺帝恢复旧疆的企图基本破灭。[④] 在明军的强大攻势下，沿边元朝势力纷纷降明。洪武三年

---

① 柯劭忞:《新元史》卷 208《许有壬传》，开明书店 1935 年影印本，第 407 页。
② 柯劭忞:《新元史》卷 59《百官五》，开明书店 1935 年影印本，第 148 页。
③ 柯劭忞:《新元史》卷 104《后妃传》，开明书店 1935 年影印本，第 240 页。
④ 达力扎布:《北元初期史实略述》，《内蒙古社会科学》1990 年第 5 期。

（1370）四月，元顺帝薨逝，北元复兴的前景渐趋黯淡，高丽也就彻底下定了弃元向明的决心，正式采行洪武年号，承认明朝的正统地位，并派遣姜师赞缴纳元朝所赐印信，以示臣服。此外，在姜师赞出使两个月前的洪武三年（1370）五月，成准得使毕归国，这就意味着高丽也已收到洪武二年（1369）十月朱元璋赐予的玺书，知晓了明朝对其能以“拒之”“守之”的实际行动承担对抗“北虏”“南倭”的“东藩”职责的期待，而“计禀耽罗”就是在这一背景下产生的。

《计禀表》的侧重点有二：其一，夸大耽罗与高丽的同一性及其对高丽的隶属关系，目的是宣示高丽对耽罗的主权，并将自身对耽罗的经略合法化，这是在元朝大势已去的情势下，担心明朝全盘继承元朝在耽罗的特权而采取的绸缪之举；其二，提及达达牧子与奇氏“联合”谋乱，并在列举元朝在耽罗的牧马机构时，故意将“中政院”加入其中，以此表明牧子与皇后间的“潜在”关联，增强其与奇氏“联合”谋乱的说服力，进而杜撰出达达牧子杀害“宰相”、与金长老“谋害本国”的“事实”，塑造了罪大恶极、难以治理的牧胡形象，并将耽罗无法安业的根源归咎于达达牧子的存在。高丽通过强调“达达牧子”，凸显了耽罗与元朝的关联，而其背后目的便是将耽罗问题“北虏化”。这样，高丽剥夺元朝马匹、移居鞑靼的建言也就不再只是为了自己收复“旧疆”，而是同时具有了秉承玺书训谕、积极对抗“北虏”的内涵。高丽极其巧妙地将自身的诉求与明朝的期待关联在一起，最终目的是在明晰主权归属的同时，借助明朝权威，一举解决耽罗问题。但是，高丽明显错判了形势，低估了洪武帝的外交手腕。

就现有史籍看，朱元璋在当时并未就耽罗的主权归属做出明确表态。而且，在他看来，达达牧子“本是牧养为业，别不会做庄家有。又兼积年生长耽罗，乐土过活的人有”[①]。因而，并未赞同“移居鞑靼”，只是“示以烹鲜之训”“遂其按堵之生”[②]。其言外之意便是维持原状。另据《东国舆地志》：“时元牧子强悍，累杀国家所遣万户以叛，王奏请……择牧

① 《高丽史》卷43，洪武五年九月壬戌，人民出版社2014年标点本，第1324页。
② 《高丽史》卷43，洪武五年四月壬寅，人民出版社2014年标点本，第1320页。

子所养马以献如古事，大明高皇帝从之。"① 从后续事态的发展看，朱元璋确实采纳了"时节进献"耽罗马的建议。② 这说明，朱元璋明显采取了"避重趋利"的策略。高丽非但没有获得主权认可、移居许可，反而招来了进贡耽罗马的义务。事实上，虽然当时的高丽"朝聘之礼不曾有缺"，但在北元势力依然存续、东北亚反明联盟可能出现的情势下，一个统一、稳定的高丽对明朝来说并不是有利的。维持耽罗原状，让高丽始终存有"南顾"之忧，才能更好地牵制高丽，维持明朝在东北亚地缘政治中的利益。

洪武五年（1372）四月，高丽派遣民部尚书张子温、礼部尚书吴季南出使明朝，并再度上呈了有关耽罗的表文，其文意有三：首先，通过放弃移居鞑靼、遣使贡献耽罗马之语，塑造了钦遵训谕、"唯知事上之心"的高丽形象；其次，从杀害高丽取马使者和所派弓兵、拒绝向明朝贡马两个方面，坐实了达达牧子"岛夷不恭，敢阻朝天之路"的罪名；最后，希望明朝能感其效忠之实，悯其抱屈之情，"为之区处"。③

洪武五年（1372）的表文较之两年前的《计禀表》，在叙事策略上已有明显变化。其一，鉴于单纯的"北虏化"并不能真正引起明朝对耽罗的关注，在谈及吴季南往耽罗取马时，又特意加入了"以倭贼在海，差弓兵四百二十五人防送"之语，以此暗示耽罗与倭寇的潜在关联。④ 将耽

---

① 《东国舆地志》戊册，首尔大学图书馆藏刻本，史料番号：古 4790 – 51 – 5。

② 根据《高丽史》记载，洪武五年（1372）十二月，朱元璋在训诫高丽使臣时曾说："济州马匹，今日将来，明日将来，闹了一年，则将的四个马来了。"这说明，高丽曾向明朝提议进献耽罗马，并为明朝所接受。但是，对于"闹了一年"方才贡马 4 匹的高丽使者究竟是谁却并未明言。姜师赞归国的时间是洪武四年（1371）五月，此后，至洪武五年（1372）三月，高丽曾 4 次向明朝遣使，但都未见有进贡马匹的记载。到了洪武五年（1372）四月，高丽派遣礼部尚书吴季南到明，献马 6 匹，这也是史籍中所见之高丽贡马的最早记录。是年七月，吴季南抵达明朝。因此，就时间而言，吴季南到明贡马发生在姜师赞归国一年零两个月以后，这便与"闹了一年"的表述基本相合。另据《吏文》记载，洪武六年（1373）七月初三日，高丽派遣金甲雨到明贡马 50 匹，途中遇到暴风，以致"倒死马二匹"。这说明，渡海贡马之时，难免会出现马匹倒死的情况。因此，出现吴季南渡海遭风，马匹倒毙 2 匹，余下 4 匹的情况便也在情理之中。若此，就与"则将的四个马来了"的表述相符。故而，"闹了一年"方才贡马 4 匹的高丽使者理应是吴季南，其到明的目的便是进贡耽罗马。吴季南此行实则是为了履行姜师赞提出的向明进献贡耽罗马的承诺，这意味着明朝在此前便已接受了"时节进献"耽罗马。

③ 《高丽史》卷 43，恭愍王二十一年四月壬寅，人民出版社 2014 年标点本，第 1320 页。

④ ［日］末松保和：《麗末鮮初に於ける対明関係》，载《青丘史草 1》，東京：笠井出版社 1965 年版，第 322 頁。

罗问题“南倭化”，这可以看作对洪武二年（1369）十月明朝所赐玺书的再利用。其二，高丽不再执着于声言自身对耽罗的主权，其虽有“请讨耽罗”的打算，但也不在表文中明言，也未提及任何的解决方案，转而以“俯颁德音”的姿态，将区处的权力主动交予了明朝。高丽应该是想借明朝之口，申明讨伐之意，并借讨伐之举，宣示、获取对耽罗的主权。

叙事策略的改变，确实带来了积极效果，使朱元璋产生了达达牧子与倭寇“相合一处呵，剿捕的较难有”的忧虑和“今牧子如此，所当诛讨”的认识。但是，从“耽罗虽有胡人部落，已听命于高丽，又别无相诱之国，何疑忌之深也”及“今王以耽罗蕞尔之众……用朕之诏，示以威福”① 的表述看，朱元璋无疑深刻洞悉了高丽的意图。

然而，朱元璋却并未像对待《计禀表》那样“避重趋利”，而是对高丽的诉求进行了正面回复。首先，明确指出：“朕即位之初，遣使止通王国，未达耽罗，且耽罗已属高丽，其中生杀，王已专之。”说明明朝并无经略耽罗的打算，这等于承认了高丽对耽罗的主权。其次，要求高丽“休小觑他，多多的起将军马，尽行剿捕者”。但又告诫高丽不要“因小事而构大祸”，要“熟虑烹鲜之道，审而行之”。如必要用兵，“王尚与文武议之，遣使再来，行之未晚”。

从表面看，高丽业已达到了主权认可、征讨许可的目的。但是要想真正实现征讨，还要在高丽国内进行充分讨论，达成一致后，再度向明朝奏请，之后方能施行，征讨与否的最终决定权仍然在明朝手中。这就意味着，高丽并不能随意改变耽罗的原状，而“耽罗已属高丽”的主权认可自然也就成了“徒有虚名”的口头承诺。因此，就实质而言，上述正面回复与对《计禀表》的表态并无根本差别。

明朝之所以在此时给予高丽形式上的主权认可、征讨许可，其原因当在于：洪武五年（1372），明军岭北大败。六月，李文忠所部受到元军重创。七月，汤和所部又兵败断头山，北征基本以失败告终。是年七月己未，李文忠将所获故元人口送至京师，朱元璋在当时也应知晓了北征

① 《明太祖实录》卷 75，洪武五年七月庚午，台北“中研院”史语所 1962 年影印版，第 1386 页。

失利的情报。10 天以后，张子温、吴季南到达明朝，再言耽罗之事。随着北征失利，朱元璋自然会对与元朝关系密切的高丽的动向产生关注，产生高丽“弃明向元”的担忧。因之，便借“耽罗”这一“故元”色彩浓厚的指代，通过认可主权、许可征讨的方式，羁縻、拉拢高丽，并将“王尚与文武议之”作为征讨的先决条件，将高丽国王能否与文武群臣再度达成征讨之议作为检视高丽国内政局走向及其对北元态度的指针。

张子温、吴季南于洪武五年（1372）九月返回高丽。两个月后，高丽派遣大护军金甲雨到明进献耽罗马，却绝口不提征讨耽罗之事。从洪武七年（1374）二月发往明朝的表文中有“济州之反侧，处置以宜”[①]的表述看，高丽并未继续秉持征讨之计，而是以“处置以宜”的方式“解决”耽罗问题，也即采纳了朱元璋所提出的“王宜熟虑烹鲜之道，审而行之”的谨慎用兵之策。到了洪武六年（1373）七月，周英赞又携带“济州牧胡肖忽秃不花所献马十九匹、驴二匹”[②]到明贺千秋节，这便与此前“敢阻朝天之路”的牧胡形象形成了鲜明对比。高丽此举意在向明朝传递达达牧子业已恭顺之意，表明已无再行征讨的必要。但是，在朱元璋来看来，采取“处置以宜”的对策，明显是对耽罗妥协。在明军北征失利、北元“中兴”的态势下，对耽罗妥协也就是对北元妥协。而且，放弃征讨也意味着高丽并未就征讨之事达成一致，其言外之意是高丽政局也已发生改变，“亲元”的势力可能已成主导，这无疑会加剧朱元璋对高丽政治走向的疑虑和高丽“弃明向元”的担忧。事实上，洪武六年（1373）二月，北元向高丽遣使，希望高丽“宜助力，复正天下”。恭愍王欲斩杀来使，但“群臣皆执不可”。[③]这表明，高丽对待北元的态度确实已经发生了明显变化，对“反元”之事变得相当谨慎。因此，洪武七年（1374）明朝决意索要耽罗马的意图当在于：首先，通过索要数量众多且“故元”色彩浓厚的耽罗马，有意挑动亲元势力的神经，并借遣使之机，实地探查高丽内部的反应，以此反观高丽国内的政治走向，为制

① 《高丽史》卷 44，洪武七年二月甲子，人民出版社 2014 年标点本，第 1343 页。
② 《高丽史》卷 44，洪武六年七月甲辰，人民出版社 2014 年标点本，第 1330 页。
③ 《高丽史》卷 44，洪武六年二月乙亥，人民出版社 2014 年标点本，第 1328 页。

定下一步的对丽政策提供参考；其次，以不满2000匹不罢休的姿态促使高丽征讨耽罗，逼高丽与北元彻底切割，防止出现高丽倒向北元，联合对抗明朝的局面。

（二）摧毁反明势力巢窟与威压日本事大服属

至正八年（1348）十一月，方国珍“倡兵海隅”，旬月之间，聚众千人。元朝派舟师征讨，结果反为所制。由是，“东南遂有沸腾之势”①。至正十四年（1354）九月，方国珍夺取台州。至正十五年（1355）春，攻取庆元；七月，占领温州，浙东三郡皆为所有。此后，方国珍“盗据海隅，以势要君，以私贿下，坐邀名爵，跋扈万状”，“扼海道之冲，窃据山岛二十余年”②。吴元年（1367）九月，朱元璋派遣朱亮祖攻取台州，十月克取温州。是月，汤和率军攻打庆元，方国珍遁入海岛。是年十二月，方国珍正式归降。但是，其余部的反抗却仍在继续，代表便是兰秀山之乱。

“兰秀山”是对隶属于昌国的兰山、秀山二岛的合称。昌国所属海岛“壤地褊小，又皆斥卤”③，不适宜农业生产。岛民大多凭海谋生，并养成了“顽犷不易治，至有剽掠海中若化外”④的民风。这些海岛往往也是孕育海寇的巢窟，兰山、秀山也不例外。在二山当地形成了以陈氏、叶氏等土豪阶层为首领的海民集团。⑤至正十年（1350）冬，为了应对方国珍反乱，赵观光向昌国州侯帖木儿不花献计：“今州兵寡弱，且不谙水战，惟兰、秀二山居民悍勇善斗击，习海事。若募以厚资，示以重赏，其人必乐为我用，用以擒贼，无难矣。”⑥帖木儿不花深以为然，并将此事委托赵观光处理。此后，由于“招谕有方，不扰而事集”。次年正月，赵观光率领招募的兰秀山海民迎击方国珍，这也是史籍中有关方国珍与兰秀

---

① （清）顾祖禹：《读史方舆纪要》卷92，中华书局2005年标点本，第4267页。

② 《明太祖实录》卷23，吴元年四月己未，台北“中研院”史语所1962年影印版，第333页。

③ （元）冯福京：《昌国州图志》卷1《风俗》，《中国方志丛书·华中地方》，台北：成文出版社1983年影印本，第580号，第6001页。

④ 《元史》卷185《汪泽民传》，中华书局1976年标点本，第4254页。

⑤ ［日］藤田明良：《蘭秀山の乱と東アジア海域世界——十四世纪舟山群岛と高麗·日本》，《歴史学研究》1997年第698期。

⑥ 杨讷、陈高华主编：《元代农民战争史料汇编》（中），中华书局1985年版，第584页。

山海民接触的最早记录。最终，由于实力相差过大，赵观光战死，兰秀山海民加入了方国珍集团，并在此后成了方国珍水军的主力部队。[①] 吴元年（1367）十二月，兰秀山海民与方国珍一道，归降了明朝。

方国珍降服后，朱元璋“遇之特厚，每赐宴飨，皆与功臣列坐”，且“官其二子”[②]。但对其部属的处置却大为不同：其一，籍没方氏姻亲戴氏[③]；其二，伪官、悍将“尽刮种类，迁于江淮间”[④]；其三，将除丘楠以外的幕佐之人全部杖杀[⑤]；其四，将方氏旧卒编入当地卫所。[⑥] 籍没、迁徙、杖杀、为军的政策势必会招致方氏部属的不满。更为重要的是，方国珍与其部属之间自始就未建立实质上的隶属关系，对构成其政权中核的海上土豪势力也只是采取承认其既有权力、形式上授予官职、满足其利益要求的方式进行间接控制，海上土豪始终保持着极强的自立性。[⑦] 一旦政权倾覆、利益难以满足，海上土豪便会自行离去。因此，上述极具统制色彩的处置方案，无疑会遭到早已习惯于宽松政治的海上土豪阶层的反抗。

平定方国珍之后，朱元璋命汤和等率舟师南下，从海路配合胡廷瑞攻取福建。吴元年（1367）十二月，汤和率部攻克福州。洪武元年（1368）二月，汤和奉命返回明州造船，以备漕运北征军饷。在返归经过昌国之时，遭到兰秀山土豪陈氏、叶氏的攻击，汤和军大败，“失陷指挥

---

① ［日］檀上寛：《明代海禁＝朝貢システムと華夷秩序》，京都：京都大学学術出版会 2013 年版，第 58 頁。

② 应再泉主编：《方国珍史料集》，浙江大学出版社 2013 年版，第 9 页。

③ 根据嘉庆《太平县志》卷 18 所载：“况戴系方氏之姻，国珍内附后，熊鼎按部籍其亲戚寄顿，戴富盛累世，日处危地，门客乘机告讦，法司深文周内，遂至赤族，岂真有不法不道之事哉！”

④ 杨讷、陈高华主编：《元代农民战争史料汇编》（中），中华书局 1985 年版，第 658 页。

⑤ 《明太祖实录》卷 88，洪武七年三月壬辰，台北“中研院”史语所 1962 年影印版，第 1564 页。

⑥ 根据《敬止录》记载：“皇明洪武元年，立明州卫指挥使，命指挥驸马王恭镇守，辖五千户。二年，指挥陆龄收集方氏亡卒，及并金华、衢州等处官兵，增为十所。”檀上宽认为，明州卫理应设置在洪武元年（1368）正月前后。而在设卫之初，或许就已经采取了将方氏旧卒编入其中的举措。

⑦ ［日］檀上寛：《方国珍海上勢力と元末明初の江浙沿海地域社会》，载京都女子大学東洋史研究室编《東アジア海洋域圏の史的研究》，京都：京都女子大学 2003 年版，第 163—164 頁。

徐琇、张俊等官军”[①]，兰秀山之乱也由此展开。是年三月，兰秀山贼驾船200余艘，攻打明州，结果为驸马都尉王恭所败，转而逃至昌国。[②] 朱元璋随即“升吴祯、吴良为佥都督，经奇头山海门，与兰秀山贼大战，直抵巢穴。是月，大败贼众，尽获海船”[③]。但是，仍有部分兰秀山贼寇逃脱。其中，一部分继续转战象山，并在洪武元年（1368）五月为当地乡兵击溃。[④] 另一部分则渡海逃往高丽。

浙东明州与高丽的航路早在宋代即已存在，当时称为“海道舟船路”。[⑤]《宋史》对此有明确记述：“自明州定海遇便风，三日入洋，又五日抵墨山，入其境。……七日至礼成江……又三日抵岸……乃其国都云。”[⑥] 宣和五年（1123）奉使高丽的徐兢就是采用了这一航路。另据《善邻国宝记》，至元二十一年（1284）四月，忽必烈派遣普陀寺住持如智与参政王积翁出使日本，如智在日志中写道：“甲申四月，又奉圣旨，同参政王积翁再使倭国。五月十三日，开帆于鄞，住耽罗十三日，住高丽合浦二十五日，七月十四日，舟次倭山对马岛云云。”[⑦] 这说明，时至元初，又出现了明州（鄞）—耽罗—高丽的新航路。因此，对盘踞浙东的方国珍来说，具备与高丽开展交往的客观条件。

高丽恭愍王七年（1358）五月，“台州方国珍遣人来献方物”[⑧]，这是方国珍与高丽交往的开端。此后，截至恭愍王十四年（1365）十月，方国珍共向高丽遣使5次，致力于通商贸易。[⑨] 方国珍对高丽的期待并不

---

① 《明太祖实录》卷47，洪武二年十二月己丑，台北“中研院”史语所1962年影印版，第940页。

② 民国《定海县志》册四戊《故实志15》，上海：旅沪同乡会1924年铅印本，第2页a—第2页b。

③ （明）俞本：《纪事录》，载陈学霖《史林漫识》，中国友谊出版社2000年版，第431页。

④ 《明太祖实录》卷32，洪武元年五月庚午，台北“中研院”史语所1962年影印版，第559页。

⑤ 汪义正：《古代东北亚航路的形成》，《暨南史学》2012年第7辑。

⑥ 《宋史》卷487《外国三》，中华书局1977年标点本，第14055页。

⑦ ［日］瑞溪周凤：《善邻国宝记》卷上，清华大学馆藏东方学会印本，第19页a。

⑧ 《高丽史》卷39，至正十八年五月庚子，人民出版社2014年标点本，第1218页。

⑨ 曹永和：《试论明太祖的海洋交通政策》，载中国海洋发展史论文集编辑委员会编《中国海洋发展史论文集（一）》，台北“中研院”中山人文社会科学研究所1984年版，第56页。

止于此。根据《明太祖实录》记载，吴元年（1367）十一月汤和攻克庆元后，方国珍“遁入海岛”。从朱元璋命廖永忠“自海道会（汤）和讨之”[①]看，此“海岛”应位于浙东近海。考虑到方国珍与昌国州达鲁花赤几乎同时归降，此“海岛”应该就是舟山群岛。另据《月山丛谈》，遁入海岛后，“国珍实欲泛海，以风不顺，不得已，归命”[②]。表明遁入舟山群岛并非最终目的，方国珍还想继续泛海逃亡，但究竟“欲泛海”何往却并未明言。

浙东沿海所在的东海地区，从九月开始，西北风逐渐增强。到十二月，西北风、北风更加凛冽，且要一直持续到来年三月。[③] 方国珍“遁入海岛”“谒见归降”的时间为十一、十二月，此时正值西北风、北风盛行之时。从“风不顺”的表述看，方国珍当时并不欲借助西北风、北风泛海，其言外之意就是不想南下逃亡，联想到方国珍与高丽存有的密切联系，他起初应该是打算借助南风泛海北上，逃往高丽，无奈风信不合才归降明朝。因此，兰秀山叛贼逃往高丽也可看作仿效“故主”之举。

朱元璋获悉兰秀山叛贼潜居高丽一事是通过明州人鲍进保的报告。之后，便于洪武三年（1370）五月命中书省派遣百户丁志、孙昌甫前往高丽，押解兰秀山叛贼陈君祥等归国。是年六月，兰秀山叛贼百余人被移送明朝。[④] 刑部在奉旨对此百余名叛贼进行分拣审决之时，发现林宝一等“所供情未尽实”，便“再行责问”，并将“责问”结果以“林宝一状供”的形式呈报中书省，中书省随即上报朱元璋。

“林宝一状供”中有如下内容：林宝一等在为吴祯所败后，“败退夏山躲避，后于六月初八日开洋。至十二日，到于耽罗。宝一收买海菜，自趁本处洪万户船到高丽”[⑤]。这说明，耽罗是兰秀山叛贼逃往高丽的重

① 《明太祖实录》卷27，吴元年十一月己丑，台北“中研院”史语所1962年影印版，第412—413页。

② （清）钱谦益：《国初群雄事略》卷9，中华书局1982年标点本，第228页。

③ ［日］吉尾宽：《东亚海域世界史中的海洋环境》，载复旦大学文史研究院编《世界史中的东亚海域》，中华书局2011年版，第42页。

④ 《高丽史》卷42，洪武三年六月辛巳，人民出版社2014年标点本，第1300—1301页。

⑤ ［日］前間恭作遺稿，末松保和編纂：《訓読吏文》卷2，東京：极東書店1962年版，第4頁。

要经由地。文中虽未明言“洪万户”的确切身份，但从“万户”的职位看，应该是方国珍任命的“伪官”“悍将”之一。从“本处”二字看，耽罗也应存有方国珍部属的据点。收买耽罗海菜运往高丽的举动表明，林宝一对两地的供需动向已有相当把握。据此，便可看到兰秀山叛贼与耽罗存有的密切联系。

朱元璋正式批复“林宝一状供”是在洪武三年（1370）九月二十八日，这意味着他在当时也已认识到了二者间的关联。起初，朱元璋对耽罗的认识主要停留在“北虏”这一层面。伴随着林宝一案的审结，耽罗无疑又具有了关涉国内“叛贼”的特性。到了洪武五年（1372）七月，张子温、吴季南入明，耽罗又被刻意“南倭化”。明朝建立后就出现了“方谷珍、张士诚残党窜入岛中，因而煽诱倭奴，相与为乱”[①] 的情况。考虑到此，朱元璋很容易就会产生兰秀山叛贼、倭寇、达达牧子等窃据耽罗，联合反明的担忧。耽罗自然也就成了反明势力在海外聚集的巢窟。这样，耽罗就从“陆”与“海”两个方面，与明朝的内政紧密关联在一起。在岭北战败、倭患加剧的态势下，耽罗的地位无疑变得更加重要，事关东北亚地缘战略全局。与高丽一样，明朝也有了解决耽罗问题的诉求，只是在具体解决方式上，明朝与高丽有着根本性的差异。

高丽是想在获得明朝主权认可的前提下，以直接征讨的方式彻底解决耽罗问题，这一解决方式的主导权掌握在高丽手中，其根本目的是实现耽罗服属，而摧毁耽罗这一反明势力巢窟只不过是谋求明朝支持的口实，是征讨带来的间接效果。对此，明朝只是在形式上给予高丽主权认可、征讨许可，无意于改变耽罗原状。此外，又以“我听得恁那地面里倭贼纵横劫掠……不能镇遏，致使本贼过海前来作耗的上头”[②] 之语责怪高丽剿倭不利导致明朝出现倭患，言外之意是希望高丽尽心剿倭。到了洪武五年（1372）十二月，在训谕高丽使臣时，朱元璋又说，“倭人常川侵你，你便准备三五

---

① （明）茅坤：《茅鹿门先生文集》卷2《与李汲泉中丞议海寇事宜书》，国家图书馆藏明万历刻本，第2页b。

② 《高丽史》卷43，洪武五年九月壬戌，人民出版社2014年标点本，第1324页。

百船只，叫军人捉拿”[①]，并且提出了明丽联合剿倭的设想。在提及耽罗时，只是责备高丽进献耽罗马不力，丝毫不提征讨之事。这说明，明朝维持耽罗原状的立场并未改变。一方面积极要求高丽对倭寇采取“攻势”，另一方面继续秉持对耽罗的“守势”，表明明朝是将耽罗问题与倭寇问题区别处置的，并无采取征讨耽罗这一“一揽子”的解决方案来彻底消灭盘踞于该地的反明势力的打算。明朝是想在维持耽罗原状的前提下，通过构筑明丽联合剿捕体制的方式，压缩倭寇的活动空间，间接削弱、遏制盘踞在耽罗的反明势力，这表明明朝仍怀有利用耽罗牵制高丽的内在考虑。

在这一解决方式下，主导权为明朝掌握，高丽失去了贯彻自身耽罗战略的资格，只能处在配合明朝行事的地位。高丽得知明朝希望其尽心剿倭一事是在洪武六年（1373）七月，是年十月[②]、十一月[③]，高丽2次向明朝遣使，但都未提及剿倭之事。这说明，高丽对明朝提议的反应并不积极。只是在是年十一月，才移咨中书省，请求颁赐火药，剿捕倭寇，这也是高丽首次就剿倭表态。[④] 然而，朱元璋获知此事的时间却是洪武七年（1374）五月八日。[⑤] 这就意味着，明朝在时隔一年半以后方才收到高丽的正面回复。随着洪武六年（1373）十月金甲雨到明进献耽罗马[⑥]，高丽暂时放弃了征讨耽罗的计划，朱元璋将之看作高丽“亲元”的表现。与之同时，剿倭之事也迟迟得不到答复。在此之前，朱元璋又已得知了高丽宰相购买兰秀山贼船的消息[⑦]，认识到了高丽高层与兰秀山叛贼尚且保持着密切往来。由此，高丽放弃征讨耽罗就不再只是对北元的妥协，也同时具有了有意“放任”倭寇、兰秀山叛贼的内涵，这无疑会加剧明朝的怀疑，产生高丽与反明势力“相合一处”的担忧。而且，一旦失去了高丽的配合，联合剿捕体制无法真正建立，耽

---

① 《高丽史》卷44，洪武六年七月壬子，人民出版社2014年标点本，第1331页。

② 《高丽史》卷44，洪武六年十月乙酉，人民出版社2014年标点本，第1338页。

③ 《高丽史》卷44，洪武六年十一月乙丑，人民出版社2014年标点本，第1339页。

④ 《高丽史》卷44，洪武六年十一月，人民出版社2014年标点本，第1339页。

⑤ 《高丽史》卷44，洪武七年六月壬子，人民出版社2014年标点本，第1347页。

⑥ 《明太祖实录》卷85，洪武六年十月辛巳，台北“中研院”史语所1962年影印版，第1518—1519页。

⑦ 《高丽史》卷43，恭愍王二十一年五月甲戌，人民出版社2014年标点本，第1322页。

罗反明势力也会乘势坐大。从这个意义上说，促成高丽征讨耽罗，也可以看作明朝调整对耽罗反明势力政策的产物，是以直接征讨的方式，彻底消除高丽与反明势力勾连的可能性，一举摧毁反明势力在海外聚集的巢窟。

在林密、蔡斌前往高丽“索马”之时，祖阐、克勤出使日本已近两年，却仍未归国，祖阐一行是否已经遭遇不测不得而知，这就加剧了对日交涉前景的不确定性。耽罗自始便与日本关系紧密，在耽罗当地流传着来自日本的“红带紫衣使者”助力开国的神话。[①] 百济灭亡后，耽罗参与了百济、日本对抗唐、罗联军的白村江之战。此后，为了谋求自身的独立地位，耽罗积极向日本遣使。在665—693年的28年间，耽罗向日本遣使11次[②]，并且接受了日本授予的“大乙上”冠位[③]，自愿成为日本属国。但是，自679年服属新罗后，耽罗与日本的官方交往渐趋断绝。738年十月，周防国从到日的耽罗人手中购买了耽罗方脯。[④] 平城京遗迹出土的木简中则有745年进献“耽罗鲍”的记载。成书于10世纪初期的《延喜式》“主计上”中也有肥后国、丰后国各自将“耽罗鲍”作为“调”进贡的记述。这些“耽罗鲍”并非指鲍鱼的种类，而是指鲍鱼的产地。[⑤] 这说明，耽日间的官方交往虽已断绝，但双边的经贸联系却依然存续。到了11世纪后半期，日本商人开始主动进出高丽，开展贸易。见于《今昔物语》的位于当时往来航路之上的不可忽视的“度罗岛”便被认为是指耽罗。[⑥] 12世纪中期以后，宋日往来频繁。当时日本渡航宋朝主要采行博多直航明州的“大洋路”。但从《明月记》中收录的藤原家定与某法眼就松浦党率数十艘兵船侵略高丽庆尚道的对话看，在“大洋路”之外，也存在着经由高丽南航宋朝的航线。而且，日本航船归国之时也

---

① 《高丽史》卷57《地理二》，人民出版社2014年标点本，第1839页。

② ［日］森公章：《古代耽羅の歴史と日本——七世紀後半を中心として》，《朝鮮学報》1986年第118輯。

③ ［日］筧敏生：《耽羅王權と日本》，《續日本紀研究》1989年第262號。

④ ［日］森公章：《耽羅方脯考》，《續日本紀研究》1985年第239號。

⑤ ［日］網野善彥、姬田忠義：《海と太陽と日本人》，《民映研通信》1993年第42號。

⑥ ［日］森克己：《日宋交通と耽羅》，《朝鮮学報》1961年第21·22期。

经常会出现寄港高丽的情况。由此，位于高丽南部海域的耽罗自然也就成了宋日往来的交通要冲。忽必烈在至元六年（1269）七月派遣脱脱儿、王国昌等前往高丽相视耽罗等处道路时就说："以其曾有人云：若至耽罗，欲往南宋并日本，道路甚易。"[①] 除前述如智、王积翁使日的事例外，至元十八年（1281），邢聚"随日本行中书省官至耽罗山，寻抵倭国界，领军船守平户岛"[②]。这说明，经耽罗至日本的航路在当时已被频繁使用。而且，也存在着日本渡航耽罗的情况。高丽忠烈王十八年（1292）十月，高丽在致书日本时说："今年五月，贵国商船到泊耽罗洲渚。"[③]

平定三别抄之乱后，耽罗随即成了元朝征讨日本的军事基地和造船基地。南宋遗老郑思肖有言："耽罗国方八百里，航倭甚近。鞑已夺据其国，运粮调兵于彼，为饷众窥倭之地。"[④] 到了延祐元年（1314），吴莱在其所作的《论倭》中说："以臣度之，倭奴之国，去高丽、耽罗不远。……兼之高丽、耽罗之众，其识海道、水性，与（倭）王国同，是（倭）王数面受敌也。"[⑤] 这说明，在元人看来，耽罗与日本地理关系紧密，是经略日本的重要一环。从前述《论倭》与明初"不征"海外政策的关联看，朱元璋应该已经通过接触《论倭》认识到了耽日间的联系。此外，在姜师赞上呈《计禀表》前一周，《元史》也已纂修完毕。《元史》不仅为耽罗立传，且相关记述颇多。考虑到朱元璋对《元史》的熟知程度，其应该对"若先有事日本，未见其逆顺之情，恐有后辞，可先平耽罗，然后观日本从否，徐议其事"[⑥] 之语记忆犹新。因之，促使高丽征讨耽罗理应也是鉴于祖阐一行长期不归，对日交涉不顺的现实，通过军事上经略耽罗，唤起日本对元朝两次征讨的历史记忆，变相对日施压，以期打破交涉僵局，威逼日本事大服属。

---

① 《元高丽纪事》，广文书局1972年整理本，第45页。

② （元）吴澄：《吴文正公集》卷33《有元怀远大将军处州万户府副万户邢侯墓碑》，《元人文集珍本丛刊》（三），新文丰出版公司1985年影印本，第558页上。

③ 《高丽史》卷30，至元三十年十月庚寅，人民出版社2014年标点本，第979页。

④ （宋）郑思肖：《心史》，国家图书馆藏明崇祯十二年刻本，第76页a。

⑤ ［日］伊藤松辑录：《邻交征书》2篇卷1《诗文部》，上海辞书出版社2007年版，第129—131页。

⑥ 《元史》卷208《耽罗传》，中华书局1976年标点本，第4624页。

综上，针对洪武五年至六年（1372—1373）东亚地区局势出现的一系列波动，朱元璋有意选取能将北元、高丽、日本、兰秀山叛贼、倭寇等相互关联起来的耽罗作为政策的实施地，以“索马”为名，有意促成高丽征讨耽罗的军事行动，在探查高丽国内的政治动向与逼迫高丽“弃元向明”的同时，借以摧毁反明势力的海外巢窟，威逼日本对明服属。

三　高丽征讨耽罗的内在考量

洪武七年（1374）七月，高丽恭愍王正式下达征讨耽罗的命令，以崔莹为杨广、全罗、庆尚道都统使，总司讨伐事宜。在此之前，高丽已经两次对耽罗用兵。第一次发生在高丽元宗十四年（1273）四月，金方庆、洪茶丘等率军讨伐退居耽罗的三别抄余党。[①] 第二次是高丽恭愍王十五年（1366）十月，“牧胡数杀国家所遣牧使、万户以叛”，全罗道都巡问使金庾募兵前往征讨达达牧子。[②] 前次大获全胜，后次以失败告终。因之，高丽征讨耽罗自有其先例，并非首次为之，这也是恭愍王时期高丽第二次用兵耽罗。然而，如前所述，基于明军北征失利后东亚地区局势变动的现实，高丽已经暂时放弃了征讨耽罗的计划，此时断行讨伐，理应不会只是出于林密逼迫的缘故，必定另有深意。以下，将从高丽征讨耽罗的依据、所率部属及渡航经过、对达达牧子的处置三个方面，对比见于《吏文》的洪武八年（1375）十一月高丽发往明朝的《济州行兵都评议使司申》与《高丽史》中的相关记述，探讨恭愍王征讨耽罗的意图。

首先，征讨耽罗的依据。《济州行兵都评议使司申》：“济州行兵都统使赞成事崔莹等牒：‘该洪武七年（1374）七月二十五日，敬奉王旨，见为钦奉圣旨，起取耽罗好马二千匹事，其耽罗济州哈赤牧子肖忽秃不花、石帖里必思、权万户观音保等，违背圣旨，止与马三百匹。如今，钦依洪武五年（1372）七月已奉诏旨，节该耽罗牧子无状，不可因循被侮，

① 《高丽史》卷27，至元十一年四月庚戌，人民出版社2014年标点本，第864页。

② 《高丽史》卷41，至正二十六年十月癸丑，人民出版社2014年标点本，第1276页。

其速发兵以讨，事意行兵问罪施行，敬此钦敬。'"[①] 从中可知，高丽给出的征讨缘由有二：其一，达达牧子拒绝进献2000匹耽罗马；其二，洪武五年（1372）张子温、吴季南带回的诏旨中已有征讨耽罗之命。但是，《高丽史》中却有不同表述，高丽恭愍王在晓谕出征将士时说："耽罗国于海中，世修职贡，垂五百载。近牧胡石迭里必思、肖古秃不花、观音保等，杀戮我使臣，奴婢我百姓，罪恶贯盈。今授尔节钺，往督诸军，克期尽歼。"[②] 这表明，高丽在国内谈及讨伐的缘由时，只是将之归因于达达牧子杀害使臣，奴婢百姓，罪恶贯盈，并未提到明朝因素。

其次，所率部属及渡航耽罗的经过。《济州行兵都评议使司申》："事意统领官军人等于八月十二日，乘驾捕倭船三百只，就珍岛会合，行使到所闲、甫吉岛，为是风逆，至二十四日开洋，值恶风大作，损坏船三十余只，收入楸子岛。当月二十八日，发行到济州明月浦抛泊。"[③]《高丽史》则记为："领战舰三百十四艘，士卒二万五千六百人讨之。"崔莹率军出海后，"行至黔山串，诸将曰：'发船既久，风又渐高，宜速行。'莹曰：'今日风不利，西海战舰以百计亦未至，岂可先去。'诸将愤郁。至普吉泊，莹又以无风欲留。诸将曰：'兵机贵速，淹留不进，后如有议，咎将谁执？'莹不应。兴邦曰：'诸将之言，不可不听。'莹从之。日已午，尚犹豫未发。安烈麾下士先发船，莹大怒，悬樯竿以徇。俄而诸道船扬帆齐发，莹不得已，令举碇放船。……中途遇大风……日晚，将抵楸子岛，忽风雨大作，船触崖石，多绝缆失棹。翼日，至济州"[④]。就所率部属而言，前者只记有战舰的性质、数量，后者则详列战舰、兵士的数量，但并未涉及战舰的性质。对到达楸子岛前的海上经历，前者只以"为是逆风"一笔带过，后者则详细叙述了崔莹两次以风不利延迟渡航，最后"不得已"开洋的经过。

---

① ［日］前間恭作遺稿，末松保和編纂：《訓読吏文》卷2，東京：极東書店1962年版，第41—42頁。

② 《高丽史》卷47，洪武七年七月己丑，人民出版社2014年标点本，第1348页。

③ ［日］前間恭作遺稿，末松保和編纂：《訓読吏文》卷2，東京：极東書店1962年版，第42頁。

④ 《高丽史》卷113《崔莹传》，人民出版社2014年标点本，第3461页。

最后，对达达牧子的处置。《济州行兵都评议使司申》：“其哈赤牧子人等拒战不胜，逃入虎岛，以此遣兵围把，却自在于本岛崄崖，投落海水身死。即将肖忽秃不花、石帖里必思、观音保等尸首打捞到岸，断颈示众外，将哈赤牧子答失蛮等一百一名生擒。招抚间，有答失蛮等复行作叛事发。因此，将答失蛮等俱行诛戮，其余党类及本土官民人等再行招抚安业。”① 从中可知，“贼魁”三人最终自行投崖而死，因生擒的达达牧子嗣后再行叛乱，便将之全部诛杀②，只剩其党附之人及土官、民人。《高丽史》则记为：“贼魁遁走入山南虎岛，莹遣前副令郑龙，领轻舰四十艘围之，自率精兵继进，石迭里必思率妻子与其党数十人乃出。于是，肖古秃不花、观音保知不免，投崖而死。莹腰斩石迭里必思，并其三子。又斩肖古秃不花、观音保首，遣知兵马使安柱以献。东道哈赤石多时万、赵庄忽古孙等犹率数百人据城不下，莹率诸将攻之，贼溃走，追获之，搜捕余党，尽杀之，死者相枕。”③ 由此，自行投崖而死的只有“贼魁”二人，石迭里必思是在投降后被崔莹斩杀的。而且，并无达达牧子被生擒后复叛的表述，也无崔莹招抚达达牧子的情况，反而是在捕获后便将之全部诛杀。

综上，《济州行兵都评议使司申》与《高丽史》对崔莹征讨耽罗的记述颇为不同。就史料性质而言，《济州行兵都评议使司申》为发往明朝的国书，对外色彩显著。《高丽史》为官修国史，国内色彩浓厚。因此，两者在记述上的不同也可看作高丽在国外、国内两个层面对征讨耽罗进行差异化解读的表现。从征讨依据看，高丽在发往明朝的国书中将征讨耽罗定义成秉承诏旨、为明朝“行兵问罪”的行为，在其国内则是将之定义成与第三方无涉的国家内政。从当时高丽面临的内外形势看，一方面，明朝屡屡降

---

① ［日］前間恭作遺稿，末松保和編纂：《訓読吏文》卷 2，東京：极東書店 1962 年版，第 42—43 頁。

② 文中“复行再叛”的“答失蛮等”的确切所指并未明言，但在叛乱平定后，高丽“再行招抚安业”的对象是“党类”和“本土官民人等”。其中，“党类”当指《高丽史》所说的“党贼者”，即为党附达达牧子者，“本土官民人等”则是指耽罗当地的官、民。由此，“再行招抚安业”的对象中并未包括达达牧子。这说明，“答失蛮等”理应是指生擒的“答失蛮等一百一名”。从“俱行诛戮”的表述看，生擒的此 101 名达达牧子已被全部诛杀。

③ 《高丽史》卷 113《崔莹传》，人民出版社 2014 年标点本，第 3461—3462 页。

旨切责，要求高丽诚心事大，配合剿倭，并以“索马”为名，逼高丽征讨耽罗，与元切割；另一方面，北元“中兴”后，高丽国内的“反元”声势渐低，“亲明”的外交路线日益动摇，高丽恭愍王与“群臣”在对外政策上也已存有明显分歧，如果征讨“故元”色彩浓厚的耽罗势必遭到“群臣”的反对。由此，恭愍王在当时同时面对着来自内、外两方的压力，这就使得在对明朝谈及征讨耽罗时要努力凸显“亲明”，取信明朝；在国内提及征讨时要尽力消弭征讨的明朝色彩，淡化“反元”，安抚群臣。故而，征讨依据上的差异可以看作当时高丽内、外情势的反映。

为了凸显“亲明”，高丽一方面简化渡海过程的记述，省去迁延不行之事，塑造自身不畏风浪、尽心征讨的形象。另一方面，特意强调了所率战舰的数量和性质。崔莹所率的战舰队数量明显多于金方庆所率的“一百六十艘”和金庾所率的“百艘”，这固然可以看作恭愍王有鉴于前次征讨失利的教训，为确保征讨万无一失而采取的举措，但“捕倭船三百只”的选定并非仅止于此。事实上，洪武五年（1372）十二月，朱元璋在训谕高丽时曾要求“你便准备三五百船只”剿倭。在征讨一个月前的洪武七年（1374）六月郑庇带回的咨文中又有让高丽将“新造捕倭的船，教差能干将官率驾将来我看”[①] 之语。因此，战舰数量、性质的选定实则也是迎合、履行明朝要求的表现。崔莹在途中有意迁延不行，可能是出于对达达牧子归顺抱有期待的考虑，但从崔莹在誓师征讨时强调“吾言即王言，从吾命则事可济”及听闻安烈所部擅自发船而大怒的表现看，迁延不行理应也是恭愍王意志的体现，其目的或许是表明自身并无征讨耽罗的强烈意志，只是“不得已”为之，并非是因明朝逼迫而“速行征讨”，以此淡化“亲明”“反元”，缓和高丽国内“群臣”的情绪。但是，恭愍王并非总是处在“被动”的地位，其也有借助征讨实现自身利益的诉求，那便是彻底消灭达达牧子，正本清源。崔莹斩杀归降贼魁，捕杀牧子余众就说明了这一点。按理说，对为明征讨的恭愍王来说，需要将所获贼魁、余众交予明朝发落，并无擅自区处的权力。但是，遣送牧子的“亲明”“反

① 《高丽史》卷44，洪武七年六月壬子，人民出版社2014年标点本，第1347页。

元”色彩无疑太过强烈，势必会遭到曾经力主“放还”元使的“群臣”的反对，引发政局动荡。而且也存在明朝再度借助牧子干预耽罗事务的可能，后患仍存。因之便在发往明朝的国书中刻意强调贼魁皆为自杀，并将最终诛杀牧子余众的原因归结为“生擒复叛”，以此掩盖自身主动斩杀贼魁、剿灭牧子余众的事实，避免受到明朝切责。由此，征讨耽罗可以看作高丽恭愍王在对外取信明朝、对内安抚“群臣”的前提下，谋求国家利益最大化的表现。洪武七年（1374）八月，崔莹正式平定耽罗。两个月后，琉球中山王察度便派遣泰期到明贡马。

第三节 琉球首次到明“贡马”

一 贡马的缘起：从耽罗马到琉球马

按照《中山世鉴》记载，洪武五年（1372）十二月，琉球在遣使朝贡之际进献的贡物有：

> 马、刀、金银酒海、金银粉匣、玛瑙、象牙、螺壳、海巴、棹子扇、泥金扇、生红铜、锡、生熟夏布、牛皮、降香、木香、速香、檀香、黄熟香、苏木、乌木、胡椒、硫黄、磨刀石。①

这似说明，琉球在朝贡伊始就已进献马匹。但是，《明太祖实录》中对此全无记载，只是简单地记为“奉表贡方物”②。另据万历《大明会典》有关琉球“贡物”的记载：

> 马、刀、金银酒海、金银粉匣、玛瑙、象牙、螺壳、海巴、擢子扇、泥金扇、生红铜、锡、生熟夏布、牛皮、降香、木香、速香、

① ［琉］向象賢：《中山世鑑》卷1，《琉球史料叢書》，東京：東京美術刊1973年整理本，第5册，第34頁。

② 《明太祖实录》卷77，洪武五年十二月壬寅，台北“中研院”史语所1962年影印版，第1416页。

丁香、檀香、黄熟香、苏木、乌木、胡椒、琉黄、磨刀石。[①]

从中可以看到，除去“丁香”没有收录外，《中山世鉴》中记载的琉球在初次朝贡时进呈的贡物，在种类和排列顺序上与万历《大明会典》对琉球“贡物”的记载完全一致。考虑到《中山世鉴》的成书过程，不排除其照搬万历《大明会典》的可能[②]，故而不宜以《中山世鉴》所记为准。真正确切的首次贡马出现在洪武七年（1374）十月，琉球在第二次向明朝贡之时，“奉表贡马及方物”[③]。对琉球选择在此时贡马的缘由，史籍中并无确切记载，但从琉球与高丽存有的密切关联看，琉球“贡马”应与耽罗“索马”有关。

单纯就史料记载而言，琉球与高丽的关系始于辛昌元年（1389）八月，琉球中山王察度遣使归还被掳人口，进献方物。[④] 但实际上，琉球与朝鲜半岛的交往起源甚早。考古发掘资料表明，冲绳岛嘉手纳町野国贝冢出土的陶器、读谷村具知东原遗址出土的陶器与九州绳文文化前期的曾畑式陶器及轰式陶器属于同一系统，而曾畑式陶器又与以韩国釜山绝影岛东三洞贝冢为中心分布的栉目纹陶器关系密切，这意味着在琉球先

① （明）申时行：《大明会典》卷105，《续修四库全书》，上海古籍出版社1995年影印本，史部，第791册，第76—77页。

② 小叶田淳也认为：“《中山世鉴》中所列的洪武五年的进贡物只是抄袭《大明会典》的贡物。”事实上，根据东恩纳宽惇、田名真之的研究，《中山世鉴》在纂修之时参考的中国典籍主要有《史记》、《资治通鉴》、“五经”、皇帝敕书、敕谕、陈侃《使琉球录》等，并未提到《大明会典》。但是，陈侃《使琉球录》中的《群书质异》条下却收录有“《大明会典》”对琉球“贡物”的记载。这就意味着，向象贤在参考陈侃使录之时，理应注意到《大明会典》中的上述记载。因此，存在着《中山世鉴》参考《大明会典》的可能。从陈侃《使琉球录》中收录的会典内容和陈侃使琉的时间两方面考虑，此“《大明会典》”应为正德《大明会典》。然而，正德会典所记之琉球“贡物”在品目上比万历会典少9种，在排列顺序上也大为不同。笔者认为，向象贤“舍”正德会典而“就”万历会典的原因当在于：《中山世鉴》的编纂在很大程度上是出于夸耀琉球自身历史的目的，而“贡物”品类的多寡实则也是衡量琉球国力强弱的重要指标。正德会典中所列之贡物品目过少，难以起到衬托国势的作用。因之，才最终采行了万历会典中的记载，并有意将此“贡物”置于初次朝贡之时，以此表明，琉球自始就物产丰盈，国力强盛。

③ 《明太祖实录》卷93，洪武七年十月庚申，台北“中研院”史语所1962年影印版，第1629页。

④ 《高丽史》卷137，洪武二十二年八月壬寅，人民出版社2014年标点本，第4145—4146页。

史时代，已经存在朝鲜半岛—九州—冲绳岛这一文化“南渐”路线。[1] 公元前4世纪后，从琉球经九州西海岸至朝鲜半岛的“贝之道”得以开拓。[2] 琉球出土的五铢钱，虽被认为是从九州二次带入的，但从久米岛遗址的出土情况推测，也极有可能是经从朝鲜半岛流入的。[3] 从朝鲜半岛出土的夜光贝容器看，在5世纪后期至6世纪初期，朝鲜半岛与琉球群岛的交流仍旧存在。[4] 此后，至11世纪后期，表明两者交流的考古遗物缺失严重。但唐代刘恂所作的《领表录异》中却有“又经流虬国，其国人幺么，一概皆服麻布而有礼……新罗客亦半译其语，遣客速过，言此国遇华人飘泛至者，虑有灾祸”[5] 的记述，说明新罗与琉球间仍然保持着相当的往来，否则不会出现“半译其语”的情况。而且，高丽国人也被认为参与了至道三年（997）奄美岛人袭击九州的事件。[6] 因之，在6世纪至10世纪后期，朝鲜半岛与琉球的交流并未断绝。喜界岛城久遗址群中出土的高丽陶器、青瓷是11世纪后期至12世纪朝鲜半岛与琉球交往的代表，被认为是经由高丽—九州—奄美的交易路线进入琉球的。[7] 村井章介依据成书于1306年的《千灶时家处分状》认为，在当时存在着连结朝鲜半岛与“鬼界岛海域”[8] 的航路，并进一步指出，《海东诸国纪》所收录的朝鲜—九州西岸—“鬼界岛海域”—琉球这一海上航线在14世纪初就已经形成了。[9]

对于琉球与耽罗的交往，金正浩认为：“谨按琉球在福州之正东，济州在江宁之正东，以福州、江宁之北极高度推之，则自济州直南琉球不

① ［日］宮城栄昌：《琉球の歴史》，東京：吉川弘文館1996年版，第6頁。

② ［日］吉成直樹：《琉球の成立——移住と交易の歴史》，鹿児島：南方新社2011年版，第121頁。

③ ［日］門田誠一：《朝鮮半島と琉球諸島における銭貨流通と出土銭》，同志社大学演講，京都，2000年。

④ ［日］山里純一：《古代の琉球弧と東アジア》，東京：吉川弘文館2012年版，第141頁。

⑤ （唐）刘恂：《领表录异》卷上，广东人民出版社1983年标点本，第12页。

⑥ ［日］山里純一：《古代の琉球弧と東アジア》，東京：吉川弘文館2012年版，第140頁。

⑦ ［日］赤司善彦：《高麗と喜界島城久遺跡群》，载北島萬次编《日朝交流と相克の歴史》，東京：校倉書房2009年版，第315頁。

⑧ 根据村井章介的概念设定，“鬼界岛海域”（日文写作“キカイガシマ海域”）是指九州本岛与冲绳本岛之间的海域，此海域是中国、中世日本、朝鲜、古琉球四国之间的境界空间。

⑨ ［日］村井章介：《日本中世境界史論》，東京：岩波書店2013年版，第341—343頁。

过千余里，然巨洋渺漫不可通。”① 但是，金正浩所言却并非事实。申叔舟在《送金同年安抚济州序》中就明确指出，耽罗“西值中国之明州，东当日本之九州，南通琉球诸岛”②。高桥公明认为，1271 年的高丽牒状并非元朝授意高丽发往日本的，而是三别抄送往日本的求救文书，而此时间又与三别抄从珍岛转移至耽罗的时间相合。因之，在当时应该存在着全罗道—耽罗—北九州的渡航路线。③ 关周一指出，在琉球朝贡开始前的 14 世纪 60 年代，琉球—北九州（对马、博多）间以民间为主导的交流已经存在。④ 由此，连接全罗道—耽罗—北九州—琉球的航线在当时也应形成。

在正式征讨之前，高丽曾在杨广、全罗、庆尚三道大力征集兵船和水军，而且又是派遣崔莹统帅大规模舰队前往讨伐，声势极其浩大，这些举动无疑会在当时的高丽南部海域产生不小的震动，与之相关的系列情报也会被辗转传递至东亚的其他国家和地区。在航路业已具备的条件下，征讨耽罗的相关情报自然也会为琉球所知晓。中山王察度在获悉高丽征讨耽罗是为满足明朝的马匹需求这一情报后，认为明朝国内缺马，故而主动遣使贡马。那么，中山王为何要如此迎合明朝呢？

二　贡马的意图：打破对明贸易僵局

从李浩在出使时携带的瓷器、铁釜数量和他在归国后“不贵纨绮，但贵磁器、铁釜等物”的奏报来看，琉球中山在当时应该对明朝的瓷器、铁釜产生了强烈的需求，并主动提出以马匹换取瓷器、铁釜的建议。否则，李浩便不会携带此物前去“市马”。因之，琉球中山主动到明贡马是为了获取自身所需的瓷器、铁釜等物。然而，在初次进贡之时，琉球中山却并未有此需求。这说明，在洪武五年（1372）十二月至七年（1374）

① ［朝］金正浩：《大东地志》卷 28，首尔大学图书馆藏刻本，史料番号：古 4790 – 37 – 13，第 21 页 b。

② ［朝］申叔舟：《保闲斋集》卷 15《送金同年安抚济州序》，韩国古典综合数据库 http：//db. itkc. or. kr，2021 年 11 月 23 日。

③ ［日］高橋公明：《中世東アジア海域における海民と交流——済州島を中心として》，《名古屋大学文学部研究論集》1987 年第 98 期。

④ ［日］上里隆史：《琉球王国の形成と展開》，载桃木致朗《海域アジヤ史研究入門》，東京：岩波書店 2008 年版，第 62 頁。

十月间，产生了促使中山王察度从明朝获取瓷器、铁釜的动因。

事实上，琉球本为海外“绝岛”，“素称硗瘠”[①]。岛中所产匮乏，物资供应有限，“惟鱼、盐、米、菜及粗窳陶木器，间有土织蕉、棉布，亦极薄恶”[②]。由此，不得不“时时资润于邻之富者”[③]。对陶瓷业发展迟缓、铁资源短缺的琉球来说，陶瓷器、铁器自然也要仰给于外。

就现有的考古成果看，琉球群岛出土的年代最早的中国陶瓷器是发现于八重山群岛的唐末黄釉绿褐彩画钵。[④] 但是，当时的陶瓷器并非是作为贸易品输入的，琉球真正对中国陶瓷器产生需求还要等到12世纪中期。[⑤] 从琉球群岛发掘的12世纪中期至13世纪的陶瓷遗址看，并无大量出土的事例，反而存在着中国陶瓷器与当地陶器、九州产的滑石制石锅等相伴出土的情况。因此，这一时期的中国陶瓷器并非是从中国直接输入的，而是与滑石制石锅等一道，经由九州被带入的。[⑥] 此时出土的陶瓷器，与同时期九州大宰府的陶瓷器分类标准相合，这也反过来证明了这一点。[⑦] 事实上，自11世纪开始，伴随着大宰府鸿胪馆主导的贸易体制的衰落，以博多纲首为主体的住蕃贸易渐趋兴盛，流入九州的中国陶瓷器的数量也逐步增加。九州地区的商人为了获取琉球群岛的夜光贝等物产，便携带中国陶瓷器、当地产的滑石制石锅等南下交易。因之，这一时期流入琉球群岛的陶瓷器实则是宋日陶瓷器贸易延长线上的产物。当然，从奄美大岛宇检村出土的12世纪后期至13世纪前期的仓木崎海底沉船遗迹看，在当时也存在着中国商船直接渡航琉球群岛的情况，而且遗迹中也确实出土了2000余片中国陶瓷器碎片，这似表明琉球群岛在当时已经与中国建立

---

① （清）周煌：《琉球国志略》卷14，《丛书集成初编》，上海：商务印书馆1936年排印本，史地类，第3247册，第165页。

② （清）潘相：《琉球入学见闻录》，《清代琉球纪录续辑》，大通书局1988年标点本，第70页。

③ （明）萧崇业：《使琉球录》卷下，《使琉球录三种》，大通书局1988年标点本，第112页。

④ ［日］三上次男：《冲绳出土的中世纪中国陶瓷》，《海交史研究》1988年第2期。

⑤ ［日］亀井明徳：《グスク採集の輸入陶磁器》，载《沖縄出土の中国陶磁器》（下），那覇：沖縄県立博物館1983年版。

⑥ ［日］知念勇：《沖縄出土の中国陶磁について》，载中琉文化经济协会主编《第一届中琉历史关系国际学术会议论文集》，联合报文化基金会国学文献馆1987年版，第170頁。

⑦ 琉球大学考古学研究室：《琉球列島出土の貿易陶磁器の基礎的研究》，《琉球大学考古学研究集録》2003年第4號。

了直接的陶瓷器贸易往来。然而，沉船中所载的陶瓷器究竟是经由琉球群岛北上运往日本的，还是起初就是为了输往琉球群岛的，并不十分明确。[①]对于陶瓷器直接从中国输往琉球群岛的准确时间，龟井明德认为，在14世纪前期，琉球各地的领主或许已经通过与中国交易获得了陶瓷器。[②] 但是，这一看法推测的成分较多，并无实例支撑。此后，随着对琉球群岛出土的今归仁类型白瓷碗、石垣岛厚胎白瓷碗研究的深入，具备了开展实证研究的可能。田中克子、森本朝子认为，两白瓷碗是13世纪末至14世纪初在福建闽江流域生产的粗制白瓷。[③] 池田荣史认为，两白瓷碗难以适用大宰府的陶瓷器分类标准，应属独立的分类形态。[④] 新里亮人进一步指出，除博多遗迹群中有少量残存外，两白瓷碗在九州地区几乎未被检出。这说明，两白瓷碗应该是专门供琉球群岛使用的。从13世纪后期开始，琉球群岛已从中日陶瓷器贸易中脱离出来，与中国建立起直接的陶瓷器贸易往来[⑤]。这一动向也可以从11世纪后期至15世纪前期琉球群岛与日本九州出土中国陶瓷器地点数量的时代变化中看出。

从图2-1可以看到，九州五个区域出土陶瓷器的遗址数量演变趋势基本一致。在12世纪中期至13世纪前期达到了顶峰，自13世纪中期起渐趋衰落。琉球群岛的遗址数量自11世纪后期开始持续增加，在13世纪中期九州遗址数减少的情况下，仍然保持了强劲的增长势头。实际上，13世纪后期至14世纪前期，受到“蒙古袭来”的冲击，九州地区的唐坊消失，东亚海域内部出现了大规模的人口移动。与之相伴，为了确保交易的安全，贸易据点从北部的九州、奄美转移到了南部的冲绳岛。[⑥] 这一

---

① ［日］来間泰男：《グスクと按司》(下)，東京：日本経済評論社2013年版，第88頁。

② ［日］亀井明徳：《南西諸島における貿易陶瓷器の流通经路》，《上智アジア学》1993年第11期。

③ ［日］田中克子、森本朝子：《沖縄出土の貿易陶磁の問題点——中国粗製白磁とベトナム初期貿易陶磁》，载今帰仁村教育委員会編《グスク文化を考える》，東京：新人物往来社2004年版，第357頁。

④ ［日］池田栄史：《琉球における中世貿易陶磁の様相》，《九州史学》2006年第14號。

⑤ ［日］新里亮人：《九州・琉球列島における14世紀前後の中国陶磁と福建産白磁》，载《13—14世紀の琉球と福建》，熊本：熊本大学2009年版，第152頁。

⑥ ［日］柳原敏昭：《中世の交通と地域性》，载《岩波講座日本歴史》第7卷，東京：岩波書店2014年版，第136—137頁。

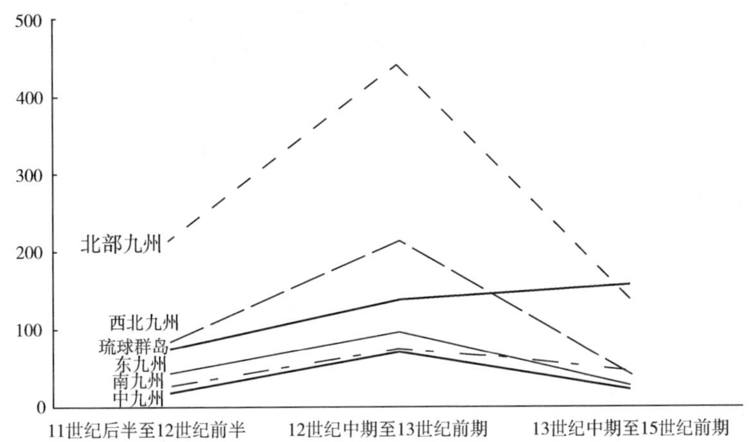

图 2－1　琉球群岛与日本九州地区出土中国陶瓷器的地点数量时代变化[①]

转变带来了三个方面的影响：其一，冲绳岛在东亚通交圈中的地位渐趋重要，成了联系中国与日本的枢纽，并直接促成了英祖王权的出现，揭开了琉球国家形成的序幕；其二，琉球群岛对日本的经济依赖性降低，奄美丧失了先前的枢纽地位，《中山世谱》中所说的咸淳二年（1267）奄美大岛首次向英祖王“入贡”一事，就是自身枢纽地位丧失后，奄美谋求与冲绳本岛强化经济联携关系的表现；其三，“南岛路”逐步兴盛，中国民间海商渡航琉球的情况增加，琉球群岛与中国建立了直接经济联系。因之，13 世纪中期以后，日本九州陶瓷器遗址数量减少、福建产的白瓷碗直接进入琉球其实也是受上述影响的结果，这表明中国本土已经成了琉球群岛陶瓷器的直接来源地。

琉球对铁的需求极广，举凡祭祀、农耕、军事、刑罚都要用铁。但是，琉球本身铁资源有限，难以自给。而铁的获取往往又与权威的树立、政权地位的稳固密切相关。《琉球国旧记》中就收录有因带来铁器而被尊信为神的事例：宫古某人与其母同到久米岛拜望外祖父，“已临别时，祖父将铁工秘书给与他，而归焉。先是，宫古无铁，但用牛马之骨，以为

① 时期划分、地域选定、表中数据，皆依据［日］新里亮人《九州・琉球列島における14世紀前後の中国陶磁と福建産白磁》一文中的图 2—图 4。

耕器，五谷不登，屡致饥馑。此人得铁而归，农器精造，百姓尽力于田亩，而五谷丰登，民人乐业。故及彼人已死，村民皆感其恩，葬之于船立山，常尊信之，以为神也”①。中山王察度的崛起也与铁有关，他曾将收买来的铁块发给百姓，“使造农器”，百姓们感其恩德推举他为浦添按司②，这也成了他登上琉球政治舞台的起点。因此，对为政者来说，保证铁的稳定来源至关重要。

日本是琉球铁器的来源地之一。根据《遗老说传》的记载，曾有八重山百姓到日本萨摩购买铁器：“往古之世，八重山大滨村农民之家，有兄弟二人……兄弟俱以农为业，欲尽力于田亩，奈本岛无铁器。一日，兄弟相议曰：‘吾闻东国多铁，何不往来求哉?’遂造小舟，率水梢数十人，扬帆出洋，行到萨州坊津，即系舟上岸，买得铁器。”③《奥摩罗双纸》中收录着冲绳岛的中城从日本输入铁制武具的歌谣。④ 前述中山王察度发给百姓的铁块也是与到访牧港的日本商船交易所得。此外，随着中国与琉球间直接经贸关系的确立，民间海商对琉球的认识也逐步深入。除陶瓷器外，也开始把铁大量输往琉球。赤岭守就指出，在 14 世纪以前，中国海商已将本国所产的铁作为交易品带入琉球。⑤ 由此，中国也成了琉球铁器的重要来源地。

琉球中山虽向明朝提出了以“铁釜”换取马匹的建议，但在琉球内部，铁极其稀有珍贵，其最终用途不太可能是将获得的铁釜替代螺壳，作为爨器使用。当时冲绳岛的岛尻郡，在祈雨之时，有如下仪式：“郡中巫女、有位者及邑长等，到珠数大阿濑美（珠数滨有一石，自古尊信为

---

① ［琉］鄭秉哲:《琉球国舊记》卷 9，《琉球史料叢書》，東京：東京美術刊 1973 年整理本，第 3 册，第 153 頁。

② ［琉］蔡温:《中山世譜》卷 3，《琉球史料叢書》，東京：東京美術刊 1973 年整理本，第 4 册，第 40 頁。

③《遗老说传》卷 2，琉球大学伊波普猷文库藏手抄本，史料番号：092. 2 Te21 1 – 3。

④ ［日］外間守善、西郷信綱主編:《おもろさうし》，東京：岩波書店 1972 年版，第 35 頁。宫城荣昌认为，此歌谣创作于察度以前的村落、按司时代。因之，在察度以前，琉球便已从日本输入铁器。

⑤ ［日］赤嶺守:《琉球王国——東アジアのコーナーストーン》，東京：講談社 2004 年版，第 28 頁。

神），必携铁锅，汲来海水，而献大阿濑美。保荣茂巫女，头戴铁锅，七次巡行而祷焉。”[①] 从中可以看到，铁釜在琉球内部也被当作祭祀器物。李浩此行携带有一千口铁釜，如此众多的铁釜不可能全是用于祭祀。实际上，自天孙氏开国之时，琉球就设置了“掌铁匠之功业”的“锻冶”之职。[②] 从前述察度“使造农器”的表述看，琉球中山当时确实具备了锻造铁器的能力。此外，根据《中山传信录》的记载，琉球的铁釜在形制上“亦颇与中国异”[③]。因之，即便琉球中山以铁釜炊爨，那也不是原封不动地使用明朝铁釜。这些情况表明，存在着琉球中山将所获铁釜重新锻造成自身所需铁器的可能。故而，中山王名曰求取“铁釜”，实则是变相获取铁原料。

综上所言，在李浩出使以前，中国已是琉球陶瓷器、铁的重要来源地，琉球在经济上对中国已有明显依赖。朱元璋在平定张士诚之后，在太仓黄渡设置市舶司，因袭宋元旧制，鼓励海外贸易，以资国用。[④] 此后，虽在洪武三年（1370）罢去黄渡市舶司，但民间海外贸易却未被禁止，而是确立了北来番舶至太仓、南海来的番舶到广州的不成文规范。到了洪武六年（1373），因番舶到明的情况日益增多，又在明州、泉州、广州重新开设市舶司。[⑤] 但是，随着沿海地区治安的恶化，朱元璋逐步改变了对外贸易方针。从洪武七年（1374）三月明朝以无表文却番商一事看，民间海外贸易在当时已被禁止。是年九月，正式裁撤三市舶司，海外贸易被完全纳入朝贡贸易之下，“贡市一体”的体制就此确立。[⑥] 这自然会给根植于以民间海商为媒介的“东亚交易体制”中的琉球以极大冲

---

① ［琉］鄭秉哲：《琉球国舊记》卷6，《琉球史料叢書》，東京：東京美術刊1973年整理本，第3册，第107頁。

② 《琉球国由来記》卷4，《琉球史料叢書》，東京：東京美術刊1973年整理本，第1册，第131頁。

③ （清）徐葆光：《中山传信录》，《清代琉球纪录续辑》，大通书局1988年标点本，第78页。

④ 曹永和：《试论明太祖的海洋交通政策》，载中国海洋发展史论文集编辑委员会《中国海洋发展史论文集（一）》，台北“中研院”中山人文社会科学研究所1984年版，第57—58页。

⑤ 郑永常：《来自海洋的挑战——明代海贸政策演变研究》，稻乡出版社2004年版，第24—25页。

⑥ ［日］森正夫等编：《明清时代史的基本问题》，周绍泉等译，商务印书馆2013年版，第197—198页。

击，影响琉球国内中国物货的供给量。为了解决琉球国内中国物货供需失衡的局面，便以主动满足明朝所需马匹的姿态对明示好，并借机提出以马匹换取瓷器、铁釜的建议，这可以看作中山王察度在明朝对外贸易体制转换的背景下，谋求打破对明贸易僵局的表现。

《奥摩罗双纸》卷14第982首中有“察度王打开了诸按司难以打开的宝库的大门”① 之语，此“难以打开的宝库的大门”应该就是指“贡市一体”的体制确立后中琉民间海外贸易被禁止的窘况。同书卷14第1117首和第1119首记有“宇座的泰期使与中国的交易兴盛，受到诸按司的爱戴”“杰出的泰期献上具有使透明的生命力复苏灵力的水”② 之语，或许就是指泰期受命出使，并借贡马重开中琉贸易一事。

第四节　李浩“市马”的成行

一　“市马”与羁縻琉球

如前所述，截至洪武五年（1372）七月，耽罗已是朱元璋眼中兰秀山叛贼、倭寇、达达牧子等反明势力在海外聚集的巢窟。促使高丽征讨耽罗，势必导致盘踞于该地的反明势力四散逃亡。届时，是否会出现反明势力联合入寇明朝海疆的局面也未可知。因此，需要提早谋划，妥善应对，以策万全。

洪武七年（1374）正月，朱元璋任命吴祯为总兵官，于显为副总兵官，令其率领横海、广洋、江阴、水军四卫舟师出海巡捕海寇。此四卫舟师都是隶属京师的运粮卫所。但从“所统在京各卫及太仓、杭州、温、台、明、福、漳、泉、潮州沿海诸卫官军悉听节制”③ 的表述看，吴祯所辖并不限于

---

① ［日］外間守善、西鄉信綱主编：《おもろさうし》，東京：岩波書店1972年版，第336頁。原文为：“百ぢやらの あぐで居ちやる庫裡口 謝名思いしゆ 開けれた”。

② ［日］外間守善、西鄉信綱主编：《おもろさうし》，東京：岩波書店1972年版，第368頁。原文为：“宇座の泰期思いや 唐商い 流行らちへ 按司に 思われゝ”“意地気泰期思いや 鏡色の孵で水よ みおやせ”。

③ 《明太祖实录》卷87，洪武七年正月甲戌，台北“中研院”史语所1962年影印版，第1546页。

四卫舟师，而是握有从京师至潮州的东南沿海卫所的全权。吴祯此行实则肩负着维护东南海防的重任。另据《阅江楼记》，洪武七年（1374）春，朱元璋以南京狮子山“有警则登之，察奸料敌，无所不至”，便“命工因山为台，构楼以覆山首，名曰‘阅江楼’”，并明确指出：“此楼之兴，岂欲玩燕赵之窈窕，吴越之美人，飞舞盘旋，酣歌夜饮？实在便筹谋以安民，壮京师以镇遐迩。”① 这说明，兴建阅江楼是出于强化京师近边防卫的考虑，这与洪武三年（1370）二月朱元璋“寻以海夷黠，毋令近京师”②为由罢黜黄渡市舶司的出发点是一致的。以舟师巡海、建造阅江楼的时间皆在洪武七年（1374）初，此与派遣林密、蔡斌“索马”的时间基本相合，这些可以看作应对来自耽罗的潜在威胁而采取的绸缪之举。

根据刘崧《海国襄毅公吴公神道碑铭》的记载：“（洪武）七年甲寅，海上警闻，公复领沿海各卫兵出捕。至琉球大洋，获倭寇人船若干，俘于京。上益嘉赖之。”③ 这说明，吴祯在巡海之时，曾在“琉球大洋”俘获“倭寇”，并将之递送京师。另据《南聘纪考》：“七年八月，太祖命吴祯率沿海兵至琉球洋，以备倭寇。”④ 其言外之意是吴祯刻意在“琉球大洋”备倭，进而俘获倭寇以还。实际上，早在洪武六年（1373），张赫就曾“率舟师巡海上，遇倭寇，追及于琉球大洋中，杀戮甚众”⑤。这表明“琉球大洋”确实与倭寇存有某种关联，而朱元璋在当时也应认识到了这种关联。因之，派遣吴祯前往“琉球大洋”备倭也有其合理性。然而，如前所述，吴祯此行主要是巡捕东南海域的海寇，巡海地点并非只限于“琉球大洋”。对“琉球大洋”的确切所指虽不得而知，但从朱元璋对琉球“在中国东南远处海外”的地理定位看，“琉球大洋”也应在这一方位之上，其可能是对中国东南海外某一海域的指称，这便与吴

---

① 张德信、毛佩琦主编：《洪武御制全书》，黄山书社 1995 年版，第 192—193 页。

② （明）郑晓：《今言》卷 3，中华书局 1984 年点校本，第 119 页。

③ （明）程敏政：《明文衡》卷 72，吉林人民出版社 1998 年标点本，第 677 页。

④ ［日］伊知地季安：《南聘纪考》上卷，琉球大学伊波普猷文库藏手抄本，史料番号：092.4 Ki11。

⑤ 《明太祖实录》卷 203，洪武二十三年八月甲子，台北“中研院”史语所 1962 年影印版，第 3042—3043 页。

祯巡海的范围相合。故而,《碑铭》中的“至琉球大洋”理应是吴祯在巡海之时偶然与倭寇相遇于当地,或是与张赫一样,是“追及”到当地,并非刻意在当地备倭,严从简便认为:“七年,倭人复寇边,命靖海侯吴祯往捕,遇贼琉球大洋,悉俘其众以归。”[①] 在吴祯俘获的这些“贼寇”中并不只有倭寇,其人员构成是极其复杂的。

至正十一年(1351)六月,方国珍大败元军,俘获孛罗帖木儿和郝万户,“二人乃为饰词,以国珍求招安上闻”[②]。因郝万户“故出高丽后位下,请托得行,遂特旨释之,进爵已拜参矣”[③]。表明奇皇后对方国珍达成招安之愿颇多助力。如前所述,达达牧子在耽罗也牧养着奇皇后辖下资政院的马匹。从中可以看到,方国珍和达达牧子皆与奇皇后存有关联。在归降元朝后,方国珍“假元名号,力以纠众”[④],并在此后一直奉行元朝正朔。从达达牧子在明朝“索马”时以“吾等何敢以世祖皇帝放畜之马献诸大明”为由加以拒绝看,达达牧子也是遵奉元朝正朔的,二者持有的政治立场同样一致。再者,耽罗因“海滨皆是礁屿,斥卤之地甚少,本土又不产水铁,有釜者无多,故盐极贵”[⑤]。与之相对,方国珍占据的浙东三郡皆为产盐之区:“浙东、西,并苏、松濒海诸郡县,皆斥卤产盐。”[⑥] 方国珍本人又是“故海滨盐徒也”[⑦],且“世以贩盐浮海为业”[⑧]。在航路业已齐备的情况下,存在着方国珍往耽罗贩盐的可能。因此,从政治、经济两方面看,方国珍政权与达达牧子理应存有密切联系。兰秀山海民又是方国珍政权的重要参与者,从“初方国珍遁入海岛,亡其所受行枢密院印,兰秀山民得之,因聚众为盗”[⑨] 的记述看,兰秀山海

---

① (明)严从简:《殊域周咨录》卷2,中华书局2000年标点本,第54—55页。

② 应再泉主编:《方国珍史料集》,浙江大学出版社2013年版,第16页。

③ 杨讷、陈高华主编:《元代农民战争史料汇编》(中),中华书局1985年版,第587页。

④ 应再泉主编:《方国珍史料集》,浙江大学出版社2013年版,第20页。

⑤《东国舆地志》第16册,首尔大学图书馆藏刻本,史料番号:贵1932-25-17。

⑥ (清)延丰:《钦定重修两浙盐法志》,《续修四库全书》,上海古籍出版社2002年影印本,史部,第840册,第618页。

⑦ 杨讷、陈高华主编:《元代农民战争史料汇编》(中),中华书局1985年版,第580页。

⑧ (清)钱谦益:《国初群雄事略》卷9,中华书局1982年标点本,第210页。

⑨《明太祖实录》卷32,洪武元年五月庚午,台北“中研院”史语所1962年影印版,第559页。

民也是假借元朝权威起事，具有一定的“亲元”立场，其与达达牧子之间应该保持着密切关系，否则便不会出现“兰秀山逋逃”聚于耽罗的情况。申叔舟曾以“蒙汉杂处”① 来形容元末明初耽罗内部的状态，这或许就是兰秀山叛贼与达达牧子关系的写照。

此外，兰秀山叛贼与倭寇也存有联携关系，郑若曾有言：“国初，定海之外，秀、岱、兰、剑、金塘五山争利，内相仇杀，外连倭寇，岁为边患。”② 恭愍王十六年（1367）二月，高丽在向元朝解释金庾征讨耽罗时曾说：“金庾实非讨济州，因捕倭追至州境樵苏，牧胡妄生疑惑，遂与相战耳。”③ 这说明，倭寇与耽罗、达达牧子间可能存有某种联系。④ 崔莹讨伐耽罗是在洪武七年（1374）七月，是月倭寇便连续3次入侵明朝海疆⑤，这明显具有替达达牧子“报复”明朝的意味。洪武十三年（1380），李成桂在南原山城射杀的倭寇首领“阿只拔都”就是耽罗的蒙古遗民，而从倭寇手中缴获的1600匹马也被认为来自耽罗。⑥ 这些情况表明，倭寇与达达牧子应该也存有密切联系，耽罗也是倭寇的重要聚集地。⑦

综上，兰秀山叛贼、倭寇、达达牧子三者间关系紧密，且具有较强的一体感。崔莹在征讨耽罗时曾说：“除贼魁外，星主、王子、土官、军民悉按堵如故。”⑧ 表明其征讨对象只限于达达牧子，并未及于其他。但是，从“按堵如故”的对象中并不包括兰秀山叛贼、倭寇，及崔莹在誓师征讨时“若遇倭寇，左右夹击，能擒获者大加爵赏”⑨ 的声明看，兰秀

---

① ［朝］申叔舟：《保闲斋集》卷15《送金同年安抚济州序》，韩国古典综合数据库 http：//db. itkc. or. kr，2021年11月23日。

② （明）郑若曾：《筹海图编》，中华书局2007年标点本，第366—367页。

③ 《高丽史》卷41，至正二十七年二月癸亥，人民出版社2014年标点本，第1277—1278页。

④ ［日］藤木原洋：《洪武帝期の対外政策考——済州島に焦点を当てて》，《東洋史訪》1998年第4期。

⑤ 根据《明太祖实录》记载，洪武七年（1374）七月壬申，倭夷寇胶州；甲戌，倭夷寇海州；壬午，倭夷寇大任海口。

⑥ ［日］田中健夫：《倭寇とアジア通交圏》，载《日本の社会史》第1卷，東京：岩波書店1987年版，第144頁。

⑦ ［日］村井章介：《アジアのなかの中世日本》，東京：校倉書房1988年版，第328頁。

⑧ 《高丽史》卷113《崔莹传》，人民出版社2014年标点本，第3461页。

⑨ 《高丽史》卷113《崔莹传》，人民出版社2014年标点本，第3460页。

山叛贼和倭寇可能也是高丽讨伐的对象，存在着兰秀山叛贼、倭寇受到战争冲击而被迫逃离耽罗的可能。如前所述，达达牧子在“拒战不胜”后便逃入“虎岛”。“虎岛”“俗称凡岛”[①]。据金声久《南迁录》，在耽罗旌义县西归浦“海中有草岛、秃岛、凡岛”[②]。从中可知，“虎岛”是位于耽罗南部海域的岛屿，逃入虎岛就表明达达牧子当怀有逃亡岛外的打算。而与其关系密切的兰秀山叛贼、倭寇又都是活跃于东亚海域的存在[③]，达达牧子完全可以借助二者的力量逃往海外。

事实上，上间笃的研究表明，山北今归仁城址出土的14世纪前期后半至15世纪初的遗物，在器型、用途、文化内涵上皆与隶属元朝的阿速军团有关，并提出了中世今归仁势力的核心是元代驻扎在江南的阿速军团及其后裔的推论。[④] 然而，限于史料，上间笃并未解明身处江南的阿速军团是如何到达今归仁的。如前所述，元朝虽两度遣使招抚，但琉球始终“崛强不臣”，并全力对抗元朝征讨。在此背景下，阿速军直接从江南渡航至与元廷关系对立的琉球的可能性不大。在元末，顺帝就有避乱耽罗的计划，身处叛乱渊薮的阿速军或是为避祸乱，或是领命充实岛中防卫，便渡海前往耽罗，并“加入”了“达达牧子”的行列。在为崔莹击溃后，即借助倭寇等的力量，南下逃往琉球，最终聚居于今归仁这一与日本、倭寇势力关系密切的地点。根据《江南经略》《筹海图编》《南聘纪考》的记载，吴祯在“琉球大洋”俘获“倭寇”的时间为洪武七年

---

① ［朝］徐荣辅：《万机要览》军政编4《海防》，韩国古典综合数据库 http：//db. itkc. or. kr，2021年11月23日。

② ［朝］金声久：《八吾轩先生文集》卷5《南迁录》上，韩国古典综合数据库 http：//db. itkc. or. kr，2021年11月23日。

③ ［日］藤田明良：《蘭秀山の乱と東アジア海域世界——十四世纪舟山群岛と高麗・日本》，《歴史学研究》1997年第698期。

④ ［日］上間篤：《攀安知とその家臣団の氏素性を探る》，《名桜大学紀要》2007年第13號。上间笃指出，今归仁城址出土的回转式石臼在器型、重量、功能上与13—14世纪高加索及中亚地区的游牧社会的器物样式相合。当地出土的元样青花的底部有“十”字形纹样，而“十”字内部尚有用苜蓿花表示的“十”字花纹，山北王的宝剑“千代金丸”上同样有“十”字形和苜蓿花纹，这与巴尔干半岛和小亚地区的古代宗教信仰明显相通。而且，也出土了带有欧亚大陆游牧民族“卍”字纹信仰的遗物，当地的箭镞与蒙古军队使用的箭镞也颇多相似之处。综合以上各点考虑，上述遗物理应为元代驻扎在江南的阿速军团所有，而担当中世今归仁势力中核的便是阿速军团及其后裔。

(1374) 八月，此时间与崔莹平定耽罗的时间相合。因之，这些“倭寇”很可能是受到征讨冲击而被迫迁移的耽罗相关者。他们应该是在倭寇等的导引下，在南下经“琉球大洋”逃亡时被吴祯捕获的。他们当中或许就包含着兰秀山叛贼、倭寇、达达牧子等存在。

起初，朱元璋主要是从强化正统和牵制日本两方面对琉球进行角色定位的。随着吴祯在洪武七年（1374）十月“巡海还朝”[①]，朱元璋从其“遇贼琉球大洋”及所获“倭寇”的人员构成中察觉到了琉球与耽罗的关联，并随即产生了兰秀山叛贼、倭寇、达达牧子等从耽罗潜居至琉球的担忧。20 天后，中山王遣使朝贡，其主动的贡马行为及其表现出的因耽罗“索马”产生的对明朝缺马的认识，使朱元璋更加坚定了此前的猜测与担忧。

对此，朱元璋一方面对琉球中山使团上至正使下至从人皆给予赏赐，另一方面，从琉球中山使者提出的如果明朝缺马可以瓷器、铁釜往琉球市马的建议中，获得了琉球喜好瓷器、铁釜的信息。尽管当时明朝没有海外市马的需求，但还是派遣刑部侍郎这一高官出使，给予琉球以极大礼遇[②]，并且以满足琉球所需的姿态到琉球“市马”。其最终目的是羁縻琉球，防止琉球继耽罗之后成为反明势力在海外聚集的新巢窟。这也可以看作李鼎元所说的“抚夷无他法，惟在积忠信以感之，因其势而利导之”[③] 策略的体现。

二　马匹之外的硫黄

单从《明太祖实录》的记载看，李浩出使琉球只为“赏赐”和“市马”，并无购买硫黄的使命。由此，购买硫黄就成了李浩“私心自用”的产物。然而，朱元璋本为雄才之主，举凡内政、外交，必定躬行筹划。

---

① 《明太祖实录》卷 93，洪武七年十月庚子，台北“中研院”史语所 1962 年影印版，第 1627 页。

② 正如谢廷谅所言：“官爵之贵，不足为使臣荣，而实系四夷之瞻仰。”建文年间，明朝改派朝臣出使朝鲜，朝鲜当时就说：“高皇帝时来使皆秩卑，今天使则佥都御使也，一国君臣皆喜且惧。”因之，派遣高官出使也是优待琉球的表现。

③ （清）李鼎元：《使琉球记》，《清代琉球纪录集辑》，大通书局 1988 年标点本，第 148 页。

他在洪武三年（1370）十二月与儒臣论及“元之大弊”时就说：“人君不能躬览庶政，故大臣得以专权自恣。”① 对大臣违命专权之事，自始便心怀警觉，且深恶痛绝。在此背景下，李浩奉旨而行尚且犹恐不及，绝无擅自篡改帝命的胆量。因之，购买硫黄理应是朱元璋授意为之的。《琉球国志略》《中山世谱》《球阳》《南聘纪考》等皆认为，李浩并非只是“市马”，而是“市马及硫磺”②。如前所述，琉球使团想借助马匹贸易这一形式，从明朝获取瓷器、铁釜等物，明朝则是以“因势利导”的策略遣使“市马”，通过“市马”达到羁縻琉球的目的。在“市马”之外另购硫黄，无异于“平生枝节”“多此一举”。那么，购买硫黄是否另有考量呢?

唐代以前，硫黄多用作燃料和药品，因需求量较少，依靠中国本土所产和中亚、西亚输入便可满足。③ 唐朝末年，以硝石、硫黄、木炭为基本原料的火药被发明。至五代十国时期，火药武器逐步成型。到了宋代，各式各样的火药武器纷纷涌现，对硫黄的需求也日益增加。硫黄和马匹一样，成了事关军事、国防的重要战略物资。由于中国本土硫黄产量有限，难以满足大规模需求，加之当时西夏因火器发展对硫黄需求增大及其对西北商路的管控，限制了中亚、西亚输往宋朝的硫黄数量。④ 在此背景下，宋朝转而借助海商，依靠海外贸易的方式获取，并逐步形成了以中国为终点，横跨东北亚、东南亚、印度洋的海上硫黄运输经路，此即为“硫黄之道”。⑤ 进入元代，中亚、西亚向中国输送硫黄的经路再度贯通，并与海上“硫黄之道”一起，共同构成了元朝硫黄的主要供给渠道。⑥

---

① 《明太祖实录》卷59，洪武三年十二月己巳，台北“中研院”史语所1962年影印版，第1158页。

② （清）周煌：《琉球国志略》卷3，《丛书集成初编》，上海：商务印书馆1936年排印本，史地类，第3245册，第10页；［琉］蔡温：《中山世譜》卷3，《琉球史料叢書》，東京：東京美術刊1973年整理本，第4册，第41頁；［琉］郑秉哲：《球阳》卷1，筑波大学图书馆藏手抄本，史料番号：360－29；［日］伊知地季安：《南聘纪考》上卷，琉球大学伊波普猷文库藏手抄本，史料番号：092.4 Ki11。

③ ［日］山内晋次：《日宋貿易と「硫黄の道」》，東京：山川出版社2009年版，第18—19頁。

④ ［日］山内晋次：《日宋貿易と「硫黄の道」》，東京：山川出版社2009年版，第73—74頁。

⑤ ［日］山内晋次：《日宋貿易と「硫黄の道」》，東京：山川出版社2009年版，第98—100頁。

⑥ ［日］山内晋次：《日宋貿易と「硫黄の道」》，東京：山川出版社2009年版，第72—73頁。

明朝建立后，西北地区仍处在残元势力的掌控下，中亚、西亚硫黄输往明朝的经路再度中断。洪熙元年（1425）二月，明仁宗在敕谕大同守将时曾说："又哈密近遣人进硫黄，从前不闻哈密产此物，先帝时亦不曾有进。"① 哈密为"西域之噤喉"，是内地与西域交往的枢纽。从陈诚出使西域的考察报告看，哈密当地的土产只有马、驼、玉石、镔铁、大尾羊、阴牙角，并无硫黄。② 考虑到其所处的地理位置，哈密进贡的硫黄应该来自中亚、西亚。仁宗的表述即说明，在洪熙元年（1425）以前，明朝并未从中亚、西亚输入硫黄。从洪武七年（1374）五月中书省以"况中国所用火药，焇黄预备虽多，需用亦广"③ 为由拒绝向高丽下赐火药一事看，明朝对硫黄的需求当极大。在此情势下，效仿前代，从海外获取也属顺理成章。丘濬在谈及明朝的硫黄来源时就说："硫黄，自海舶上来。"④

根据《明太祖实录》的记载，朱元璋政权从海外获取硫黄的途径有二。

其一，民间海外贸易。至正二十三年（1363）闰三月，处州翼总制胡深在言及温州海商的重要性时说："又如硫黄、白藤、苏木、棕毛诸物皆资于彼。"⑤ 这说明，当时朱元璋政权所需的硫黄是从温州海商处获取的。明朝建立后，截至洪武七年（1374）九月，民间海外贸易未被禁止，海商这一获取渠道理应仍旧存续。

其二，海外国家朝贡。根据晁中辰的统计，有明一代，进贡硫黄的海外国家有琉球、日本、暹罗、苏门答腊、锡兰等。⑥ 但是，见于《明太祖实录》的却只有琉球、日本、暹罗三国。其中，暹罗只在洪武二十二年（1389）十月进贡一次。因之，洪武时期进贡硫黄的主体是琉球和日

① 《明仁宗实录》卷7上，洪熙元年二月辛丑，台北"中研院"史语所1962年影印本，第230页。

② （明）严从简：《殊域周咨录》卷12，中华书局2000年标点本，第413页。

③ 《高丽史》卷44，洪武七年六月壬子，人民出版社2014年标点本，第1347页。

④ （明）陈子龙选辑：《明经世文编》卷1，中华书局1962年影印本，第636页。

⑤ 《明太祖实录》卷12，癸卯闰三月丁丑，台北"中研院"史语所1962年影印版，第150页。

⑥ 晁中辰：《明代海外贸易研究》，故宫出版社2012年版，第63—71页。

本。然而，琉球、日本进贡硫黄出现在洪武九年（1376）五月以后。在此之前，并无海外国家进贡硫黄的事例。从时间上看，海外国家进贡硫黄恰好发生在取缔民间海外贸易之后，这意味着此前硫黄获取的主要途径应该还是民间海外贸易。

根据《明史》记载，洪武三年（1370）二月，“大河卫火，燔及广积库”①。广积库隶属工部，是专门贮藏明朝所有的硝石、硫黄的仓库。大河卫火灾波及广积库无疑表明明朝的硫黄储备蒙受了巨大损失。但是，仅仅过了4年，中书省便说“焇黄预备虽多”。朱元璋也认为：“此等之物处处有之。”② 从中即可看到民间海外贸易在短期内供给硫黄的能力。由此，当洪武七年（1374）九月民间海外贸易被取缔后，明朝的硫黄供应势必受到冲击，调整硫黄获取方式势在必行。在“贡市一体”的框架下，明朝只得与相关海外国家在官方层面重新确立硫黄贸易关系。

琉球本身就是硫黄出产国。其辖下的硫黄鸟岛是其主要的硫黄产地。《琉球国志略》中有“硫黄，出鸟岛，世以充贡”③ 的记载。而且，琉球所产硫黄质量甚高，“莹净而无夹”④。根据吉成直树的研究，早在11世纪，当地所产的硫黄就被输送至中国。⑤ 因此，在“市马”之外又令李浩购买硫黄，应该是明朝有意借此向琉球中山释放马匹之外尚需硫黄的信号，并以瓷器、铁釜之利吸引中山在此后与明朝官方开展硫黄贸易。此外，李浩携带的众多瓷器、铁釜虽属交易物品，但同时也是海船压仓之物。在“市马”事毕后，所获马匹仅有40匹，如此少量的马匹自然无法起到增加船只重量的作用。船身过轻，无疑难以渡海。在日本与宋、元贸易时代，硫黄就被用于海船压仓。⑥ 因此，购买硫黄也应该有确保海上

① 《明史》卷29《五行二》，中华书局1974年标点本，第461页。

② 《高丽史》卷44，洪武七年六月壬子，人民出版社2014年标点本，第1347页。

③ （清）周煌：《琉球国志略》卷14，《丛书集成初编》，上海：商务印书馆1936年排印本，史地类，第3247册，第167页。

④ （明）黄省曾著，谢方校注：《西洋朝贡典录校注》，中华书局2000年标点本，第52页。

⑤ ［日］吉成直樹：《琉球の成立——移住と交易の歴史》，鹿児島：南方新社2011年版，第153頁。

⑥ ［日］四日市康博：《モノから見た海域アジア史》，福岡：九州大学出版会2008年版，第152頁。

航行安全的考虑。

在派遣林密、蔡斌前往高丽“索马”一个月后，祖阐一行使日归国。带回的情报主要有二：其一，毛人“隶在日本所属，源将军守镇是方，并属洛京，控制于是都”①，这意味着将毛人纳入对日牵制战略的计划已然落空；其二，祖阐“备言本国事体”，朱元璋方才知晓了日本国内南北朝并立的现实。② 在此之前，明朝都是将怀良亲王作为对日交涉的对象，北朝的出现，无疑表明此前的对日交往出现了极大偏差，如何应对日本南北并立的乱局，促使北朝服属就成了明朝的当务之急。

与祖阐一行归国同时，北朝派遣僧人宣文溪等到明朝贡马及方物，并主动发还被倭寇掳掠的明朝人口③，以此向明朝表明自身具备解决倭寇问题的能力。④ 这表明，北朝开展对明外交的态度尚且积极。但是，此前消极对待明使，“拘留二载”；此时又积极入贡，归还人口。对朱元璋来说，北朝前后对明态度的反差过大，这意味着单纯依靠遣使招徕而实现的朝贡局面难以长久稳固。对此，朱元璋采取了两方面的举措。其一，却北朝进贡，并在发给北朝的诏书中明言“良怀”是日本“国王”“正君”。但是，又特别强调：“天地之间，帝王酋长因地立国，不可悉数。雄山大川，天造地设，各不相犯。”⑤ 说明明朝虽然展现出了认可南朝的姿态，但却无意于改变南北朝并立的状况，这应该是明朝利用日本南北乱局，逼北朝效仿南朝对明服属的手段。其二，便是命李浩在“市马”之外另购硫黄。

日本是宋元时期中国硫黄的重要来源地，当时日本的外贸硫黄主要

---

① 《大日本史料》第6编第40册，東京：東京大学出版会2000年版，第322頁。

② ［日］佐久間重男：《日明関係史の研究》，東京：吉川弘文館1992年版，第60頁。

③ 宋濂在《送无逸勤公出使还乡省亲序》中说：“（日本）议遣总州太守圆宣及净业、喜春二僧，从南海下太宰府，备方物来贡。所虏中国及高句丽民，无虑百五十人，无逸化以善道，悉令具大舶遣归。无逸等自太宰府登州，五昼夜即达昌国州。”表明祖阐、克勤带回了明朝、高丽被掳民150人。另据《明太祖实录》，洪武七年（1374）六月，圆宣、净业、喜春到明朝贡。是月，“日本国以所掠濒海民一百九人来归”。从“所掠濒海民”的定位推测，此“一百九人”应是指明朝被掳民。若此，则说明高丽被掳民应该有41人左右。

④ ［日］村井章介：《アジアのなかの中世日本》，東京：校倉書房1988年版，第267—268頁。

⑤ 《明太祖实录》卷90，洪武七年六月乙未，台北“中研院”史语所1962年影印版，第1581页。

产自萨摩辖下的硫黄岛。《日本考》有言："上出硫黄，取之如土，卖不过三分百斤。"① 当地硫黄一般先经九州西海岸运至博多，进而从博多输至中国。② 根据《宋史·日本传》的记载，奝然向宋太宗进献的物品中有"石流黄七百斤"③。如前所述，朱元璋本人对《元史》极其熟悉，而《元史》中有关日本"物产风俗"的记载又完全承袭《宋史·日本传》，因之，其对日本产有硫黄一事应有清楚认识。对朱元璋来说，琉球与日本关系紧密，往来频繁。因此，明朝使者在琉球大规模收买硫黄，无疑会引起日本对硫黄的关注，使之看到硫黄具有的经济价值，产生返国收购硫黄与明朝开展贸易的动机。

事实上，就在李浩归国的次月，日本人滕八郎到明进献硫黄，这也是《明实录》中日本进贡硫黄的最早记录。④ 就时间而言，这应该就是受李浩在琉球购买硫黄影响的结果。从"日本人"的定位及朱元璋"却其献"的举动推测，滕八郎应该不是日本使臣，或许是像"八郎真人"那样的穿梭于琉日间的日本海商。若此，则表明明朝在琉球收买硫黄一事确实会为日本方面所知晓。当然，朱元璋的真正着眼点并不是获取日本的硫黄，而是利用硫黄也是日本所产和琉日往来密切的现实，以贸易之利促使日本商人返国收买硫黄，进而将明朝在琉球"市马"的情报"连带"传递至日本。对日本来说，此前高丽征讨耽罗的起因便是明朝"索马"，此时明朝又在琉球"市马"，是否会出现"市马"不成而肆行征讨的局面？这自然会使日本对南部海疆的稳定产生忧虑。李浩出使琉球可以看作与促使高丽征讨耽罗相互配合的，从南部威压日本的举措。

---

① （明）李言恭、郝杰：《日本考》，中华书局1983年标点本，第50—51页。

② ［日］四日市康博：《モノから見た海域アジア史》，福岡：九州大学出版会2008年版，第153頁。

③ 《宋史》卷491《日本国传》，中华书局1977年标点本，第14136页。

④ 《明太祖实录》卷106，洪武九年五月壬午，台北"中研院"史语所1962年影印版，第1767页。

第三章 梁民出使琉球

第一节 出使前夕的东亚局势

洪武五年（1372）北征失利后，明朝对北元的政策更加审慎，不再“专务穷兵”，也不再积极出兵漠北，转而“修武备，谨边防，来则御之，去不穷追”①。此外，又采取了诸如安置蒙古降民、迁移塞上边民、设置沿边卫所、增设边地县治等政策。② 这也是应“北虏归附者相继”的现实而采取的举措，是策略上的转变，并非实力衰退、无力征讨的表现。③ 洪武五年（1372）六月至六年（1373）十二月间，北元军队在东至辽东、西至甘凉的广阔范围内，不断南下侵扰。但大多是缺乏统一部署的零星侵寇，并未形成强大的威慑力量。④ 从洪武七年（1374）开始，北元南下寇扰次第减少。到了洪武十一年（1378）四月，元昭宗爱猷识理达腊薨逝，北元国势渐趋衰微。⑤ 对此，朱元璋再度调整对北元的政策，在致力守边的同时，又遣使修好。是年六月至九月间，“三遣使北行，两为吊祭，一为致礼”⑥。十月，又借送还完者不花通好丞相驴儿。至十二月，又利用北元汗位未

① 《明太祖实录》卷110，洪武九年十一月辛巳，台北“中研院”史语所1962年影印版，第1826页。

② 林堃辉：《征战与纳降：论明洪武时期的蒙古政策》，博士学位论文，中国文化大学，2001年，第37—65页。

③ ［日］萩原淳平：《明初の北邊について》，《東洋史研究》1960年第19卷。

④ 曹永年：《蒙古民族通史》第3卷，内蒙古大学出版社2002年版，第18页。

⑤ 达力扎布：《北元初期史实略述》，《内蒙古社会科学》1990年第5期。

⑥ 《明太祖实录》卷120，洪武十一年十月，台北“中研院”史语所1962年影印版，第1958页。

定之机，无一遗漏地致书北元重臣，有意强调“立长”“立贤”之意，意图挑起北元群臣间的猜忌和矛盾。[①] 此外，利用北元内部纷争、无暇南顾之机，朱元璋乘势向西北、西南用兵，剪除北元羽翼。洪武十二年（1379）正月，朱元璋以西番屡叛为由，命沐英率师西征。是年九月，大败西番部众，向西北拓地数千里。洪武十三年（1380）二月，因担心故元国公脱火赤等率余部屯聚和林为边患，又命沐英再度率师西进，并派濮英开哈梅里路以通西域。次年三月，沐英攻克亦集乃路。四月，濮英兵出西凉。七月，克取苦峪，控扼河西走廊的要冲为明朝所有，西北局势底定，云南与北元联系的通道就此断绝。[②] 洪武十四年（1381）九月，朱元璋命傅有德率师征讨云南。次年正月，征南之役胜利结束，残元势力只剩下了漠北的脱古思帖木儿和东北的纳哈出。

高丽征讨耽罗的军事行动，虽然表明了恭愍王对明事大的决心，但却直接激化了与国内反对派的矛盾，并最终招致杀身之祸。[③] 在恭愍王被

① 张奕善：《明太祖的沙漠战争》，《台湾大学历史学系学报》1988 年第 14 期。

② 根据《纪事录》所载，洪武八年（1375）八月，云南梁王“遣府尉涅哈列并二十五人前去元君处通南蛮信。自建昌、罗罗、田长、河西，经朵甘思思、罕东，诣撒立畏兀儿安定王处王沙漠”。从中可知，梁王与北元汗廷交往依靠的是西北陆路，而西北平定自然意味着双方交往的通道也趋于断绝。

③ 根据《高丽史》记载，洪武七年（1374）九月二十三日，高丽恭愍王被宦官崔万生、逆臣洪伦等杀害。末松保和认为，从表面上看，恭愍王被弑只是起因于益妃妊娠的简单事件。但实际上，其背后暗含的却是诸反对派的策动。对征讨耽罗与恭愍王被弑间的关联性，并无直接史料可资证明，但从事件发生的先后顺序和当时高丽国内的情势分析，二者理应存在密切联系。如前所述，自明军岭北战败后，恭愍王与国内“群臣”在对外方针上已存有明显差异，“亲明反元”的路线也日益动摇。恭愍王发动征讨耽罗之役，虽怀有谋求国家利益最大化的考量。在具体实施过程中也采取了淡化“反元”、安抚“群臣”的策略。但由于耽罗本身的“故元”特性，加之此前又有明使逼迫就范之事。对高丽国内“群臣”来说，征讨之役自始便有了高丽与明朝联合“反元”的意涵，这势必招致“群臣”的不满。而且，到高丽“索马”的蔡斌其人，“性横悖，好殴骂人。自侍中以下诸宰相，悉被凌辱”。这定然又会丑化“群臣”眼中的明朝形象，再度削弱对明事大的热情。诸将在受命征讨后，“宰枢会饯，诸帅皆泣下，莹与安烈独自若”。从中即可看到，大部分将帅对征讨耽罗并不持积极态度，征讨之役在很大程度上其实是恭愍王本人“独断”的产物。当然，这也是恭愍王坚定奉行对明事大外交的体现，其在林密一行归国时上呈明朝的国书中就说：“但知尽忠于所主，常勤率职而靡他。”在征讨命令下达的第二天，恭愍王又下令处死了曾经对明“事大不恭”的金甲雨，这明显是为了震慑“群臣”。独断、强硬背后体现出的“亲明”姿态，无疑会进一步加深恭愍王与“群臣”间的分歧和矛盾。恭愍王被杀后，“宰相百执事闻变，无一人至者”，反映出当时高丽国内的君臣对立确实已经达到了相当的程度，这自然就为（转下页）

杀的当月，李仁任率百官拥立辛禑为王。是年十一月，高丽派遣典工判书闵伯萱“赍擎先王讣音表文一道、请谥表文一道、请袭表文一道”[①]随同林密一行入明。途中发生了金义杀害明使逃奔北元的事件。因金义

（接上页）高丽国内反对派坐大为乱提供了可乘之机。就在恭愍王被杀的3天前，“有胡僧自北元来，谓康舜龙曰：‘元以沈王孙为高丽国王。’王闻之，囚僧及舜龙按治。僧曰：‘闻诸某甲。’执其人鞫之，曰：‘此前赞成事禹磾家奴行贩北元时所闻也。’欲讯其奴，奴逃”。从中可知，当时已流传着“元以沈王为高丽国王”的谣言。而且，此谣言是高丽国人从北元带回的。但是，“胡僧”本就是从北元而来，对如此重要的情报，在此前应当有所了解，没有必要在进入高丽后从“某甲”处获知。结合当时的情势推测，此谣言应该不是源自北元。恭愍王被弑后，北元虽然提出“以恭愍无嗣，乃封沈王暠孙脱脱不花为王”，但是，北元在此前并无以沈王为高丽国王的打算，纳哈出在发给高丽的文书中明确指出：“尔国宰相遣金义请云：‘王薨无嗣，愿奉沈王为主。’故帝封为尔主。若前王有子，朝廷必不遣沈王也。”这说明，北元以沈王为高丽国王主要是基于金义带来的高丽宰相（李仁任）的请求。金义曾奉恭愍王之命，“押马护送”林密一行返国，但在洪武七年（1374）十一月二十四日到达只孙站后，却率领伴当叛乱，“将使臣蔡大使并伴当杀害，又将林主事并伴当捉拿绑缚……往纳哈出处去”。李仁任的“请求”便是由此被带到北元的。金义在“未及出境”之时，确实与李仁任派来的使者赞成事安师琦有过接触，并收到了李仁任的密谕。但是，此密谕与拥立沈王为高丽国王无关，而是密令金义诛杀蔡斌等人，避免恭愍王被弑的真相外泄明朝。从洪武十二年（1379）十月高丽明德太后发往明朝的表文中有金义“在途闻颛之薨，即生奸计，欲立沈王为王，逃入胡地”的表述看，以沈王为高丽国王似是金义本人的意志。本为胡人、杀害明使、逃奔北元三点表明，金义理应秉持“反明亲元”的立场。因此，出现拥立沈王的情况也在情理之中。但是，时人朴尚衷业已明确指出：“然则义之叛，其必有使之然者。”也就是说，金义叛乱并非仅是出于个人谋划。从当时高丽的情势分析，金义应该属于反对派的一员。更确切地说，很可能是“亲元群臣”之一。他们因不满恭愍王的“亲明”政策而萌生了以沈王为高丽国王的想法，为了扩大这一想法的影响力，动摇恭愍王的统治根基，便编造了北元欲立沈王为高丽国王的谣言，并将此谣言辗转透露给了来自北元的胡僧，有意借胡僧之口说出，以增强谣传的可信性。金义只不过是在恭愍王被杀后充当了践行这一想法的角色。另据《吏文》，返国的林密一行在抵达高丽西京后，便听闻了“辽阳边江去处，有高铁头、胡拔秃等人军马往来，声言欲要阻截回还朝廷使臣，并起解征进马匹”的情报。其中，“高铁头”“胡拔秃”是“二人名，胡元遗种，不服大明”。从《吏文》中的表述看，高铁头、胡拔秃对明使“索马”及归国行程之事都可准确把握，表明二人应与高丽保持着密切的情报往来。从洪武七年（1374）十二月二十五日高丽发给中书省的《金义叛逆都评议使司申》中说朝贡道路已“被高帖头、胡拔秃与金义结党作梗”看，金义与高铁头、胡拔秃关系匪浅，这意味着高丽国内的“亲元群臣”在此前或许已经与高铁头、胡拔秃建立了秘密交往。而上述情报理应也是他们有意透露的，其目的可能就是援引残元势力，阻挠亲明外交。这些情况表明，在恭愍王被杀以前，“亲元群臣”已在内政、外交中暗自对抗着恭愍王的亲明政策，崔万生、洪伦等敢于弑君也是时势使然。恭愍王被杀后，“亲元群臣”从“幕后”走到“前台”，并直接引发了金义杀使奔元、高铁头阻隔明使归途等事件。由此言之，征讨耽罗确实激化了高丽君臣间的对立关系，并为反对派借机壮大提供了时机，而高丽的对外政策也在此后发生了重大转变。

① ［日］前間恭作遺稿，末松保和編纂：《訓読吏文》卷2，東京：极東書店1962年版，第23頁。

“不容前赴定辽卫”①，闵伯萱被迫返回高丽。十二月，高丽遣金湑如元“告丧”。次年正月，高丽又派遣崔源“往京师告丧、请谥及承袭”②。虽同时向明朝和北元遣使，但从只向明朝提出“请谥”“承袭”的请求看，高丽在当时仍视明朝为正统所在，并无倒向北元的打算。是月，纳哈出遣使高丽，提出欲立沈王为高丽国王的主张，引起高丽的不满和警觉。辛禑随即下令“征诸道兵，以备北元。”③ 是年三月，崔源抵达明朝。结果，崔源“不讳国恶”④，将个中内情和盘托出。明朝方才知晓了“王颛被弑，奸臣窃命”之事。对此，朱元璋在明确拒绝高丽“请谥”“袭封”的同时，又却高丽贡献，并拘押了洪武八年至十年（1375—1377）高丽5次派遣的朝贡使团成员共计350余人。⑤ 自洪武九年（1376）三月开始，在此后的两年间，高丽也不再向明朝遣使，明丽国交中断。

洪武九年（1376）十月，北元遣使高丽，承认了“伯颜帖木儿王有子牟尼奴在，国人见推领务”，意味着北元放弃了以沈王为高丽国王，这就扫清了元丽修好的主要障碍。此外，北元又以“汝虽尽其事之之礼，则彼之亲汝、安汝未必能如汝心。掊尔财力，迁尔人民，改尔社稷，不知其何所不至矣”之语离间明丽关系，并以“共成掎角，庸赞我国家中兴之业”拉拢高丽。⑥ 高丽随即向北元遣使，表明“见今袭位，以俟明降”⑦ 之意。洪武十年（1377）二月，北元遣使册封辛禑为高丽国王。是月，高丽采用北元宣光年号。是年七月，北元要求高丽与其一道“挟攻定辽卫”。但高丽却以“天寒草枯，不可出师”⑧ 为由加以拒绝。这说明，高丽无意与明朝为敌。事实上，倒向北元并未给高丽

① ［日］前間恭作遺稿，末松保和編纂：《訓読吏文》卷2，東京：极東書店1962年版，第24頁。

② 《高丽史》卷133，洪武七年正月，人民出版社2014年标点本，第3992页。

③ 《高丽史》卷133，洪武八年四月，人民出版社2014年标点本，第3993页。

④ 《高丽史》卷133，洪武十一年九月，人民出版社2014年标点本，第4018页。

⑤ 《明太祖实录》卷112，洪武十年五月丙戌，台北“中研院”史语所1962年影印版，第1856页；《明太祖实录》卷116，洪武十年十二月，台北“中研院”史语所1962年影印版，第1903—1905页；《高丽史》卷133，洪武十一年三月，人民出版社2014年标点本，第4015页。

⑥ 《高丽史》卷133，洪武九年十月，人民出版社2014年标点本，第4002页。

⑦ 《高丽史》卷133，洪武九年十月，人民出版社2014年标点本，第4003页。

⑧ 《高丽史》卷133，洪武十年九月，人民出版社2014年标点本，第4012页。

带来任何好处。在明朝强大的军事压力下，高丽始终处在恐惧和不安中。对明朝来说，高丽倒向北元也不利于辽东问题的解决。因之，洪武十年（1377）十二月，朱元璋放还了拘押的高丽使者，释放出改善关系的信号。[①] 高丽心领神会，在次年三月，遣使“如京师谢恩”，明丽恢复国交。但是，高丽在开展对明外交的同时，仍旧通好北元朝廷和纳哈出，并时常遣使“以觇中国”，奉行“骑墙”外交。[②] 明朝虽屡次采取了却贡、不予“请谥”“袭封”等政策，但效果并不明显，难以彻底实现高丽“弃元向明”。此后，直至洪武十五年（1382），明丽国交未能正常化。

洪武八年（1375）正月，日本怀良亲王遣使朝贡。鉴于洪武七年（1374）接连发生倭寇入侵山东、江南、浙江沿海的事件，明朝移文切责。[③] 而自宣文溪朝贡后，北朝并未再向明朝遣使。根据《佛智广照净印翊圣国师年谱》记载，洪武九年（1376）正月无遮大会结束后，朱元璋在武楼召见绝海中津，并令其以熊野徐福祠为题赋诗。绝海中津以“只今海上波涛稳，万里好风须早归”作答，朱元璋则以“当年徐福求仙药，直到如今更不归”和之。[④]“武楼赋诗”并不只是文化上的互动，其中也含有政治意蕴。吴莱在《听客话熊野山徐市庙》中说：“就中满载童男

---

① 张士尊：《高丽与北元关系对明与高丽关系的影响》，《绥化师专学报》1997 年第 1 期。

② 张献忠：《试论高丽辛禑王朝对明朝和北元的“骑墙”外交》，《南开学报》（哲学社会科学版）2012 年第 3 期。

③ 根据《明太祖实录》的记载，洪武八年（1375）正月，“高丽、占城、暹罗斛、日本、爪哇、三佛齐等国皆遣使入贡”。但是，此次“日本”遣使究竟是指南朝，还是北朝并不明确。洪武九年（1376）四月，怀良亲王派遣圭庭用朝贡。对此，《明太祖实录》记为：“先是，倭人屡寇濒海州县，上命中书移文责之。至是，遣使来谢。”说明此前明朝曾因倭寇侵扰移文切责过怀良亲王。自洪武五年（1372）祖阐、克勤出使日本后，截至此时，明朝并未再向日本遣使。因此，中书省的责文应该不是明朝使臣送达的，而是由到明朝贡的怀良亲王的使者带回的。但是，在洪武九年（1376）四月以前，怀良亲王的遣使只有洪武四年（1371）十月派遣祖来朝贡，别无其他。实际上，根据陈懋恒的统计，在洪武七年（1374），接连发生了倭寇入侵山东、江南、浙江沿海的事件。鉴于此，明朝必定会在日本使臣朝贡之际加以切责。因此，所谓的洪武八年（1375）到来的“日本”使者，理应就是怀良亲王派遣的。而怀良亲王选择在 4 年后再度遣使，可能是获悉了北朝遣使到明的情报，担心双方联合对己不利。

④ ［日］绝海中津：《蕉坚稿》，日本国立国会图书馆藏室町初期刊行本，请求记号，WA6－79，第 23 页 a。

女，南面称王自民伍。”[①] 刘基《郁离子》指出，徐福“退而私具舟，载其童男女三千人，宅海岛而国焉”[②]。这说明，在元末明初，存在着徐福开国日本的认识，也就是说徐福是日本王统之祖、之正。就当时的情形而言，应是寓指北朝。朱元璋是想借“徐福祠”试探日僧对北朝服属明朝的看法。绝海中津心领神会，以“海上波涛稳”“万里好风”指代明朝安定天下、四海承平，并以“须早归”之语强调北朝确实应该倾心归附，无怪乎他会获得“奏对称旨”的评价。然而，从和诗中“更不归”的表述看，朱元璋对北朝服属大明的前景是颇感忧虑的。在此背景下，继续维持与南朝的朝贡关系就显得尤为重要。

洪武九年（1376）四月，日本怀良亲王派遣圭庭用朝贡。在进呈的表文中出现了“不有天命”“恃险负固”等“不诚”之语。但朱元璋并未像以往那样“移文责之”，而是以极其温和的姿态“诏谕之”。在诏谕中，明朝以秉承天道、不讨无罪之国的姿态安抚南朝，但又以“方今吾与日本止隔沧溟，顺风扬帆，止五日夜耳”之语稍加威逼，并特别强调：“王其务修仁政以格天心，以免国中之内祸，实为大宝，惟王察之。”[③] 变相将日本国内南北朝并立的局面挑明：一方面表达对南朝被北朝吞并的忧虑，希望其尽心内政，巩固统治；另一方面又暗含明朝援助北朝的潜在可能，向南朝施压，逼其倒向明朝。是年五月，朱元璋又以登莱地区为日本往来的要道，设置登州府，以强化对日本的海上防卫。[④] 到了洪武十二年（1379）闰五月，怀良亲王再度遣使到明，“上表贡马及刀、甲、硫黄等物”，朱元璋对怀良亲王和使臣皆给予赏赐。[⑤]

---

① （元）吴莱：《渊颖集》卷7，《丛书集成初编》，上海：商务印书馆1937年排印本，文学类，第2272册，第234页。

② （明）刘基：《郁离子》卷2，《诚意伯刘先生文集》第2册，国家图书馆藏明成化六年刻本，第7页b。

③ 《明太祖实录》卷105，洪武九年四月甲申，台北“中研院”史语所1962年影印版，第1756页。

④ 《明太祖实录》卷106，洪武九年五月壬午，台北“中研院”史语所1962年影印版，第1768页。

⑤ 《明太祖实录》卷125，洪武十二年闰五月丁未，台北“中研院”史语所1962年影印版，第1997页。

从《明太祖实录》中的记述看，此次交涉全无违和之感。这说明，怀良亲王应该对洪武九年（1376）四月的诏谕进行了积极反馈。是年，也有北朝向明朝遣使的记载，但因“奉书肆侮”，且使臣真伪难辨，明朝采取了“毋礼答”的态度。[①] 洪武十三年（1380）五月，怀良亲王遣使朝贡，明朝却之不纳，其依据主要有二：其一，没有表文；其二，自是年起，倭寇复兴[②]，明朝对怀良亲王禁倭不力产生了不满。洪武十三年（1380）年底，朱元璋遣使诏谕怀良亲王，责其“四扰邻邦”“纵民为非”[③]，这也反过来证明了这一点。是年九月，日本派遣明悟法助等朝贡，这其实是斯波义将、春屋妙葩凭借康历政变上台后北朝首次对明遣使。[④] 因无表文，只持有“奉丞相书”，且“辞意倨慢”，朱元璋同样却贡不纳。[⑤] 洪武十四年（1381）七月，怀良亲王派遣如瑶到明。单纯就史籍记载而言，如瑶此行并不仅止于“贡方物及马十匹”[⑥]，而是受明州卫指挥林贤所请前来参与胡惟庸谋乱的。此说虽非事实，纯属捏造[⑦]，但事件虚构的背后也暗含着某些真实成分。

按照《御制大诰三编》所载，林贤“就借日本国王兵，假作进贡来朝，意在作乱。其来者，正使如瑶藏主，左副使左门尉，右副使右门尉，率精兵倭人带甲者四百余名，倭僧在外。比至，胡惟庸已被诛戮”[⑧]。荫木原洋认为，在如瑶到明一个月前的六月二十三日，今川了俊攻陷了菊池氏的根据地限部城和良成亲王的居城染土城。因之，所谓的“精兵倭

① 吴相湘主编：《明太祖御制文集》，台湾学生书局 1965 年影印本，第 538 页。

② 陈懋恒：《明代倭寇考略》，人民出版社 1957 年版，第 51—121 页。

③ 《明太祖实录》卷 134，洪武十三年十二月，台北“中研院”史语所 1962 年影印版，第 2135—2136 页。实录中并未给出明确的诏谕对象，只记为“遣使诏谕日本国王”。从实录中皆将怀良亲王视作“日本国王”看，此诏谕对象应指怀良亲王。

④ ［日］村井章介：《アジアのなかの中世日本》，東京：校倉書房 1988 年版，第 250 頁。

⑤ 《明太祖实录》卷 133，洪武十三年九月甲午，台北“中研院”史语所 1962 年影印版，第 2112 页。

⑥ 《明太祖实录》卷 138，洪武十四年七月戊戌，台北“中研院”史语所 1962 年影印版，第 2173 页。

⑦ ［日］檀上寛：《明代海禁＝朝貢システムと華夷秩序》，京都：京都大学学術出版会 2013 年版，第 266 頁。

⑧ 吴相湘主编：《明朝开国文献（一）》，台湾学生书局 1966 年影印本，第 328 页。

人带甲者四百余名”应该是败退渡明的隈部城和染土城的南朝残党。[①] 若此，则表明，朱元璋在当时也已认识到了南朝衰败的现实，这就意味着继续维持与南朝的朝贡关系，借助南朝敦促北朝服属的计划行将破产。对此，朱元璋命礼部分别致书怀良亲王和征夷将军。[②] 在发往前者的国书中，特意强调“帝将假手于人，祸有日矣”，并历数中日间“归慕意诚，故报厚礼”的往事，进而以征讨之语威逼，望其安守已分，诚心事大。在发给后者的国书中，明言“主非一人”“天辅仁主”“天祸祸首”，这实则是为北朝取代南朝提供合理化依据，进而表明自始便有“深交日本”之意。再者，长篇论述如瑶来明之事，一方面塑造了为安生民、不愿征讨的明朝形象；另一方面故意不提如瑶的派遣者，以“果贪商假名者欤？实使为国事而劳者欤?”的反问促使北朝作答，为北朝开展对明交涉提供话题。最后，重新解读了元朝征日，将其征讨失利的原因归结为违背天命、祸加良民，警告日本不要“以败元为长胜”，心存侥幸，与明朝为敌。是年，怀良亲王遣使上表，指责明朝“犹有不足之心，常起灭绝之意”，如必“起精锐之师，来侵臣境”，将誓死拒战御敌，为使生灵免遭涂炭，建议明朝罢战讲和。朱元璋“得表愠甚”，但鉴于蒙古征日之败，并未加兵。[③] 此后，直至洪武十六年（1383），明日关系断绝，双边交涉陷入僵局。

综上，在洪武七年至十五年（1374—1382）间，除对北元的经略稍显主动和从容外，明朝与高丽、日本的交涉波折迭起，乏善可陈。非但没有实现国交正常化，反而陷入了停滞、倒退的状态，明朝在东亚秩序构建的过程中又遇到了极大阻碍。特别是随着洪武十五年（1382）征南之役的顺利结束，长城以南的残元势力基本被肃清，明朝的战略重心转向东北的纳哈出和漠北的脱古思帖木儿。与高丽、日本的关系不稳，自会使明朝存有后顾之忧，难以尽力经略北方。与之同时，明

① ［日］蔭木原洋:《明使仲猷祖闡・無逸克勤帰国以後の日明関係》,《東洋史訪》1997 年第 3 期。

② 吴相湘主编:《明太祖御制文集》，台湾学生书局 1965 年影印本，第 535—542 页。

③ 《明史》卷 322《日本传》，中华书局 1974 年标点本，第 8344 页。

朝与琉球的交往也遇到了新的问题，朱元璋对东亚地区局势的忧虑与日俱增。

第二节　山南王朝贡的影响

洪武十三年（1380）十月，山南王承察度派遣师惹奉表贡方物，这也是山南王的首次朝贡。[①]《奥摩罗双纸》卷 14 第 1018 首有“手登根的大屋子打开了与中国交往的通道”的记载，其中，“手登根”属山南佐敷。比嘉实人为，这或许是指手登根大屋子作为山南使者被首次派到中国。[②] 当然，这也有可能是指山南以手登根大屋子为使者首次向中国遣使，“手登根的大屋子”的原型可能是师惹。在此之前，琉球到明朝贡者只有中山王。山南王的到来，无疑表明琉球国内尚且存在着其他的权力中心，这自然会使明朝对琉球国内的局势产生疑惑。但是，当时的明朝正忙于废相后的内政改革，无暇顾及海外事务。朱元璋在洪武十三年（1380）发往安南的敕谕中就说：“迩来朕失务德，人神有变，惶惧无已，尔勿我干。”[③] 因之，并未即刻向琉球遣使探查，也未见有主动询问琉球国内局势的记载，而是采取了接纳山南王贡献、承认其朝贡资格的权宜之策。当然，“认可”山南王是否会对明朝与中山的关系产生影响，引起中山王的不满，也是朱元璋需要考虑的问题。

在洪武五年（1372）中山王察度初次遣使朝贡之时，明朝赐予察度的是大统历、织金文绮、纱罗。根据前述《洪武时期海外国家首次朝贡之际受赏物品一览》的统计，在海外国家初次朝贡之时，除大统历不定外，对国王的赏赐物中基本都有文绮、纱罗两类，这应该也是当时的通例。但是，赐予山南王承察度的却只有大统历和织金文绮，并无纱罗。此外，给予山南使团成员的也只有文绮和钞，不及赐予中山使团成员的

---

① 《明太祖实录》卷 134，洪武十三年十月丁丑，台北“中研院”史语所 1962 年影印版，第 2124 页。

② ［日］比嘉実：《『おもろそうし』の海外交渉資料（一）》，《歴代宝案研究》1990 年創刊號。

③ 吴相湘主编：《明太祖御制文集》，台湾学生书局 1965 年影印本，第 257 页。

文绮、纱罗、袭衣那样丰富。这说明，就初次的赏赐物品而言，较之中山，明朝对山南采取了“降格”的姿态，而差别对待的目的很可能是借此凸显对中山的优待和重视，减轻因接纳山南朝贡而招致的中山的不满，赏赐降格之中暗含安抚中山之意。

到了洪武十四年（1381），明朝与日本北朝、南朝的交涉陷入僵局，沿海倭患再度复兴。与此同时，明丽关系也始终处在不正常的态势下，高丽作为对日“东藩”的地位业已动摇。在此背景下，作为对日“南藩”的琉球的地位就变得更加重要。然而，中山、山南并立无疑削弱了琉球内部的统合能力，琉球能否继续承担起“牵制”日本的使命也大有疑问。这就意味着，明朝制定的从北、南两翼牵制日本的政策随时有崩坏的危险。而且，在二山之外，琉球国内是否还存在着其他的政治势力？如果存在，这些政治势力的对明态度又是怎样的？他们与日本、倭寇的关系如何？是否会出现日本、倭寇势力乘势介入琉球内争，联合反明的局面？这些都是朱元璋需要思考的问题。在此背景下，明朝需要对琉球的局势进行了解，重新评估琉球的角色和地位，进而调整对琉球的政策。

洪武十五年（1382）二月，中山王察度派遣泰期、亚兰匏等到明朝贡，这是山南王朝贡后来自琉球的首次遣使。[①] 在洪武十六年（1383）以前，中山王对明朝奉行二年一贡。[②] 洪武十三年（1380）二月，中山曾遣使入贡。此次再行遣使，也是贡期使然。然而，此次遣使的缘由并不仅止于此。自洪武五年（1372）中山朝贡以来，充当使者的都是泰期。但在此次朝贡后，泰期便不再入朝，对明事务转而由亚兰匏承担。亚兰匏的确切身份不明，只知是中山王察度的“臣下”。根据东恩纳宽惇考证，“亚兰匏”应训读作“irahua”，是琉球本土人。[③] 中山王选择在此时派遣泰期、亚兰匏一道出使，也是为了向明朝通告新老使臣交替。此外，除

---

① 《明太祖实录》卷142，洪武十五年二月乙丑，台北“中研院”史语所1962年影印版，第2236页。

② ［日］岡本弘道：《明朝における朝貢國琉球の位置附けとその變化》，《東洋史研究》1999年第4號。

③ ［日］東恩納寬惇：《琉球人名考》，東京：鄉土研究社1926年版，第8頁。

上呈表文外，中山王又贡马 20 匹、硫黄 2000 斤。自李浩“市马”后，进献马匹和硫黄已是中山到明朝贡的通例。在洪武十五年（1382）以前，中山一般单次贡马 16 匹、硫黄 1000 斤。① 中山王此次朝贡无疑增加了贡物的数量，这很可能是中山王在知晓明朝接纳山南王朝贡一事后，有意借提高贡物数量，展现自身欲与明朝继续强化朝贡关系。对此，明朝予以积极反馈。在赏赐中山王察度织金文绮、纱罗 12 匹外，另赐帛 12 匹，织物合计 24 匹，这在数量和品类上多于洪武五年（1372）十二月赏赐的“织金文绮、纱罗各五匹”，在品类上多于洪武七年（1374）十月赏赐的“金织文绮、纱罗二十四匹”和洪武十三年（1380）十月赏赐给山南王的“金织文绮”，体现出明朝对中山王的重视和优遇。② 是年，在中山使团归国之际，朱元璋派遣路谦出使琉球。

对路谦出使琉球的目的，《明太祖实录》认为是：“并遣上佩监奉御路谦送其使者归国。”③《殊域周咨录》则记为：“上嘉其至诚，命尚佩监奉御路谦往报礼。”④ 归结起来便是护送使团归国和还礼褒奖。然而，自洪武七年（1374）李浩出使以来，截至此时，明朝业已 8 年未向琉球遣使。而且，在此期间，中山王察度曾分别在洪武九年（1376）四月、洪武十年（1377）正月、洪武十一年（1378）五月、洪武十三年（1380）二月 4 次遣使朝贡。若只为护送归国、还礼褒奖，为何在此 4 次使团返归之时不见有遣使的举动？从当时的情势分析，路谦此行一方面是优遇、

---

① 《明太祖实录》卷 111，洪武十年正月，台北“中研院”史语所 1962 年影印版，第 1842 页。

② 《明太祖实录》一般只记赏赐给中山王的物品种类，而不记赏赐的数量，多以“有差”之语概括。在洪武十六年（1383）以前，明确记有赏赐种类、数量的只有 3 次，即洪武五年（1372）十二月中山初次朝贡、洪武七年（1374）十月中山首次贡马、洪武十五年（1382）二月泰期和亚兰匏入贡。就前两次而言，“初次入贡”与“首次贡马”显然意义重大。这似表明，《明太祖实录》有着在意义重大的朝贡时点详记赏赐中山王物品种类、数量的倾向。若此，则意味着洪武十五年（1382）二月泰期和亚兰匏朝贡同样意义重大。就当时的情势而言，此次朝贡是明丽、明日关系转换和明朝接纳山南朝贡后中山王的首次遣使。对明朝来说，如何继续维持、强化与中山的关系事关东亚全局。《明太祖实录》的编纂者应该是看到了此次朝贡蕴含的重大意义。因之，才详细记载了赏赐物品的种类和数量，留下了明朝当时重视、优遇中山王的“蛛丝马迹”。

③ 《明太祖实录》卷 142，洪武十五年二月乙丑，台北“中研院”史语所 1962 年影印版，第 2236 页。

④ （明）严从简：《殊域周咨录》卷 5，中华书局 2000 年标点本，第 126 页。

重视与中山关系的表现；另一方面也是为了实地探查琉球国内局势，为制定下一步的对琉政策提供情报支撑。是年十月十一月间①，路谦归国，带回了琉球国内“三王争强，日寻干戈”② 的情报。次年正月，中山王遣使朝贡，“兼谢路谦护送之恩”③。是月，山南王承察度遣使朝贡。在二王使臣归国之际，朱元璋派遣梁民随同返国，晓谕三王。

第三节　梁民出使琉球的文本分析

——以所携敕谕为中心

洪武十六年（1383）正月，朱元璋派遣内使监丞梁民、尚佩监奉御路谦出使琉球，晓谕中山、山南、山北三王。从使臣官职看，二者皆为内官，品秩分别为从七品和正八品。④ 明朝建立伊始，朱元璋便赋予内官“以备使令”之职。洪武二年（1369）六月，金丽渊致书高丽，此为内官出使海外的开端。因之，就使者身份而言，梁民此行也可看作明初“宦官外交”⑤ 的体现。

按照《明太祖实录》所载，梁民此行携带的国书共有两通。其中，一通发给中山王，一通发给山南王和山北王。⑥《球阳》也记为：“且遣中使梁民及路谦赍敕至国，即诏一道赐中山王，又诏一道赐山南、山北二王。”⑦ 但是，根据《明太祖御制文集》《明朝开国文献》的记载，梁民是携带着三通国书出使，而且此三通国书都是朱元璋本人所作，内容各异。《明太祖实录》中收录的两通国书实则是杂抄、删减、整合此三通文书而成的，并非原版。三通国书的原文如下：

---

① 根据明代《使琉球录》的记载，册封使臣返国的时间大多集中于十月、十一月，路谦归国的时间也应在此时。

② （清）潘相：《琉球入学见闻录》，《清代琉球纪录续辑》，大通书局1988年标点本，第65页。

③ ［琉］蔡温：《中山世譜》卷3，《琉球史料叢書》，東京：東京美術刊1973年整理本，第4册，第41頁。

④ 张德信、毛佩琦主编：《洪武御制全书》，黄山书社1995年版，第377页。

⑤ 孙卫国：《论明初的宦官外交》，《南开学报》1994年第2期。

⑥《明太祖实录》卷151，洪武十六年正月丁未，台北“中研院”史语所1962年影印版，第2375页。

⑦ ［琉］郑秉哲：《球阳》卷1，筑波大学图书馆藏手抄本，史料番号：360－29。

谕琉球国王察度

王居沧溟之中，崇山为国，环海为固，若事大之礼不行，亦何患哉？王能体天道，育琉球之民，尚好生之德，所以事大之礼兴。自朕即位十有六年，王岁遣人至贡本国之土宜，朕甚嘉焉。特命上佩监奉御路谦报王诚礼，何期王复以使来致谢。朕今更专内使监丞梁民，同前奉御路谦，赍符赐王镀金银印一颗，送使者归。就于王处鬻马，不限多少，从王发遣。故兹敕谕。①

谕琉球山南国王承察度

朕嘉琉球国王察度，坚事大之诚，故遣使报其诚礼，今王亦遣人随使者入觐，稽诸前礼，贡已数次。王居沧溟之中，崇山环海为固，若事大之礼不行，亦何患哉？王乃能体天道，尚好生之德，思育其民，所以事大之礼兴，监王之诚，深用嘉纳。迩来使者归，云及琉球三王互争，废弃农业，伤残人命，朕甚悯焉。王能体上帝好生，罢战息民，以务修德，则国用永安。今特遣内使监丞梁民，同前奉御路谦赍符送使者归，以答来诚。故兹敕谕。②

谕琉球山北国王怕尼芝

上帝好生，寰宇生民者众。天恐生民自相残害，特生聪明者主之，以育黔黎。迩来使者自海中归，云及琉球三王互争，于农桑少废，人命颇伤。朕闻知不胜怜悯。今因使者往复琉球，特谕王体上帝好生，息征战而育下民，可乎？不然，恐上帝有变，事可追究。故兹敕谕。③

三通国书的题名开头都有“谕”字，且结尾又有“故兹敕谕”之语，因之在类型上应为“敕谕”，即兼具“戒敕”与“谕告”功能的文体。④三通敕谕的发给对象分别是“琉球国王察度”“琉球山南国王承察度”

① 吴相湘主编：《明太祖御制文集》，台湾学生书局1965年影印本，第282页。
② 吴相湘主编：《明朝开国文献（三）》，台湾学生书局1966年影印本，第1830页。
③ 吴相湘主编：《明太祖御制文集》，台湾学生书局1965年影印本，第284页。
④ 万明：《明代中外关系史论稿》，中国社会科学出版社2011年版，第60页。

“琉球山北国王怕尼芝”。这说明，朱元璋都承认了三者“国”“王”的地位，言外之意便是明朝无意于改变“三山并立”的现实。这也是此后明朝参与琉球内部事务，开展对琉交涉的原则。

就具体内容而言，三通敕谕中并无任何戒饬中山之语，也未向察度提及三王相争、罢兵养民之事，其深层含义便是三王互争的责任并不在中山。而且，单独赐予察度印章，单从中山市马。此外，虽明言山南王承察度参与三王互争，但却并无切责之语，只是要求其罢战息民，并褒奖以往事大之诚。反观对怕尼芝，不但无丝毫褒奖之语，反而威逼其罢战息兵，意为三王互争的责任主要在怕尼芝。

由此，三通敕谕呈现出由“亲”到“疏”、由“温和”到“严厉”的色彩，这实则是对三王“岁遣入贡”“数次入贡”“不曾入贡”的等差对待。当然，这也是朱元璋本人“若夷有诚从者，必以礼待之。若肆侮者，必异处之”① 立场的体现。而优遇察度的着眼点应在于巩固、强化明朝与中山的朝贡关系。然而，在“三山并立”的态势下，优遇中山本身就暗含着“扶植”察度的意味，这无疑会给其余二王带来极大的压力，这体现的是明朝对二王“威”的一面。但是，明朝并未采取公开支持察度以对抗其余二王的实际行动，而是同时承认了山南、山北“国”和“王”的地位，体现的是对二王“恩”的一面。“恩威并举”的主要目的便是敦促二王效仿中山，对明事大服属。更进一步说，明朝是想在维持“三王并立”“三山入贡”的前提下，使其相互牵制，借以稳定琉球国内局势，进而增强自身对琉球的影响力和控制力，确保琉球地位的稳固，避免出现琉球国内势力脱离明朝掌控，与日本或倭寇势力合流的局面。雷礼明言了敕谕三王的深意：“有以詟服其心，而夺之气风，及群岛畏威怀德，则顽犷之习可革，中国有常尊之势矣!”② 当然，梁民此行并非只是针对琉球的外交行为，其背后实则暗含着整体的外交谋划。以下，将从“赐印”和“市马”两方面，对此进行分析说明。

① 张德信、毛佩琦主编：《洪武御制全书》，黄山书社 1995 年版，第 102—103 页。

② 方宝川、谢必震主编：《琉球文献史料汇编（明代卷）》，海洋出版社 2014 年版，第 181—182 页。

第四节　“赐印”的内涵

从敕谕内容看，梁民此行还承担着向中山王察度下赐印章的使命，这也是明朝向琉球赐印的嚆矢。对于此次赐印，学界多从“册封”的视角加以解读，将之视为明朝册封琉球的重要标志。以下尝试转换研究思路，在厘清赐印与册封关系的基础上，从印章本身的特性出发，探讨赐印与明朝构建东海海域秩序之间的内在联系，并兼及其对琉球国家的形塑作用。

一　赐印与册封的关系

中国古代王朝向周边国家赐印滥觞于西汉时期，以汉高祖刘邦向南越王赵佗赐印为开端。[①] 此后，赐印作为中国古代外交的重要政策传统被后世王朝所继承。明朝建立后，国家体制“法体汉唐”，在开展对外交往时，也承袭了前代的赐印惯例。洪武二年（1369）六月，明朝向安南下赐印章，由此开启了明朝向海外国家赐印的序幕。明初共向 24 个海外国家赐印，总计下赐 26 次（表 3－1）。

表 3－1　　明初向海外国家赐印一览

<table>
<tr><th>受赐国</th><th>时间</th><th>印章类型</th><th>赐印目的</th></tr>
<tr><td>安南</td><td>洪武二年（1369）六月</td><td>驼钮涂金银印</td><td>册封</td></tr>
<tr><td>高丽</td><td>洪武二年（1369）八月</td><td>龟钮金印</td><td>册封</td></tr>
<tr><td>占城</td><td>洪武二年（1369）十二月</td><td>镀金银印</td><td>册封</td></tr>
<tr><td>暹罗</td><td>洪武十年（1377）九月</td><td>不详</td><td>不详</td></tr>
<tr><td>三佛齐</td><td>洪武十年（1377）十月</td><td>驼钮镀金银印</td><td>册封</td></tr>
<tr><td>琉球中山</td><td>洪武十六年（1383）正月</td><td>镀金银印</td><td>不详</td></tr>
<tr><td>琉球山南</td><td rowspan="2">洪武十八年（1385）正月</td><td rowspan="2">驼钮镀金银印</td><td>不详</td></tr>
<tr><td>琉球山北</td><td>不详</td></tr>
<tr><td>真腊</td><td>洪武二十年（1387）八月</td><td>镀金银印</td><td>不详</td></tr>
</table>

① 陈尚胜：《朝贡制度与东亚地区传统国际秩序》，《中国边疆史地研究》2015 年第 2 期。

续表

受赐国	时间	印章类型	赐印目的
朝鲜	建文三年（1401）六月	金印	册封
	永乐元年（1403）二月	龟钮金印	册封
爪哇西王	永乐元年（1403）九月	镀金银印	不详
日本	永乐元年（1403）十月	龟钮金印	册封
爪哇东王	永乐二年（1404）十月	镀金银印	不详
苏门答剌	永乐三年（1405）九月	不详	册封
	永乐十年（1412）九月	不详	补赐
满剌加	永乐三年（1405）九月	不详	册封
古里			
浡泥	永乐三年（1405）十二月	不详	册封
锡兰山	永乐十年（1412）七月	不详	册封
喃渤利	永乐十年（1412）九月	不详	不详
柯枝	永乐十四年（1416）十二月	不详	册封
苏禄东王	永乐十五年（1417）八月	不详	册封
苏禄西王			
苏禄峒王			
古麻剌朗	永乐十八年（1420）十月	不详	册封

表中数据源于《明实录》。

据表3－1可知，从时间上看，明初赐印主要发生在洪武、永乐两朝。就地域分布而言，洪武时期主要面向东北亚和中南半岛诸国，永乐时期则面向西洋诸国。下赐的印章类型有金印和镀（涂）金银印两种，前者一般为龟钮，后者多为驼钮。明朝国内在分封诸王时，亲王授金印，郡王授镀金银印。[①] 以此为参照，可以说，被授予金印和镀（涂）金银印的海外国家分别受到了比拟于亲王和郡王等级的优遇。印面的印文一般采取“国家名称”接续“国王之印”四字的形式。例如，高丽的是“高丽国王之印”，安南的为“安南国王之印”。[②] 对于下赐给中山王的印章，

① 张德信、毛佩琦主编：《洪武御制全书》，黄山书社1995年版，第405页。

② 《明史》卷68《舆服四》，中华书局1974年标点本，第1663页。

史籍中并无详细记载，只知是“镀金银印”。学者们参考明代印章制度和对其他国家的赐印事例，认为此印章应该是“驼钮镀金银印”，方三寸，印文为“琉球国中山王之印”。①

在赐印之际，往往伴随着赐印文书的下赐，赐印文书是我们了解赐印目的的直接来源。通过整理分析，在这26次赐印活动中，有17次与册封有关。其余的9次中，有1次明确与册封无关，剩下的8次，由于赐印文书中并无诸如“册”“命”“立”“封”等直接与册封相关的词语，只是言及“赐印”这一行为本身，故而无法判断。尽管如此，从现有的17次赐印用于册封的事例仍可看到赐印与册封之间的密切关系。万历《大明会典》就明确指出：“蕃王受封，则赐印。”② 但是，这一表述仍有细究的必要。

首先，从类型上，明朝对海外国家蕃王的册封可分为“始封”和“袭封”两种。按照明朝制度：“外夷袭封，例赐皮弁冠服及诰敕等项。惟始封，例有印章。”③ 因此，更严谨地说，应是“蕃王始封，则赐印”。表中的17次册封均属于“始封赐印”的情况。

其次，“蕃王受封，则赐印”，只表明了赐印与册封关系的一个方面，即赐印是册封成立的必要条件，至于是否可以作为充分条件，也即“赐印是否等同于册封”的问题却并未涉及。在此背景下，就存在着一种将“赐印”直接判作“册封”的潜在风险。事实上，这一问题尚未引起学者们足够的重视。对此，檀上宽是从分析明朝册封海外国家成立所需的要素着手来考察这一问题的。他认为洪武、永乐时期证明册封成立的是印章和诰命的赐予，缺少其中任何一项，都不能视

---

① ［日］小葉田淳：《中世南島通交貿易史の研究》，東京：刀江書院1968年版，第118頁；［日］宮城栄昌：《琉球の歴史》，東京：吉川弘文館1996年版，第56頁；［日］原田禹雄：《冊封使録からみた琉球》，宜野灣：榕樹書林2000年版，第5頁；［日］上里隆史：《古琉球期の印章》，载黒島敏、屋良健一郎編《琉球史料学の船出——いま、歴史情報の海へ》，東京：勉誠出版社2017年版，第4頁。

② （明）申时行：《大明会典》卷58，《续修四库全书》，上海古籍出版社1995年影印本，史部，第790册，第188—189页。

③ 《明神宗实录》卷281，万历二十三年正月庚辰，台北“中研院”史语所1962年影印版，第5188页。

为册封。[①] 这一研究思路虽极具启发意义，但不同于永乐时期，此结论并不适用于洪武时期。

如表3－1所示，洪武时期明确受到册封的海外国家共有4个，即安南、高丽、占城、三佛齐。提取四国册封文本中的要素信息，可得表3－2。

表3－2　洪武朝册封海外国家一览

国家	时间	朝贡国	请封	遣使册封	颁册封诏	颁册封诰	赐印	赐大统历
安南	洪武二年（1369）六月	○	○	○	○	×[②]	○	○
高丽	洪武二年（1369）八月	○	○	○	○	○	○	○
占城	洪武二年（1369）十二月	○	×	○	○	×	○	○
三佛齐	洪武十年（1377）十月	○	○	○	○	×	○	×

"是"标记为"○"，"否"标记为"×"。

从表3－2可知，在册封以前，四国在身份上都是明朝的朝贡国，这说明册封确实是以朝贡关系的确立为前提的。[③] 安南、高丽、三佛齐三国在册封前都曾向明朝遣使"请封"，但史籍中却未见有占城请封的记载，只有占城遣使朝贡的记录。[④] 按万历《大明会典》所言："洪武二年，其国王阿答阿者遣使朝贡，诏封为占城国王。"[⑤] 这表明，册封占城应该是明朝主动为之的。实际上，早在洪武二年（1369）二月明朝就与占城确立

① ［日］檀上寛:《明代海禁＝朝貢システムと華夷秩序》，京都：京都大学学術出版会2013年版，第287頁。

② 万历《大明会典》记有："洪武二年，其国王陈日煃遣使朝贡、请封，诏封为安南国王，赐镀金银印、诰命。"这说明，在册封陈日煃时也颁赐了诰命。但是，正德《明会典》却只记有："洪武二年，遣使朝贡，因请封爵，诏封为安南国王。"并未提及赐予诰命之事。《明太祖实录》也只提及颁赐册封诏书，未涉诰命。此外，根据《大越史记全书》的记载，张以宁曾为陈日煃作挽诗一首，其中有如下之语："丹诏远颁金印重，黄觞新闷玉衣寒。"同样只提及"丹诏"，未提诰命。因之，在洪武二年（1369）册封安南国王时应没有下赐诰命。

③ ［日］金城正篤:《頒封論・領封論——冊封をめぐる議論》，载《第三回琉球・中国交渉史に関するシンポジウム論文集》，南風原：沖縄県教育委員会1996年版，第28頁。

④ 据《明太祖实录》，洪武二年（1369）十二月，明朝在下诏册封占城国王时，又"赏劳其使蒲旦麻都文绮、纱罗各一匹，仍赐以冠带，其从者皆有赐"。此"蒲旦麻都"便是《大明会典》中所说的朝贡使者，他是在洪武二年（1369）九月入明的，使命有二：一是进献方物，二是向明朝申诉"安南以兵侵扰"之事，并未涉及请封。

⑤ （明）申时行:《大明会典》卷105，《续修四库全书》，上海古籍出版社1995年影印本，史部，第791册，第79页。

了朝贡关系，而“朝贡”本身就含有下对上的臣属之意。故而，明朝主动册封占城，并不是强要服属，只是将朝贡关系下的臣属关系明确化。明朝在此时册封，主要是想借扶植占城，牵制安南。而在“安南以兵侵扰”的态势下，占城也希望得到明朝的支持。[①] 因之明朝主动册封之举，占城非但不会抵制，反而会诚心接受。这说明在朝贡关系既已确立的情况下，明朝可根据具体情况选择主动册封，并不一定要等到朝贡国遣使请封。在册封之时，明朝皆遣使前往，并颁赐册封文书，除高丽是诏、诰兼有外，其余三国皆为诏。由此，洪武时期的册封主要采取“诏封”这一形式，而非“诰封”。此外，对四国皆赐予印章。如前所述，赐予高丽的是龟钮金印，其余三国则是镀（涂）金银印，王爵等级被分别比拟为亲王和郡王。三佛齐并未像其余三国那样被赐予大统历，表明大统历的赐予并非册封的要件。

综合上述四国的册封事例，洪武时期对海外国家的册封具有以下共性要素：明朝需向朝贡国遣使颁赐册封诏书，下赐印章。而这系列共性要素可以作为判定洪武时期册封海外国家成立与否的基本标准。由此，明朝虽派遣梁民出使，并赐予中山王印章，但却并未携带册封诏书，只持有敕谕一通。在永乐以后，确实存在着明朝以“敕谕”册封琉球的事例，但梁民携带的敕谕中却无丝毫册封之语。[②] 故而，不能将赐印认作是册封中山王。顺治四年（1647）六月，清朝在面对琉球请封时就明确将“故明所给封诰印敕，遣使赍送来京”[③] 作为前提，这也说明册封文书与印章同等重要，缺一不可，册封不是只靠赐印就能完全涵盖的。从中可以看到，在洪武时期，赐印只是册封成立所需的必要条件之一，赐印无法等同于册封。更进一步说，赐印的目的并不完全局限于册封，理应具有多样性。在此背景下，不宜将向琉球赐印的问题直接纳入“册封”视

---

① 萧轩竹：《占城在明代对外关系中的地位》，《政大史粹》2006 年第 10 期。

② 根据《明实录》《历代宝案》《使琉球录》进行统计，在永乐以后，明朝册封琉球 13 次。其中，“诏封”8 次（尚泰久、尚德、尚圆、尚真、尚清、尚元、尚宁、尚丰），“敕封”3 次（尚巴志、尚忠、尚思达），“诏封”和“敕封”兼有的为 1 次（尚永），不详的有 1 次（尚金福）。从“敕封”的 3 次事例看，敕谕中都有明确的册封之语：“命尔（尚巴志）嗣琉球国中山王”“赍敕封尚忠为琉球国中山王”“特封尔（尚思达）为琉球国中山王”。反观梁民携带的赐印敕谕中，只言“朕今更专内使监丞梁民，同前奉御路谦，赍符赐王镀金银印一颗”，并未提及丝毫册封之语。

③ 《清世祖章实录》卷 32，顺治四年六月，中华书局 1985 年整理本，第 267 页。

阈下考虑。

事实上，围绕“赐印”问题，尚有两点疑问。首先，赐印时间。琉球中山是在朝贡11年后才被赐印的，较之他国，间隔时间过长。[①]考虑到明琉关系“非他国可比”的亲密性，若只为册封，似无延宕至此的必要。长期未将赐印之事提上日程，更像是明朝的一种“既定方针”。此时改变立场，断行赐印，表明在洪武十六年（1383）这一时点明朝应该认识到了赐印的紧迫性和必要性。其次，赐印使者。洪武时期明朝派往海外国家的赐印使者，只有对琉球中山派遣的是内官，其余国家皆为朝臣。[②] 参照洪武十一年（1378）“朕恐待王之礼薄，专命内臣与阮士谔亲往安南”[③] 一事，派遣内官赐印无疑体现了明朝的重视程度。综合这两点反常表现考虑，“赐印”背后应另有考量。

二　“表文钤印”与明琉通交新体制的确立

印章起源于殷商时期，秦汉以后逐步制度化。印章不仅是身份和权力的象征，更是表示信用的器物。[④] 蔡邕《独断》有言：“玺者，印也。印者，信也。”[⑤] 明人文彭认为：“印，古人用以昭信，从爪从卩，用手持节以示信也。”[⑥] 徐官也说：“印，玺节也，刻文以识信。……信不足，有不信，故为之印。”[⑦] 甚至有学者认为，印章的种种功能特质，其实是“示信”这个功能核心向各个方位或直接或间接辐射的结果。[⑧] 对于印

① 如表3-1所示，在洪武十六年（1383）以前，明朝已向安南、高丽、占城、暹罗、三佛齐五国赐印。其中，安南和高丽在首次朝贡后就被赐印，占城在首次朝贡3个月后被赐印，暹罗和三佛齐在朝贡6年后被赐印，琉球中山则在朝贡11年后被赐印，较之他国来说，间隔时间过长。

② 洪武时期向海外国家赐印9次。其中，除三佛齐、真腊的情况不明外，派往安南（翰林侍读学士张以宁、典簿牛谅）、高丽（符宝郎偰斯）、占城（中书省管勾甘桓、会同馆副使路景贤）、暹罗（礼部员外郎王恒）、琉球山南和山北（行人蔡英夫）的赐印使皆为朝臣，唯独对琉球中山派遣的是内官。

③ 吴相湘主编：《明太祖御制文集》，台湾学生书局1965年影印本，第256页。

④ 王廷洽：《中国古代印章史》，上海人民出版社2006年版，第1—4页。

⑤ （汉）蔡邕：《独断》卷上，上海古籍出版社1990年标点本，第3页。

⑥ （明）文彭：《印章集说》，中华书局1985年标点本，第2页。

⑦ （明）徐官：《古今印史》，早稻田大学图书馆藏刻本，史料番号：チ10-01112，第3页b。

⑧ 金开诚、王岳明：《中国书法文化大观》，北京大学出版社1995年版，第23页。

章具有的凭信特性，朱元璋也有着深刻的认识："宝，乃乾符也。昔列圣握而统寰宇，故为神器，特谨以示信。"① 明朝下赐海外国家的印章，除了作为赏赐物的礼仪功能②、爵制秩序下的等差功能③、册封蕃王的政治功能外，也具有鲜明的凭信功能，这集中体现在"表文钤印"上。

表文始于汉代，是一种"标著事绪使之明白，以告乎上"④ 的文体，多用于臣下向皇帝的陈乞、进献、庆贺、陈谢、慰安等。明朝将表文纳入对外关系中，规定："四夷入贡中国，必奉表文。"⑤ 这样，"奉表"就成了各国遣使到明的必备手续和前提条件。海外国家上呈的表文一般为纸质，暹罗、占城、琐里等国为显郑重也用金叶书写。表文制作"皆颁有定式，不敢逾越"⑥。单洪武一朝，就曾 5 次条定表文撰写规范，足见重视程度。⑦ 如果表文违制失当，轻则不受，重则会引发严重的外交事端。为了确保"奉表"的顺利进行，明朝于洪武二年（1369）专门制定了"蕃国进贺表笺仪"，并将之颁发给海外诸国。后经洪武二十六年（1393）的修订，最终确立完善。

根据洪武二年（1369）的"蕃国进贺表笺仪"，表文成文后，需在蕃国内举行由国王、使者、众官等参加的隆重仪式。之后，才能交付使者进呈明朝。仪式中有一项内容，即在表文上钤盖印章：

> 是日侵晨，司印者陈印案于殿中。涤印讫，以表笺及印，俱置于案。王具冕服，众官具朝服，诣案前。用印毕，用黄袱裹表，红

---

① 张德信、毛佩琦主编：《洪武御制全书》，黄山书社 1995 年版，第 69 页。

② 孫薇：《「貢品」と「下賜品」に見る中琉関係》，《沖縄文化研究》2003 年第 29 期。

③ ［日］檀上寛：《明代海禁＝朝貢システムと華夷秩序》，京都：京都大学学術出版会 2013 年版，第 368 頁。

④ （明）徐师曾：《文体明辨粹抄》卷之下，早稻田大学图书馆藏逍遥文库，史料番号：6－1038－2，第 2 页 a。

⑤ （明）郑舜功：《日本一鉴·穷河话海》卷 7，东北师范大学图书馆馆藏 1939 年影印本，第 6 页 b。

⑥ （明）谢肇淛：《五杂俎》卷 4《地部二》，上海书店出版社 2009 年标点本，第 86 页。

⑦ 陈学霖：《明太祖文字狱案考疑》，《明史研究论丛》1991 年第 5 辑。

袱裹笺，各置于匣中，仍各以袱裹之。[①]

表文上钤盖的就是明朝下赐的印章。郑舜功有言：“其贡使必奉表文，原赐印钤者。”[②] 当然，没有被下赐印章的国家是不用在表文上钤印的。“表文钤印”的规定基本为相关海外国家所遵从。例如，朝鲜将之作为表文制撰的最后一道程序，并美称之为“安宝”或“踏宝”[③]；日本室町幕府也有“遣唐疏上，被押金印，仍读诵之”[④] 的明确要求。因史籍记载有限，加之实物资料匮乏，无法详尽论述表文钤印的具体方式。如果参考《荫凉轩日录》中收录的成化十一年（1475）十月日本国王源义政上呈明朝的表文样式（图3－1、图3－2），表文中应该有3处需要钤印，即封面1处、正文开头1处、结尾1处。

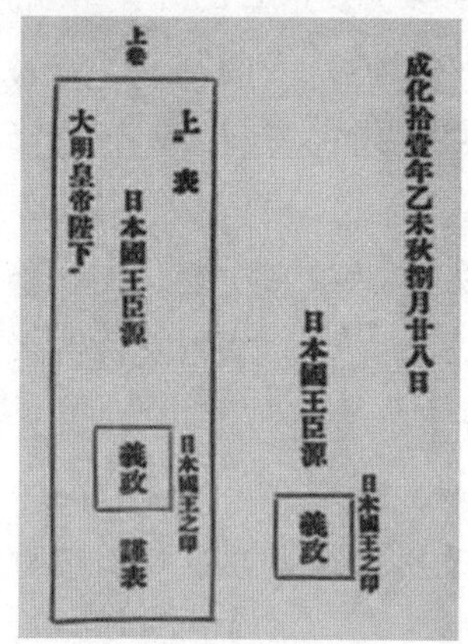
成化拾壹年乙未秋捌月廿八日
日本國王臣源
義政
日本國王之印
上卷
上表
日本國王臣源
義政
日本國王之印
謹表
大明皇帝陛下

图3－1　表文封面和结尾[⑤]

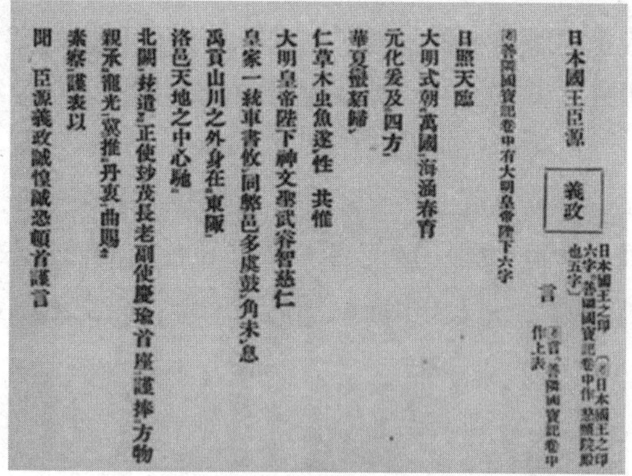
日本國王臣源
義政
日本國王之印六字「善隣國寶記」卷中作「日本國王之印也五字」
言
〔考〕言「善隣國寶記」卷中作上表
〔考〕善隣國寶記卷中有大明皇帝陛下六字
日照天臨
大明式朝萬國海涵春育
元化爰及四方
華夏蠻貊歸
仁草木虫魚遂性　共惟
大明皇帝陛下神文聖武睿智慈仁
皇家一統車書攸同弊邑多虞鼓角未息
爲貢山川之外身在東陬
洛邑天地之中心馳
北闕茲遣正使妙茂長老副使慶瑜首座謹捧方物
親承寵光冀推丹衷曲賜
叡察謹表以
聞　臣源義政誠惶誠恐頓首謹言

图3－2　表文正文[⑥]

---

① 《明太祖实录》卷45，洪武二年九月壬子，台北“中研院”史语所1962年影印版，第902页。

② （明）郑舜功：《日本一鉴·穷河话海》卷7，东北师范大学图书馆馆藏1939年影印本，第7页a。

③ 李善洪：《朝鲜对明清外交文书研究》，吉林人民出版社2009年版，第43页。

④ 《大日本仏教全書》第134冊，東京：仏書刊行會1922年整理本，第539頁。

⑤ 《大日本仏教全書》第137冊，東京：仏書刊行會1922年整理本，第2334頁。

⑥ 《大日本仏教全書》第137冊，東京：仏書刊行會1922年整理本，第2333頁。

“表文钤印”不仅具有礼仪功能，也具有凭信功能。使者抵达明朝后，需将表文呈送礼部，由主客司负责查验。[①] 因下赐给海外国家的印章是由礼部的附属机构铸印局铸造的[②]，故而如果遇到钤盖印章的表文还需将之“悉送该局，辨其真伪”[③]。这样，对明朝来说，印章的有无、印文的真假就成了辨验表文真伪的重要依据和凭证。

洪武二十九年（1396）三月，朱元璋在发给朝鲜的圣旨中说：

> 今朝鲜每遇时节，遣人进贺表笺，似乎有礼，然文辞之间，轻薄肆侮。近日，奏请印信诰命状内，引用纣事，尤为无礼。或国王本意，或臣下戏侮。况无印信所拘，或赍奉使臣中途改换，皆不可知。[④]

从中可以看到，朱元璋对表文的真实性产生怀疑的依据之一便是没有加盖印章。另据《明世宗实录》的记载，嘉靖九年（1530）三月，琉球国王世子尚清派遣蔡瀚到明，转送日本国王表文：

> 瀚来经日本，日本国王源义晴因托赍表文，言：“向为本国多虞，干戈梗路，正德勘合不达东都，以故宋素卿捧弘治勘合而来，乞恕其罪，遣还归国，并乞新勘合、金印，复修常贡。”礼部验其文俱无印篆，言夷情谲诈，不可遽信。[⑤]

礼部质疑日本表文伪作的依据也是“俱无印篆”，即没有加盖明朝下赐的龟钮金印。事实上，对于“表文钤印”所具有的凭信功能的认知，并非明朝独有，海外国家也是如此。

《马来纪年》中收录有“中国的罗阇派遣十艘八橹到宝林邦向罗阇圣

---

① 孙魏：《明代外交机构研究》，中国书籍出版社 2019 年版，第 112 页。

② （明）徐一夔：《大明集礼》卷 32，国家图书馆藏嘉靖九年内府刻本，第 20 页 a。

③ （清）龙文彬：《明会要》卷 24《舆服下》，中华书局 1956 年标点本，第 389 页。

④ 《朝鲜太祖实录》卷 9，洪武二十九年三月丙戌，首尔大学图书馆藏刻本，第 5 页 a。

⑤ 《明世宗实录》卷 111，嘉靖九年三月甲申，台北“中研院”史语所 1962 年影印本，第 2637 页。

沙富罗婆求尚公主”一事，其中有如下之语：

> 长公主室利提毗交中国使臣送去，同时交给他一封盖有国玺（Kampen）的信，并且请他注意，以后文书凡盖有同样的玺印的，一定是他或他的子孙所寄出，而和他人无涉。[①]

郑永常认为，中国罗阇向宝林邦求娶公主事件的原型应该是洪武十年（1377）明朝册封三佛齐，而文中的“国玺”指的是明朝赐予的“三佛齐国王之印”。[②] 三佛齐将所赐印章加盖到发往明朝的文书（包括“表文”）之上，是为了证明“一定是他或他的子孙所寄出”的。另据《续善邻国宝记》，嘉靖六年（1527）八月室町幕府在发给明朝礼部的咨文中说：“前代所赐金印，顷因兵乱，失其所在，故用花判而为信。”[③] 从中可以看到，在海外国家眼中，“表文钤印”也是确保表文出处，获取明朝信任的手段。

琉球中山自朝贡伊始就对“奉表”一事极为重视。《渡唐船靠岸事》的开篇就说：“然遣唐船之时，先送表。”[④] 为确保撰写质量，琉球中山设置了“汉字笔者”这一官职，专司撰写包括表文在内的“往还中华之文”[⑤]。在被赐予印章后，琉球中山便将“表文钤印”作为“上表”的必备一环加以执行，《琉球国旧记》有载：

> 此日辰时，两长史捧表章进国殿，法司官题奏。至巳时，王出御下库里。即长史侍讲表文，而打御印，既而移置其文于庭上，圣主亦出御唐玻丰，众官拜礼。礼毕，法司授表文于耳目官，耳目官

① 许樵云译注：《马来纪年（增订本）》上卷，新加坡：青年书局1966年版，第79页。

② 郑永常：《海禁的转折：明初东亚沿海国际形势与郑和下西洋》，稻乡出版社2011年版，第40—42页。

③ ［日］近藤瓶城主编：《史籍集覽》第21册，東京：近藤出版部1926年整理本，第26頁。

④ ［日］池宮正治：《上表渡しと敕書迎えの儀式》，载中国第一历史档案馆编《第六届中琉历史关系学术研讨会文集》，中国第一历史档案馆1996年版，第296页。

⑤ ［琉］鄭秉哲：《琉球国舊记》卷2，《琉球史料叢書》，東京：東京美術刊1973年整理本，第3册，第45頁。

授都通事，都通事拜授，赴那霸津上船。时众官，跟送表章，而赴那霸拜礼。①

文中详细叙述了表文从裁定到交付使臣朝贡的经过，其中的“打御印”就是指在表文之上钤盖镀金银印。《中山世鉴》明确指出了镀金银印与表文之间的关系：“镀金银印者，尔来历代国王之宝物，对大明、日本等往来表文所押之金印是也。”② 琉球中山上呈明朝的表文原件至今未被发现。《历代宝案》中虽收录有16通表文的原文，但却没有标注钤印的具体方式。③ 小叶田淳认为应与前述日本表文的钤印方式相同。④

在洪武十六年（1383）以前，琉球中山只要上呈表文就可朝贡。但随着印章的下赐，必须“表文钤印”，并经明朝查验无伪后方可朝贡，这体现出的是明朝在制度层面规范双边交往的积极意志。由此，通过“表文钤印”，印章所具有的凭信功能被嵌入了双边交往中，明朝与琉球中山之间逐步建立起基于信用制度的通交新体制。

三　赐印对琉球中山东海地位的塑造

从洪武五年（1372）开始，针对海外国家“入贡既频，劳费太甚”及“使者濒至，与华人情热，窥伺机密”的情况，朱元璋两度命中书省申明“三年一聘”或“每世一见”的古礼，有意限制诸国贡期。但是，效果并不明显。特别是在洪武七年（1374）裁撤市舶司以后，民间海外贸易被禁止，朝贡成了海外诸国与明朝贸易的唯一途径。为获贸易之利，

---

① ［琉］鄭秉哲：《琉球国舊记》卷3，《琉球史料叢書》，東京：東京美術刊1973年整理本，第3册，第70頁。

② ［琉］向象賢：《中山世鑑》卷2，《琉球史料叢書》，東京：東京美術刊1973年整理本，第5册，第35頁。原文为：“鍍金銀印ト申スハ、爾來代々、國王ノ御寶物ト成テ、大明ヤ日本ナドヘ往來ノ、表文ニ押ス金印、是也。”

③ 孫薇：《明代における琉球の表文・箋文》，《史料編集室紀要》2001年第26號。

④ ［日］小葉田淳：《中世南島通交貿易史の研究》，東京：刀江書院1968年版，第203—204頁。

海外国家大多不遵贡期，频繁朝贡[①]，且“内带行商，多行谲诈”[②]。海外番商假冒贡使，诡言朝贡，伺机贸易的情况也时有发生。[③]

在洪武十六年（1383）以前，琉球中山大致维持着二年一贡，与此后“一岁之内，再至四至”[④] 的情形相比，尚显拘谨。但是，这并不是明朝想要的结果。事实上，明朝从未限制过琉球中山的贡期，因此在原则上，琉球中山可以自由朝贡。陈侃就说：“归附国家之初，朝贡固无定期。”[⑤] 而在其他海外国家朝贡普遍受限的态势下，无疑存在着其他海外国家假借“琉球中山”之名朝贡的可能。特别是在“三山并立”的情势下，山南、山北是否会冒充中山朝贡也未可知。毕竟在朱元璋眼中“国无大小，环而王者不知其数矣！海之旷吾与共之，设有扬帆浮游，奚知善恶者耶?”[⑥] 由此，下赐琉球中山印章并将之钤盖到表文之上，理应是出于杜绝中山伪使的考虑。

自洪武七年（1374）十月吴祯“遇贼琉球大洋”和中山王首次遣使贡马后，朱元璋就看到了琉球中山与高丽、日本、耽罗、倭寇、兰秀山叛贼等存有的潜在联系，认识到了其在东海海域内部的广泛关联性。明朝使团抵岸后，琉球中山照例会盛典相迎：“初面以旗、纛、盖等物为仪仗，又军士具甲胄出迎，安诏敕书契于辇轿，从傍击鼓，铮吹太平箫，迎入王宫。”[⑦] 如此隆重典礼的举行，必然会在当地引起不小的震动。而明使到来、颁发敕谕、下赐印章等相关情报也会顺势在当地传播，并经在琉海洋势力辗转扩散至整个东海海域。

在朝贡贸易体制下，明朝与琉球之间“一以文移相通”[⑧]。钤盖有印

---

① 据《皇明祖训》，在洪武八年至十二年（1375—1379）的5年间，明朝有意阻止占城等8国朝贡。但是，占城仍朝贡4次，爪哇朝贡4次，三佛齐朝贡3次。这说明，海外国家频繁朝贡的局面并未得到根本改变。

② 张德信、毛佩琦主编：《洪武御制全书》，黄山书社1995年版，第390页。

③ 《明太祖实录》卷88，洪武七年三月癸巳，台北“中研院”史语所1962年影印本，第1564页。

④ （清）潘相：《琉球入学见闻录》，《清代琉球纪录续辑》，大通书局1988年标点本，第25页。

⑤ （明）陈侃：《使琉球录》，《使琉球录三种》，大通书局1988年标点本，第28页。

⑥ 吴相湘主编：《明太祖御制文集》，台湾学生书局1965年影印本，第316页。

⑦ 《朝鲜世祖实录》卷27，天顺六年二月辛巳，首尔大学图书馆藏刻本，第18页a。

⑧ 陈鸿瑜校注：《皇明外夷朝贡考》，新文丰出版公司2020年版，第80页。

章的表文，既是蕃王遣使的身份证明，也是对明通交权的象征，自然也就具有了“对明贸易许可证”的效力。在明朝—高丽、明日关系陷入僵局的背景下，琉球中山成了东海海域唯一一个可以与明朝开展无限制贸易的国家，这就在事实上确立起了琉球中山在东海海域的对明贸易垄断地位。几乎与之同时，明朝又在北起山东、南至浙江的沿海地区大规模修筑城堡，配备戍兵，强化海防，这就使从事走私贸易和寇掠明朝变得越发困难。[①] 在此背景下，游离于朝贡贸易体制之外的私人海洋势力为求得对明贸易机会，势必会向中山“涌入”。这样，原本分散无统的海洋势力就被置于中山的间接控制之下，东海海域混乱无序的状态也会随之大为改观。

由此，“赐印”可以视为在“贡市一体”的格局下，明朝活用“表文钤印”所具有的凭信功能，建立起与中山之间基于信用制度的通交体制，在杜绝伪使朝贡的同时，通过海域贸易权的全盘赋予，形塑起中山在东海海域的对明通交窗口地位，借以对游离于体制之外的海洋势力进行一定程度上的间接管控，以期助力实现改善东海海域政治生态的目标。

从敕谕中“赍符赐王镀金银印一颗”的表述看，在印章之外，明朝也向琉球中山下赐了“符”。陈侃《使琉球录》中也有记载：“我太祖悦其至诚，待亦甚厚，赐以符印。”[②] 另据《中山世鉴》所载，洪武十六年(1383)，“锡以金符、印，宠以章服”[③]。由此，当时下赐的是“金符”，这也是洪武朝唯一一次向海外国家蕃王下赐金符。

在明朝国内，金符一般授予亲王。按明朝制度，亲王就藩前需从尚宝司领取金符，皇帝和亲王各执一半。“凡亲王及嗣子，或出远方，或守其国，或在京城，朝廷或有宣召，或差仪宾、或驸马、或内官，赍持御宝文书，并金符前去，方许起程诣阙。”[④] 从中可知，金符是本着“制

① ［日］森正夫等编：《明清时代史的基本问题》，周绍泉等译，商务印书馆 2013 年版，第 191 页。

② （明）陈侃：《使琉球录》，《使琉球录三种》，大通书局 1988 年标点本，第 44 页。

③ ［琉］向象賢：《中山世鑑》卷首，《琉球史料叢書》，東京：東京美術刊 1973 年整理本，第 5 册，第 9 頁。

④ （明）俞汝楫：《礼部志稿》卷 16，《四库全书珍本初集》，沈阳出版社 1998 年影印本，第 3 页 a。

一物中分而两之，授者、受者各执其半，以待参验"① 的符验本意而作的，是亲王用以辨验朝廷来使身份的凭信。事实上，对朱元璋来说，"昔者君天下，符契为先，所以取信于臣民也"②。在东海海域形势错综复杂、各种势力充斥的背景下，无疑存在着其他海洋势力假托帝命，冒充明使，交通中山，扰乱明朝与琉球中山关系的隐患，故而向中山王下赐金符，以作使节证明，杜绝明朝伪使。这样，不论是琉球中山对明朝贡，还是明朝向琉球中山遣使，皆有凭信可资证明，明朝与琉球中山的交往渐趋规范化，明朝对东海海域秩序的整备也就具有了现实抓手和可靠保障。另外，需要说明的是，镀金银印虽将中山王比拟于郡王等级，但金符却又有着比照于亲王的优遇，这也体现出了明朝对中山王的重视。

几乎与梁民出使同时，鉴于"南海诸番国""每年多有番船往来进贡及做买卖的，(来)的人多有假名托姓，事甚不实，难以稽考，致使外国不能尽其诚款。又怕有去的人，诈称朝廷差使，到那里生事、需索，扰害他不便"的现实，朱元璋又命礼部向暹罗、占城、真腊等南海国家颁赐勘合，规定："但是朝廷差去的人及他那里老来的，都要将文书比对硃墨子号，相同方可听信。若比对不同，或是无文书的，便是假的，都拿将来。"③ 这与向琉球中山下赐印章和金符的立意基本一致。可以说，在洪武十六年（1383）这一时点，明朝有意通过"赍符赐印"和"颁赐勘合"的方式，分别对东海和南海的海域秩序进行整备，这也是"废相"后，朱元璋"躬行条画"整体对外政策的体现。

第五节 "市马"的意图

一 梁民"市马"说的再探讨

从敕谕内容看，梁民出使琉球也承担着从中山王处鬻马的使命，这

---

① （元）李翀：《日闻录》，中华书局1985年标点本，第1页。

② 张德信、毛佩琦主编：《洪武御制全书》，黄山书社1995年版，第145页。

③ ［日］近藤瓶城主编：《史籍集覽》第1冊，東京：近藤出版部1930年整理本，第479頁。

是自李浩“市马”后，明朝第二次，也是最后一次到琉球市马。根据《明太祖实录》的记载，洪武十六年（1383）九月，梁民市马归国，共计得马983匹。[①] 在数量上，接近李浩“市马”的25倍。这说明，明朝在此时表现出获取琉球马匹的强烈姿态。实际上，在洪武八年至十五年（1375—1382）的7年间，战争俘获、孳牧、朝贡、收买仍是明朝获取马匹的主要途径，且并行不悖，未有中断。[②] 但是，明朝国内缺马的状况并未得到根本改变。

洪武十二年（1379）三月，朱元璋在敕谕李文忠、沐英时说：“中国所乏者，马。今闻军中得马甚多，宜趁此青草之时，牧养壮盛，悉送京师。”[③] 洪武十四年（1381）九月，朱元璋符谕播州宣慰使杨铿：“今大军南征多用战骑，尔当以马三千，率酋兵二万为先锋，以表尔诚，毋违朕命。”[④] 又以敕符嘉奖金竺长官密定：“尔密定首献马五百匹，以助征讨，其诚可嘉。故特遣使往谕，候班师之日，重劳尔功。”[⑤] 从“多用战骑”而要求杨铿“以马三千”为先锋和密定主动“献马五百匹”助征而建功的情况看，明朝在当时仍急需获得马匹。在此背景下，明朝为获得军需马匹而派遣梁民市马的看法就有其合理性。然而，这一看法仍有再行检讨的余地。

梁民市马属于海外买马，与之相对的是国内市马。依据《明太祖实录》进行统计，可得表3－3。

---

① 《明太祖实录》卷156，洪武十六年九月己未，台北“中研院”史语所1962年影印本，第2429页。

② 根据《明太祖实录》记载，洪武八年至十五年（1375—1382）间，战争俘获马匹共有15次，明确记载俘获数量的有12次。其中，最少“百匹”，最多的为“马牛羊十余万”；孳牧的记载有二：洪武九年（1376）孳生2380匹，洪武十年（1377）孳生21816匹；国内外贡马有48次，明确记有贡马数量有15次，最少2匹，最多500匹；国内外收买马匹21次，明确记有收买数量的有18次，最少135匹，最多2050匹。

③ 《明太祖实录》卷123，洪武十二年三月丙申，台北“中研院”史语所1962年影印本，第1988页。

④ 《明太祖实录》卷139，洪武十四年九月壬午，台北“中研院”史语所1962年影印本，第2186页。

⑤ 《明太祖实录》卷139，洪武十四年九月壬午，台北“中研院”史语所1962年影印本，第2186页。

表3-3　洪武时期明朝国内市马一览

<table>
<tr><th>时间</th><th>地点</th><th colspan="2">市马数量（匹）</th><th>占国内市马总数比</th></tr>
<tr><td>洪武七年
(1374)</td><td>四川</td><td>250</td><td>250</td><td>0.3%</td></tr>
<tr><td rowspan="4">洪武九年
(1376)</td><td>陕西</td><td>171</td><td rowspan="4">868</td><td rowspan="4">1.0%</td></tr>
<tr><td>广西</td><td>294</td></tr>
<tr><td>四川</td><td>403</td></tr>
<tr><td>广东</td><td>不详</td></tr>
<tr><td rowspan="4">洪武十一年
(1378)</td><td>罕东</td><td>469</td><td rowspan="4">1155</td><td rowspan="4">1.4%</td></tr>
<tr><td>陕西</td><td rowspan="3">686</td></tr>
<tr><td>广西</td></tr>
<tr><td>四川</td></tr>
<tr><td rowspan="2">洪武十二年
(1379)</td><td>陕西</td><td>1691</td><td rowspan="2">1883</td><td rowspan="2">2.2%</td></tr>
<tr><td>广西</td><td>192</td></tr>
<tr><td rowspan="2">洪武十三年
(1380)</td><td>陕西</td><td>2050</td><td rowspan="2">2050</td><td rowspan="2">2.4%</td></tr>
<tr><td>西羌</td><td>不详</td></tr>
<tr><td rowspan="5">洪武十四年
(1381)</td><td>陕西</td><td>181</td><td rowspan="5">697</td><td rowspan="5">0.8%</td></tr>
<tr><td>四川</td><td>200</td></tr>
<tr><td>陕西</td><td>135</td></tr>
<tr><td>广西</td><td>181</td></tr>
<tr><td>四川</td><td>不详</td></tr>
<tr><td rowspan="4">洪武十五年
(1382)</td><td>陕西</td><td rowspan="2">585</td><td rowspan="4">1150</td><td rowspan="4">1.4%</td></tr>
<tr><td>广西</td></tr>
<tr><td>广东</td><td rowspan="2">565</td></tr>
<tr><td>四川</td></tr>
<tr><td rowspan="5">洪武十七年
(1384)</td><td>贵州</td><td>1300</td><td rowspan="5">7206</td><td rowspan="5">8.4%</td></tr>
<tr><td>西番</td><td>4250</td></tr>
<tr><td>贵州</td><td>500</td></tr>
<tr><td>陕西</td><td>560</td></tr>
<tr><td>四川</td><td>596</td></tr>
</table>

续表

时间	地点	市马数量（匹）		占国内市马总数比
洪武十八年（1385）	四川	11600	18329	21.4%
	贵州			
	陕西	6729		
	四川			
	贵州			
洪武十九年（1386）	贵州	755	16178	18.9%
	云南	2380		
	云南	10236①		
	陕西	2807		
	陕西	不详		
洪武二十年（1387）	四川	不详		
洪武二十一年（1388）	云南	3000	3000	3.5%
洪武二十三年（1390）	陕西	7060	7060	8.3%
洪武二十五年（1392）	陕西	10340	10340	12.1%
洪武二十七年（1394）	陕西	240	240	0.3%
	四川			
洪武三十年（1397）	西番	1560	1560	1.8%
洪武三十一年（1398）	西番	13518	13518	15.8%

从表3-3可知，洪武时期明朝的国内市马大致经历了三个阶段的演

① 据《明太祖实录》，洪武十九年（1386）五月，“命虎贲右卫百户甘美率军士千人，赍白金三万一百三十九两往云南东川等军民府市马，得马二千三百八十余匹”。从中可知，马匹单价约为12.7两。是月，“继又命龙虎等卫将士以白金十三万两复往云南市之”。由此推之，此次的市马数量当为10236匹。

变:(1)洪武七年至十一年(1374—1378),隔年市马;(2)洪武十一年至二十一年(1378—1388),除洪武十六年(1383)外,年年市马;(3)洪武二十一年至三十一年(1388—1398),再次回落到隔年市马。其中,洪武十六年(1383)的国内市马虽有中断,但梁民却在是年从琉球市马983匹,与洪武十五年(1382)明朝国内市马的数量大致相当。由此,梁民市马很像是对是年没有进行的国内市马的“替代”。那么,当时的明朝是否陷入了非要以海外市马“替代”国内市马的境地?

据《明太祖实录》,洪武十六年(1383)五月,明朝调整了洮州、秦州、河州三个茶马司和纳溪、白渡两个盐马司的官制。[①] 是年八月,明朝又制定了永宁茶马司以茶易马的价格。[②] 考虑到这是实录中首次出现永宁茶马司,且《明史》中又有“又洪武中,置四川永宁茶马司”的记述,永宁茶马司应该是在此时新设的。茶马司、盐马司是明朝推行国内市马的主要机构,调整官制、新设机构、制定价格的举动表明,茶马司、盐马司在当时尚且处在正常运转的状态下。就在梁民返国的次年,明朝便从茶马司、盐马司的主要所在地陕西、四川市马1156匹,这也反过来证明了这一点。由此,很难说,在洪武十六年(1383)这一时点,明朝的国内市马陷入了无法推行的境地。在此背景下,只为获得马匹而派遣梁民前往琉球市马就显得没有必要。对“吾平日为事,只尚务实,不尚浮伪”[③]的朱元璋来说,市马背后应该另有谋划。

二　“市马”与“三王入贡”

如前所述,梁民出使的意图之一是实现琉球三王到明朝贡,稳固琉球的地位,而从中山王处鬻马就与此意图密切相关。从表面上看,“市马”只是针对中山王个体的行为,实际上,其政策目标却是指向琉球三王的。

---

① 《明太祖实录》卷154,洪武十六年五月乙卯,台北“中研院”史语所1962年影印本,第2402页。

② 《明太祖实录》卷156,洪武十六年八月壬午,台北“中研院”史语所1962年影印本,第2425页。

③ 《明太祖实录》卷21,丙午九月己亥,台北“中研院”史语所1962年影印本,第302页。

首先，根据《明太祖实录》记载，梁民是以“货币”到琉球市马。按琉球“所兴用者钱货，然不知铸成之法，皆得于中原而用之”①。从此后琉球屡次要求将附搭品以铜钱折给和正统四年（1439）琉球使者勒折铜钱796900有余一事来看，琉球对于铜钱的需求是很强烈的。徐葆光在出使琉球时就曾看到“间有旧钱如鹅眼大，磨漫处或有‘洪武’字”②。因此，此市马所用之“货币”极有可能指铜钱。如前所述，自李浩归国后，明朝对琉球确立了“自是赐予及市马多用磁器、铁釜”的原则。此时未再以瓷器、铁釜“市马”，表明在梁民出使以前，明朝曾就市马媒介一事主动询问过中山王使者。在得知中山“不贵磁器、铁釜，但贵铜钱”之后，便改以铜钱往中山“市马”。③ 这体现了明朝尊重中山诉求，巩固与中山关系的意图。

其次，在朱元璋看来，海外诸国朝贡明朝，“虽云修贡，实则慕利”④。洪武三年（1370）十月，朱元璋下令免征高丽使者所携私货的交易税时也说：“远夷跋涉万里而来，暂尔鬻货求利。”⑤ 这说明，朱元璋眼中的海外诸国明显具有“慕利”“求利”的特性。由此，派遣使者携带“货币”购买琉球量多价廉的马匹，实则也是借此凸显到明朝贡蕴含的巨大经济利益，展现对明交往的优越性，以贸易之利吸引山南、山北二王到明朝贡。

最后，琉球“诸岛之地，山谷崎岖，沃野鲜少，厥田沙砾”⑥。地形崎岖、土质沙砾的自然条件并不利于岛内交通，但琉球马却有着“蹀躞善山行”⑦“行沙砾中，不见颠蹶”⑧ 的优势，故而多被用作交通工具。

---

① 《朝鲜世祖实录》卷27，天顺六年二月辛巳，首尔大学图书馆藏刻本，第18页a。

② （清）徐葆光：《中山传信录》，《清代琉球纪录续辑》，大通书局1988年标点本，第80页。

③ 平田守认为，琉球中山不再执着于借助马匹换取瓷器、铁釜的原因在于，中山业已通过朝贡贸易中的附搭品交易获得了瓷器、铁釜等物，无需再依靠马匹贸易。

④ 《明太祖实录》卷134，洪武十三年十月丁丑，台北“中研院”史语所1962年影印本，第2125页。

⑤ 《明太祖实录》卷57，洪武三年十月丁巳，台北“中研院”史语所1962年影印本，第1116页。

⑥ ［日］新井白石：《南岛志》卷上，《丛书集成续编》第245册，新文丰出版公司1988年版，第380页。

⑦ （清）徐葆光：《中山传信录》，《清代琉球纪录续辑》，大通书局1988年标点本，第82页。

⑧ （清）李鼎元：《使琉球记》，《清代琉球纪录集辑》，大通书局1988年标点本，第173页。

而且，因“中山牛少，耕田俱用马”[①]。再者，也存在着“屠马、牛食之，或卖于市”[②]的情况。宫古岛甚至“用牛马之骨，以为耕器”[③]。朝鲜世祖八年（1462）二月李继孙所作的《闻见事目》中收录有与琉球国使臣的问答，其中有：“又于海边，作天妃娘娘殿，若发船则斩马、猪祭之。”[④]这说明，马匹也被用以祭祀。另据《琉球国由来记》中的《朝拜御规式》所载：“圣主（穿着明朝装束）在御庭，朝着岁德神所在的方向烧香。（贡品，竖着五方之旗……且看马二匹，配备御鞍，立于御庭之末）……久米村长史侍奉在圣上御侧，诵念祝文。”[⑤]可见，马匹也被用于国家典礼。当然，马匹在琉球国内并不仅限于民用和祀典，也被用于军事。《中山世谱》在记述山南王他鲁每筹划讨伐尚巴志时说：“遂传军令，聚整兵马。”[⑥]此外，从梁成的漂着事例看，琉球国内也存在着“凡牛马之皮，皆纳官造甲”[⑦]的定例。因之，对琉球来说，马匹多少自然也是军事实力强弱的重要象征。在“三山并立”的态势下，“中山最强”[⑧]。如果一味优待中山，势必会出现中山乘势坐大，兼并山南、山北，以致难以管控的局面。这样，反而不利于明朝国家利益的实现。故而，需要对中山进行某种程度的“限制”。但是，考虑到中山朝贡勤谨，对明忠顺的现实，又不能“公开”加以限制，只能“隐含”进行，而“市马”便是出于此种考虑。朱元璋在给中山王的敕谕中虽未提及“罢战息兵”之事，但大宗购买马匹这种军事战略物资，本身暗含的就是削弱

① （清）赵文楷：《槎上存稿》，《清代琉球纪录集辑》，大通书局1988年标点本，第115页。

② 《朝鲜成宗实录》卷105，成化十五年六月乙未，首尔大学图书馆藏刻本，第18页b。

③ ［琉］鄭秉哲：《琉球国舊记》卷9，《琉球史料叢書》，東京：東京美術刊1973年整理本，第3册，第153頁。

④ 《朝鲜世祖实录》卷27，天顺六年二月癸巳，首尔大学图书馆藏刻本，第35页b。

⑤ 《琉球国由来記》卷1，《琉球史料叢書》，東京：東京美術刊1973年整理本，第1册，第10頁。原文为：“聖主（明朝之御装束ナリ）於御庭、歳德之明方ニ御向へ、御燒香有リ。（御飾、五方ノ旗ヲ豎、……且看馬二疋、御鞍置、御庭ノ末ニ立）……聖上御側ニ、久米村長史侍フ。祝文ヲ唱。”

⑥ ［琉］蔡温：《中山世譜》卷3，《琉球史料叢書》，東京：東京美術刊1973年整理本，第4册，第58頁。

⑦ 《朝鲜世祖实录》卷27，天顺六年二月辛巳，首尔大学图书馆藏刻本，第17页b。

⑧ 《明史》卷323《琉球传》，中华书局1974年标点本，第8361页。

中山的军事实力，谋求三王均势的考量。

三　“市马”与“逼丽向明”

高丽恭愍王断行征讨耽罗之举激化了高丽国内矛盾，其自身也招致了被弑的命运。然而，进献2000匹耽罗马的问题却并未因此终结，继立的辛禑政权仍需对此“遗留”问题给予正面回复，做出明确表态。

洪武七年（1374）十二月二十五日，高丽向明朝呈递了《金义叛逆都评议使司申》，这是辛禑政权与明朝之间围绕耽罗马展开交涉的开端。据文中所言，韩邦彦此前从达达牧子处获取了300余匹耽罗马。其中，瘦弱不堪者百余匹，达到“起取”标准的只有200匹。故而，林密一行携带归国的只有200匹。但在途中因金义叛乱，此200匹马便被“赶往纳哈出处去”了。[①] 在平定耽罗后，崔莹已先期运送930匹马过海，但“为风涛淹没九十三匹，见到八百三十七匹”，连同此前剩余的瘦弱不堪者，共有耽罗马千余匹可供进献。然而，“欲便起解，缘道路见被高帖头、胡拔秃与金义结党作梗，拟候稍宁，陆续解送定辽卫交割”[②]。从中可知，截至洪武七年（1374）十二月，明朝并未得到此前索要的耽罗马，高丽也以“道路不宁”为由，无意立刻解送。

在此后的一年间，明朝并未催促高丽解送，高丽也未主动起运。这说明，明朝在此前应该接受了高丽提出的“道路稍宁，陆续解送”的建议。到了洪武八年（1375）十一月初九日，高丽又向明朝上呈了《济州行兵都评议使司申》，文中以大篇幅言及了战后高丽筹划进献耽罗马的经过。

首先，详细解释了在耽罗平定后，只先运送930匹马过海的原因：“选拣官马一千七百匹到官，为因恶风，将明月浦所泊军船四十艘撞石破损，此上船数短少，止将马九百三十匹，于见在船上分载，其余七百七

① ［日］前間恭作遺稿，末松保和編纂：《訓読吏文》卷2，東京：极東書店1962年版，第22頁。

② ［日］前間恭作遺稿，末松保和編纂：《訓読吏文》卷2，東京：极東書店1962年版，第25頁。

十匹，责付安抚使林完等官收领，随后装出。”①

其次，提及了是年十月耽罗发生的车玄有叛乱：“自崔莹等官兵行兵回还，十月初六日，有本土人车玄有等聚众，又行叛乱，将安抚使林完、牧使朴允清、马畜使金桂生等杀害，烧毁系官房舍钱物，宰食牛马，不计其数。”② 根据《高丽史》和《高丽史节要》的记载，车玄有在叛乱时只是杀害高丽属官、焚烧官廨，并无“宰食牛马”之事。另据郑以吾《星主高氏家传》所载：“明年乙卯，车玄有、内成辈构逆煽乱，杀本国万户，（高）臣杰乃与王子文中杰议，请于国讨平之。车玄有之党知之，三日围高、文二家，尽杀六畜，高、文二人，仅以身免，仗国之灵，克正其罪。”③ 从“尽杀六畜”的表述看，确实存在着宰杀牛马的情况。但“尽杀六畜”只是针对“高、文二家”所在之地，并未及于耽罗全岛。因之，“宰食牛马，不计其数”之语明显言过其实。高丽如此言说的目的应该是想向明朝传递耽罗当地的马匹，特别是此前暂留当地的 770 匹马遭此大乱，业已所剩无几之意。

最后，言及耽罗平叛、剩余马匹起解之事：“差洪孙白等到本州，有土人、文臣辅星主高实开、镇抚林彦、千户高德雨等起军，将车玄有等贼众尽行剿捕宁息。得此，就委金仲光充济州万户兼牧使，勾当守御点监林完等，原于崔莹等官处所领，未解过海马七百七十匹见数，须要解来，以凭施行去讫。”④ 由此，高丽与当地土著势力联合平定了车玄有之乱，并已遣官起解“七百七十匹见数”。但是，所谓的“解来”只是将之运抵高丽本土，并未给出解送明朝的确切时间。而“见数”的表述也是模棱两可，可多可少。这说明，辛禑政权在向明朝解送耽罗马的问题上采取了“拖延”政策，并无满足明朝“索马”要求的积极态度。

① ［日］前間恭作遺稿，末松保和編纂：《訓読吏文》卷 2，東京：极東書店 1962 年版，第 43 頁。

② ［日］前間恭作遺稿，末松保和編纂：《訓読吏文》卷 2，東京：极東書店 1962 年版，第 44 頁。

③ ［朝］郑以吾：《东文选》卷 101《星主高氏家传》，韩国古典综合数据库 http：//db. itkc. or. kr，2021 年 11 月 23 日。

④ ［日］前間恭作遺稿，末松保和編纂：《訓読吏文》卷 2，東京：极東書店 1962 年版，第 44—45 頁。

到了洪武九年（1376）六月，定辽卫指挥佥事高家奴致书高丽，明确指出："原差蔡大使取的马如达，可作急差人来，解与我国家添力一般。若今次不来，显知我也说谎，恁再如何说话？克日大军殄灭纳哈出等后，恁便将无万的马来何用？"① 高家奴的表述有两层含义：其一，催促辛禑政权解送此前索要的耽罗马；其二，此耽罗马是明朝用来征讨纳哈出的。

按，洪武十二年（1379）四月，针对高丽遣人向辽东守将"致书遗礼物"一事，朱元璋明确告诫叶旺等将领："为人臣无外交，尔等其慎之。"② 这说明，朱元璋对辽东将领私交高丽并不持积极态度。由此，高家奴致书高丽理应是朱元璋授意的结果，书中所言也是朱元璋本人意志的体现，朱元璋应该是想借高丽"添力助征"与否来试探辛禑政权对北元的态度。但是，直至洪武十一年（1378），高丽并未就此做出明确表态，也不再向明朝遣使，明丽国交中断。这意味着催促解运耽罗马以对抗纳哈出的要求或许触及了高丽的底线，高丽并不愿与北元决裂。这也反过来说明，耽罗马仍可作为此后检视高丽与北元关系的凭借。到了洪武十一年（1378）三月，明丽国交再度恢复。从洪武十二年（1379）开始，针对辛禑政权在明朝与北元之间首鼠两端的态度，明朝采取了"却贡"和军事威胁相结合的策略，并最终实现了"逼丽向明"的目标。

洪武十二年（1379）三月，朱元璋向高丽提出了岁贡贡额："今岁贡马一千，差执政陪臣以半来朝。明年贡金一百斤、银一万两、良马百匹、细布一万匹，岁以为常。"③ 若不"岁贡如约"，"则以舳舻数千，精兵数十万，扬帆东泊……虽不尽灭其党，岂不俘囚太半！"④ 是年八月，鉴于高丽频繁交通北元汗廷和纳哈出，定辽都司移咨警告高丽："臣礼既施，异谋难畜。……不然，则奸宄自昭，后悔无及。"⑤ 是年十月，高丽遣使到明，

---

① 《高丽史》卷133，洪武九年六月，人民出版社2014年标点本，第3998页。

② 《明太祖实录》卷124，洪武十二年四月庚申，台北"中研院"史语所1962年影印本，第1991页。

③ 《高丽史》卷134，洪武十二年三月，人民出版社2014年标点本，第4025页。

④ 《高丽史》卷134，洪武十二年三月，人民出版社2014年标点本，第4024页。

⑤ 《高丽史》卷134，洪武十二年八月，人民出版社2014年标点本，第4028页。

这是条定贡约后高丽首次朝贡。但是，高丽却只贡马 200 匹，缺额 800 匹。此外，高丽还提出了“岁贡之物，亦容小邦不拘定数，随力所办以献”的请求。对此，明朝却其贡不纳，并重申：“须如前约，方许来贡。”① 是月，高丽获悉了“辽东训兵，欲攻纳哈出”② 的情报。两个月后，高丽派遣周谊如辽东，借以刺探虚实，结果被押解京师。是年七月，朱元璋召见周谊，这是订立贡约后明丽双方的第一次正式交涉。周谊阐明了“贡不如约”的原因：“非忠诚不至，实民贫而物不备也。”③ 对此，朱元璋再度申严贡约：“前所需马一千，已贡若干，今再取辏作一千。明年金一百斤、银五千两、布五千匹、马一百，以为常贡之例。”④ 岁贡马匹、金的数量未变，但银、布的数量却各减其半。此后，洪武十三年（1380）十二月至十四年（1381）十二月，明朝以“贡不如约”为由，连续 3 次却高丽贡献。⑤

频遭却贡，高丽对与明朝交涉的前景越发忧虑。洪武十五年（1382）二月，高丽采取了正反两策加以应对：其一，强化西北面防务，“以备定辽卫兵”⑥；其二，设置盘缠色，“令大小文武官吏出马匹及纻麻布有差，以备岁贡”⑦。是年四月，高丽派遣金庾、洪尚载等到明，贡马 1000 匹、金 100 斤、银 10000 两、布 10000 匹，这是高丽第一次按照要求的“贡约”朝贡。但朱元璋认为：“节该岁贡，以数年之物，合而为一，其意未诚，仍前阻归，不许入境。”⑧ 六月，高丽再派周谦到明恳告，无奈又被阻归。次月，高丽获悉明朝平定云南的消息，这就给高丽造成了极大的压力。李穑在《子安来议贺平云南表》中说：“力通六诏云南地，威振三

---

① 《高丽史》卷 134，洪武十三年二月，人民出版社 2014 年标点本，第 4033 页。

② 《高丽史》卷 134，洪武十三年二月，人民出版社 2014 年标点本，第 4033 页。

③ 《高丽史》卷 134，洪武十三年八月，人民出版社 2014 年标点本，第 4038 页。

④ 《高丽史》卷 134，洪武十三年八月，人民出版社 2014 年标点本，第 4038—4039 页。

⑤ 根据《高丽史》记载，洪武十三年（1380）十二月，高丽遣权仲和、李海如京师，贡金 300 两、银 1000 两、马 450 匹、布 4500 匹。辽东都司“以岁贡不满定额，却之”。洪武十四年（1381）十月，遣金庾如京师贺正。是年十一月，遣李海如京师，献马 933 匹。然而，“金庾、李海至辽东，不纳乃还”。

⑥ 《高丽史》卷 134，洪武十五二月，人民出版社 2014 年标点本，第 4049 页。

⑦ 《高丽史》卷 134，洪武十五年二月，人民出版社 2014 年标点本，第 4049 页。

⑧ 《高丽史》卷 135，洪武十六年八月癸未，人民出版社 2014 年标点本，第 4062 页。

韩海外天。"[1] 高丽立刻向明朝派遣庆贺使者，却又遭拒绝。到了十一月，高丽又派遣郑梦周、赵胖如京师贺正，兼呈陈情、请谥、承袭三表，结果，仍被阻回，这就让高丽完全陷入了"进退无凭，惊惶失措"[2] 的境地。与此同时，辽东都司又移文高丽，明言："高丽臣事大明，不宜与纳哈出通好。"[3] 这实际上是对高丽首鼠两端态度的警告，也暗含着明朝屡次却贡的原因就是高丽交通纳哈出。

洪武十六年（1383）四月，随着故元海西右丞阿鲁灰降明，高丽与纳哈出的往来之路被彻底断绝。[4] 此后，明朝开始以军事行动向高丽施压。是年八月，明朝以事大不诚为由，"屡侵边境"[5]。为此，高丽一方面加强西北面、东北面的防务，另一方面继续向明朝遣使。鉴于此前使者无法从辽东入境的情况，不得已由海道入明。是年十月，高丽获悉了明朝派遣"孙都督"率领战舰 8900 艘征讨高丽的情报：

> 孙都督到辽东，又三分辽东军发船向高丽。会韃靼击浑河口子，尽杀官军，屯兵浑河。都督与战，不克，还。[6]

在到达辽东后，"孙都督"将辽东军分为三路，从"发船向高丽"来看，只是大军向高丽进发，并非"发船攻高丽"。在途中遇到了屯兵浑河的蒙古军，并主动与之交战，其结果是"不克"。既然未能攻克，理应再行征讨。但"孙都督"却领兵返还，完全不顾征讨高丽一事。这说明，"孙都督"此行的真实目的或许不是征讨高丽，更像是通过制造大军征讨的迹象向高丽施压。而梁民市马便恰好发生在明朝对高丽进行军事威胁的时期，这也暗示着两者间的关联。

---

① ［朝］李穑：《牧隐稿文稿》卷 32《子安来议贺平云南表》，韩国古典综合数据库 http://db.itkc.or.kr，2021 年 11 月 23 日。

② 《高丽史》卷 135，洪武十六年八月癸未，人民出版社 2014 年标点本，第 4062 页。

③ 《高丽史》卷 135，洪武十六年正月丁巳，人民出版社 2014 年标点本，第 4056 页。

④ 王剑：《纳哈出盘踞辽东时明朝与高丽的关系》，《中国边疆史地研究》2006 年第 4 期。

⑤ 《高丽史》卷 135，洪武十六年八月壬申，人民出版社 2014 年标点本，第 4060 页。

⑥ 《高丽史》卷 135，洪武十六年十月乙亥，人民出版社 2014 年标点本，第 4067 页。

对朱元璋来说，既然明朝向高丽索要耽罗马的情报可以传至琉球，那么梁民到琉球市马的消息自然也会反向传至高丽、耽罗。事实上，朱元璋要求高丽朝贡的并非是其本土所产的“乡马”（“果下马”），而是耽罗马。郑梦周就明确指出：“上国屡使我献马，以有耽罗耳。”① 耽罗马又是“故元”色彩浓厚的指代，耽罗马的贡与不贡、贡多贡少，无疑牵动着高丽国内亲元派的神经，更不用说是进贡耽罗马“助征”纳哈出了。在未决定“弃元向明”以前，高丽在贡马问题上始终是游移不定的。朱元璋正是看准了这一点，才将“岁贡马匹”作为“试其诚伪”，敦促高丽对元切割，对明服属的手段。就像他自己所说：“口说至诚，心不至诚，直什么事至诚呵？甚里显至诚？以物显至诚有!”② 然而，不论高丽“岁贡如约”与否，明朝总是以“却贡”的方式拒绝接受高丽贡马。因急需马匹要求贡马，但又屡次“却贡”拒绝接受，正当高丽对明朝的这一“矛盾”表现感到疑惑之时，明朝却派遣梁民到琉球市马。

梁民出使琉球虽得马 983 匹，但考虑到马匹在海上运输过程中会出现倒毙的情况，其或许是购买了 1000 匹琉球马，只是在渡海返国之时损失了 17 匹。汪楫在《马耕田歌》中说：“侧闻洪武开国时，曾来此地求驹骊，连樯累舶动千匹。购买不惜倾高资，陟险冲波有底急。”③ 此“连樯累舶动千匹”的买马之举很可能就是指梁民市马。若此，则表明梁民市马的数量与明朝要求高丽岁贡的马匹数量相当。可以想见，当梁民市马千匹的情报传至高丽后，势必会使其看到明朝有用琉球马取代高丽贡马的打算，其深层含义便是明朝将要“舍弃”高丽。而“不惜倾高资”地大量购买马匹这一军事物资又预示着明朝的某种军事动向，这无疑会给高丽造成莫大的压力。恰在此时，又发生了“孙都督”大军压境的事件，这自然会加剧高丽对明朝大举入侵的担忧。由此言之，梁民市马应与屡次“却贡”、军事威胁等政策相互配合，是明朝通过不同途径向高丽施压

---

① 《高丽史》卷 45，洪武二十三年闰四月甲戌，人民出版社 2014 年标点本，第 1367 页。

② 《高丽史》卷 135，洪武十八年十二月，人民出版社 2014 年标点本，第 4092—4093 页。

③ （清）潘相：《琉球入学见闻录》，《清代琉球纪录续辑》，大通书局 1988 年标点本，第 144 页。

的表现。其最终目的是要逼高丽放弃“两端”外交，彻底地倒向明朝。

四 “市马”与“御倭震日”

日本自古即为产马之国，《日本书纪》中收录有保食神死后化作牛、马的神话。从神功皇后摄政时创设饲部，职司牧马一事看，当时就已存在养马活动。① 自应神天皇时起，日本历朝皆采取鼓励牧马的政策。钦明天皇曾赐予百济使臣良马70匹，说明截至此时，日本国内的马匹已不在少数。天智天皇在近江设牧放马，此为官牧之始。天武天皇即位后，明令日本民间禁食牛马。文武天皇御宇后，令诸国定立牧地，奖励繁殖。又授予伊势等二十三国铁印，押于牧地驹犊之上，强化对诸国马匹的掌控。并设左、右马寮，收纳诸国贡马，日本马政之制就此完备，牧马也日渐兴盛。置牧之地，往往也是适宜养马之区，以《延喜式》中收录的醍醐天皇时期置牧养马的情况为例，可得表3－4。

表3－4 《延喜式》中收录的醍醐天皇时期置牧养马诸国一览②

<table>
<tr><th>国名</th><th colspan="2">牧场数</th><th>归属道</th></tr>
<tr><td>下野国</td><td>1</td><td>1</td><td>东山道</td></tr>
<tr><td>骏河国</td><td>2</td><td rowspan="7">15</td><td rowspan="7">东海道</td></tr>
<tr><td>相模国</td><td>1</td></tr>
<tr><td>武藏国</td><td>2</td></tr>
<tr><td>安房国</td><td>5</td></tr>
<tr><td>上总国</td><td>2</td></tr>
<tr><td>下总国</td><td>2</td></tr>
<tr><td>常陆国</td><td>1</td></tr>
<tr><td>伯耆国</td><td>1</td><td>1</td><td>山阴道</td></tr>
<tr><td>备前国</td><td>1</td><td rowspan="3">5</td><td rowspan="3">山阳道</td></tr>
<tr><td>周防国</td><td>2</td></tr>
<tr><td>长门国</td><td>2</td></tr>
</table>

① ［日］競馬雜誌社：《競馬大鑑》，東京：競馬雜誌社1907年版，第2頁。

② ［日］正宗敦夫編校：《延喜式》卷20《兵部省》，東京：現代思潮社1978年校対本，第158頁。

续表

国名	牧场数		归属道
伊豫国	1	2	南海道
土佐国	1		
筑前国	1	10	西海道
肥前国	4		
肥后国	2		
日向国	3		

从表 3 -4 可知，日本当时置牧养马之国共有 18 个，牧场则有 34 处，集中分布在东海、西海二道。除畿内、北陆道外，其余 6 道皆有牧场。这说明，日本大部皆为适宜牧马之地，此与郑舜功“日本悉皆山岛，草木茂盛，平原堕耕，故易樵牧。……其海山岛草木深邃，故多牛马群”①的论述相合。由此，日本确为产马之国无疑。

根据《本朝食鉴》的记载，日本各地马匹“以关东之产为上，故奥、常为第一，信州、甲州、上下野州、上下总州次之，关西产劣弱不及也，近代九州有稍良者，就中萨州之产，高大强捷，不劣关东之产，或云古来如斯焉”②。但是，截至元代，历代正史日本传中并无日本产马的记载，也无日本贡马的事例。③ 这说明，当时中国对日本产马之事不甚关注、了解。进入明代以后，这一状况才发生了改变。

表 3 -5　　洪武十六年（1383）以前海外国家入明贡马一览

国家	初次贡马时间	贡马次数
日本	洪武四年（1371）十月	8
琐里	洪武五年（1372）正月	1
高丽	洪武五年（1372）七月	5

① （明）郑舜功：《日本一鉴·穷河话海》卷 3，东北师范大学图书馆馆藏 1939 年影印本，第 9 页 a。

② 参见［日］伊藤陽次郎《南部馬史》，青森：南部馬史發行所 1918 年版，第 29 頁。

③ 《魏书》《后汉书》《晋书》《南齐书》皆认为：“土无牛马。”《梁书》《南史》则认为：“物产略与儋耳、朱崖同。”但儋耳、朱崖的物产究竟为何却并未明言。《宋史》《元史》认为“畜有水牛、驴、羊”，仍无产马的记载。

续表

国家	初次贡马时间	贡马次数
琉球中山	洪武七年（1374）十月	4
览邦国	洪武九年（1376）八月	1
爪哇	洪武十年（1377）十一月	1
西天尼八剌国	洪武十二年（1379）十二月	1

表中数据源于《明太祖实录》。

从表3－5可知，截至洪武十五年（1382），到明进献马匹的海外国家共有7个。其中，日本是贡马最早的海外国家。洪武四年（1371）十月，日本怀良亲王派遣祖来到明贡马①，这也是有明一代日本贡马的开端。主动贡马的行为无疑会使朱元璋萌生日本产马的认识。② 此后，在洪武七年（1374）、九年（1376）、十二年（1379）、十三年（1380）、十四年（1381），日本又先后7次贡马，而频繁贡马自然也可看作日本产马的明证。故而，截至洪武十六年（1383），日本成了朱元璋眼中的产马之国。

在朱元璋看来，琉球与日本地理相连，关系密切。梁民市马的原则又是“不限多少，从王发遣”。中山王为获取贸易之利，必定会在国内大规模征集马匹。日本到琉的海商在获知明朝“不惜倾高资”地在中山市马一事后，为分得明琉马匹贸易之余利，也会返回日本，积极调拨马匹，进而南下交易。

事实上，自11世纪开始，便出现了像“八郎真人”那样的“东臻于俘囚之地，西渡于贵贺之岛”的贸易商人，形成了北至平泉、南至鬼界的贸易经路。其中，萨摩是此贸易经路的重要枢纽。萨摩所属的万之濑川下流地区是日本与鬼界及其以南海域开展交往的窗口，琉球、南海物货经此进入日本，进而被运至京都，北上输往平泉。③ 这一贸易经路又恰

① 《明太祖实录》卷68，洪武四年十月癸巳，台北“中研院”史语所1962年影印本，第1280页。

② 守仁在其所作的《送勤无逸使日本》中说：“八袤神师解豢龙，十岁小儿知习马。”表明守仁对日本产马、习马已有深刻认识。从当时的情况推测，或许是鉴于日本贡马，主动询问祖来的结果，这也意味着存在着朱元璋从祖来处获知日本国内马匹情况的可能。

③ ［日］柳原敏昭：《中世の交通と地域性》，载《岩波講座日本歴史》第7卷，東京：岩波書店2014年版，第126頁。

好将北至东海道，南至西海道的日本国产马之地串联在了一起。由此，应该存在着日本海商返国收买马匹，南下琉球交易的可能。根据萧崇业的考察，那霸港地区曾设有马市。[①] 周煌也指出，当地还残存着“马市街”这一地名。[②] 考虑到那霸港是“贾货之艘，靡不会兹”的“中山咽喉”之地[③]，其马市之设或许与梁民市马和接待到琉的日本马匹商人有关。这样，通过在琉球大规模市马，就会产生联动影响日本国内马匹流通的效果，营造出明朝将要进行重大军事行动的假象。借以震慑日本，加剧日本政府的紧张感，促其对明服属。

此外，从梁民可以带回1000匹琉球马看，其所率船队的规模当极大。按陈侃所言：“洪武、永乐时，出使琉球等国者，给事中、行人各一员，假以玉带、蟒衣、极品服色，预于临海之处，经年造二巨舟。”[④] 说明洪武时期明朝使琉的船只都是当场新造的。然而，这一说法可能与实情不符。

根据《诸司职掌》的记载，洪武时期建造的海船有两种，即“四百料钻风海船”和“一千料海船”。[⑤] 另据《崇武所城志》，宣德九年（1434），明朝曾将当地“百户经”掌管的“勇字五十九号四百料官船一只”赐予琉球中山王，并由其长史带回。[⑥] 这说明，明初下赐琉球的海船是直接从沿海卫所拨与的。从沿海卫所官船的性质和船只的载重量推测，此“四百料官船”很可能就是《诸司职掌》中的“四百料钻风海船”。王连茂认为，“勇字五十九号四百料官船”的载重量约为24吨。[⑦] 这恰巧又与李浩出使琉球时乘坐的海船的载重量相当。[⑧] 由此推测，明初派往琉球的使者乘坐的海船很可能也是直接从沿海卫所拨与的。实际上，沿海卫所的

---

① （明）萧崇业：《使琉球录》卷上，《使琉球录三种》，大通书局1988年标点本，第112页。

② （清）周煌：《琉球国志略》卷4，《丛书集成初编》，上海：商务印书馆1936年排印本，史地类，第3245册，第77页。

③ （清）潘相：《琉球入学见闻录》，《清代琉球纪录续辑》，大通书局1988年标点本，第180页。

④ （明）陈侃：《使琉球录》，《使琉球录三种》，大通书局1988年标点本，第32页。

⑤ 《诸司职掌》，正中书局1981年影印本，第303—304页。

⑥ （明）叶春及：《惠安政书　附〈崇武所城志〉》，福建人民出版社1987年标点本，第26页。

⑦ 参见［日］入間田宣夫、豊見山和行《北の平泉、南の琉球》，東京：中央公論新社2002年版，第200頁。

⑧ ［日］亀井明徳：《琉球陶磁貿易の構造的理解》，《専修大学人文論集》1997年第60號。

海船，既是军船，也是漕船。既负责海防，也承担海运。从洪武七年（1374）六月定辽卫都指挥使马云“运粮一万二千四百石出海，值暴风覆四十余舟，漂米四千七百余石，溺死官军七百一十七人，马四十余匹”[①] 一事看，确实存在着海运马匹的情况。在此背景下，梁民驾乘沿海卫所原有的海船前往琉球收买马匹便有其合理性。

按，琉球马每匹重约 300 千克[②]，如果梁民与李浩一样，都是乘坐沿海卫所的四百料海船出使的话，那么船队规模至少是 13 只。从当时的情势分析，率领如此规模的船队出使，除去运送马匹外，应该还有如下考量：

其一，沿海卫所船只皆有御倭之责，而“琉球大洋”又是倭寇往来、逃窜的重要经由地。以大规模海船出使，可以在往返之时，就便剿捕倭寇，这可以看作对“出海巡倭”制度的再发挥。

其二，从“敕谕三王”之语看，梁民出使琉球应是率领船队分别渡航至三山进行宣谕，并非仅至中山。山南、山北就保留有“唐船岳”“唐船畑”的地名。[③] 采取分别渡航宣谕的方式，理应是出于向琉球展示军事力量，威逼三山诚心服属的考虑。

其三，梁民在洪武十六年（1383）正月受命出使，是年九月归国。根据明代《使琉球录》的记载，明使到达琉球的时间多集中在五、六月，从琉球开洋返国则在九、十月，需在琉球滞留 4—5 个月左右。[④] 明朝海军舰队长时间驻泊琉球，无疑会使日本产生大明舰队伺机北上，攻打本土的担忧。南疆不稳，日本自然无法安枕，这可以看作与联动影响日本国内马匹流通相互配合的举措。

---

① 《明太祖实录》卷 90，洪武七年六月癸丑，台北“中研院”史语所 1962 年影印本，第 1584 页。

② ［日］岡本弘道：《古琉球期の琉球王国における「海船」をめぐる諸相》，《東アジア文化交涉研究》2008 年創刊號。

③ ［日］伊波普猷：《孤島苦の琉球史》，東京：春陽堂 1926 年版，第 58 頁。

④ 陈侃、郭汝霖、萧崇业、夏子阳、杜三策到达琉球的时间分别为五月二十五日、闰五月九日、六月五日、六月二日、六月十三日，从琉球开洋归国的时间为九月十八日、十月十八日、十月二十四日、十月二十日、十月九日，分别滞在琉球 115 日、162 日、141 日、140 日、149 日，大致为四五个月。

第四章　“地保奴事件”

第一节　明朝对归附的故元宗室的处置

洪武时期归附明朝的故元宗室可以大致分为两类：其一，在与明军作战时被俘获或战败投降者；其二，在明朝招抚政策的吸引下主动投降、朝觐者。① 如何处置这些归附的故元宗室，也是朱元璋必须要思考的问题。

在明代以前，历朝鼎革后，前朝宗室子孙大多不被新朝所容，鲜有善终者。朱元璋对此也有着深刻认识，他说：“朕观前代，获他君子孙，必献俘庙社，夸示国中。其初亦有待之以恩，授之以爵者。及其后也，非鸩即杀。”② 谈迁也说：“降国之主，鲜能自全。嫌忌既深，械阱猝发。刘钅长钱俶，俱生日赐酒，不保其年。”③ 但是，朱元璋对归附明朝的故元宗室的处置却明显有别于此。

吴元年（1367）九月，徐达攻克姑苏，俘获元朝宗室神保大王。朱元璋随即遣使护送神保大王返回元廷，并致书元主：“昔殿下祖宗灭金、宋，荡除其宗室，亲王、驸马尽行殄灭，亦何忍也！……今我则不然，所获元氏子孙，悉皆放归，望殿下思祖宗之传，以善待之。”④ 首次表明

① 刘景纯：《明朝前期安置蒙古等部归附人的时空变化》，《陕西师范大学学报》2012 年第 2 期。

② 《明太祖实录》卷 77，洪武五年十二月壬寅，台北“中研院”史语所 1962 年影印本，第 1417 页。

③ （清）谈迁：《国榷》卷 4，中华书局 1958 年点校本，第 461 页。

④ 《明太祖实录》卷 25，吴元年九月辛巳，台北“中研院”史语所 1962 年影印本，第 375 页。

了保全元朝宗室的立场。洪武元年（1368）七月，朱元璋在汴梁面谕北伐诸将时又说：“克城之日，毋虏掠、毋焚荡、毋妄杀人，必使市不易肆，民安其生。凡元之宗戚，皆善待之。”① 再度申明了善待元朝宗室之意。到了洪武六年（1373）十一月，针对历代帝王庙中元世祖的画像日夜流泪的情况，朱元璋亲到庙中，面对元世祖画像再次申明：“朕今天命人归，奄有天下，于汝子孙不加杀戮，但驱还北，则朕之待胜国亦可谓有恩矣！汝何恨耶？毋再啼哭！”② 总地来看，朱元璋对归附的故元宗室的处置基本是在保全、善待的原则下进行的。

事实上，自起兵伊始，朱元璋就对“暴横剽掠”“妄杀生民”的做法深恶痛绝，深信“惟不嗜杀人者能一之”③。因此，善待故元宗室其实也是“不嗜杀”理念的体现。此外，对朱元璋来说，“昔帝王之得天下，当大功垂成之际，尤必广示恩信。虽素相仇敌者，亦皆收而并用之。所以法天地之量，而成混一之业也”④。善待曾为“仇敌”的故元宗室无疑也是“广示恩信”“成混一之业”的一环。到了洪武三年（1370）六月，朱元璋在诏谕元朝宗室部落臣民时又说：“特以元君之子孙流离失所，一有不虞，则朕恐失古人兴灭继绝之意。”⑤ 其言外之意是想通过善待故元宗室，彰显“兴灭继绝”的春秋之意，间接论证元朝已亡的事实。再者，明军攻克大都后，元廷北迁，但身处中原的蒙古平民却几乎都滞留在内地。⑥若按萨冈彻辰所言，其人数不下“三十四万户”⑦。即便是随同北迁的蒙古人，也因无法实现向游牧社会的转化而纷纷南下，归附明朝。根据宝日吉根的统计，洪武一朝，南下的蒙古、色目人约有 60 万，并以蒙古人

---

① 《明太祖实录》卷 32，洪武元年七月辛卯，台北“中研院”史语所 1962 年影印本，第 574 页。

② （明）严从简：《殊域周咨录》卷 22，中华书局 2000 年标点本，第 528 页。

③ 《明太祖实录》卷 8，庚子三月戊子，台北“中研院”史语所 1962 年影印本，第 93 页。

④ 《明太祖实录》卷 44，洪武二年八月庚寅，台北“中研院”史语所 1962 年影印本，第 874 页。

⑤ 《明太祖实录》卷 53，洪武三年六月丁丑，台北“中研院”史语所 1962 年影印本，第 1048 页。

⑥ ［美］亨利·赛瑞斯：《论明代在中原的蒙古人》，王倩倩译，载《中国边疆民族研究》，中央民族大学出版社 2012 年版，第 295—302 页。

⑦ 萨冈彻辰：《蒙古源流》，道润梯步译，内蒙古人民出版社 1981 年版，第 223 页。

居多。[1] 这意味着，洪武时期的明朝境内存在着为数众多的蒙古人。在此背景下，对这些蒙古人的政策得当与否，事关明朝国内局势的稳定。而且，明朝建立后，也忙于平定、收服各地忠于元朝的势力。在朱元璋看来："彼虽异俗，其爱憎之情，未尝不同，敬其主则其臣悦。"[2] 由此言之，善待故元宗室是为了安抚明朝境内的蒙古人，确保社会稳定，弱化残元势力的反明热情，加快统一进程。

表 4－1　洪武二十年（1387）以前明朝对归附的故元宗室的处置

时间		故元宗室名号	归附形式	处置情况
洪武三年（1370）	六月	元主嫡孙买的里八剌	俘获	封侯，赐宅，厚给廪饩，发还元廷
		故元三大王脱忽的帖木儿	俘获	解送京师，月给粮米
		故元镇西武靖王卜纳剌	投降	命为武靖卫指挥同知
	七月	故元脱火思公主	不详	月给粮米
	八月	故元高昌王和尚	投降	授以显职，仍令带刀侍卫
		故元岐王桑哥朵儿只班		
	九月	故元宗王扎木赤	投降	厚加燕劳；赐物，给赐田宅；立官山等处军民千户所安置
	十二月	故元宗王也先帖木	投降	给赏劳之，诏授管军百户
		故元主之子失笃儿	投降	诏赐第宅
	不详	故元诸王兀剌歹	投降	留居京师
洪武四年（1371）	三月	故元宗王子任八隔巴	朝觐	日给廪饩，马给刍豆，赐文绮衣
	六月	故元宗王孛罗罕	朝觐	河州卫正千户
	八月	故元宗王子巴都麻失里	投降	赐金绣衣、文绮
		故元宗王子沙加失里		
	十二月	故元惠王伯都不花	朝觐	赐第宅、金绣衣，及帷幔、裀褥、什器之类；给月钱米；后被任命为千百户镇抚，各领兵千人往温、台、明三郡戍守
		储王伯颜不花		
		宗王子蛮蛮伯帖木儿		

① 宝日吉根：《试述明朝对所辖蒙古人的政策》，载《中国蒙古史学会论文选集》，内蒙古人民出版社 1983 年版，第 241 页。

② 《明太祖实录》卷 119，洪武十一年六月壬子，台北"中研院"史语所 1962 年影印本，第 1935 页。

续表

时间		故元宗室名号	归附形式	处置情况
洪武五年（1372）	正月	故元藩王子赤斤帖木儿	投降	赐袭衣，往浙江遍观城邑、山川
	四月	故元赵王汪古图	投降	赐衣服月粮
洪武七年（1374）	七月	故元大王彻里	俘获	解送京师
		故元小大王三圣奴、林泉奴		
	十月	故元诸王孛罗台那麻歹	投降	解送京师，赐冠带、织金文绮衣等
洪武八年（1375）	五月	故元广平王保咱	投降	赐酒醴、衣服、罗绮、帛等，命为蒙古右卫指挥佥事
		故元威宁王帖木儿	投降	留居京师
	十一月	故元宁肃王板的失里	投降	解送京师，途中病卒
洪武九年（1376）	十一月	故元保宁王稚纳失里	投降	诏授浙江等卫镇抚
		故元宗王汪古图等五人		
洪武十年（1377）	正月	故元诸王伯忽	不详	命为赣州卫镇抚，只食禄而不治事
		故元诸王孛罗歹		命为荆州卫镇抚，只食禄而不治事
洪武十三年（1380）	七月	故元省哥失里王阿者失里	俘获	不详
洪武十五年（1382）	四月	故元梁王家属	俘获	发往耽罗居住，赐袭衣、马匹
		故元威顺王子伯伯家属		
洪武十七年（1384）	四月	故元大王搠思监	投降	命居于庐州
洪武二十年（1387）	七月	营王失剌八秃	投降	解送京师，命居崇明县及浙江所属卫所
		云安王蛮吉儿的		
		郡王桑哥失里和尚		
	九月	故元诸王哥列沙	投降	赐衣服冠带，授以指挥，只食禄而不任事
		故元王子失剌八秃儿	投降	赐银钞、绮帛、纱帽、金带、袭衣

表中数据源于《明太祖实录》《高丽史》。

从表4－1可知，截至洪武二十年（1387），故元宗室归附明朝的事例共有28例，明确记有明朝处置措施的有27例。一般来说，归附的故元宗室都要先解送京师，然后再行处置。就空间层面而言，处置措施可大致归为三类：发还元廷、迁居海外、安置国内。其中，前两类的事例只有2例，仅为处置事例的7.4%，表明占主导地位的处置措施还是安置国内。从安置国内的具体措施来看，主要涉及封爵、授官、赏赐（第宅、粮米、衣服、织物、银钞等）、留居京师、戍守地方等。总体来说，在处置措施上，虽不整齐划一，存有因人、因时的差异，但明朝始终不曾诛杀或变相谋害归附的故元宗室，基本做到了妥善处置，保全其生。①

第二节　“地保奴事件”的发生与明朝的应对

洪武二十一年（1388）四月，蓝玉率领北征军取得捕鱼儿海大捷，俘获元主次子地保奴。是年七月，地保奴被送至京师。《明太祖实录》详细记录了对地保奴的处置经过：

> 赐钞二百锭，命有司给第宅、廪饩，俾就居京师。既而，有言玉私元主妃事。上怒曰：“玉无礼如此，岂大将军所为哉！”元主妃闻之，惶惧因自尽，地保奴由是有怨言。上闻之曰：“朕初以元世祖君主中国，时有恩及民，不可无嗣，尝与儒臣议，欲封地保奴，以尽待亡国之礼。彼乃如此，岂可以久居内地？”于是，遣至护送往居琉球，仍厚遗资遣之。②

从中可知，在地保奴抵达京师后，朱元璋赐予其钞锭、第宅、廪饩，使之留居京师。起初，尚有“欲封地保奴”的打算。后来，因蓝玉“私元主妃”事发，元主妃惶惧自尽。③ 地保奴“由是有怨言”，朱元璋才决意停封，遣使将之发往琉球居住，此即为“地保奴事件”。

如前所述，早在洪武十五年（1382），朱元璋便将部分故元宗室迁至

① 林堃辉：《征战与纳降：论明洪武时期的蒙古政策》，博士学位论文，中国文化大学，2001年，第275页。

② 《明太祖实录》卷192，洪武二十一年七月戊寅，台北“中研院”史语所1962年影印本，第2886页。

③ 对此，《国榷》中有不同记载：“戊寅，元后妃、公主等俘至，至赐宅廪。或言蓝玉私元后，上怒，后惭自经。”从中可知，在谈迁看来，蓝玉并不是“私元主妃”，而是“私元后”。

海外。因之，将地保奴移居琉球可以看作仿效前例之举，应无特殊之处。但是细究之下，尚有三点值得关注。

首先，对朱元璋来说，“昔帝王之有天下，必封前代子孙，使作宾王家，其来尚矣！”在此前的洪武三年（1370）六月，李文忠曾将应昌奔袭战中俘获的元主嫡孙买的里八剌送至京师。对此，朱元璋当即下令：“乃赐第宅于龙光山，命优其廪饩，封买的里八剌为‘崇礼侯’。”[①] 这说明，在安置元主嫡系子孙时，赐第宅、廪饩与封爵应该是同时进行的。地保奴与买的里八剌一样，也属于元主嫡系子孙，为“帝王之后”。从《明太祖实录》中“尝与儒臣议”的表述看，在地保奴抵京前，朱元璋就已经有了“欲封”之意。既如此，便应在赐钞锭、第宅、廪饩之际，一并进行封爵，但实际情况却是只行赏赐，未予封爵。这意味着，在地保奴七月抵京前不久，朱元璋应该又产生了重新调整处置方案的想法，因之才暂缓封爵。如《明太祖实录》所言，在朱元璋看来，封爵与否又与是否居于内地紧密相关。由此言之，暂缓封爵背后暗含的或许就是不想再将地保奴安置在内地。

其次，地保奴本为事件的间接受害者，在私纳元主妃事发后，产生些许“怨言”也在情理之中。按照常理，朱元璋应该对地保奴善加抚慰，不该因“怨言”加以惩处。即便“怨言”太过，毕竟事出有因，也应据理开导，不宜过分计较。这样，既能彰显自身宽厚待人之心，又能申明怀柔故元子嗣之意。与之相对，迁离内地、移居海外的处置过重，未免偏于“意气”。不仅有伤圣德，也无助于故元势力的招抚，实属下策。朱元璋行事多“务在深思”[②]，对此中利弊定会反复斟酌。但最终却执意行此下策，这意味着移居一事可能另有隐情。

最后，《明太祖实录》虽言“遣至护送往居琉球”，但“护送”“往居”之语难免有美化之嫌。相较而言，琉球史料中“太祖以所获元主次子地保奴发流于我国”[③] 的记述可能更加符合实际。从洪武十六年（1383）

---

① 《明太祖实录》卷 53，洪武三年六月乙亥，台北“中研院”史语所 1962 年影印本，第 1042 页。

② 张德信、毛佩琦主编：《洪武御制全书》，黄山书社 1995 年版，第 138 页。

③ ［琉］蔡温：《中山世譜》卷 3，《琉球史料叢書》，東京：東京美術刊 1973 年整理本，第 4 册，第 43 頁。

开始，琉球连年朝贡的局面已经形成。截至洪武二十年（1387），琉球三王共计朝贡13次，平均每年2.6次。在此背景下，地保奴完全可以交由当年到明的琉球使团带回，并无专程遣使“发流”的必要。而且，自洪武十八年（1385）正月蔡英夫出使以来，明朝也已近4年未向琉球遣使。综合此前李浩、路谦、梁民、蔡英夫的出使事例，明朝对琉遣使都是紧接琉球使团朝觐事毕之后，且与此即将归国的使团同往琉球，这可以看作一种“惯例”。此次违背“惯例”，未等琉球使团到明便已发遣，表明此次遣使当极其迫切。而迫切重开对琉遣使只为“发流”的必要性也颇惹人怀疑。

综合以上三点考虑，在地保奴“心怀怨言”事发前，朱元璋或许就有了将之迁离内地的打算。更进一步说，“心怀怨言”可能只是将地保奴移居琉球的借口。那么，移居之举的意图究竟为何？对此，史籍中并无明确记载。但在洪武五年（1372）正月，朱元璋曾将归德侯陈理、归义侯明昇迁居海外。当时给出的理由是二人“居常郁郁不乐，颇出怨言”，出于“保全始终”的考虑，便决定将之“处之远方”，发往高丽。[1] 但是，此种说法与实情不符。

按，陈理归附是在至正二十四年（1364）二月，是年三月，朱元璋封其为“归德侯”，留居应天。时至洪武五年（1372）正月，陈理居于南京已有8年。若果真“居常郁郁不乐，颇出怨言”，为何在此前不将之迁居高丽？此外，明朝中书省在发给高丽的咨文中只是说：“就将那陈皇帝老少、夏皇帝老少去王京，不做军，不做民，闲住他自过活。”丝毫不提因“怨言”而迁居一事。汪广洋在致书高丽时虽然提及了迁居的原因，那也只是说“然揆之以理，不可使久处京师，今令各将家属往王国闲居”[2]。但对于这个“理”究竟所指为何，却并未明言，表述极其模糊。这些情况表明，将陈理、明昇迁居高丽可能并不单纯起因于“颇出怨言”。黄景昉给出了一种解释：“而独介介于二竖子，必远投之高丽，意

① 《明太祖实录》卷71，洪武五年正月乙丑，台北“中研院”史语所1962年影印本，第1318页。

② 《高丽史》卷43，洪武五年五月癸亥，人民出版社2014年标点本，第1321—1322页。

渊微未易窥测，岂楚、蜀余党尚虑有生心者欤?”① 在黄景昉看来，将二人迁居高丽应该是为了防范陈、明余党再起为乱。

地保奴与陈理、明昇一样，同为“胜国”嫡系，且都因“心怀怨言”而被迁居海外，因此在迁居目的上应该具有一定的相似性。在捕鱼儿海大捷后，“漠北遂空，边庭无警，民息转输之劳，军无战伐之苦”，来自北元的威胁大为减轻。但是，在北元余党尚存，且“北虏归附者相继”，大量蒙古人居于明境的态势下，是否会发生故元势力假托地保奴之名起事的情况也未可知。出于防范故元势力为乱的考虑，以“心怀怨言”为口实，将地保奴移居琉球倒也无可厚非。然而，若只是做此理解，便无法合理解释中途改变对地保奴的处置方案和迫切遣使移居这两点。实际上，从当时的东亚整体形势考虑，“地保奴事件”的发生应与高丽有关。

第三节 “地保奴事件”与明丽关系

一 事件发生前夕的东亚整体形势

洪武八年（1375）十二月，纳哈出进犯辽东，结果惨遭败绩，此后一直蛰伏金山，但仍“恃强为患”“数侵扰辽东”。自洪武十五年（1382）平定云南后，长城以南的残元势力已被肃清，这就为明朝专注用兵辽东创造了条件。洪武十六年（1383）二月，朱元璋以“天象有警”，要求辽东守将提前做好抵御纳哈出的准备。次年十一月，故元降官胡昱进言：“纳哈出窃据金山……然其麾下哈剌章、蛮子、阿纳失里诸将，各相猜忌，又势孤援绝，若发兵击之，可一举而擒也。”对此，朱元璋并未采纳，只说：“尔言虽善，然未可遽动。”② 究其原因，主要还是在于当时士卒未练、兵马未集、粮储未足，骤然用兵，胜负难料。③ 洪武十八年（1385）

① （明）黄景昉：《国史唯疑》，上海古籍出版社 2002 年标点本，第 2 页。

② 《明太祖实录》卷 168，洪武十七年十一月丙寅，台北“中研院”史语所 1962 年影印本，第 2565—2566 页。

③ 林堃辉：《征战与纳降：论明洪武时期的蒙古政策》，博士学位论文，中国文化大学，2001 年，第 78 页。

正月，诏赐北平等都司军卫宝钞，“令每军二人，买驴一头，以备北征”①，表明征讨之事已经提上日程。然而，是年二月，宋讷上言反对“穷追远击”，力主屯田守边。② 是月，又逢徐达病逝，阵前失将，北征之事不得已暂缓。是年八月，命冯胜率京卫将士前往北平操练备边，北征之事复起。③ 次月，诏谕北平、山西、陕西三都司发兵8万，“从宋国公冯胜操练，以备北征”④。又命秦、晋、周三王不得随意遣军出击，“止于本国训练防闲”，以此确保北征时侧翼的安全。⑤ 此后，河南、山东、北平等地水患不断，涝伤民田，朝廷忙于发粮抚恤，治水修堤，因而再度休兵。到了洪武十九年（1386）四月，命商暠训练河南、山东二都司军马，以备征讨辽东。⑥ 是年八月，置沈阳中、左二卫，并派此前训练的河南、山东二都司军马充实二卫，又令核定辽东十二卫及武德卫征进官军之数。⑦ 是年十二月，命冯胜在大宁诸边隘分兵置卫，又征发民夫20万运粮辽东。⑧ 到了次年正月，一切准备妥当，朱元璋正式任命冯胜为征虏大将军，率师20万，北征纳哈出。

洪武十六年（1383）十一月，朱元璋就“岁贡”之事，向高丽提出了最终的解决方案：“前五年未进岁贡马五千匹、金五百斤、银五万两、布五万匹，一发将来，乃为诚意，方免他日取使者之兵至彼。”⑨ 对如

---

① 《明太祖实录》卷170，洪武十八年正月，台北“中研院”史语所1962年影印本，第2592页。

② 《明太祖实录》卷171，洪武十八年二月甲辰，台北“中研院”史语所1962年影印本，第2594页。

③ 《明太祖实录》卷174，洪武十八年八月庚戌，台北“中研院”史语所1962年影印本，第2653页。

④ 《明太祖实录》卷175，洪武十八年九月己巳，台北“中研院”史语所1962年影印本，第2657页。

⑤ 张奕善：《明太祖的沙漠战争》，《台湾大学历史学系学报》1988年第14期。

⑥ 《明太祖实录》卷177，洪武十九年四月癸丑，台北“中研院”史语所1962年影印本，第2688页。

⑦ 《明太祖实录》卷179，洪武十九年八月辛丑，台北“中研院”史语所1962年影印本，第2706页。

⑧ 《明太祖实录》卷179，洪武十九年十二月，台北“中研院”史语所1962年影印本，第2718页。

⑨ 《高丽史》卷135，洪武十六年十一月戊申，人民出版社2014年标点本，第4068—4069页。

此苛刻的要求，高丽的反应是：“禑令两府百官议岁贡，皆以一遵帝旨为对。”[①] 表明高丽政府内部已就“岁贡”之事达成了高度统一，下定了“弃元向明”的决心，这也意味着屡次“却贡”与军事威胁相结合的对丽策略取得了极大成功。此后，高丽在洪武十七年（1384）分4次向明朝贡马，并于是年十月完成了朝贡任务。[②] 高丽的忠顺之心表露无遗。次年四月，朱元璋放还扣押的高丽使臣，“许通朝聘”[③]，改变了以往的“却贡”立场。次月，高丽遣使谢恩。是年九月，朱元璋正式赐恭愍王谥号，并册封辛禑为高丽国王。[④] 到了洪武十九年（1386）二月，高丽派遣郑梦周到明，“乞减岁贡”。是年七月，朱元璋下令：“削去岁贡，三年一朝，贡良骥五十匹，以资钟山之阳，牧野之郡，永相保守。”[⑤] 明丽关系恢复常态。

在洪武十六年至十九年（1383—1386）四年时间里，日本始终没有遣使到明，说明借助梁民出使并未达到震慑日本，威逼服属的效果。此外，沿海倭患仍在持续。洪武十六年（1383）六月，倭船18艘寇掠金乡卫，杀官军22人。洪武十七年（1384），倭寇接连入侵定海、台州。[⑥] 在此情势下，朱元璋逐步放弃了建立明日联合剿倭机制的想法，转而派遣汤和“筑登莱至浙沿海五十九城，民丁四调一为戍兵”，强化沿海防卫，依靠自身的力量解决倭寇问题。到了洪武十九年（1386），又以“林贤事件”为借口，正式中止了对日外交。[⑦] 是年十二月，日本怀良亲王遣使朝贡，朱元璋却贡不纳。此后，终洪武朝，明日国交断绝。

洪武十六年（1383）九月，梁民使团归国。是年十二月，山北王怕

① 《高丽史》卷135，洪武十六年十二月甲戌，人民出版社2014年标点本，第4069页。

② 据《高丽史》，洪武十七年（1384）五月，高丽遣金进宜如辽东，进岁贡马1000匹；六月，遣张方平如京师，献岁贡马2000匹；八月，金进宜再如辽东，献岁贡马1000匹；闰十月，遣李元纮献岁贡马1000匹。至此，5000匹马的岁贡任务全部完成。

③ 《高丽史》卷48，洪武十八年四月，人民出版社2014年标点本，第4083页。

④ 《高丽史》卷135，洪武十八年年九月，人民出版社2014年标点本，第4088页。

⑤ 《高丽史》卷136，洪武十九年七月，人民出版社2014年标点本，第4101页。

⑥ 陈懋恒：《明代倭寇考略》，人民出版社1957年版，第83页。

⑦ ［日］檀上寛：《明代海禁＝朝貢システムと華夷秩序》，京都：京都大学学術出版会2013年版，第266頁。

尼芝遣使入明，“山北入贡，自此而始”①。次年正月，中山、山南、山北三王一同遣使进表献方物，“三王并来贡”的局面正式形成。与之同时，朱元璋下令：“凡海外诸国入贡，有附私物者，悉蠲其税。”② 这就为东海海域的私人海洋势力主动并乐于接受琉球中山的管束创造了条件。到了洪武十八年（1385）正月，明朝派遣行人蔡英夫出使琉球，补赐山南、山北二王镀金银印。③ 在赋予二王较之中山王对等地位的同时，又将中山垄断的东海海域对明贸易权一分为三，以此维持三山均势，确保明朝对琉球的整体掌控。

综上所述，在洪武十七年至十九年（1384—1386）的三年间，明朝积极筹划征讨纳哈出，明丽国交也实现了正常化，并成功促成了琉球三王朝贡。明丽、明琉关系重新稳定，这就为明朝转换对日政策提供了必要前提。断绝对日外交的举动表明，日本已不再是洪武帝东亚战略不可或缺的一环，直接开展对日交涉也被强化与高丽、琉球的关系借以孤立日本这一间接政策所代替。到了洪武二十年（1387），纳哈出降明，残元势力只剩下了偏处漠北的脱古思帖木儿，“永清沙漠”指日可待。然而，与之同时，明朝与高丽的关系却再次出现了问题，这便有了洪武二十年（1387）明朝经略铁岭。

二　明丽双方围绕铁岭迤北土地归属的交涉

洪武二十年（1387）闰六月，高丽使者偰长寿到明贺天寿圣节。④ 是年九月，到达明朝。⑤ 次年二月，返归高丽。⑥ 明丽通交，若以陆路，单程需两月有余。因此偰长寿启程归国的时间应在洪武二十年（1387）十二月左右。在其归国之际，朱元璋首次表明了欲经略铁岭迤北土地之意，

---

① ［琉］郑秉哲：《球阳》卷1，筑波大学图书馆藏手抄本，史料番号：360－29。

② 《明太祖实录》卷159，洪武十七年正月丁巳，台北“中研院”史语所1962年影印本，第2459页。

③ 方宝川、谢必震主编：《琉球文献史料汇编（明代卷）》，海洋出版社2014年版，第3—4页。

④ 《高丽史》卷136，洪武二十年闰六月，人民出版社2014年标点本，第4112页。

⑤ 《明太祖实录》卷185，洪武二十年九月乙未，台北“中研院”史语所1962年影印本，第2781页。

⑥ 《高丽史》卷137，洪武二十一年二月庚申，人民出版社2014年标点本，第4121页。

并令其回国转达，此为明丽双方围绕铁岭问题进行交涉的开端。就当前学界的主流观点而言，明朝所说的“铁岭”是指高丽境内作为咸镜道和江原道分界的铁岭，经略铁岭的目的是收回故元双城总管府的领地。但是这一说法仍有再行检讨的必要。

首先，《高丽史》对偰长寿归国有如下记述：“偰长寿还自京师，口宣圣旨。”[①]“圣旨”中涉及铁岭的内容如下：“铁岭迤北元属元朝，并令归之辽东，其余开元、沈阳、信州等处军民，听从复业。”[②] 表明明朝想将铁岭迤北之地并入辽东。以往高丽使臣归国，一般都是“钦奉宣谕”“奉宣谕”。从“钦奉”“奉”的表述看，当时应是携带宣谕文书归国。此时只记“口宣圣旨”，似说明偰长寿并未带回圣旨文书，只有口头旨意。实际上，在洪武二十年（1387）二月偰长寿就曾出使明朝，并于是年五月归国。偰长寿在明期间，两次受到朱元璋接见。在第二次接见时，朱元璋说：“我前日和你说的话，你记得么?”偰长寿答曰：“大刚的圣意，臣不敢忘了，只怕仔细的话记不全。”[③] 说明朱元璋初次接见偰长寿时并未颁赐圣旨文书，具体旨意只由偰长寿自行体会、记录、整理。因“仔细的话记不全”，在偰长寿的恳求下，朱元璋才将写着“我的言语”的“册儿”交其带回。《高丽史》记为：“长寿还自京师，钦奉宣谕圣旨。”[④] 由此推知，所谓的“口宣圣旨”很可能是偰长寿凭自己所听、所记传达的“大刚的圣意”，并非宣读正式文书。按理说，涉及领土归属问题，明朝理应以正式文书照会高丽，口头传达的方式不免太过草率。而且，万一“仔细的话记不全”，反倒会使高丽在理解上产生歧义，甚至误判，这也与朱元璋处事谨慎的风格相悖。因此，“口宣圣旨”这一形式并未表现出明朝获取铁岭迤北土地的强烈意志。

其次，明初可以称为“铁岭”的共有三处，即辽东的“古铁岭城”、洪武二十六年（1383）卫所退置后“改名为铁岭”的“古嚚州之地”、

① 《高丽史》卷137，洪武二十一年二月庚申，人民出版社2014年标点本，第4121页。

② 《高丽史》卷137，洪武二十一年二月庚申，人民出版社2014年标点本，第4121页。

③ 《高丽史》卷136，洪武二十年五月，人民出版社2014年标点本，第4109页。

④ 《高丽史》卷136，洪武二十年五月，人民出版社2014年标点本，第4106页。

高丽境内作为咸镜道和江原道分界的铁岭（故元双城总管府南界）。[①] 洪武二十一年（1388）三月，明朝在奉集县设置铁岭卫。根据《明史》记载，“奉集县，即古铁岭城也”[②]。说明明朝在此前对辽东境内的“古铁岭城”已有清晰认识。实际上，早在洪武三年（1370）四月，徐师昊在高丽祭祀山川时便绘制了当地地图，并将之带回。朱元璋在当时对高丽境内的山川分布情况应该会有所了解。另据《皇明本纪》的记载，在洪武四年（1371）二月，“辽阳行省平章刘益遣其右丞董遵、佥院杨允贤来朝，并进辽东图本”[③]。而且，洪武十五年（1382）四月朱元璋曾向自定辽归降的前元臣名祖询问辽东风俗。[④] 似存在着朱元璋通过故元降臣、降将获知元丽疆界沿革的某种可能，对曾作为故元双城总管府南界的铁岭应该不会一无所知。几乎与晓谕偰长寿同时，洪武二十年（1387）十二月二十六日，户部左侍郎杨靖等官员在奉天门参加晚朝。“钦奉圣旨：恁户部出榜，前去开原管下铁岭等处张挂。但系铁岭迤北、迤东、迤西，旧属开原所管军民、汉人、女直、达达、高丽，仍属辽阳。若系开原、沈阳、信州等处，原有旧居产业，听从复业。钦此。”[⑤] 说明明朝要将铁岭迤北故元开原路辖下的民人划归辽东。辽东都司在接到户部榜文后，立刻派遣百户白帖木儿等到“铁岭迤北、迤东、迤西三散、哈剌、双城等处大小衙门张挂”[⑥]。从“开原管下”“三散、哈剌、双城”等地名看，户部榜文中所说的“铁岭”极其明确，当指高丽境内作为两道分界、曾为故元双城总管府南界的铁岭。以“三散、哈剌、双城”对“铁岭”加以限定，本身就说明当时明朝认识中的铁岭并不唯一。但是明朝并未对“口宣圣旨”中的“铁岭”进行界定，这很像是明朝有意为之的。在所

① 张辉：《“铁岭立卫”与辛禑朝出师攻辽》，《中国边疆史地研究》2003 年第 1 期。

② 《明史》卷 41《地理二》，中华书局 1974 年标点本，第 957 页。

③ （明）邓士龙：《国朝典故》卷 3，北京大学出版社 1993 年标点本，第 42 页。

④ 《明太祖实录》卷 144，洪武十五年四月丙午，台北“中研院”史语所 1962 年影印本，第 2269 页。

⑤ ［日］前間恭作遺稿，末松保和編纂：《訓読吏文》卷 2，東京：极東書店 1962 年版，第 51 頁。

⑥ ［日］前間恭作遺稿，末松保和編纂：《訓読吏文》卷 2，東京：极東書店 1962 年版，第 51—52 頁。

指不明的情况下，很难说明朝有收回故元双城总管府领地的意图。

再者，学界多将铁岭卫的设置作为明朝欲收回故元双城总管府领地的重要依据，但反观《明太祖实录》中的置卫缘由：“先是，元将校金完哥率其部属金千吉等来附。至是，遣指挥佥事李文、高颙、镇抚杜锡置卫于奉集县，以抚安其众。”① 从中可以看到，置卫目的很明确，即安置金完哥及其部众，并未涉及土地归属。按《辽东志》所载，洪武二十一年（1388），周鹗“领军铁岭，创立卫站。至黄城，招致江界万户金完奇等二千七百余口”②。末松保和认为，文中的“金完奇”即为《明太祖实录》中提到的“金完哥”。③ 由此，便可大致还原铁岭置卫的经过：洪武二十一年（1388）初，周鹗受命筹建铁岭卫站，在抵达位于鸭绿江中上游西岸的黄城后，成功招纳了鸭绿江中上游东岸的江界万户金完哥及其部众，明朝随即设卫安置。因此，铁岭卫可能与东宁卫、三万卫一样，也属“侨立”单位。④ 当然，不排除最终设卫的缘由与周鹗起初领命置卫的意图并不完全一致的可能，还需对周鹗起初受命筹建铁岭卫站的意图进行探讨。按照《明太祖实录》所载，在铁岭置卫以前，指挥佥事刘显“至铁岭立站，招抚鸭绿江以东夷民”⑤。刘显原为故元安抚副使，在周鹗率军征讨东宁那丹府嘉州时归附明朝。⑥ 如前所述，周鹗统管着铁岭置卫设站之事。由此推测，刘显可能是受周鹗委派负责铁岭设站的。既然设站是为了招抚鸭绿江以东夷民，那么铁岭置卫可能也是出于相同的考虑，这或许是为实现户部榜文中提出的铁岭迤北民人划归辽东管辖而实施的配套举措。由此言之，在铁岭置卫设站的着眼点应在于故元双城总管府

---

① 《明太祖实录》卷189，洪武二十一年三月辛丑，台北“中研院”史语所1962年影印本，第2857页。

② 《辽东志》卷5《官师志》，金毓紱主编《辽海丛书》第2集，辽海书社1933年影印本，第40页a。

③ ［日］末松保和：《麗末鮮初に於ける対明関係》，载《青丘史草1》，東京：笠井出版社1965年版，第369頁。

④ 王颋：《驾泽抟云——中外关系史地研究》，南方出版社2003年版，第274—290页。

⑤ 《明太祖实录》卷189，洪武二十一年三月辛丑，台北“中研院”史语所1962年影印本，第2857页。

⑥ 《辽东志》卷5《官师志》，金毓紱主编《辽海丛书》第2集，辽海书社1933年影印本，第40页a。

及其迤北地区的民人归属，而非领土收回。

最后，在偰长寿归国前不久，高丽朝廷已从西北面安抚使崔元沚的奏报中获悉了明朝经略铁岭的情报，并知晓了前述户部榜文的内容。[①] 偰长寿带回的口头旨意中虽未明确“铁岭”的所指，但借助户部榜文中对“铁岭”的界定，高丽自然产生了明朝欲收回故元双城总管府领地的认识。[②] 洪武二十一年（1388）二月，高丽派遣朴宜中到明陈情。是年四月，朴宜中抵达明朝。[③] 高丽在所上表文中说：“切照铁岭迤北，历文、高、和、定、咸等诸州，以至公险镇，自来系是本国之地。”希望明朝能够“度扩包容，德敦扶绥，遂使数州之地，仍为下国之疆”[④]。对此，朱元璋表态：“以王所言，其地合隶高丽。以理势言之，其数州之地，曩为元统，今合隶辽东。高丽所言，未可轻信，必待详查然后已。”[⑤] 表明朱元璋暂时停止了收回铁岭迤北土地，但却并未放弃收回之议，只是在详查之后再行决断。因此，朝鲜史籍中所说的朴宜中“后如京师，请还铁岭卫侵地，被大明高皇帝优礼，允其请”[⑥] 的表述无疑有杜撰曲解之嫌。然而，不管怎么说，朱元璋的表态说明其收回铁岭迤北土地的立场并不坚定，反而预留了可供转圜的余地。

综上所述，从“口宣圣旨”这一形式、不对高丽界定“铁岭”所指、铁岭置卫设站的意图、在高丽使者陈情后暂时停止收回四个方面看，朱元璋虽然主动向高丽政府提出了收回铁岭迤北土地的主张，但收回土地

---

① 据《高丽史节要》，洪武二十一年二月，崔元沚奏报：“时辽东都司遣李思敬等渡鸭绿江张榜曰：‘户部奉圣旨：铁岭迤北、迤东、迤西，元属开原所管军民、汉人、女真、达达、高丽，仍属辽东。’”此榜文内容与前述户部榜文一致。

② 据《高丽史》，朴宜中在入明陈情时说：“今钦见奉‘铁岭迤北、迤东、迤西元属开元所管军民，仍属辽东，钦此。’”此内容与户部榜文的内容相合，表明高丽对明朝经略铁岭的理解主要还是依据户部榜文，这很可能是“口宣圣旨”中“铁岭”所指不明的缘故，存在着高丽将“口宣圣旨”中的“铁岭”与户部榜文中的“铁岭”等同看待的可能。

③ 《明太祖实录》卷190，洪武二十一年四月壬戌，台北“中研院”史语所1962年影印本，第2867页。

④ 《高丽史》卷137，洪武二十一年二月，人民出版社2014年标点本，第4122—4123页。

⑤ 《高丽史》卷137，洪武二十一年六月，人民出版社2014年标点本，第4134页。

⑥ ［朝］申翊全：《东江遗集》卷16《密阳志》，韩国古典综合数据库http：//db. itkc. or. kr，2021年11月23日。

的心态并不积极。那么，主动提出铁岭迤北土地的归属是否另有打算呢？

三 明朝主动经略铁岭的意图

从当时的明丽关系分析，主动提出铁岭迤北土地的归属，应该是朱元璋基于明朝在管控东部女真上所处的弱势地位和高丽事大不诚的现实而采取的策略手段。

（一）限制高丽向东北面扩张

自渤海国时期起，中朝边界大致稳定在定州、宣德、元兴三关及都连浦一线。[①] 进入元代，随着东宁府、双城总管府的设立，中朝的西段、东段边界分别南移到了慈悲岭、铁岭。1290年三月，“帝诏罢东宁府，复归我西北诸城”[②]。中朝西段边界又重回千里长城一线，以鸭绿江为界。元朝末年，高丽虽屡次越江西进，但并未改变元丽间以鸭绿江为界的事实。明朝势力进入辽东后，朱元璋申明“高丽地壤旧以鸭绿江为界”，高丽对此也无异议。与之相对，东段边界的情况要复杂得多。

高丽恭愍王五年（1356），高丽派军攻陷双城总管府，收复了东北旧疆。但高丽并未满足于此，而是继续向东北推进，占领了合兰府（哈剌）至三散的大片土地，势力所及已达伊板岭（摩天岭）。以纳哈出为代表的元朝势力和当地的女真人对高丽的扩张进行了抵抗。[③] 但随着元朝灭亡，东北残元势力已无力与高丽角逐，当地的女真人也纷纷归附高丽。明朝建立后，高丽利用明朝暂时无暇顾及东北之机，顺势越过伊板岭，向海洋一带扩展势力。

明朝关注高丽向东北面的扩张当始于洪武五年（1372）九月。朱元璋在亲谕张子温时说：“又听得女直每在恁地面东北，他每自古豪杰，不是分守的人有！恁去国王根底说著，用心堤防者！”[④] 言外之意是并未承认高丽对东北面女真人的统辖权。洪武九年（1376）盖州城南大捷后，

---

① 刁书仁、崔文植：《明前期中朝东段边界的变化》，《史学集刊》2000年第2期。

② 《高丽史》卷30，至元二十七年三月丁卯，人民出版社2014年标点本，第969页。

③ 1362年，纳哈出率军攻打三散、忽面等地；1364年，海洋女真首领三善、三介聚集女真，南下攻打合兰府、双城等地。

④ 《高丽史》卷43，洪武五年九月壬戌，人民出版社2014年标点本，第1324页。

明朝开始招抚鸭绿江中上游的女真人。此后，明朝继续向鸭绿江以北、以东推进。洪武十三年（1380），明朝设置南京、海洋女真千户所，表明明朝已有意招抚和管辖图们江南北的女真人。[①]

洪武十五年（1382）七月，辽东都司派遣胡拔都到高丽东北面招诱女真。[②] 洪武十六年（1383）四月，故元海西右丞阿鲁灰降明。阿鲁灰的辖地“东有野人之隘，南有高丽之险”[③]，这就为明朝深入招抚高丽东北面女真各部提供了条件。八月，胡拔都率军抵达端川（秃鲁兀），招降了女真万户金同不花。但是，高丽随即派遣李成桂迎击。两军战于海洋，明军不敌，胡拔都“仅以身遁”[④]。洪武十七年（1384）十一月，辽东都司派遣女真千户白把把山与南京千户董脱欢、海洋千户王脱欢不花率领官军，前往三散、哈剌、双城拦截“胡太子差来的使臣”[⑤]。然而，其真实意图被看作尝试接管故元合兰府辖地。[⑥] 白把把山一行到达三散后，被高丽任命的北青州（三散）万户金得卿阻拦，不得前行，故暂时在当地宿营。三天后，金得卿乘夜围营放火，诛杀官军，白把把山逃归。[⑦]

洪武十六年（1383）、十七年（1384）明朝两次经略高丽东北面的女真，却皆因高丽的强势介入而以失败告终，表明明朝对东部女真的招诱和管辖面临着高丽的坚决抵制。而且与高丽相比，明朝并不占优势。明朝此时急需了解高丽在东北面的政策立场，于是在洪武十八年（1385）正月派遣百户程与前往高丽，命高丽将金得卿拘送明朝，意图通过对当事人的直接问询获取情报。但是高丽害怕明朝知晓其对东北面的扩张野心，故而在拘送前夕都堂特地面会金得卿，要求金得卿将围营放火、诛

① 郑红英：《朝鲜初期与明朝政治关系演变研究》，社会科学文献出版社 2015 年版，第 38—39 页。

② 《高丽史》卷 134，洪武十五年七月，人民出版社 2014 年标点本，第 4052 页。

③ 《明太祖实录》卷 153，洪武十六年四月己亥，台北“中研院”史语所 1962 年影印本，第 2400 页。

④ 《高丽史》卷 116《李豆兰传》，人民出版社 2014 年标点本，第 3567 页。

⑤ ［日］前間恭作遺稿，末松保和編纂：《訓読吏文》卷 2，東京：极東書店 1962 年版，第 55 頁。

⑥ 刁书仁：《明清中朝日关系史研究》，吉林文史出版社 2001 年版，第 9 页。

⑦ ［日］前間恭作遺稿，末松保和編纂：《訓読吏文》卷 2，東京：极東書店 1962 年版，第 57 頁。

杀官军的责任独自承担下来，“勿要累国”。金得卿却明确表示：“我但奉行都堂牒耳，上国有问，岂敢终讳!”劝诱不成，又恐事泄，都堂在金得卿行至铁州后秘密派人将之杀害，并以“遇倭被杀”之名奏报明朝。①

此时的朱元璋正加紧筹划北征纳哈出，对高丽此举并未发作。洪武二十年（1387）六月，明朝降服纳哈出，扫除了经略东北的主要障碍。但是脱古思帖木儿政权依然存在，明朝仍然存有“北顾之忧”②，在东北事务的处理上还不能完全放开手脚。加之地域辽远，“粮饷难继”③，明朝尚无法对高丽东北面的女真进行直接管理。同时，明朝又担心高丽继续向东北面扩张。在此背景下，朱元璋便借平定纳哈出之余威，主动向高丽提出了铁岭迤北土地的归属问题，间接表明明朝欲经略高丽东北面女真的立场。并有意不界定“铁岭”所指，让高丽产生明朝欲当即收回故元双城总管府及其迤北地区的错觉。另一方面，又以“口宣圣旨”的非正式性留下可供交涉转圜的余地，促使高丽就其自身在东北面的政策立场向明朝表态，逼高丽对东北疆界所在做出决断，以此暂时限制高丽的扩张势头，维持东北面女真地区的相对稳定，《明史》就将朱元璋提出铁岭迤北土地归属的目的归结为“各正疆境，毋侵越”④。

从朴宜中的表态看，高丽东北疆境在“公险镇”。根据李花子的考证，“公险镇”位于海洋附近。⑤ 高丽此举意在让明朝承认其自元末以来在东北面扩张的既成事实。从此前白把把山率南京、海洋千户所官军一路南下，直至三散才被高丽军阻拦看，高丽的实际控制地应该只到三散，并未越过伊板岭抵达海洋。事实上，对明朝来说，即便暂时承认了以公险镇为界也不会有直接损失，原因有二：其一，海洋尚且处在明朝的管辖下；其二，在三散和海洋之间，虽有女真聚居的端川，但从胡拔都进

---

① 《高丽史》卷126《林坚味传》，人民出版社2014年标点本，第3822页。

② 《明太祖实录》卷188，洪武二十一年二月壬戌，台北“中研院”史语所1962年影印本，第2824页。

③ 《明太祖实录》卷189，洪武二十一年三月辛丑，台北“中研院”史语所1962年影印本，第2857—2858页。

④ 《明史》卷320《地理二》，中华书局1974年标点本，第8282页。

⑤ 李花子：《明清时期中朝边界史研究》，知识产权出版社2011年版，第14页。

军端川时女真万户金同不花作为“内应”降附明朝和白把把山一路南下未在端川被阻[①]来看，端川地区的女真人对高丽的归属意识并不强烈，存在着倒向明朝的可能。因此，承认以公险镇为界非但不会损害明朝权益，反而有利于实现东段暂时划界，限制高丽北进的目标，这或许就是朱元璋认可“王国有辞”，暂停收回铁岭迤北土地的主要原因所在。同时，这也为日后重新划定东段边界留下了口实。

（二）威压高丽诚心事大服属

自洪武十六年（1383）十一月礼部移咨高丽后，明丽国交再度恢复，明朝也不再却退高丽使者，这一局面一直维持到洪武二十年（1387）闰六月偰长寿使明。是年九月，高丽派遣张方平出使，贺平纳哈出。[②] 但张方平到达甜水站后却被辽东都司阻回，理由是高丽“未尝诚意相孚，可以绝交，不可与之往来”[③]。此后，高丽又在是年十月[④]、十二月[⑤]，和次年正月[⑥]连续3次遣使，明朝皆却贡不纳。这说明，在洪武二十年（1387）闰六月至九月间，明朝再度认识到了高丽并非诚心事大，决意断绝与高丽的交往。

洪武十九年（1386）七月，朱元璋下令削去高丽岁贡之额。到了十一月，又向高丽提出“要和买马五千匹”[⑦]。和买马匹的目的有二：其一，筹备征讨纳哈出所需马匹[⑧]；其二，鉴于高丽使者“潜入浙民间”“密通京师瞽者”“探听事情”，欲以进献的和买马匹的“美恶”检验高丽事大之诚。[⑨] 洪武二十年（1387）三月，朱元璋派遣徐质出使高丽，“督进献马”[⑩]。是年五月，辽东漕船漂泊高丽。有人借题发挥，散布“唐船军人

① 《高丽史》卷116《李豆兰传》，人民出版社2014年标点本，第3567页。

② 《高丽史》卷136，洪武二十年九月，人民出版社2014年标点本，第4114页。

③ 《高丽史》卷136，洪武二十年十一月，人民出版社2014年标点本，第4116页。

④ 《高丽史》卷136，洪武二十年十月，人民出版社2014年标点本，第4114页。

⑤ 《高丽史》卷136，洪武二十年十二月，人民出版社2014年标点本，第4116页。

⑥ 《高丽史》卷137，洪武二十一年正月，人民出版社2014年标点本，第4120页。

⑦ 《高丽史》卷136，洪武十九年十一月，人民出版社2014年标点本，第4102页。

⑧ ［日］末松保和：《麗末鮮初に於ける対明関係》，载《青丘史草1》，東京：笠井出版社1965年版，第362頁。

⑨ 《高丽史》卷136，洪武二十年二月，人民出版社2014年标点本，第4105—4106页。

⑩ 《高丽史》卷136，洪武二十年四月，人民出版社2014年标点本，第4106页。

将袭京城"的谣言，结果"都城大骇"[①]。当时徐质就在高丽王京，对此应该也会有所耳闻，如此过激的反应自然会让徐质察觉到高丽对明朝怀有的不信任和警戒心。六月，高丽依明朝制度定百官冠服。百官皆穿明式冠服面会徐质，辛禑却"独不服"，仍着"胡服"。[②] 是月，和买马匹事毕，徐质准备归国。都堂遣官请辛禑从壶串返回都城，"面送徐质"。辛禑却大为震怒，囚禁都堂官员。徐质在临行之际，"欲亲见国王辞归"，但身在东江的辛禑仍拒绝返回都城接见。徐质亲到东江拜辞，辛禑又称病不见，只是遣人"慰遣之"。[③] 在徐质看来，辛禑的所作所为无疑是疏远、懈怠与明朝关系的明证。从《高丽史》中"帝以徐质归，言禑有疾，赐药材"[④] 之语看，徐质在归国后理应奏报了自己的出使经历，朱元璋从中就可看到辛禑对明的不恭、不诚。此时明朝已经平定纳哈出，具备了对丽实施强硬政策的条件。

洪武二十年（1387）闰六月，高丽派遣张子温到明，"谢许改冠服"，并贡马16匹。九月，张子温抵达明朝。[⑤] 朱元璋随即"以进马驽，下囚子温锦衣卫"[⑥]。由此，揭开了对丽强硬的序幕。在张子温出发后不久，高丽又派遣偰长寿到明贺圣节，其到达明朝的时间也在九月。[⑦] 此后，明朝便不许高丽使者到明。在偰长寿归国时，朱元璋以"口宣圣旨"的形式，从岁贡马、和买马、进献马、使臣假借朝贡刺探情报、重赏明人泄露消息者五个方面切责高丽的不诚[⑧]，并在最后提出了铁岭迤北土地的归属，这似与切责高丽不诚并没有什么直接必然的联系。从此后朴宜中到明陈情时朱元璋的表现看，与以寥寥数语表明暂停收回铁岭迤北土地相

① 《高丽史》卷136，洪武二十年五月，人民出版社2014年标点本，第4111页。

② 《高丽史》卷136，洪武二十年六月，人民出版社2014年标点本，第4111页。

③ 《高丽史》卷136，洪武二十年六月，人民出版社2014年标点本，第4111—4112页。

④ 《高丽史》卷137，洪武二十一年二月，人民出版社2014年标点本，第4121页。

⑤ 《明太祖实录》卷185，洪武二十年九月庚寅，台北"中研院"史语所1962年影印本，第2779页。

⑥ 《高丽史》卷136，洪武二十年闰六月，人民出版社2014年标点本，第4112页。

⑦ 《明太祖实录》卷185，洪武二十年九月乙未，台北"中研院"史语所1962年影印本，第2779页。

⑧ 《高丽史》卷137，洪武二十一年二月，人民出版社2014年标点本，第4121页。

对，却以长篇论述高丽对明诈侮的五大表现[①]，发出了“此以诚交，彼以诈合。将以罢交，彼又卑辞。若此之为，朕不知其何心”的疑问。进而列举了“累朝征伐高丽”的事例，明言：“原其衅端，皆高丽自取之也，非中国帝王好吞并而欲土地者也。”[②] 言外之意是明朝本有意与高丽通好，但高丽却诈侮不诚，不得已才提出铁岭迤北的土地归属问题。由此，经略铁岭应也是在明丽关系恶化后，明朝借领土归属，威压高丽诚心对明事大服属的举措。

综上，明朝经略铁岭的本意主要还是限制、威压高丽，并不只是注目于当即收回故元双城总管府领地。但在明丽双方缺乏政治互信的条件下，高丽未能体会此中深意，反而过分注目于明朝对铁岭迤北土地的归属，错判了明朝的战略意图，并直接导致了高丽征辽。

四　遣使移居地保奴与明朝对高丽政策的转换

在获悉明朝经略铁岭的情报后，辛禑并未立刻向明朝遣使交涉，而是与崔莹秘密商议攻打辽东。[③] 在派遣朴宜中到明的次月，辛禑又下令处死了阻止攻辽的公山府院君李子松，“并征八道精兵”、开京五部丁夫、僧徒等组建征讨之师。[④] 这些情况表明，军事对抗明朝成了辛禑应对危机的主要手段。四月，辛禑正式下令出师攻辽。五月，高丽军抵达威化岛。泥城、江界元帅先期率军攻入辽东，杀掠而还。[⑤] 明朝在“闻禑举兵”后，决意“征之”。[⑥] 是月，李成桂从威化岛回军，实行兵谏，将辛禑流放江华岛，征辽之役乃告终结。六月，“及闻还军”，明朝停止征丽。由此，明丽关系将何去何从就成了摆在双方面前的现实课题。

对朱元璋来说，截至洪武二十一年（1388）八月，其对高丽征辽却

---

① 此“五大诈侮”为：(1) 所进马匹，“皆非奉上之物，尽皆驽下之兽”；(2)“表称谢恩，以马为礼。及其至也，皆斓班杂色”；(3) 遣人私通温、台、杭、绍、苏民人，“密觇事势”；(4) 诱引下民，公然被小人之诬；(5) 所买马匹，皆是不堪驽马，终不为所用。

② 《高丽史》卷137，洪武二十一年六月，人民出版社2014年标点本，第4134—4135页。

③ 《高丽史》卷137，洪武二十一年二月，人民出版社2014年标点本，第4122页。

④ 叶泉宏：《明代前期中韩国交之研究》，台湾商务印书馆1991年版，第48页。

⑤ 《高丽史》卷137，洪武二十一年五月，人民出版社2014年标点本，第4128页。

⑥ 《高丽史》卷137，洪武二十一年六月，人民出版社2014年标点本，第4132页。

又突然回军一事无法准确把握，急需探查高丽国内情报的心情可想而知。[①] 再者，高丽征辽虽是“以小逆大”的犯上之举，但中途回军也可解读为高丽“幡然醒悟”，表明高丽应无坚决与明决裂、对抗的意志。适时改变对丽强硬政策，缓和对丽关系，避免兵戎相见，也符合明朝的国家利益。洪武二十一年（1388）七月将地保奴移居琉球就是在这样的背景下展开的。

（一）向高丽释放缓和双边关系的信号

在洪武二十一年（1388）四月朴宜中到明陈情时，朱元璋除明确表示暂停收回铁岭迤北土地、列举高丽诈侮的五大表现及历代征伐高丽的事例、强调本无吞并之意外，又在最后提及了耽罗，他说：

> 今铁岭之地，王国有辞。其耽罗之岛，昔元世祖牧马之场。今元子孙来归甚众，朕必不绝元嗣。措诸王于岛上，戍兵数万以卫之，两浙发粮以赡之，以存元之后嗣。使元子孙复优游于海中，岂不然乎?[②]

表明朱元璋欲将归降的“故元子孙”发至耽罗安置。早在洪武十五年（1382）四月，朱元璋就已将故元梁王、威顺王家属迁至耽罗。[③] 当时梁王、威顺王家属迁到耽罗后的一应接待、安置、管理事宜皆由高丽负责，此次却改为由明朝“戍兵数万以卫之，两浙发粮以赡之”。当然，做此改动并不是为了减轻高丽的负担。

洪武十九年（1386）二月，高丽派遣郑梦周到明。[④] 是年七月，郑梦周归国，带回了圣旨文书，其中有如下之语：“如今俺这里也拿些个布匹、绢子、段子等物，往那耽罗地面买马呵，恁那里休禁者。”[⑤] 七月前

---

① 根据《明太祖实录》记载，洪武二十一年（1388）八月，高丽千户陈景投降明朝，朱元璋对高丽征辽和回军之事才有了相对清晰的认识。但从“上知其故，敕辽东谨烽堠，严守备，仍遣人以侦之”之语看，朱元璋仍急需获取高丽国内的相关情报。

② 《高丽史》卷137，洪武二十一年六月辛亥，人民出版社2014年标点本，第4135页。

③ 《明太祖实录》卷144，洪武十五年四月甲申，台北“中研院”史语所1962年影印本，第2263页。

④ 《高丽史》卷136，洪武十九年二月，人民出版社2014年标点本，第4096页。

⑤ 《高丽史》卷136，洪武十九年七月，人民出版社2014年标点本，第4100页。

后恰为明朝国内积极筹划北征纳哈出之时。由此推测，此时提出到耽罗买马，应该是想通过高丽的反应，试探高丽对北元的态度和立场。同时，辛禑派遣典医副正李行、大护军陈汝义到耽罗招诱子弟，以备明朝起取耽罗马。[①] 是年十二月，朱元璋派遣高家奴到高丽市马。[②] 是月，高家奴抵达高丽，市马 3000 匹，高丽随即差人将马匹送到辽阳。[③] 但最终解送到辽阳的却是 3040 匹。根据《明太祖实录》的记载，此多出的 40 匹马是耽罗进献的。[④] 这可以看作高丽以主动朝贡耽罗马的方式，展现自身积极响应明朝欲到耽罗买马主张的态度，使朱元璋认识到高丽确实已经“弃元向明”，事大之诚表露无遗。因之，在洪武二十年（1387）二月偰长寿到明朝贡时朱元璋说：

> 耽罗我也本待买些马用来，再寻思不中，不必买了，为什么？假如我这里海船到那里，有些高高低低，生起事来，又不得不理论，倒也不必买了。耽罗原属原朝来的马，教我区处，我却不肯。我若要取勘呵，头里便使人去了。我若取勘了，又少不的教人去管。既人去管，便有高高低低，又生事来，我决然不肯。那耽罗近恁地面，则合恁管，我不肯取勘他。[⑤]

在第二次召见偰长寿时，朱元璋又说：“我决然不差人，（耽罗）却也地面近恁那里，和罗州厮对著，从来恁管，只合恁管。”[⑥] 这意味着，朱元璋不仅放弃了往耽罗买马的主张，还正式公开承认了高丽对耽罗的所有权。而此时提出“措诸王于岛上，戍兵数万以卫之，两浙发粮以赡之”无疑是对“决然不差人”的修正，言外之意便是明朝想以

① 《高丽史》卷 136，洪武十九年七月，人民出版社 2014 年标点本，第 4101 页。

② 《明太祖实录》卷 179，洪武十九年十二月戊子，台北“中研院”史语所 1962 年影印本，第 2714—2715 页。

③ 《高丽史》卷 136，洪武十九年十二月丁酉，人民出版社 2014 年标点本，第 4103 页。

④ 《明太祖实录》卷 181，洪武二十年三月癸酉，台北“中研院”史语所 1962 年影印本，第 2732 页。

⑤ 《高丽史》卷 136，洪武二十年五月，人民出版社 2014 年标点本，第 4108 页。

⑥ 《高丽史》卷 136，洪武二十年五月，人民出版社 2014 年标点本，第 4110 页。

护卫、赡养“故元子孙”之名，在耽罗驻扎军事势力，实现对耽罗的直接管控、占领，这就使得将“故元子孙”发至耽罗安置的举措具有了谋夺高丽国土的内涵。但是，末尾的疑问语气又表明明朝的这一意志并不强烈，反而留下了可供转圜的余地。事实上，从“铁岭之地”与“耽罗之岛”并提看，朱元璋的真实意图当在于：通过重提耽罗归属，在高丽南部制造领土问题，借以配合北部的铁岭经略，逼高丽在铁岭问题上让步，并从南、北两方同时营造“挤压”态势，促使高丽诚心事大服属。

洪武二十一年（1388）六月，朴宜中归国。此时辛禑被废，辛昌新立，大权已被李成桂掌握。是年九月，李成桂以“军器少尹高凤礼为济州畜马兼安抚别监，遣之”①。高凤礼身份特殊，为星主高臣杰之子。洪武二十年（1387）四月，高臣杰父子接受招诱，随同李行、陈汝义返回高丽本土。② 从“军器少尹”的头衔、“遣之”的表述推测，高臣杰父子在抵达高丽后并未再返归耽罗，而是被就地授官安置。如前所述，以星主为首的土著势力的存在是造成耽罗屡叛难治的重要原因，将星主留居高丽无疑有利于分化、瓦解、掌控耽罗当地的土著势力，强化对耽罗的支配。因此，李成桂将高凤礼派到耽罗任官便颇有“南辕北辙”“放虎归山”之嫌。

史籍中对李成桂此举的意图并无明确记述，但比较合理的解释是：随着朴宜中归国，李成桂获悉了明朝欲将“故元子孙”迁至耽罗安置，并派兵护卫、发粮赡养的情报，产生了明朝将要占夺耽罗的担忧。李成桂自掌权伊始就奉行“亲明事大”的外交原则，致力于改善与明朝的关系。若此时对安置之事提出异议，势必会招致明朝的不满和质疑；若置之不理，又恐丧失国土。在此背景下，李成桂将高凤礼派到耽罗任官，在当地重新树立起星主系势力，将来一旦出现明朝在耽罗戍兵的局面，可以通过在背后扶植星主的方式，借助星主的权威继续与明朝抗衡、角逐。这样，既能避免与明朝发生直接冲突，又能确保高丽对耽罗的影响

① 《高丽史》卷137，洪武二十一年九月，人民出版社2014年标点本，第4140页。

② 《高丽史》卷136，洪武十九年七月，人民出版社2014年标点本，第4101页。

力。从中可以看到，对高丽来说，“故元子孙”迁至耽罗安置已经成了事关国土安全的重要问题。这也反过来说明，明朝通过重提经略耽罗确实达到了威逼高丽的目的。

高丽征辽之役后，明朝希望改善与高丽的关系，这就需要对此前的一系列强硬政策进行修正。地保奴本为元主次子，在“故元子孙”中极具代表性和象征性，而琉球又与高丽关联密切。可以想见，当移居地保奴的情报从琉球传递至高丽后，高丽很容易会认识到明朝或许已经放弃前议，改将“故元子孙”发至琉球，而其深层次的含义便是明朝应该不再致力于直接管控、占领耽罗。当然，这也连带地传达了另一层意思，即明朝对“铁岭之地”的政策立场可能也随之出现了某种松动。从这个意义上说，将地保奴移居琉球是为了借助琉球向高丽释放缓和双边关系的信号。

（二）请求中山代为探查高丽情报

依据《明太祖实录》进行统计，可得表4－2。

表4－2　　　洪武后期琉球三山到明朝贡次数一览

时间	中山	山南	山北
洪武十六年（1383）	1次	1次	1次
洪武十七年（1384）	2次	1次	1次
洪武十八年（1385）	1次	1次	1次
洪武十九年（1386）	1次	×	×
洪武二十年（1387）	1次	1次	×
洪武二十一年（1388）	2次	1次	2次
洪武二十二年（1389）	×	×	×
洪武二十三年（1390）	1次	×	1次
洪武二十四年（1391）	1次	1次	×
洪武二十五年（1392）	2次	1次	×
洪武二十六年（1393）	2次	1次	×
洪武二十七年（1394）	1次	1次	×
洪武二十八年（1395）	2次	1次	1次
洪武二十九年（1396）	3次	2次	2次

续表

时间	中山	山南	山北
洪武三十年（1397）	2次	1次	2次
洪武三十一年（1398）	3次	×	1次
合计	25次	13次	12次

“×”表示当年并未到明朝贡。

从表4－2可知，在洪武十六年至三十一年（1383—1398）间，琉球共计朝贡50次。其中，中山朝贡25次，占到朝贡总次数的一半，说明洪武后期琉球到明朝贡的主体仍是中山王。此外，自洪武十六年（1383）开始，终洪武朝，除洪武二十二年（1389）外，琉球都年年到明朝贡。对洪武二十二年琉球未到明朝贡的原因，史籍中并未记载，但有一点可以肯定，在“贡市一体”之下，没有朝贡意味着失去了当年到明贸易的机会，琉球应该蒙受了部分经济损失。与之相对，琉球中山王察度却在是年八月派遣玉之出使高丽，这也是琉球首次向高丽遣使。

根据《高丽史》的记载，琉球中山王给出的遣使缘由是听闻高丽讨伐对马岛。① 在琉球使臣到高丽的6个月前，高丽辛昌王曾派遣庆尚道元帅朴葳攻打对马岛。② 从时间上看，这应该就是中山听闻的那次讨伐。在丽末鲜初，高丽、朝鲜合计向对马用兵3次，朴葳征讨是第一次，其余两次是洪武二十九年（1396）十二月李成桂以金士衡为兵马都统处置使，“聚五道兵船，击一岐、对马岛”③，永乐十七年（1419）六月朝鲜上王李芳远主导的“己亥东征”。三次用兵皆与倭寇侵扰有关，并且都怀有扫清倭寇巢窟的意图。④ 但是，对征讨事件的理解，不能仅止于“倭患”和“海防”，还要将之置于当时的东亚国际情势下，做关联性思考。

洪武十八年（1385）十二月，朱元璋宣谕高丽：

> 恁那里倭贼定害那不定害？我待将军船，抢解倭贼海岛去，径

① 《高丽史》卷137，洪武二十二年八月，人民出版社2014年标点本，第4145页。

② 《高丽史》卷137，洪武二十二年二月，人民出版社2014年标点本，第4143页。

③ 《朝鲜太祖实录》卷10，洪武二十九年十二月丁亥，首尔大学图书馆藏刻本，第10页a。

④ ［日］中村栄孝：《日鮮関係史の研究》（上），東京：吉川弘文館1965年版，第229頁。

直过海到那里，不知他那里水脉。金州装粮，过恁地境，著知路人指路，到那里抢解了呵回来。他来的口子里，乍营守御。①

从中可知，朱元璋要求高丽指引明朝军船“抢解倭贼海岛”，防守倭寇往来要道。到了洪武二十年（1387）二月，偰长寿出使明朝。在初次接见时，朱元璋说：“那里合做的勾当，打紧是倭子，倒不要别疑虑。只兀那鸭绿江一带沿海，密匝匝的多筑些城子，调些军马守住了，一壁厢多造些军船堤备著。”② 当时正值明军北征纳哈出之时，命高丽在鸭绿江沿海地区筑城防倭，一方面是谋求与高丽建立联合剿倭机制，另一方面应该也是有鉴于纳哈出与倭寇存有潜在关联的现实，以此防备倭寇沿鸭绿江北上，声援纳哈出。在第二次接见时又说：“至至诚诚的做些好勾当，密匝匝的似兀那罗州一带，筑起城子，多造些军船，教倭子害不得便好。……又说倭子在恁那一个甚海岛子里经年家住，也不回去，恁却近不得他，这的有甚难处，著军船围了，困也困杀那厮。”③ 在要求筑城造船防倭外，又敦促高丽主动出击倭聚海岛。洪武十八年（1385）、二十年（1387）朱元璋三次就倭寇问题晓谕高丽，表现出对高丽协同御倭的期待。但是，这却使高丽产生了深深的忧虑。

洪武二十年（1387），郑地上书辛禑，他说：

近中国声言征倭，若并我境，分泊战舰，则非惟支待为艰，亦恐觇我虚实。倭非举国为盗，其叛民据对马、一岐诸岛，近我东鄙，入寇无时。若声罪大举，先攻诸岛，覆其巢穴，又移书日本，尽刷漏贼，使之归顺，则倭患可以永除，中国之兵亦无因而至矣。今之水军，皆善水战，非辛巳东征蒙汉兵不习舟楫之比。若顺时候风而动，则易以成功。但船久则朽，师老则疲，且令船卒困于徭赋，日

① 《高丽史》卷135，洪武十八年十二月，人民出版社2014年标点本，第4093页。

② 《高丽史》卷136，洪武二十年五月，人民出版社2014年标点本，第4108页。

③ 《高丽史》卷136，洪武二十年五月，人民出版社2014年标点本，第4109页。

思逃散。宜乘此机，决策荡平，不可迟疑。[①]

从中可以看到，为了避免明朝将高丽作为征倭基地，损害自身国家利益，郑地提出了率先主动出击对马、一岐等倭聚海岛，荡平倭寇巢穴，进而联合日本，消弭倭患的方案。然而，不久之后，明朝经略铁岭事发，辛禑决意对抗明朝，因之并未采纳郑地的建言，转而任命郑地为安州道都元帅，随同李成桂征辽。故而，此时派遣朴葳征讨对马，可以看作高丽国内局势底定后，践行郑地建言的体现。

对马岛“四面皆石山，土瘠民贫”[②]，别无所产，“生理实难”[③]，所需物货基本仰赖于外。而且如前所述，对马岛也并非琉球交通高丽的必经之地。由此，高丽征讨对马对琉球应无太大冲击。再者，根据东恩纳宽惇的考证，琉球使者“玉之”与“屋之结”其实是同一人。[④] 而屋之结在洪武二十三年（1390）正月又以“通事”的身份随同亚兰匏到明朝贡，表明屋之结在出使高丽返国后不久便又立刻加入了朝贡使团，出使明朝。屋之结因私携胡椒、乳香，被守门者查出，“当没入其货”。朱元璋不仅“诏皆还之”，还赏赐给屋之结等人钞各十锭。[⑤] 按理说，私携物货本已违禁，还之不没已属宽大，并无再行赏赐钞锭的必要，这表明朱元璋有意厚待屋之结等人。将以上各点稍加串联，并结合当时的东亚国际情势进行分析，可以得到如下推论。

洪武二十一年（1388）七月明朝专程向琉球遣使并不只是为了移居地保奴，还有着希望琉球能向高丽遣使，代为探查高丽情报的意图。琉球中山王察度接受了明朝的请求，但又不愿因此卷入明丽争端，便一直等候遣使时机。洪武二十二年（1379）二月，高丽派遣庆尚道元帅朴葳

---

① 《高丽史》卷113《郑地传》，人民出版社2014年标点本，第3481页。

② ［朝］申叔舟：《海東諸国紀》，東京：岩波書店1991年影印本，第355頁。

③ 《朝鲜世宗实录》卷7，永乐十八年正月己卯，首尔大学图书馆藏刻本，第16页b。

④ ［日］東恩納寛惇：《黎明期の海外交通史》，東京：帝國教育會出版部1941年版，第37—38頁。

⑤ 《明太祖实录》卷199，洪武二十三年正月庚寅，台北“中研院”史语所1962年影印本，第2989—2990页。

攻打对马岛，“烧倭船三百艘，及傍岸庐舍殆尽。元帅金宗衍、崔七夕、朴子安等继至，搜本国被虏男女百余人以还”[①]。上述情报传至琉球后，中山王察度认识到了高丽在剿捕倭寇和刷还被掳人口问题上的积极态度。考虑到被倭寇所掳转卖到琉球的高丽人甚多，察度便以听闻高丽征讨对马为借口，以主动发还被掳人的姿态派遣屋之结出使高丽，意在掩盖为明朝探查高丽情报的真相。在屋之结使毕归国前，琉球中山无法向明朝提供所需情报，再向明朝频繁遣使就显得不合时宜。于是，便暂停到明朝贡。屋之结归国后，立刻加入亚兰匏使团，于洪武二十三年（1390）正月到明奏陈，结果因私带物货被查。鉴于出使高丽探查情报之劳，朱元璋厚待屋之结，不予处罚，额外赏赐的钞锭也可看作对屋之结等人在洪武二十二年（1389）未能到明贸易的补偿。

在屋之结使丽归国之际，高丽派遣典客令金允厚、副令金仁用同往，报聘琉球国。单从国书内容看，金允厚此行主要是为了刷还高丽被掳人口。[②] 在“威化岛回军”的次月，李成桂“复行洪武年号，袭大明衣冠，禁胡服”[③]，表明了意欲恢复对明国交的立场。自朴宜中使明后，明丽关系已中断近半年。期间经略铁岭、辛禑征辽事发，以致明丽交恶。在此背景下，李成桂虽在是年七月主动派遣禹仁烈到明，奏报辛禑让位及崔莹兴师攻辽之罪[④]，但却无法准确把握当时明朝对高丽的态度。可以想见，当时的李成桂对明丽复交的前景是存有担忧的。就在高丽遣使到明的次月，琉球中山王的使者屋之结到访高丽。根据《明太祖实录》的记载，洪武十八年（1385）正月十五日，“高丽、暹罗、琉球等国遣使贡方物，上表贺”[⑤]。这意味着至迟到洪武十八年（1385），高丽大概已经知晓了琉球的存在，认识到了琉球也是到明朝贡国的事实，金允厚发给琉球国书中的“窃闻芳誉，景慕久矣”之语或许就是这一认知的反映。另

① 《高丽史》卷116《朴葳传》，人民出版社2014年标点本，第3565—3566页。

② 《高丽史》卷137，洪武二十二年八月，人民出版社2014年标点本，第4145页。

③ 《高丽史》卷137，洪武二十一年六月丙午，人民出版社2014年标点本，第4132页。

④ 《高丽史》卷137，洪武二十一年七月，人民出版社2014年标点本，第4137页。

⑤ 《明太祖实录》卷170，洪武十八年正月癸亥，台北“中研院”史语所1962年影印本，第2581页。

据《高丽史》记载，洪武二十三年（1390）八月，“金允厚等还自琉球国。中山王察度又遣其臣玉之等称臣奉表，归我被掳人三十七，仍献土物”①。这说明，金允厚是在等待屋之结使明事毕后方才启程归国的。综合以上三点进行推测，金允厚出使琉球或许也承担着请求琉球代为探查明朝情报和明朝对高丽政策立场的使命。

总而言之，洪武二十一年（1388）将地保奴移居琉球，理应是朱元璋基于明丽关系恶化和琉丽间存有关联的现实而采取的策略决策，而朱元璋打算调整对地保奴安置方案的时间或许就在洪武二十一年（1388）六月明朝下达停止征丽命令至七月地保奴抵京期间。之所以急于遣使将地保奴迁至琉球，主要还是为了尽快向高丽释放缓和双边关系的信号，请求琉球代为探查高丽情报，以期打破明丽关系僵局，助力重开明丽国交。

---

① 《高丽史》卷45，洪武二十三年八月丁亥，人民出版社2014年标点本，第1372页。

第五章　永乐、宣德时期明琉关系的变容

第一节　永乐前期的明琉关系

一　洪武末年至建文时期的明琉关系

洪武二十二年（1389）后，朱元璋不再向琉球派遣使者。到了洪武二十六年（1393），发生了琉球中山、山南两国官生“非议诏书”的事件。朱元璋虽将涉事官生处死，但“待其国如故”。[①] 此外，随着“朝贡

---

① 限于管见，此事件仅见于《殊域周咨录》、王鸿绪《明史稿》、张廷玉《明史》，但其依据不明。根据《南雍志》记载，洪武二十五年（1392），“是年，琉球国初遣官生人悦慈等入监读书，赐土官生阿聂等炭各百斤”。按《明太祖实录》，是年五月，中山王察度遣“从子日孜每、阔八马、寨官子任悦慈入国学读书”。是年十二月，山南王承察度遣“侄三五郎尾及寨官子实他卢尾、贺段志等赴国子监读书”。由此，在洪武二十五年（1392），中山、山南先后派遣官生入学国子监，且各派3人，共计6人。故而，《南雍志》中所说的“人悦慈等”理应是指此6名官生。另据《明太祖实录》，洪武二十六年（1393）四月，中山王察度“遣其寨官子段志每入国学读书”。由此，在明琉球官生数量增至7人。7天以后的戊戌日，朱元璋“赐国子监琉球生、云南生夏衣”。受赏官生理应是指此7人。是年八月，又单独赐予琉球官生罗衣。根据《南雍志》的记载，当时是“赐琉球官生人悦慈等四人罗衣”。原有的7名琉球官生只剩4名，缺额3名，这很可能就是因“非议诏书”之事而被杀者，此单独赏赐或许是为了安抚其余的琉球官生。按《南雍志》，洪武二十九年（1396）四月，“琉球官生贺段志每自言：入监三年，例当省亲。壬子，礼部以闻。从之”。此“贺段志每”或许就是洪武二十六年（1393）四月入监的“段志每”。另据《明太祖实录》，在此两月前，朱元璋“诏遣国子监琉球生三吾郎亹等归省。赐三吾郎亹……寨官子实那卢亹等”。文中的“三五郎亹”也即“三五郎尾”，而“实那卢亹”很可能是“实他卢尾”。若此，则表明任悦慈、三五郎尾、实他卢尾、段志每皆未被诛杀，被诛者理应是日孜每、阔八马、贺段志三人。就身份来说，日孜每、阔八马是中山官生，贺段志是山南官生，这与《明史稿》《明史》中的“中山生与山南生”被杀的记载相合。因此，洪武二十六年（1393）明朝诛杀琉球官生应该确有其事。

不时”特权的赋予、海船的持续下赐、“闽人三十六姓”的派遣等优遇政策的推行，琉球三山对明朝贡日益频繁（表5－1）。①

表5－1　　洪武时期琉球平均每年朝贡次数一览②

	洪武五年至十五年（1372—1382）	洪武十六年至二十二年（1383—1389）	洪武二十三年至三十一年（1390—1398）
中山	0.3	1.1	1.9
山南	0.1	0.7	0.9
山北	0	0.7	1

表中数据源于《明太祖实录》。

从表5－1的数据看，洪武时期琉球三山的对明交往呈现出逐步增加的态势，并在洪武二十三年（1390）以后达到顶峰。中山、山南、山北每年朝贡的次数分别达到或接近2次、1次、1次，琉球三山每年合计朝贡4次。

另据《明太祖实录》记载，截至洪武末年，“惟安南、占城、真腊、暹罗、大琉球自入贡以来，至今来庭”③。从表5－2可知，自洪武二十三年（1390）以后，终洪武朝，琉球三山共计朝贡32次。安南、占城、暹罗、真腊合计朝贡才20次，仅占琉球朝贡次数的62.5%。这说明，洪武末年海外国家到明朝贡的主力无疑是琉球。

表5－2　　洪武末年海外国家到明朝贡次数一览

时间	琉球	安南	占城	暹罗	真腊
洪武二十三年（1390）	2次	1次	1次	1次	1次
洪武二十四年（1391）	2次	×	1次	1次	×
洪武二十五年（1392）	3次	×	×	×	×
洪武二十六年（1393）	3次	1次	×	2次	×

① ［日］岡本弘道：《明朝における朝貢國琉球の位置附けとその變化》，《東洋史研究》1999年第4號。

② 据《明太祖实录》，中山、山南、山北三王在此三阶段内的朝贡次数分别是4次、1次、0次，8次、5次、5次，17次、8次、7次。

③ 《明太祖实录》卷254，洪武三十年八月丙午，台北“中研院”史语所1962年影印本，第3671—3672页。

续表

时间	琉球	安南	占城	暹罗	真腊
洪武二十七年（1394）	2次	1次	×	×	×
洪武二十八年（1395）	4次	1次	×	1次	×
洪武二十九年（1396）	7次	2次	×	×	×
洪武三十年（1397）	5次	×	1次	2次	×
洪武三十一年（1398）	4次	×	1次	2次	×

表中数据源于《明太祖实录》，“×”表示当年并未到明朝贡。

洪武三十一年（1398）闰五月，朱元璋驾崩，皇太孙朱允炆即位。明朝随即向海内外颁布诏令，通告“太祖高皇帝升遐，今上皇帝奉遗诏即位”之事，建文时期的明朝对外交往也由此展开。

建文帝即位之初，对外政策基本承袭太祖旧制，其在建文元年（1399）四月申明对朝关系的原则时就说：“已先太祖皇帝诏谕：本国仪从本俗，法守旧章，听其自为声教。今后彼国事务，亦听自为。钦此。”[①] 到了建文元年（1399）七月，燕王朱棣以“朝无正臣，内有奸恶”之名，起兵“讨逆”，明朝就此陷入长达3年之久的“靖难之役”中。在此期间，建文政权仍是明朝国家正统所在。因“宗室不靖”“军旅未息”，建文帝已无心力于对外交往，怀绥之道多缺失，权近有言：“适值中国方有燕乱，不暇生釁于外国。”[②] 明朝在东亚地区的影响力和统合力有所弱化。正如朱元璋所言：“中国之乱，诸侯之福也。”[③] 与明朝对外交往乏力相对，东亚国家则乘机扩展本国权益，以期乱中取利，这从当时明朝与朝鲜、日本的关系中可见一斑。

洪武三十一年（1398）八月，朝鲜发生王子之乱，长子李芳果被立为世子。九月，李成桂正式禅位于李芳果，是为定宗。十二月，朝鲜收到明朝礼部发至的有关新帝即位的咨文。定宗随即向明朝遣使称贺，并奏报本国禅位之事，以求获得明朝认可。明朝对朝鲜使臣态度冷淡，对禅让之事也未明确应允，只是重申太祖旧制，听其自为。在朝鲜使臣返

① 《朝鲜定宗实录》卷1，建文元年六月丙寅，首尔大学图书馆藏刻本，第17页a。

② ［朝］权近：《阳村集》卷32《上书》，韩国古典综合数据库 http://db.itkc.or.kr，2021年11月23日。

③ 《高丽史》卷44，洪武六年七月壬子，人民出版社2014年标点本，第1333页。

国的次月，燕王起兵。对此，朝鲜制定了强化国防、以备万全和继续维持与建文政权朝贡关系以谋求实利的政策。建文二年（1400）八月，朝鲜定宗遣使到明。在此前的建文元年（1399）八月，建文军在真定大败。次年四月，又在白沟河大败，锐势大减。此时燕王势盛，建文帝担心朝鲜倒向燕王，故转变对朝态度，厚待使者。建文三年（1401）二月，明使陆颙等出使朝鲜。在所携诏书中，建文帝刻意忽略了明太祖与朝鲜交往的不快，认为朝鲜"称臣奉贡，罔或怠肆"。将自己此前未能优待朝鲜使臣的原因归结为"时在谅阴，不遑省答"。在大统历外，又赐文绮纱罗40匹，以示恩宠。并且，希望朝鲜能"顺奉天道，恪守藩仪，毋惑于邪，毋怵于伪，益坚忠顺"[①]。在陆颙一行出使朝鲜之时，朝鲜定宗已让位于太宗李芳远。李芳远欲借明朝册封巩固自身在国内的地位，故而厚待陆颙一行，并表达了希望明朝颁赐印诰之意。建文帝对朝鲜国内频繁的王位更迭虽有疑虑，但在内战未决的态势下与朝鲜发生摩擦并非明智之举。况且在建文三年（1401）三月，建文军又在夹河大败，精锐部队丧失殆尽，平叛前景黯淡。有鉴于此，建文帝承认了李芳远即位的事实，并在是年六月赐以诰命、金印，册封李芳远为朝鲜国王，结束了洪武末年以来朝鲜国王只能自称"权知国事"的局面。八月，建文帝遣使到朝鲜市马1万匹。朝鲜对此积极配合，在建文三年（1401）十月至四年（1402）五月间又向明朝提供了大约7000匹马。但是配合市马并不表明朝鲜公开倒向了建文政权，只不过是朝鲜重视与明朝的朝贡关系，尊重其要求的表现。建文四年（1402）二月，建文帝又颁赐了象征亲王等级的九章冕服，直言："朕之于王，显宠表饰，无异吾骨肉，所以示亲爱也。"[②]极尽怀柔、拉拢。是年六月，朝鲜遣使谢恩、贺圣节，但中途"以路梗不得朝京而还"，朝鲜与建文政权的交往也就此结束。

日本足利义满统一南北朝后，为缓解幕府财政窘况，决意恢复对明国交，重开双边贸易。建文三年（1401）五月，义满遣使到明，归还流逋人口，进献方物。根据《善邻国宝记》记载，义满所献方物如下："金

① 《朝鲜太宗实录》卷1，建文三年二月乙未，首尔大学图书馆藏刻本，第13页a。

② 《朝鲜太宗实录》卷3，建文四年二月己卯，首尔大学图书馆藏刻本，第11页b。

千两、马十匹、薄样千帖、扇百本、屏风三双、铠一领、筒丸一领、剑十、腰刀一柄、砚筥一合、同文台一个。”① 在品类上，与自北宋以来日本输至中国的物品并无不同，且以非军事物品为主，马、铠、剑、腰刀在数量上并不突出。但建文帝对上述方物的认识却是：“贡宝刀、骏马、甲胄、纸砚，副以良金。”明显更加看重方物中的军事物品。从此后发往日本的国书看，建文帝是将军事物品的进献当作了日本助其讨逆、“为国敌忾”的表现。次年二月建文帝遣使日本，义满亲自到兵库迎接，并厚待明使。永乐元年（1403），义满遣使陪同明使返国，并进献方物：“生马二十匹、硫磺一万斤、马脑大小三十块，计二百斤、金屏风三副、枪一千柄、大刀一百把、铠一领、匣砚一面，并匣扇一百把。”增加了军事物品的种类和数量，这应该是响应建文帝期许的结果，但是义满并无倒向建文帝的打算。在明使启程前夕，义满获悉了“去年冬比有大变，当帝之叔父致退治即位”的情报。在不知确否的情况下，义满准备了致建文帝和燕王的两通国书，命日使因应明朝国内局势择一呈递，表现出无心介入明朝内战的心态。此外，尚有众多大名携带“兵具”陪同日使到明“商卖”。从永乐元年（1403）九月礼部尚书李至刚特地奏请籍没日本使团的“兵器、刀槊之类”一事看，其所带“兵具”数量当不在少数。②这可以看作日本欲借明朝内战开展军需贸易。

对于建文时期的明琉关系，史籍中缺乏详细记载，只知建文帝在即位后曾“遣官以登极诏谕其国”。此后，直至建文政权倾覆，“三王亦奉贡不绝”③。向海外国家遣使通告即位是明帝登极后的惯例，并无特别之处。至于“三王亦奉贡不绝”，可以从两方面理解。

其一，建文帝即位后，在对外政策上基本承袭太祖旧制，明琉关系理应不会出现太大波动，因之“三王奉贡不绝”可以视为洪武朝琉球频繁通交明朝的延续。

① ［日］瑞溪周凤：《善邻国宝记》卷中，清华大学馆藏东方学会印本，第1页b。

② 《明太宗实录》卷23，永乐元年九月己亥，台北“中研院”史语所1962年影印本，第426—427页。

③ 《明史》卷323《琉球传》，中华书局1974年标点本，第8362页。

其二，根据《朝鲜世宗实录》的记载，明正统十二年（1447）五月，日使宗金曾对朝鲜礼曹说：“（日本）国王年方十三，涓吉来八月十五日即位，则欲事大交邻。然未知中国之事，问于琉球国，曰：‘中国与达子相战，有兵乱，未可朝也。’”宗金认为琉球如此言说的目的是：“意必琉球商贩于江南，欲专其利，忌我国而有是言也。”① 从中可以看到，即便明朝国内忙于战事，似也不会影响琉球对明朝贡的步伐。根据《明太祖实录》记载，洪武十九年（1386）正月，琉球中山王曾贡马 124 匹，硫黄“拾壹千斤”。② 就洪武朝中山王朝贡的总体情况而言，单次贡马一般在 27 匹左右，硫黄则在“4 千斤”左右。因之洪武十九年（1386）的进献就显得颇为特殊，《球阳》也认为：“此时与常贡不同，疑是别有缘由而进之。”③ 如前所述，洪武十八年（1385）明朝北征纳哈出再次被提上日程，战争筹备工作加紧推进。是年正月，恰有琉球使团朝贡。琉球使者可能获悉了此情报并将之带回琉球，进而才有了中山王于次年“特供”马匹、硫黄，其目的应该是借助力北征纳哈出之名与明朝开展贸易。在建文时期，明朝深陷内战，对军需品的需求猛增，而琉球在洪武时期就是明朝的海外市马地和重要的硫黄供给地。在此背景下，“三王奉贡不绝”可能也是指琉球通过频繁朝贡的方式，将自身所产的马匹、硫黄等军事物资运至明朝，一方面向建文帝表明恭顺事大之心，另一方面借以收获贸易之利。

当然，考虑到建文帝主动向朝鲜市马和洪武朝曾两次跨海到琉球市马，建文帝或许也会效仿洪武朝的先例遣使向琉球购买马匹等军事物资。实际上，除去即位之后派往琉球通告登极的使者外，建文时期还有其他出使琉球的事例。杨荣在《送福建布政使吴君致仕序》中曾提到“吴君”一人：“世家浙东，岁庚辰登进士第。初擢礼科给事中，出使琉球。”④ 另据《浙江通志》记载：“吴福，字好德，鄞人。洪武庚辰进士，授礼科

① 《朝鲜世宗实录》卷 116，正统十二年五月丙辰，首尔大学图书馆藏刻本，第 19 页 b。

② 《明太祖实录》卷 177，洪武十九年正月辛酉，台北“中研院”史语所 1962 年影印本，第 2675 页。

③ ［琉］郑秉哲：《球阳》卷 1，筑波大学图书馆藏手抄本，史料番号：360－29。

④ （明）杨荣：《杨文敏公集》卷 11，国家图书馆藏明正德十年刻本，第 12 页 a。

给事中。"[①] 由此，杨荣提到的"吴君"应该就是"吴德"。他在"（洪武）庚辰年"也即"建文二年"得中进士，之后被任命为礼科给事中，旋即出使琉球。吴德出使琉球的使命虽不清楚，但"遣使"背后总归体现出了建文帝对琉球的某种"期待"。

此外，因忙于内战，明朝对沿海地区的管控日渐弛缓，违禁下海频发，以福建为例："时福建濒塘海居民私载海船，交通外国，因而为寇。"[②] 按景泰三年（1452）刑部出榜的禁约："福建沿海居民毋得收贩中国货物，置造军器，驾海交通琉球国，招引为寇。"[③] 由此推测，建文时期福建沿海民众私交的"外国"中应该包括琉球。再者，琉球虽"海邦万里岁朝宗，奉册天朝礼最恭"[④]，但正如陈循所言："琉球国在海外万里，圣化所及，虽无不恰，然其国王、人民视中国终有间。"[⑤] 表明琉球的对明交往是有尺度的，不会置国家利益于不顾而无条件地服事明朝，特别是在明朝内战未决之时，更不会贸然倒向建文政权，公开对抗燕王。因此，琉球与建文政权的交往可能与其他东亚国家一样，也是秉持着中立、乘势取利的心态。总之，建文时期的明琉关系与明朝内战的情势紧密关联在一起，并不像史籍记载的那样简单。

二　永乐前期明琉关系的特点

建文四年（1402）六月，燕王朱棣率军攻入南京。时"宫中火起"，建文帝不知所终。是月，朱棣于奉天殿即皇帝位，是为永乐帝。八月，遣使以即位诏谕朝鲜。[⑥] 一个月后，方才向安南、暹罗、爪哇、琉球、日本、

---

① 乾隆《浙江通志》卷168《人物三·循吏二》，国家图书馆藏清光绪二十五年刻本，第13页a。

② 《明太宗实录》卷27，永乐二年正月辛酉，台北"中研院"史语所1962年影印本，第498页。

③ 《明英宗实录》卷217，景泰三年六月辛巳，台北"中研院"史语所1962年影印本，第4686页。

④ （清）潘相：《琉球入学见闻录》，《清代琉球纪录续辑》，大通书局1988年标点本，第148页。

⑤ 方宝川、谢必震主编：《琉球文献史料汇编（明代卷）》，海洋出版社2014年版，第26—27页。

⑥ 《明太宗实录》卷11，洪武三十五年八月壬子，台北"中研院"史语所1962年影印本，第175页。

西洋、苏门答剌、占城遣使，通告即位。[①] 是年十一月，朝鲜国王李芳远遣使朝贡，明鲜国交重新建立。[②] 次年二月、三月，琉球中山[③]、山北[④]、山南[⑤]先后到明朝贡，表贺登基，永乐朝的明琉关系就此展开。7 个月后，日本使者坚中圭密到明[⑥]，中断了 17 年之久的明日国交得以恢复。此后，直至永乐九年（1411），明朝与朝鲜、琉球、日本的关系基本稳定。

就永乐前期的明琉关系来说，呈现出如下特点：明朝不再像洪武朝那样主要依靠琉球调控东亚关系，对琉球的重视程度有所弱化。[⑦] 与之相对，琉球却频繁朝贡，积极对明示好，尽力强化、提升与明朝的关系。[⑧] 究其原因，主要有以下三个方面。

其一，永乐帝即位后，一改洪武后期对外交往的消极态度，以“广示无外，诸国有输诚来贡者听”[⑨] 的姿态，开展全方位外交。并通过减免征税、优待来使、复设市舶司等措施，吸引海外诸国朝贡。[⑩] 在此背景

---

① 《明太宗实录》卷 12 上，洪武三十五年九月丁亥，台北“中研院”史语所 1962 年影印本，第 205 页。

② 《明太宗实录》卷 14，洪武三十五年十一月乙巳，台北“中研院”史语所 1962 年影印本，第 264 页。

③ 《明太宗实录》卷 17，永乐元年二月己巳，台北“中研院”史语所 1962 年影印本，第 312 页。

④ 《明太宗实录》卷 18，永乐元年三月丙戌，台北“中研院”史语所 1962 年影印本，第 321 页。

⑤ 《明太宗实录》卷 18，永乐元年三月辛卯，台北“中研院”史语所 1962 年影印本，第 328 页。

⑥ 《明太宗实录》卷 24，永乐元年十月甲寅，台北“中研院”史语所 1962 年影印本，第 438 页。

⑦ 截至永乐十一年（1413），明朝分别向朝鲜、日本、琉球遣使 8 次、6 次、5 次，在次数上琉球并不突出。此外，永乐前期明朝对朝鲜、日本多有看重之语，例如，永乐元年（1403）二月初八日礼部尚书李至刚对朝鲜使臣说：“上位有圣旨：‘但是朝鲜的事，印信、诰命、历日，恁礼部都摆布与他去。’外邦虽多，你朝鲜不比别处。”永乐四年（1406）正月在发给日本的玺书中说：“惟尔日本国王源道义……世守兹土，冠于海东……海东之国，未有贤于日本者也。”反观对琉球，多是惯常性的礼节用语，这也可以看作永乐前期明朝对琉球的重视程度有所弱化的明证。

⑧ 在永乐元年至永乐四年（1403—1406）间，琉球三山共计朝贡 20 次，平均每年朝贡 5 次，高于洪武后期的 3. 8 次。永乐五年至永乐十一年（1407—1413）间中山、山南合计朝贡 24 次，平均每年 3. 4 次，高于洪武后期的 2. 8 次。永乐前期琉球频繁朝贡当属事实。

⑨ 《明太宗实录》卷 12 上，洪武三十五年九月丁亥，台北“中研院”史语所 1962 年影印本，第 205 页。

⑩ 李庆新：《明代海外贸易制度》，社会科学文献出版社 2007 年版，第 58—59 页。

下，明朝重新确立了与朝鲜、日本的朝贡关系，倭寇扰害也日渐收敛[1]，东海海域的政治生态得到了极大改观。这就使得琉球的战略支轴地位相对降低，明朝也就不再过分关注琉球，只是继续维持与琉球的朝贡关系。期间虽也有善待私往处州购买瓷器的琉球使者[2]、宽宥杀人夺货的直佳鲁[3]等举措，但这与其说是对琉球的看重，倒不如说是对即位之初发布的“或有不知避忌，而误干宪条，皆宽宥之，以怀远人”条文的贯彻。

其二，建文时期明琉间走私贸易兴盛，改变了过去琉球对明贸易渠道相对单一的局面，客观上提升了琉球获取中国物货的能力，有利于琉球对日本、东南亚贸易的推进。然而，永乐帝即位后不久，便再度申严海禁，强化沿海管控，将民间海船全部改为平头船，杜绝民众私自下海。[4] 这势必会冲击明琉间的走私贸易，影响琉球获取中国物货的能力。更为重要的是，永乐帝恢复与朝鲜、日本的关系，及取消贡期限制、许可附带物货交易等政策，等于剥夺了洪武中期以来琉球在东海海域的对明通交贸易窗口地位，使东亚海商借助琉球与明朝贸易的必要性大大降低。这自然会影响日本、东南亚等地的人员、物资、情报等向琉球的涌入，削弱冲绳岛对奄美群岛、先岛诸岛的统合能力。在此背景下，琉球需要在继续强化、提升与明朝关系，确保朝贡贸易稳定的基础上，以更加积极的姿态，主动向日本、朝鲜、东南亚等地拓展贸易网络，重新塑造自身的转手贸易地位。《琉球国由来记》中所说的“永乐年间，尚思绍王世代，暹罗国、朝鲜国、苏门答剌国、满剌加国、瓜哇国等，为交邻”[5] 应该就是这一客观实态的反映。

其三，永乐前期恰好处在琉球国内王统频繁更迭，局势动荡不安之时，各王统都希望获取明朝支持，稳定内部局势，确保竞争优位。

---

① 范忠义、仝晰纲：《明代倭寇史略》，中华书局 2004 年版，第 23—29 页。

② 《明太宗实录》卷 31，永乐二年五月甲辰，台北“中研院”史语所 1962 年影印本，第 556 页。

③ 《明太宗实录》卷 170，永乐十三年十一月己酉，台北“中研院”史语所 1962 年影印本，第 1897 页。

④ 《明太宗实录》卷 27，永乐二年正月辛酉，台北“中研院”史语所 1962 年影印本，第 498 页。

⑤ 《琉球国由来記》卷 4，《琉球史料叢書》，東京：東京美術刊 1973 年整理本，第 1 册，第 112 頁。

以下，将从“山南王弟汪应祖”朝贡、永乐八年（1410）中山王贡马两事件着手，分析永乐前期琉球适应明朝内政转换积极对明示好，并兼及永乐前期琉球国内局势的演变。

三　琉球对明朝积极示好

在收到即位诏书后，琉球三山虽都向永乐帝遣使称贺，但不同于中山、山北由国王遣使，山南是由“山南王弟汪应祖”[①]遣使。按《明太宗实录》所载，汪应祖是山南王从弟。因承察度无子，在临终时便命汪应祖统摄国事。[②]因此，由汪应祖遣使称贺也属顺理成章。然而，实际情况却并不如此单纯。

从洪武后期开始，山南国内的政治局势就出现了重大转变。洪武二十年（1387）十二月，山南王承察度派遣耶师姑贡马，贺明年正旦。[③]自洪武十六年（1383）起，承察度都是一年一贡，且朝贡时间都在当年正月，这一局面一直持续到洪武十八年（1385）。但在洪武十九年（1386）正月至洪武二十年（1387）十一月间却未见有山南朝贡的记载，这说明耶师姑此行是时隔近两年后承察度的首次遣使。就在耶师姑到明的次月，山南王王叔汪英紫氏亲自率团到明，贺正旦，贡方物。[④]考虑到承察度不会为贺正旦两次遣使，汪英紫氏的朝贡应该是其本人独立为之的，这就意味着山南王主导对明通交的局面已被打破，汪英紫氏可能拥有了足以抗衡承察度的实力，而此前承察度近两年未向明朝遣使或许就与汪英紫氏的崛起有关。朱元璋接纳了汪英紫氏的朝贡，表明“人臣无外交”的原则并不适用于琉球，但并未赐予其大统历、印章。说明在朱元璋眼中，汪英紫氏仍被视为山南王的臣下。此后，在洪武二十一年（1388）二月

---

① 《明太宗实录》卷18，永乐元年三月辛卯，台北“中研院”史语所1962年影印本，第321页。

② 《明太宗实录》卷30，永乐二年四月壬午，台北“中研院”史语所1962年影印本，第544—545页。

③ 《明太祖实录》卷187，洪武二十年十二月丁未，台北“中研院”史语所1962年影印本，第2801页。

④ 《明太祖实录》卷188，洪武二十一年正月丙子，台北“中研院”史语所1962年影印本，第2811页。

至二十四年（1391）八月间，山南的对明交往再度中断。其原因可能在于汪英紫氏借成功实现对明通交，对承察度采取了更加积极的攻势，在山南内争升级的情况下双方暂时无暇朝贡。

洪武二十四年（1391）九月，山南王叔汪英紫氏派遣耶师姑到明贺天寿圣节。耶师姑从国王使者变为王叔使者，表明汪英紫氏应该已经取代了承察度的地位。以此次朝贡为开端，截至洪武二十八年（1395），形成了承察度与汪英紫氏每年交替朝贡的局面。[①] 但是，根据同期朝鲜李朝实录的记载，在洪武二十七年（1394）以前承察度就已经被驱逐到中山，并在此后逃亡朝鲜。[②] 因此，所谓的“交替入贡”很可能是汪英紫氏为掩盖篡权真相，避免受到明朝切责而采取的权宜之计。到了洪武二十九年（1396）三月，汪英紫氏制造了与“承察度”联合朝贡的事件。从二者所贡之物的数量来看，“承察度”只是贡马21匹，汪英紫却贡马52匹及硫黄、苏木等，这明显是汪英紫有意为之。贡物差别很大，可以借此打压“承察度”，彰显自身对明事大的虔诚形象，进而为日后请封王爵创造条件。此后，终洪武朝，山南的朝贡者便只有汪英紫氏。可以想见，虽无册封之实，但汪英紫氏已是事实上的“山南王”了。

然而，山南内争的长期持续，不仅导致其国内“兵战不息，生民涂炭”，也为地方实力派坐大提供了可乘之机。建文四年（1402），山南辖下的佐敷按司思绍让位于其子尚巴志。[③] 尚巴志继承父职后，“调练兵马”，

---

① 洪武二十四年（1391）九月汪英紫氏朝贡，洪武二十五年（1392）十二月承察度朝贡，洪武二十六年（1393）五月汪英紫氏朝贡，洪武二十七年（1394）正月承察度朝贡，洪武二十八年（1395）正月汪英紫氏朝贡。

② 据《朝鲜太祖实录》，洪武二十七年（1394）九月，“琉球国中山王察度遣使奉笺献礼物，发还被掳男女十二名，请发回在逃山南王子承察度”。安里进认为，“山南王子承察度”应为“山南王承察度”之误，表明在此前承察度已被驱逐到中山，进而从中山逃至朝鲜。参见［日］安里進《寨官と大型グスクの時代》，载高良倉吉《新琉球史 古琉球篇》，那霸：琉球新報社1992年版，第116—117頁。

③ 实际上，“尚”姓为明朝所赐。对于赐姓的时间，《中山世鉴》认为是宣德三年（1428），蔡铎本《中山世谱》认为是永乐二十年（1422），蔡温本《中山世谱》《球阳》认为是宣德五年（1430），喜舍场一隆参考明实录的记述，认为是永乐十三年（1415）。对赐姓时间虽众说纷纭，但折中而言，在永乐十三年（1415）以前称“尚巴志”并不合适，宜称“巴志”，而文中仍称“尚巴志”只是出于行文连贯性的考虑。

“兴政理治，臣民及诸按司皆服”①。永乐元年（1403），尚巴志联合诸按司灭掉了汪英紫氏，进而被推举为山南王。《明太宗实录》中所谓的永乐元年“山南王弟汪应祖”的遣使其实是尚巴志派遣的，而“山南王弟汪应祖”也只不过是尚巴志杜撰的人物。② 既如此，尚巴志为何要如此大费周章地以“山南王弟汪应祖”之名朝贡呢？

从当时山南的内外情势看，其目的应该有二。

其一，尚巴志成为山南王后，急需获得明朝认可，但又担心受到明朝切责，便效仿“山南王叔”朝贡的先例，以“山南王弟”之名朝贡。在增加朝贡成功几率的同时，试探明朝对山南国内权力更迭的反应。

其二，以“山南王弟”的身份，及“汪应祖”与“汪英紫氏”的直观相似性③，让明朝产生“汪应祖”可能是“汪英紫氏”之子的认识，以此表明“叔系继统”在东亚地区并非特例，而是具有相当的普遍性。从侧面呼应、彰显燕王即位的合理性和必然性，博得永乐帝的赏识。从后续结果看，永乐帝接纳了汪应祖朝贡，并“赐钞、袭衣、文绮有差”。次年（1404）四月，尚巴志以“汪应祖”的名义正式遣使请封。永乐帝当即应允，并立刻“遣使赍诏封之”。这明显不同于对安南请封的处置。

在此一年前的永乐元年（1403）四月，安南权理国事黎苍遣使请封。其给出的请封理由与汪应祖的基本一致，都涉及前王无嗣、与前王有亲、代理国事、国人支持、事大勤谨等。④ 但永乐帝的反应却是不予表态，

---

① ［琉］蔡温：《中山世譜》卷4，《琉球史料叢書》，東京：東京美術刊1973年整理本，第4册，第54頁。

② ［日］和田久徳：《琉球王国の形成——三山統一とその前後》，宜野灣：榕樹書林2006年版，第22—23頁。

③ 东恩纳宽惇认为，“汪英祖”与“汪英紫氏”都是“八重瀬”（“エージ”）的音译，在发音上具有明显相似性。参见［日］東恩納寛惇《黎明期の海外交通史》，東京：帝國教育會出版部1941年版，第41頁。

④ 黎苍给出的请封理由是：“（陈氏）宗嗣继绝，支庶沦灭，无可绍承。臣陈氏之甥，为众所推，权理国事，主其祠祭，于今四年。徼蒙圣德，境内粗安。然名分未正，难以率下，拜表陈词，无所称谓。伏望天恩，锡臣封爵。”而永乐帝在册封汪应祖时说：“应祖故琉球山南王承察度从弟，承察度无子，临终命应祖摄国事，能抚其国人，岁修职贡。……宜从所言，以安远人。”从中可以看到，黎苍与汪应祖请封的理由基本一致，都包含前王无嗣、与前王有亲、代理国事、国人支持、事大勤谨等。

“事下礼部议”，并在最后采纳了礼部“远夷荒忽难信，宜遣使廉察”[①]的建议。按理说，琉球“蕞处万里外”[②]，时人也多将之视为“绝岛”[③]“绝域”[④]。对其国内情形必定难以实时把握，不免也有“远夷荒忽难信”之嫌。在嘉靖朝中山王世子尚清请封时，明朝就怀有“恐其以奚齐夺甲生也，又恐其以牛易马也”[⑤]的担忧。对世子请封尚且如此，就不用说对旁系请封了。为谨慎起见，也应遣使到山南“廉察”。而立刻准允、不加探查无疑体现了永乐帝对汪应祖的信任。当然，这种信任可能并不单纯是针对汪应祖本人的，其背后暗含的应是永乐帝对“叔系继统”的无条件支持与坚定维护。

事实上，永乐帝即位后，虽“除更改父皇成宪，浊乱父皇天下之奸恶，悉已诛戮，其余文武官员，仍旧用之无疑”，但是，“尚怀疑心，不思朕推赤心委任之意，居闲则妄生异议，处事则不肯尽心”[⑥]者大有人在，这反映出的是群臣对永乐帝正统性的质疑。而无条件地接受汪应祖朝贡、迅速遣使册封的举动自然会引起群臣对“汪应祖”本人的关注。群臣在细究之下，就会认识到“叔系继统”的共时性和普遍性。这样，既可有效回击群臣质疑，又可论证自身的正统性。由此言之，永乐帝起初就体察到了“山南王弟汪应祖”这一名号所具有的深刻内涵，而尚巴志将自身的利益诉求与永乐帝的正名期许有机结合的对明策略无疑取得了极大成功。与之相对，黎苍请封过分强调自身利益，其“甥系继统”说更是缺乏吸引力，对论证燕王得位并无裨益，且“异姓得国”，颇有“篡夺”之感，难免刺激永乐帝，招致反感。这应该就是永乐帝对汪应祖与黎苍请封差别对待的关键所在。

---

① 《明太宗实录》卷19，永乐元年四月丁未，台北“中研院”史语所1962年影印本，第337页。

② （清）周煌：《琉球国志略》卷4，《丛书集成初编》，上海：商务印书馆1936年排印本，史地类，第3246册，第49页。

③ 方宝川、谢必震主编：《琉球文献史料汇编（明代卷）》，海洋出版社2014年版，第4页。

④ 方宝川、谢必震主编：《琉球文献史料汇编（明代卷）》，海洋出版社2014年版，第12页。

⑤ （明）陈侃：《使琉球录》，《使琉球录三种》，大通书局1988年标点本，第7页。

⑥ 《朝鲜太宗实录》卷5，永乐元年六月甲子，首尔大学图书馆藏刻本，第30页a。

中山王察度在收到即位诏书后，因“率先归诚”，颇得永乐帝赏识。[①]永乐二年（1404）二月察度世子武宁遣使告丧，永乐帝随即遣使册封武宁为中山王。武宁即位后，极力对明示好，在永乐四年（1406）正月特向明朝进献阉者数人。然而，永乐帝对此却大为反感，认为这是“彼欲媚朕”之举，并不顾“虑阻远人归化之心”，命礼部还之。[②] 这与永乐帝主动向安南、朝鲜索阉的举动形成了鲜明对比。[③] 此次对明交涉失利，直接引发了中山内讧。[④] 尚巴志乘机起兵，灭掉了中山，进而奉其父思绍为中山王，自己仍为山南王。次年四月，思绍以“武宁世子”之名到明告讣，明朝随即册封思绍为中山王。

表5－3　　第一尚氏王统世系

王名	生卒年	在位年限	在位年数
思绍	不详	永乐四年至永乐十九年（1406—1421）	16年
尚巴志	洪武五年至正统四年（1372—1439）	永乐二十年至正统四年（1422—1439）	18年
尚忠	洪武二十四年至正统九年（1391—1444）	正统五年至正统九年（1440—1444）	5年
尚思达	永乐六年至正统十四年（1408—1449）	正统十年至正统十四年（1445—1449）	5年
尚金福	洪武三十一年至景泰四年（1398—1453）	景泰元年至景泰四年（1450—1453）	4年
尚泰久	永乐十三年至天顺四年（1415—1460）	景泰五年至天顺四年（1454—1460）	7年
尚德	正统六年至成化五年（1441—1469）	天顺五年至成化五年（1461—1469）	9年

表中数据源于《中山世谱》《球阳》。

① 据《中山世谱》，洪武二十八年（1395）十月中山王察度薨逝，其继任者武宁并未通告明朝，而是继续以“察度”的名义朝贡，直至永乐二年（1404）二月才正式遣使告丧。

② ［琉］蔡温：《中山世譜》卷3，《琉球史料叢書》，東京：東京美術刊1973年整理本，第4册，第48頁。

③ 据李朝实录所载，永乐五年（1407）八月，明使韩帖木儿等到朝鲜求火者，传圣旨：“朕取安南火者三千，皆昏愚无用，惟朝鲜火者明敏，可备任使，是用求索。”

④ ［日］邊土名朝有：《对明国入貢と琉球国の成立》，载島尻勝太郎・嘉手納宗德・渡口真清三先生古稀記念論集刊行委員會《球陽論叢》，那覇：ひるぎ社1986年版，第57頁。

此后，直至永乐十二年（1414），都维持着中山王思绍、“山南王汪应祖”父子二人分别朝贡的局面。当然，在此期间，尚巴志已经开始有意识地凸显中山的地位，为将来自己继任中山王，确立中山主导的对明通交体制铺路。其采取的主要举措有二。

其一，增加中山朝贡次数。在永乐五年至十二年（1407—1414）间，中山王思绍朝贡 17 次，山南王汪应祖仅朝贡 7 次。

其二，永乐八年（1410）中山主动向明朝贡马。根据《明太宗实录》的记载，永乐八年三月，中山王思绍遣侄三五良亹贡马 110 匹。[①]《明太宗实录》对琉球贡马一般都记为“贡马”“贡马及方物”，此时明确记载贡马数量，暗指此次贡马的特殊性。实际上，在此前的永乐七年（1409）三月，明朝获悉了鬼力赤被杀、本雅失里被推立为大汗的消息。是年四月，永乐帝派遣金塔卜歹、郭骥赍敕通好本雅失里。六月，随行的李咬住等带回了郭骥被本雅失里杀害的消息。七月，永乐帝命丘福提兵 10 万北征。然而，由于丘福轻敌冒进，以致全军覆没，永乐帝遂决意在次年二月率师亲征。[②] 朝鲜在永乐七年（1409）十月听闻了明朝北征军“败绩，全师被掳。皇帝征兵诸路，将以明年二月北征”的情报。9 天后，黄俨奉敕书到朝鲜：“王处有马，随进多少，以资国用，当酬以直。”[③] 当然，从永乐帝“朝鲜之马虽体小，可用也，王其送之”的表态看，其对朝鲜马匹并不十分看好，要求进马的真正意图可能还是试探朝鲜与鞑靼的关系及其对明朝北征的态度，避免出现侧翼威胁。[④] 朝鲜感念“帝恩既重”，决意进马 1 万匹，并“置进献官马色……令中外各品出马有差”[⑤]。可以想见，当时朝鲜国内应出现了马匹动员的局面。而在永乐七年（1409）九月底，中山王思绍派遣阿乃佳结制出使朝鲜，这也是时隔 9 年后琉球

---

① 《明太宗实录》卷 102，永乐八年三月辛未，台北“中研院”史语所 1962 年影印本，第 1324 页。

② 曹永年：《蒙古民族通史》第 3 卷，内蒙古大学出版社 2002 年版，第 28—32 页。

③ 《朝鲜太宗实录》卷 18，永乐七年十月己未，首尔大学图书馆藏刻本，第 37 页 a。

④ 永乐七年（1409）十一月，朝鲜将第一波进献的 500 匹马运抵义州，明朝随即派出内史海寿。海寿却“无故发怒，褫牧使朴矩衣，缚判官吴传欲笞之，而止。”不久，通事全义回自辽东，说：“辽人密言，朝廷传闻朝鲜起兵助鞑靼，故使寿来觇之，入境便佯怒，以察顺逆。”

⑤ 《朝鲜太宗实录》卷 18，永乐七年十月庚申，首尔大学图书馆藏刻本，第 37 页 a。

再次向朝鲜遣使。从此后模都结致的出使事例看，琉球使臣一般在朝鲜停留将近一个月。[①] 因此，阿乃佳结制启程归国当在十月、十一月。另据《明太宗实录》，永乐八年（1410）六月中山王思绍派遣阿乃佳结制到明朝贡，这也表明在此之前阿乃佳结制就已归国。综合以上各点考虑，阿乃佳结制在出使朝鲜期间，理应获悉了明朝要求朝鲜进马的情报，并在归国后加以报告。[②] 思绍和尚巴志自然产生了明朝国内缺马的认识，而且“随进多少，当酬以直”的规定也极具吸引力。为了对明示好，获取贸易之利，便以主动“助力北征”的姿态贡马110匹。

到了永乐十三年（1415），山南国内爆发了以达勃期为首的旧山南王族叛乱。尚巴志在平定叛乱后，让位于其长子他鲁每。[③] 是年三月，“汪应祖世子”他鲁每被明朝封为山南国王。六月，尚巴志开始以“中山王思绍世子”的身份朝贡，思绍、尚巴志、他鲁每祖父孙三代各自朝贡的格局就此确立。此后，伴随着东亚国际情势的变化，琉球的战略支轴地位日益显现，永乐帝也开始积极借助琉球调控东亚关系，永乐后期的明琉关系也由此发生了重大转变。

第二节　永乐后期明朝东亚战略中的琉球角色

一　明日国交的再度断绝

永乐帝开展对日交往，除有借助日本朝贡凸显自身统治正统性的目的外，也有维护国土安全的考虑。根据《善邻国宝记》记载，永乐二年（1404）十二月初二日，明朝在发给日本的国书中说：“使臣回言，王修德乐善，忠良恭谨，朕深尔嘉。又能遵奉朝命，禁止一岐、对马诸岛之

① 据《朝鲜太宗实录》，永乐十年（1412）十月，中山王思绍派遣模都结致出使朝鲜。是年十一月，模都结致还国。

② 当然，也不排除琉球直接从明朝获知北征情报后主动贡马助征的可能。然而，丘福北征、决意亲征都发生在永乐七年（1409）七月以后，但在永乐七年（1409）五月至八年（1410）三月间，并无琉球到明朝贡的记载。因此，琉球直接从明朝获取情报的可能性不大，相关情报理应是阿乃佳结制从朝鲜带回的。

③ ［日］和田久徳：《琉球王国の形成——三山統一とその前後》，宜野灣：榕樹書林2006年版，第25—26頁。

人不为海滨之害，用心勤至，尤为可嘉。”[①] 表明在此之前，明朝曾向日本遣使，要求其禁止倭寇。按照《明太宗实录》的记载，明朝此前对日遣使共有两次，即洪武三十五年（1402）九月遣使以即位诏谕日本和永乐元年（1403）八月派遣赵居任出使日本。其中，对洪武三十五年（1402）的遣使，并无其他史料可兹证明。而赵居任在临行之际，恰巧碰到了坚中圭密朝贡，这也是永乐朝最早到明的日本使节。赵居任随即暂缓出使，并在坚中圭密使毕后，以答礼使的身份陪同返国。赵居任携带着日期为“永乐元年十一月十七日”的国书，从“朕登大宝，即来朝贡，归向之速，有足褒嘉”[②] 之语看，坚中圭密朝贡并非明朝遣使招抚的结果，而是日本主动为之的，这说明洪武三十五年（1402）的遣使应该并未成行，赵居任使日才是永乐朝的首次对日遣使。由此，在答礼申交、褒奖赐印、颁赐勘合外，赵居任应也承担着要求日本禁倭的使命。[③] 说明与洪武朝一样，“申交”“禁倭”也是永乐朝开展对日交涉的基本目标。

义满当时致力于对明通交，连续六次向明朝遣使，做到了年年朝贡。[④] 对永乐帝提出的禁倭要求也能积极配合，主动出击盘踞在对马、一岐等地的海寇，并将所获倭寇交予明朝发落[⑤]，实现了洪武朝以来明朝希望与日本建立联合剿倭机制的夙愿。在永乐三年至六年（1405—1408）间，《明太宗实录》中也未再见有倭寇侵扰的记载。[⑥] 对此，永乐帝给予义满以极高赞誉：“自朕御极以来，忠敬之心愈隆，职贡之礼有加无替，遵奉朝命，斯须不稽，竭力殚心，惟恐不及。殄寇盗于海岛，安黎庶于

① ［日］瑞溪周凤：《善邻国宝记》卷中，清华大学馆藏东方学会印本，第3页b。

② ［日］瑞溪周凤：《善邻国宝记》卷中，清华大学馆藏东方学会印本，第3页a。

③ 事实上，永乐元年（1403）便发生了倭寇侵掠的事件。是年倭寇入侵沙门岛，虽然最终被海运总兵官陈瑄击溃，但从永乐二年（1404）特意任命王友为总兵官，专职“帅舟师沿海捕倭”看，永乐元年可能就已经出现了“倭数掠海上”的局面。因此，在初次遣使之时向日本提出禁倭要求就在情理之中。

④ 永乐元年（1403）十月，坚中圭密朝贡；永乐二年（1404）十月，明室梵亮朝贡；永乐三年（1405）十一月，源通贤朝贡；永乐四年（1406）六月，坚中圭密朝贡；永乐五年（1407）五月，坚中圭密朝贡；永乐六年（1408）五月，坚中圭密朝贡。

⑤ 永乐三年（1405）十一月，“并献所获倭寇尝为边害者”；永乐五年（1407）五月，“并献所获倭寇”；永乐六年（1408）五月，“并献所获海寇”。

⑥ 郑樑生：《明代倭寇》，文史哲出版社2008年版，第96页。

边隅，并海之地，鸡犬得宁，烽警不作，皆王之功也。”[①] 到了永乐六年（1408）五月，义满去世。[②] 是年十二月，义持以“世子”之名遣使告讣。是月，永乐帝派遣周全渝前往吊祭，赐义满谥号，并封义持为“日本国王”。永乐八年（1410）四月，义持遣使谢赐谥号、袭爵。次年二月，永乐帝派遣王进随同日使返国，从“遣使赍敕赐日本国王源义持金织文绮、纱罗、绫绢百匹，钱五千缗，嘉其屡获倭寇”[③] 的表述看，截至此时，义持尚能效仿其父，剿捕倭寇。但是在王进抵达日本后，义持却拒绝接见，并“谋阻进，不使归。进觉之，潜登舶，从他路而返”[④]。明日国交就此中断，明朝沿海地区销声匿迹的倭寇也再度猖獗。[⑤]

在明朝对日交涉的官方渠道断绝、沿海倭患加剧的态势下，与日本关系密切的朝鲜和琉球的动向就显得格外重要。如何使朝鲜、琉球为明朝所用，配合对日外交，就成了永乐帝需要考虑问题。

二　永乐十五年（1417）明朝对日、朝、琉的关联

永乐十一年（1413）正月，永乐帝宣谕朝鲜使臣：“日本国老王事大以诚，无有寇祸。今嗣王不禁草窃，侵扰我疆。又挂父真于壁而刺其目，其不道如此。朕欲发船万艘讨之，尔朝鲜宜预知之。”[⑥] 在通告明日关系的现状外，首次向朝鲜表明了“征日”之意。从当时的情势分析，永乐帝此举的意图主要有二。

其一，在永乐三年（1405）十一月俞士吉使日归国后，永乐帝便知晓了朝鲜向日本遣使主动通好的动向。[⑦] 此时对朝鲜提及征日，实则是针

---

① ［日］瑞溪周凤：《善邻国宝记》卷中，清华大学馆藏东方学会印本，第5页b。

② ［日］瑞溪周凤：《善邻国宝记》卷中，清华大学馆藏东方学会印本，第6页b。

③ 《明太宗实录》卷113，永乐九年二月甲寅，台北“中研院”史语所1962年影印本，第1443页。

④ （明）严从简：《殊域周咨录》卷3，中华书局2000年标点本，第59页。

⑤ 郑樑生：《明代倭寇》，文史哲出版社2008年版，第99—101页。

⑥ 《朝鲜太宗实录》卷25，永乐十一年三月己亥，首尔大学图书馆藏刻本，第16页b。

⑦ 永乐二年（1404）七月，义满派遣周棠等出使朝鲜，进献土物。十月，在周棠一行归国时，李芳远派遣典书吕义孙出使日本。吕义孙在到达日本后，“适大明使臣至”，此“大明使臣”即为出使日本的俞士吉。吕义孙手下能通汉语、日本语的译者黄奇“乃为明使夺去”。次年十一月，俞士吉归国，永乐帝从其报告中知晓了朝鲜通好日本。

对明日官方交涉渠道断绝的现实，想通过朝鲜间接向日本传达征讨之意，逼日本就范。

其二，明朝自始就不希望朝鲜与日本通好。俞士吉在日本看到朝鲜使团后就佯言要晓谕日本，令其挟攻朝鲜。[①] 永乐帝在获知朝日通好后随即命礼部责问朝鲜使臣，并降低对朝鲜使臣的接待标准，列朝鲜使臣于日本使臣之下。[②] 当然，明朝虽对朝鲜通好日本心怀不满，但当时的明朝与日本、朝鲜的国交尚且稳定，朝日通好并不直接有损明朝利益，故而也就没有过分追究。但明日关系恶化后，考虑到朝日通好，永乐帝自然就会产生朝鲜背地里交好日本、倭寇，阳奉阴违，暗自抗明的担忧。李芳远就明言："上国必以我国与倭通好，今又恝然，必以我国为诈也。"[③] 因此，永乐帝提及"征日"，也是想通过朝鲜的反应，体察朝鲜对日本、倭寇的态度。

永乐十一年（1413）三月，朝鲜获知了"征日"的情报，李芳远立刻派遣权跬到明，"兼陈喜幸征倭之意"[④]。此外，朝鲜虽未直接向日本传达，但从当时"来京倭使族类，布在我国"的现实和在朝日使平道全在拜望河仑时"吾闻上国欲讨吾国，吾欲往救，烦为申达"[⑤] 的表态推测，明朝"征日"的情报很可能已经由"在朝日使"传递到了日本。由此言之，永乐帝的意图应该基本得以实现，只是日本对此并未做出正面反馈。

在明朝初次向朝鲜提及"征日"时，李芳远尚持乐观态度，认为多半是"戏言"。较之"征日"，他更担心的是明军会利用征日之机，"道经我疆""有意于我"[⑥]。尽管如此，朝鲜还是采取了诸如点检各道兵船军器、暂停向日本派遣通信使等措施加以应对。然而，随着倭寇侵掠的加剧，李芳远逐渐认识到明朝"征日"可能并非仅仅停留在口头上。

永乐十三年（1415）七月，倭寇旅顺，杀伤2万余人，掳掠150余人，并且尽焚登州战舰。对此，李芳远认为："倭寇中国数矣，而今也为

① 《朝鲜太宗实录》卷11，永乐四年二月戊子，首尔大学图书馆藏刻本，第9页a。
② 《朝鲜太宗实录》卷11，永乐四年正月丁酉，首尔大学图书馆藏刻本，第1页b。
③ 《朝鲜太宗实录》卷25，永乐十一年三月己亥，首尔大学图书馆藏刻本，第16页b。
④ 《朝鲜太宗实录》卷25，永乐十一年三月己亥，首尔大学图书馆藏刻本，第17页a。
⑤ 《朝鲜太宗实录》卷25，永乐十一年三月己亥，首尔大学图书馆藏刻本，第17页a。
⑥ 《朝鲜太宗实录》卷26，永乐十一年七月乙未，首尔大学图书馆藏刻本，第5页a。

甚。帝若怒而欲征之，则必有助征之命，将若之何？且我国交通日本，倭使络绎，帝若知之，则必归咎我国，亦将如之何？"① 但是，李芳远却并未像以往那样立刻向明朝遣使探查，而是迟滞两个月后方才遣使到明。与之相对，却在次月决意遣使琉球。

永乐十三年（1415）八月，李芳远采纳了左代言卓慎启的建言："宜遣使琉球国，请还倭寇掳掠转卖之人。"② 随后，便召见平道全询问到琉球的海路，并从获罪官员中拣选使者。次年正月，朝鲜派遣前护军李艺出使琉球，刷还被掳人口。③

表 5－4　永乐十三年（1415）以前朝鲜从日本刷还被掳人情况一览

朝鲜国王	时间	刷还者	刷还情况
太祖	元年（1392）	筑州太守	"归我被虏人民"
	二年（1393）	一岐岛	"归我被掳男女二百余人"
	三年（1394）	日本回礼使金巨原	"领被掳本国人五百六十九名以来"
		九州节度使	"归我被掳男女六百五十九人"
	四年（1395）	萨摩守	"发还被掳人口"
		日本回礼使崔龙苏、九州节度使	"归我被虏男女五百七十余口"
	六年（1397）	日本	"被掳本国男女十九人"
定宗	元年（1399）	日本国大将军	"发还被虏男女百余人"
	二年（1400）	日本骏州太守	"发还被掳人"
太宗	元年（1401）	日本慈云寺僧、对马守护	"发还海岛掠卖人"
	二年（1402）	日本萨州山城太守	"发还俘虏"
	三年（1403）	日本国使	"率我被虏人一百三十名来"
	六年（1406）	日本回礼官李艺	"以刷出被掳男女七十余名还"
		一岐州知主	"发还俘虏七十六口"
		呼子远江守、鸭打三川守、一岐州守	"各还被虏人口"
		萨摩州守	"发还被掳人口"

① 《朝鲜太宗实录》卷30，永乐十三年七月戊午，首尔大学图书馆藏刻本，第7页b。

② 《朝鲜太宗实录》卷30，永乐十三年八月己巳，首尔大学图书馆藏刻本，第13页a。

③ 《朝鲜太宗实录》卷31，永乐十四年正月庚申，首尔大学图书馆藏刻本，第10页b。

续表

朝鲜国王	时间	刷还者	刷还情况
太宗	七年（1407）	日本志佐殿	“归我被掳人三十五名”
		日本志佐殿	“归我被掳人十九名”
		一岐州世官	“发还被掳人口”
	八年（1408）	日本通信官朴和	“推刷本国被掳人男女百余以还”
		日本国仇沙殿	“推刷被掳人百名以送”
		日本国回礼官金恕	“刷出被虏人二十名”
		志佐殿客人护送官李春发	“刷出被掳人二十八名”
		大内殿	“推刷本国被掳人四十四名”
		日本丹州守	“发还被掳人口”
	十年（1410）	日本国王	“刷送被掳人口”
		萨州	“发还被掳人口”

表中数据源于《朝鲜王朝实录》。

从表5－4可以看到，在此之前，朝鲜主要是从日本刷还被掳人口，其途径主要有二：其一，日本势力主动发还；其二，朝鲜派遣回礼使、通信官等到日本刷还。在朝鲜定宗二年（1400）以前，每次刷还人口基本都在百人以上，多者达到了近700人。朝鲜太宗元年（1401）以后，刷还人数大为减少，多在百人以下，且以20—70人为主。从朝鲜太宗十一年（1411）开始，日本势力主动刷还被掳人的积极性降低，志佐殿就对朝鲜说：“国人被掳在我土者颇多，遣人则可得刷来。”① 此后，在朝鲜太宗十六年（永乐十四年，1416）前，朝鲜确实向志佐殿派遣了通信官，但是却并未达到预期的刷还目的。李芳远说：“昔闻彼有送还本土被掳人之语，备送唐舰二三艘，彼只送男女并七人，我国堕其术中。”② 在此背景下，改从琉球刷还被掳人口倒也有其合理性。然而，在整个朝鲜王朝时代，朝鲜只向琉球遣使3次③，且只有李艺这次是为刷还在琉朝鲜被掳人口，其余两次皆是刷还漂流人口。这表明，朝鲜对向琉球遣使和从琉

① 《朝鲜太宗实录》卷25，永乐十一年六月己酉，首尔大学图书馆藏刻本，第27页b。

② 《朝鲜太宗实录》卷32，永乐十四年七月壬辰，首尔大学图书馆藏刻本，第2页a。

③ 除李艺出使外，其余两次都发生在朝鲜世宗时期。世宗十二年（1430年）十二月，遣通事金源珍送还琉球漂流人口。世宗十九年（1437年）七月，金元珍赴琉球国刷还漂流民六人。

球刷还被掳人口并不持积极态度。加之“琉球国水路阻远，且今遣人，烦费甚多”①，从李艺在归国时仅刷得44人看，可谓得不偿失。这些情况表明，李艺出使琉球或许另有盘算。

事实上，在李芳远看来，琉球“深荷大明皇帝柔怀远人，宠封王爵，掌管地方”②，且与日本、倭寇往来密切，这与朝鲜的处境颇为相似。在倭患加剧、明朝征日可能性剧增的态势下，借助遣使琉球或许可以探听到明朝对日政策的新动向，体察明朝对待“交通日本，倭使络绎”之国的态度。然而，自永乐八年（1410）以来，琉球业已7年未向朝鲜遣使，坐等询问到朝鲜的琉球使者自然不太现实。因之，便主动向琉球遣使，借刷还被掳人口之机，探查相关情报。

永乐十五年（1417）二月，朝鲜派遣偰耐到明，发还被掳唐人林新贵、倪观音保等。③ 倪观音保在到明后奏称，兴利倭船到舶朝鲜，欲以鱼、盐、唐木棉等物从朝鲜买米，这就又使永乐帝产生了“朝鲜必与倭通好”④ 的认识。是年九月，朝鲜遣使将被掳的浙江人陈佛奴、符旭解送明朝。⑤ 对此，礼部认为：“朝鲜国与日本交亲，将被掳人等送还，请问与日本交亲之罪。”永乐帝虽言：“朝廷人物，买得送来，有何罪焉。”⑥ 但对朝鲜通好日本一事却始终耿耿于怀。是年十一月，永乐帝在第三次召见朝鲜使臣元闵生时说：“日本国王无礼事，汝知之乎？”这实则是在试探朝鲜对日本的态度。元闵生极力避免谈及朝日关系，明言：“日本本国事，臣不知。”进而长篇论述了“贼岛”之人对朝鲜的侵略，将朝鲜明确定位为倭寇的受害者，这就引起了苦恼于频繁遭受倭寇侵掠的永乐帝的共鸣：“朝鲜亦有如此事！”随后，永乐帝将发往日本的“敕草”给元闵生阅览。事后，明朝又向元闵生透露了如下消息：“帝因琉球国使臣回

---

① 《朝鲜太宗实录》卷31，永乐十四年正月庚申，首尔大学图书馆藏刻本，第10页b。
② 《朝鲜太宗实录》卷18，永乐七年九月庚寅，首尔大学图书馆藏刻本，第25页a。
③ 《朝鲜太宗实录》卷33，永乐十五年二月丁卯，首尔大学图书馆藏刻本，第9页b。
④ 《朝鲜太宗实录》卷33，永乐十五年闰五月甲子，首尔大学图书馆藏刻本，第48页b。
⑤ 《朝鲜太宗实录》卷35，永乐十六年二月丙午，首尔大学图书馆藏刻本，第17页b。
⑥ 《朝鲜太宗实录》卷35，永乐十六年二月丙午，首尔大学图书馆藏刻本，第17页b。

还时宣谕：‘汝国与日本国交亲，后日征日本，则汝国必先引路。’”① 这样，永乐帝就将日本、朝鲜、琉球三者关联在了一起。

永乐十五年（1417）十月，明朝捕获了10名日本海盗，明朝群臣认为“宜诛之以正其罪”。永乐帝却认为：“远夷威之以刑，不若怀之以德。姑宥其罪，遣还。”② 表明永乐帝有意对日释放缓和信号，这便有了是年吕渊使日。但是，在明日双方缺乏利益契合点的情况下，单纯对日缓和、主动遣使并不能真正恢复国交，还需要对日本展现某种威势，逼其就范。对自即位伊始就“每日把那洪武二年三年以来发去外邦的文书、外邦来的文书、太祖做的诗都每日看”③ 的永乐帝来说，鉴于单纯口头声明“征日”成效不大，仿行洪武先例，借助朝鲜、琉球从两翼威压日本也未尝不可。

永乐帝对朝鲜通好日本始终存有疑虑。在此背景下，永乐帝需要拆解朝日关系，实现明朝与朝鲜一致对日。“朝鲜亦有如此事”的回复意在强调明、鲜双方国家利益的一致性。将发往日本的“敕草”交予元闵生阅览，一方面是向朝鲜通告明朝对日本政策的基本立场，另一方面是以“敕草”中的“似朝鲜国王某自太祖洪武以后，至诚事大，至今混同一家，岂不美哉”之语表明已将朝鲜拉入明朝一方，告诫朝鲜不要再抱有继续通好日本的幻想。而宣谕琉球使臣并将宣谕对话告知元闵生，是为了借由琉球向日本传递征讨之意，进而使琉球在对日交往上采取谨慎态度，并反过来从侧面敲打“与日本国交亲”的朝鲜，敦促其断绝对日通交。由此，在永乐帝关联策略的影响下，朝鲜、琉球两国的对日态度理应会发生相当的波动，这自然又会使日本产生某种程度的孤立感和紧张感，有助于配合吕渊使日。

三　吕渊使日与琉球“引路”

《大馆记》中收录有题名为《昔御内书符案》的史料，其中保存了

① 《朝鲜太宗实录》卷34，永乐十五年十二月辛丑，首尔大学图书馆藏刻本，第39页b。

② 《明太宗实录》卷193，永乐十五年十月乙酉，台北“中研院”史语所1962年影印本，第2035页。

③ 《朝鲜太宗实录》卷5，永乐元年四月甲寅，首尔大学图书馆藏刻本，第15页b。

洪武二十七年（1394）至正德十五年（1520）的约80通御内书。其中，有永乐十八年（1420）五月六日琉球致室町幕府的文书一通：

> 惶恐上言。为表谢意，每年敬奉国书。去年承担进献任务的两艘船未回，希望能有幸仰赖将军准许使之归岛。此事已上呈御奉行所，谅必禀报将军。诚恐诚惶。敬白。①

从中可知，琉球当时每年都会向室町幕府遣使通问。在此一年前的永乐十七年（1419），琉球向室町幕府派遣了两艘船只，但截至此时仍未从日本启程归国。因而才在五月致书室町幕府，希望能有幸仰赖足利将军，使之归国，并请奉行所代为转达此意。这说明，在琉球看来，两艘船只未能按时归国应该与室町幕府有关。另据《老松日本行录》的记载，永乐十八年（1420）四月十六日，宋希璟抵达兵库，当地代官随即向幕府通报。对此，管领细川满元、陈外郎等指出："吾御所虽知朝鲜使臣之来，必不令入见，但我日本非惟拘留琉球也，向大明已有隙，今又令朝鲜使不入，则甚不可也。"② 表明在此前幕府就已经扣押了琉球使船。综合以上两点推断，永乐十七年（1419）琉球派遣的两艘船只在抵达日本后，遭到了幕府的扣押，且至次年五月仍未归国。

对于幕府扣押琉球船的原因，并无直接史料可兹证明。佐伯弘次给出了两种可能：其一，琉球船陪同吕渊到日本，共同敦促日本朝贡，招致义持不满；其二，当时日本国内对朝鲜征讨对马的谣传颇多，真实情形难明，幕府认为琉球可能与明朝、朝鲜一道征讨了对马。③ 但是上述说法仍有不足：首先，琉球为何一改以往的中立立场，不顾自身利益，主动派船介入明日交涉？其次，当时日本国内确实流传着朝鲜征讨对马的

---

① ［日］阿波谷伸子：《大館記－3－》，《ビブリア天理図書館報》1983年第80號。原文为："畏言上、每年為御礼、令啓上候間、如形奉捧折紙候、隨而去年進上仕候两船、未下向仕候之間、無御心元存候、以上意目出度帰嶋仕候者、所仰候、諸事御奉行所へ申入候、定可有言上候、誠恐誠惶敬白。"

② 《朝鲜通信使文献选编》第1册，复旦大学出版社2015年标点本，第62页。

③ ［日］佐伯弘次：《室町前期の日琉関係と外交文書》，《九州史学》1994年第111期。

诸多谣传，但这些谣传只是涉及“大唐国、南蛮、高丽等来责日本”“大唐蜂起”“唐人袭来”[①]，并未提及琉球。而且，从现存的琉球与室町幕府的交往文书看，琉球在对日交往时，并不像朝鲜那样使用明朝册封的王号，书写明朝年号，而是以“代主”之名通好，且书写日本年号。室町幕府在回复时也称琉球国王为“琉球国代主”，并使用日本年号。[②] 说明琉球与室町幕府的交往并不具有封贡体制下交邻的特点，而是属于独自的通交形态，这本身就弱化了琉球与明朝、朝鲜“联合”的可能。更何况琉球年年通好幕府，双方并无龃龉。在此情势下，幕府不应产生琉球参与征讨对马的认识。如果这种认识确实存在，那就意味着幕府应该发现了琉球与明朝、朝鲜“联合”的线索，那么这个线索又是什么？以下，将从明琉、明日、朝日关系的演进出发，尝试推测永乐十七年（1419）吕渊使日与幕府扣押琉球船的内在关联。

永乐十五年（1417）十一月，琉球使臣在获知明朝欲让其国引路征日后，“惶恐回去”[③]。从《明太宗实录》的记载看，此“琉球使臣”应是是年八月中山王及其世子派遣到明朝贡的亚勃结制和邬梅住尼九。[④] 次年二月，琉球中山王思绍派遣长史怀机进献方物。[⑤] “长史”本为明朝王相府属官，居王相之下。洪武十三年（1380）罢去王相府后，长史升格，“掌王府之政令”“总其庶务”[⑥]。随着明琉国交的深化，琉球也仿照明朝的王府制度，设置了王相、长史、典簿等官位。[⑦] 但是，在选任、职责上却与明朝大为不同。

按照潘相所言：“琉球王爵，锡自中朝。臣下之秩，惟洪武间赐闽人

① ［日］佐伯弘次：《応永の外寇と東アジア》，《史淵》2010 年第 147 期。

② ［日］入間田宣夫、豊見山和行：《北の平泉、南の琉球》，東京：中央公論新社 2002 年版，第 278—279 頁。

③ 《朝鲜太宗实录》卷 34，永乐十五年十二月辛丑，首尔大学图书馆藏刻本，第 39 页 b。

④ 《明太宗实录》卷 192，永乐十五年八月，台北“中研院”史语所 1962 年影印本，第 2021—2028 页。

⑤ 《明太宗实录》卷 197，永乐十六年二月乙未，台北“中研院”史语所 1962 年影印本，第 2062 页。

⑥ 《明史》卷 75《职官四》，中华书局 1974 年标点本，第 1837 页。

⑦ ［日］赤嶺守：《琉球王国——東アジアのコーナーストーン》，東京：講談社 2004 年版，第 65 頁。

三十六姓，知书者授大夫、长史，以为朝贡之司。习海者授通事，为指南之备。……他皆听其自置，待属国宜然也。”① 表明琉球国内的“长史”是由明朝任命“闽人三十六姓”中的“知书者”担当，职司朝贡事宜。由此，派遣长史怀机朝贡倒也无可厚非。然而，从永乐一朝琉球中山的朝贡情况看，每次朝贡基本都是由琉球人担任正使②，而此时派遣在琉华人以正使的身份朝贡自然就显得颇为特殊。从当时的情势看，怀机在朝贡之外，应该还承担着向明朝澄清“与日本国交亲”之事的使命。而特意派遣长史到明，很可能是为了增强自身言说的可信性。是年三月，怀机受邀参加了明朝宴请占城、哈密使臣的活动。③ 此后，《明太宗实录》中便不见有关怀机的记载。怀机是否在宴请结束后就启程归国，不明。但在1个月后，吕渊使日归国。

永乐十六年（1418）四月，吕渊使日归国。自永乐十五年（1417）十月受命出使，前后用时6个月。从《明太宗实录》中“行人吕渊自日本还，其国王源义持特遣日、隅、萨三州刺史岛津滕存忠等奉表随来谢罪”④ 的记述看，吕渊出使无疑获得了极大成功，但真实的情况却并非如此。

根据《善邻国宝记》的记载，永乐十七年（1419）七月明朝通事周肇在致书室町幕府时说：

> 使臣吕渊去岁奉国命，赍敕书就带倭人来日本国公干，令人通报。国王命古幢长老到海滨，未曾审详来意。长老旋车后，一向信息不闻。以此赍捧敕书，回京师。⑤

---

① （清）潘相：《琉球入学见闻录》，《清代琉球纪录续辑》，大通书局1988年标点本，第54—55页。

② 根据《明太宗实录》进行统计，永乐朝中山共计朝贡44次。其中，使臣不详的有8次，使臣姓名不明的有1次，除去怀机这次，其余34次朝贡都是由琉球本土人担任朝贡正使。

③ 《明太宗实录》卷198，永乐十六年三月壬子，台北“中研院”史语所1962年影印本，第2068页。

④ 《明太宗实录》卷199，永乐十六年四月乙未，台北“中研院”史语所1962年影印本，第2077页。

⑤ ［日］瑞溪周凤：《善邻国宝记》卷中，清华大学馆藏东方学会印本，第7页a。

另据《老松日本行录》，永乐十八年（1420）陈外郎对宋希璟说：

> 去去年，皇帝使臣内官吕渊来兵库，以皇帝语向御所言："汝父及朝鲜王皆事我，汝独不事我，将遣将同朝鲜行兵，汝可高城深池以待之。"御所怒，不见其使，令海贼杀之。适风顺，贼不追，故吕渊得还。[①]

考虑到周肇的身份，其所言不免有美化之嫌。相较而言，宋希璟的记述可能更加符合实际。但不管怎么说，吕渊使日并未实现与幕府通交的目标，更不用说义持遣使谢罪了。

事实上，随同吕渊到明的岛津氏等人并非幕府的使者，所谓的"谢罪表文"也只不过是岛津氏谋求对明贸易的自作文书。[②] 周肇在致书幕府时也说："续有本国日向州人驾船一只，装硫黄、马匹进贡。因无国王文书，不领。"[③] 表明明朝已经清楚地认识到岛津氏是"越分私贡"。既如此，《明太宗实录》为何还要将之记为"日本国王派遣岛津氏入贡"呢？

吕渊使日是永乐帝亲自拍板制定的对日缓和政策的一环。在出使前，明朝政府内部的对日态度不一：群臣力主对日强硬，永乐帝则主张对日缓和。这就使得吕渊出使事关重大，一旦无功而返，势必有损永乐帝权威。而吕渊在抵达兵库后，所受待遇与此前王进出使时基本相同，都是拒绝接见，且欲对明使不轨。在此情势下，吕渊很可能效仿王进故事，并未经濑户内海渡航至博多，进而归国；而是选择了从兵库出发，渡过土佐冲，经由萨摩返国的"南岛路"。岛津氏自洪武朝开始就想与明朝开展通商贸易，在吕渊途经萨摩时，岛津氏很可能向吕渊表明了欲到明朝贡的心意。对吕渊来说，也想借岛津朝贡营造对日交涉成功的假象，因而便偕岛津使团一同归国，并声言岛津氏是日本国王派遣的谢罪使者，以此彰显对日缓和决策的正确性，维护永乐帝的权威。是年五月，"琉

---

① 《朝鲜通信使文献选编》第1册，复旦大学出版社2015年标点本，第45页。

② ［日］木宫泰彦：《日中文化交流史》，胡锡年译，商务印书馆1980年版，第526—527页。

③ ［日］瑞溪周凤：《善邻国宝记》卷中，清华大学馆藏东方学会印本，第7页a。

球”遣使朝贡，具体的派遣者虽不明，但此“琉球”使者在到明后理应会获悉明日关系“恢复”的情报。从中山王思绍在永乐十六年（1418）十一月，永乐十七年（1419）正月、四月、七月连续到明朝贡看，五月的朝贡应该也是中山王派遣的。是使臣归国后的报告打消了思绍心中明朝要求其配合征日的忧虑，因之便又像以往那样频繁朝贡。

永乐十六年（1418）十一月，永乐帝决意再次派遣吕渊出使日本。①根据《明太宗实录》的记载，中山王思绍恰巧在是月派遣阿乃住朝贡。②此后，吕渊很可能同阿乃住一起返回了中山，并向思绍提出了派遣船只，导引明朝使船前往日本的请求。永乐帝此举可能是基于以下考虑：首先，明朝在此前虽要求朝鲜、琉球配合征日，但对两国的定位却不同，对朝鲜是令其派战船与明军“共伐”③，对琉球则只是要求其“引路”，而遣船导引明使前往日本无疑就属“引路”的范畴；其次，自永乐九年（1411）以来，室町幕府都拒绝接见明使，明朝对日交涉难有实质性进展，此前怀机虽极力澄清琉日关系，但岛津氏自14世纪末开始便与琉球保持着频繁的贸易往来④，明朝从岛津使团处就可探知琉日通好，因此，如果琉球能遣船同往，或可有助于打破对日交涉的僵局。当然，永乐帝会极力掩盖出使真相，很可能会将吕渊此行装扮成对日本“入贡”的“回礼”。对中山王思绍来说，既然明日关系已经恢复，“征日”之事也烟消云散，遣船“引路”也就无损于本国利益，于是，便派遣两艘船只陪同吕渊前往日本。

吕渊一行在永乐十七年（1419）七月抵达兵库。⑤在此前的五月七日，倭船50余艘突入朝鲜庇仁县都豆音串，包围朝鲜兵船焚烧。以此事件为导火线，朝鲜上王李芳远在五月十四日决定东征对马，史称“己亥东征”。⑥战事始于六月十九日，止于七月三日。从五月二十三日开始，

① ［日］木宫泰彦：《日中文化交流史》，胡锡年译，商务印书馆1980年版，第527页。

② 《明太宗实录》卷206，永乐十六年十一月壬子，台北“中研院”史语所1962年影印本，第2111页。

③ 《朝鲜太宗实录》卷33，永乐十五年五月甲子，首尔大学图书馆藏刻本，第48页b。

④ ［日］荒木和憲：《十五・十六世紀の島津氏—琉球関係》，《九州史学》2006年第144期。

⑤ ［日］瑞溪周凤：《善邻国宝记》卷中，清华大学馆藏东方学会印本，第7页b。

⑥ ［日］中村栄孝：《日鮮関係史の研究》（上），東京：吉川弘文館1965年版，第237—239頁。

日本便流传着异国（“大唐国、南蛮、高丽等”“大唐”“蒙古”）袭来的谣言，并且出现了种种怪异现象，各寺社也纷纷举行异国降伏的祈祷。但截至七月，幕府始终未获得准确情报，其紧张不安的心情可想而知。七月二十七日，幕府明确表示拒绝接见明使，吕渊不得已在八月启程归国。[①] 就在八月七日，少式满贞的注进状抵达京都，幕府获知了“江南兵船一千只，朝鲜兵船三百只，向本国而来，吾力战却之”[②] 的消息，并由此产生了明朝与朝鲜联合讨伐日本的认识。此时再看琉球船陪同明朝使船到日一事，幕府自然就会认为琉球可能也参与了征讨，故而扣押了两艘琉球船。

实际上，在正式征讨前，朝鲜曾通告九州探题涉川义俊、对马岛主宗贞盛、筑前州石城府管事板仓满景等，明确指出此次讨伐只是针对盘踞在对马的倭寇，与他人无涉，希望日本不要惊慌。[③] 但是，少式满贞基于与对马宗氏的传统主从关系，愤于朝鲜征讨，故而向幕府传递了虚假情报，挑唆幕府报复朝鲜。[④] 不久，九州探题的使者宗金到京都面会陈外郎，幕府方才知晓自己被少式氏误导蒙蔽。为了探查事件的真相，便在永乐十七年（1419）十一月，以“求经”为名，派遣亮倪出使朝鲜。次年闰正月，朝鲜派遣宋希璟陪同亮倪归日。宋希璟抵达日本后，“历陈讨罪马岛之由”，“王之惑乃解”[⑤]。是年六月二十七日，宋希璟启程归国。至七月二十二日，到泊“可忘家利”，即安艺国蒲刈。在当地，宋希璟听闻了当地海贼的对话：“朝鲜船则本无钱物，彼后来瑠球船多载宝物，若其船来则夺取也。”[⑥] 说明不久就会有琉球船从东渡航至此，应该就是此前被幕府扣押的两艘琉球船。[⑦] 在宋希璟的陈说下，幕府知晓了征讨真相，打消了明朝、朝鲜、琉球联合征日的疑虑，故而释放琉球船只归国。

---

① 《武家年代記　下》，《續國史大系》第5卷，東京：経済雜誌社1903年版，第971頁。

② 《朝鲜通信使文献选编》第1册，复旦大学出版社2015年标点本，第45页。

③ 朱丽莉：《围绕“己亥东征”的朝日交涉及其背后的明朝因素》，《韩国研究论丛》2015年第2辑。

④ ［韩］姜在彦：《「応永の外寇」と博多の人びと》，《韓國文化》2003年第283號。

⑤ 《朝鲜通信使文献选编》第1册，复旦大学出版社2015年标点本，第62页。

⑥ ［日］村井章介：《老松堂日本行録——朝鮮使節の見た中世日本》，東京：岩波書店1987年版，第224頁。

⑦ ［日］喜舎場一隆：《琉球・尚氏のすべて》，東京：新人物往來社2000年版，第48頁。

四　琉球到明朝贡空档期的出现

根据《明太宗实录》的记载，在永乐十八年（1420）正月至二十年（1422）九月的近三年时间里，并未见有琉球到贡的记载，出现了琉球对明通交的“空档期”。

从国交建立开始，直至成化十年（1474），明朝并未限制琉球贡期，反而授予其“朝贡不时”的特权，琉球也借此掌握了与明通交的主动权，史载：“琉球自明初来王，朝元旦、庆天寿、谢敕谕、贺登极，进香有仪，册东宫有贺，请封、谢封有礼，遣子入学有例。一岁之内，再至四至。”① 当然，此种说法稍显绝对，琉球也并不总是年年朝贡，在洪武六年（1373）、八年（1375）、十二年（1379）、十四年（1381）、二十二年（1389），和正统八年（1443）就不曾朝贡。但是，像永乐朝这样将近三年不贡的情况却属特例。那么，琉球甘愿放弃三年贸易之利，暂停朝贡究竟是出于怎样的考虑？从当时的情势分析，其原因至少有三。

首先，体认东亚地区局势的需要。永乐十七年（1419）十二月，中山王思绍派遣甚谩志里朝贡，“贺明年正旦”②。根据《南雍志》记载，永乐二十年（1422）十二月，“琉球官生周鲁每、周弟在监三年，例当省亲归国，礼部以闻。从之。令候其国使臣还日始行”③。说明周鲁每、周弟是在永乐十七年（1419）十二月入监的。从时间上看，他们应该是跟随甚谩志里一同到明的。由此，甚谩志里也应肩负着护送琉球官生到明的使命。然而，此次官生派遣却颇为特殊。

其一，自永乐二年（1404）十一月中山王“从子”三五良亹提出入监请求④起，至永乐十四（1416）年五月，每年明琉双方都会围绕琉球官

① （清）潘相：《琉球入学见闻录》，《清代琉球纪录续辑》，大通书局1988年标点本，第25页。

② 《明太宗实录》卷219，永乐十七年十二月癸巳，台北“中研院”史语所1962年影印本，第2180页。

③ （明）黄佐：《南雍志》卷2，《四库全书存目丛书》，齐鲁书社1996年影印本，史部，第257册，第85页。

④ （明）黄佐：《南雍志》卷2，《四库全书存目丛书》，齐鲁书社1996年影印本，史部，第257册，第69页。

生展开一系列互动，主要涉及琉球官生的“入监”“复监”“赏赐”“归国”等内容。但是，从永乐十四年（1416）六月开始，直至永乐十七年（1419）十一月，史籍中却未见有琉球官生的记载。① 这意味着明朝国内在监的琉球官生很可能已经悉数归国了，琉球的官生派遣也出现了中断，而甚谩志里偕周鲁每等到明应该是时隔三年后琉球首次向明朝派遣官生。

其二，周鲁每等归国后，直至成化十七（1481）年八月，史籍中再也不见有琉球官生的记载，第一期官生派遣就此结束。这就给人一种感觉：在永乐十四年（1416）五月以后，琉球可能就不再打算向明朝派遣官生了，后来只是因特殊情况，才决定短暂重开官生派遣。

根据冈本弘道的研究，第一期官生派遣的目的并非是“吸收中国文化”“语学修得”等，而是借助官生实时掌握明朝国内情报，补充、支援琉球朝贡。② 从当时的情势分析，中山在永乐十七年（1419）十二月前应该获悉了两艘船只被幕府扣押的情报。中山或许就此感到之前可能误判了明日关系，因而决定恢复官生派遣，以期实地探查并准确把握明朝的对日政策和明日关系的状况。与之同时，暂停对明朝贡，一方面避免再度误入明日交涉，另一方面让明朝产生琉球中山因为自己“引路”而陷入了大麻烦的认识，使明朝不便再要求其参与对日交涉。

另据《历代宝案》，宣德三年（1428）十月，王相怀机在致书旧港管事官时曾说：

> 自永乐十九年间，准日本国九州官源道镇送到旧港施主烈智孙差来那弗答邓子昌等二十余名到国，告乞递送回国。准此。……即便差令正使阇那结制等，驾使海船一只，已到暹罗国，仍行乞为转送。③

---

① ［日］前田舟子：《明清時代の琉球官生派遣年表について》，载［日］赤嶺守編《中国と琉球人の移動を探る——明清時代を中心としたデータの構築と研究》，東京：彩流社 2013 年版，第 288—290 頁。

② ［日］岡本弘道：《明代初期における琉球の官生派遣について》，《歴代宝案研究》1996 年第 6 · 7 合併號。

③ ［琉］蔡铎：《历代宝案》第 1 集卷 43，台湾大学 1972 年影印本，第 1373 页。

从中可知，永乐十九年（1421）九州探题涉川道镇曾遣使将旧港船员送至琉球中山，并请其代为转送归国。① 根据《朝鲜太宗实录》的记载，永乐四年（1406）五月，爪哇国使陈彦祥进贺朝鲜，在归国途中遭遇海难和寇掠，最后由“日本国王就时差使，坐驾军船一只，拜礼物，送至本国”②。经和田久德考证，此次送还并非“日本国王”所为，而是西日本势力假借“日本国王”之名派遣的。③ 考虑到当时存在着联系日本—琉球—东南亚的华人贸易网络的现实④，陈彦祥一行很可能是由西日本势力委托华人送还的。而九州探题涉川道镇本就与华人关系密切，通过华人转送或许更加方便，似无专程向琉球中山遣使的必要。

在永乐十九年（1421）十一月前，九州探题涉川道镇致书朝鲜：“近琉球国商船为对马贼所邀，彼此死者几乎数百，遂焚毁舟楫，虏掠人物。琉球国比来贡献于我，故欲问其罪。”⑤ 表明在此前不久曾有“琉球商船”拜望过涉川道镇，并在此后为对马贼所掠。由此推测，此“琉球商船”在离开博多后可能想继续前往朝鲜，不料在对马遭遇海贼，船毁人亡。根据《历代宝案》的记载，正统七年（1442）九月中山王世子尚忠的使者明泰对明朝说：“及照永乐十九年五月内，本国所差使者蔑达□尼等驾海船一只，因无军器在海，被倭贼船二十余只劫杀。”⑥ 从时间上看，此海船应该就是涉川道镇所说的“琉球商船”。

对琉球来说，在失误介入明日交涉后，需要全面获取明、朝、日的

---

① 根据高柳光寿、小叶田淳、和田久德等的研究，在永乐十七年（1419）八月五日以前，“南蛮船”停靠九州南端萨摩的阿多氏领内，而此“南蛮船”应该就是邓子昌一行。次年三月二十二日，岛津忠国率大军袭击阿多氏，邓子昌等紧急出航避难，并在同年四月到达博多。到了永乐十九年（1421），涉川道镇便遣使琉球，希望能代为转送归国。参见［日］高柳光寿《応永年間に於ける南蛮船来航の文書について》，《史學雜誌》1932 年第 43 期；［日］小葉田淳《中世南島通交貿易史の研究》，東京：刀江書院 1968 年版，第 455—472 頁；［日］和田久徳《琉球王国の形成——三山統一とその前後》，宜野灣：榕樹書林 2006 年版，第 211—212 頁。

② 《朝鲜太宗实录》卷 23，永乐十年四月乙亥，首尔大学图书馆藏刻本，第 27 页 b。

③ ［日］和田久徳：《琉球王国の形成——三山統一とその前後》，宜野灣：榕樹書林 2006 年版，第 208 頁。

④ ［日］真栄平房昭：《琉球 = 東南アジア貿易の展開と華僑社会》，《九州史学》1983 年第 76 期。

⑤ 《朝鲜世宗实录》卷 14，永乐十九年十一月乙丑，首尔大学图书馆藏刻本，第 1 页 b。

⑥ ［琉］蔡铎：《历代宝案》第 1 集卷 40，台湾大学 1972 年影印本，第 555 页。

相关情报，准确把握东亚地区局势的走向，更好地制定下一步的对外政策，避免外交失误，而永乐十九年（1421）向九州探题、朝鲜的遣使或许就是出于这样的考虑。可以想见，“琉球商船”在拜望涉川道镇时，很可能言及了幕府扣押琉球船只，及由此引发的琉球自身对琉日关系前景的担忧，毕竟当时琉球的海外贸易是采取国家直营的形式①，虽称“商船”，实则也是“使船”。而涉川道镇及其管下的博多商人曾积极参与了“己亥东征”后朝日国交的修复，对当时的东亚局势有着深刻的认识②，理应会向“琉球商船”做出详细解答。特别是义持断绝对明通交后，琉球就成了日本国内中国物货的主要来源地③，确保与琉球的贸易关系对日本而言意义重大，涉川道镇有鉴于此也会尽心解答。因“琉球商船”后遭倭难，相关消息无法传回琉球。涉川道镇便专程向琉球遣使，在请求转送旧港船员、通告“琉球商船”遇难的消息外，应该也会谈及琉球所关切的明、朝、日关系的现状。琉球从中获悉了朝日缓和、明日不相往来的情报，看到东亚地区局势已大致趋于稳定，不再担心明朝会重提“引路”“征日”的要求，这大概就是促成琉球在次年重开对明朝贡的重要原因。

其次，应对与暹罗的贸易纠纷。按照《中山世谱》记载，自唐宋时起，琉球与暹罗便“互相通好，往来贸易”④。暹罗盛产香料，尤其是苏木，“贱如薪，色绝胜”⑤。加之其地理位置优越，易于获得阿拉伯、印度等地物产。与暹罗一国交易，就可兼得南海和印度洋海域物货。此外，暹罗当地“俗以海巴代钱通行于市”，琉球本身又盛产海巴螺壳，可以满足暹罗在支付媒介上的要求。而且从 14 世纪后期开始，暹罗阿瑜陀耶王

---

① ［日］入間田宣夫、豊見山和行：《北の平泉、南の琉球》，東京：中央公論新社 2002 年版，第 291 頁。

② ［日］田中健夫：《中世海外交渉史の研究》，東京：東京大学出版会 1959 年版，第 36—41 頁。

③ ［日］佐伯弘次：《博多》，載《岩波講座日本通史》第 10 卷，東京：岩波書店 1994 年版，第 292—293 頁。

④ ［琉］蔡温：《中山世譜》卷 3，《琉球史料叢書》，東京：東京美術刊 1973 年整理本，第 4 册，第 30 頁。

⑤ （明）马欢：《瀛涯胜览》，上海古籍出版社 2002 年影印本，第 396 页。

朝大力拓展对外交往，鼓励发展海外贸易，这些因素都使得暹罗成了琉球在东南亚地区极其重要的贸易对象。[①] 高良仓吉甚至认为，琉球在东南亚贸易的中心就是暹罗。[②] 琉球对暹罗的贸易主要采取如下方式，即将明朝、朝鲜、日本等地物货，特别是中国瓷器运至暹罗交易，换取苏木、胡椒等香料，进而转手发往东亚各地。根据《历代宝案》的记载，洪熙元年（1425）琉球中山王在发给暹罗国王的咨文中说：

> 永乐十七年间，蒙差使者阿乃佳等坐驾海船三只，赍捧礼物，前到暹罗国奉献。事毕回国，告称：蒙所在官司言称：礼物短少，以致官买磁器。又禁约本处，不许私卖苏木，俱蒙官卖，要补其船钱。……除自永乐十八年至今，加感礼物，遣使佳期巴那，通事梁复等坐驾船只，经涉海洋，动有数万余里，历□风波，十分艰险。及至到彼，除将礼物交进外，蒙所在官司，仍行官买磁器更甚，因致盘缠缺乏，深为靠损，难以奉命往复。……因此，永乐二十二年停止船□。[③]

从中可知，因暹罗的官买政策，永乐十七年（1419）、十八年（1420）琉球派往当地的贸易船蒙受了极大损失，琉球不得不与暹罗官方开展交涉，并由此陷入与暹罗的贸易纠纷中。这产生了正反两方面的效果：一方面，暹罗是琉球转手贸易的重要一环，与暹罗贸易出现纠纷，势必影响到琉球与明朝、朝鲜、日本贸易的稳定，琉球需要尽力与暹罗交涉，使其尽快放弃官买政策，在此背景下也就暂时无暇到明朝贡；另一方面，尽管琉球采取了主动交涉、“加感礼物奉献”等举措，但暹罗始终坚持官买，交涉陷入僵局，琉球不得已在永乐二十二年（1424）停止向暹罗派遣贸易船。在与暹罗的交涉越发不利的态势下，经营明朝与朝鲜、日本

---

① 朱德兰：《十五世纪琉球的亚洲外交贸易》，载《第二届中琉历史关系国际学术会议论文集》，中琉文化经济协会 1989 年版，第 137 页。

② ［日］高良倉吉：《アジアのなかの琉球王国》，東京：吉川弘文館 1998 年版，第 94 頁。

③ ［琉］蔡铎：《历代宝案》第 1 集卷 40，台湾大学 1972 年影印本，第 1273—1274 页。

间的转手贸易的意义就越发显现，这也在客观上促使琉球尽快结束“空档期”，重开与明朝的朝贡贸易。

最后，忙于国内统一。永乐朝琉球山北王共计朝贡 5 次，其中前 4 次发生在永乐元年至三年（1403—1405）间，最后一次是在永乐十三年（1415）四月，此后史籍中就再不见有山北王朝贡的记载。蔡温本《中山世谱》《球阳》皆认为在永乐十三年（1415）中山吞并了山北。但是，“琉球之分三王也，惟山北最弱，故其朝贡亦最稀”①。因此，以到明朝贡的终结作为山北灭亡的时间并不十分妥当。对此，和田久德进行了细致考证，明确指出中山吞并山北是在永乐二十年（1422）。② 就地理环境而言，山北明显不同于中山、山南。《琉球说略》有言：“国头省峰峦起伏，平衍之地甚少，中头省及岛尻省，田野大辟，户口亦多。”③ 这就使得山北与中山、山南并不具有天然的一体感。而且，多山崎岖的地貌也不便于大规模作战。更何况“山北之人，最为骁健”④。这都增加了中山吞并山北的难度，想在短期内结束战斗并不现实。《琉球国由来记》中就有如下记载：

> 先代之时，琉球国分为三，今归仁城是山北王之城。其后，佐敷小按司成为山南王，又攻落中山王，成为中山王，进而进攻山北。尽管数次进攻，但因城险，难以攻占。最后，尚巴志王凭借智谋攻陷此城。⑤

---

① 《明史》卷 323《琉球传》，中华书局 1974 年标点本，第 8364 页。

② ［日］和田久德：《琉球王国の形成——三山統一とその前後》，宜野灣：榕樹書林 2006 年版，第 20—22 頁。

③ （清）姚文栋译：《琉球说略》，《清代琉球纪录集辑》，大通书局 1988 年标点本，第 265 页。

④ ［日］新井白石：《南岛志》卷上，《丛书集成续编》第 245 册，新文丰出版公司 1988 年版，第 379 页。

⑤ 《琉球国由来記》卷 15，《琉球史料叢書》，東京：東京美術刊 1973 年整理本，第 2 册，第 479 頁。原文为：“先代、琉國三分ニシテ、今歸仁城者、山北王之城也。其後、佐敷小按司、山南王ト成テ、中山王ヲ攻落シ、中山王トナッテ、山北ヲ攻コト、及度々ドモ、城險阻ニシテ、難攻處、尚巴志王、以謀ヲ、終、城ヲ攻圍ム。”

从“数次进攻，但因城险，难以攻占”之语便可看到战事的艰辛。由此言之，中山在永乐二十年（1422）以前应该就已经开始攻打山北了，只是战事胶着，直到是年方才以“奇谋”取胜。而琉球忙于国内统一，自然也就无暇朝贡。这应该也是造成“空档期”出现的原因之一。

第三节　宣德时期柴山三次出使琉球

永乐二十二年（1424）七月，永乐帝在北征回师途中病死于榆木川。洪熙帝即位后，一改永乐朝“以武定天下，欲威制万方，遣使四出招徕”的政策，转而“不务远略”，“即撤西洋取宝之船，停松花江造舟之役，召西域使臣还京”[①]。洪熙帝薨逝后，宣德帝继承父志，在对外交往上“只欲如洪武中及永乐初”[②]，奉行“驭夷之道，守备为上”“来者不拒，去者不追”[③] 的原则，明朝的对外政策愈益收缩。[④] 以《明史》中的朝贡记录为例，洪熙、宣德两朝海外国家朝贡的次数仅占永乐朝的22％。[⑤] 由此观之，朝贡衰退当属事实。

就当时的东亚关系来说，明与朝鲜关系融洽稳定，史载：“每岁凡万寿圣节、正旦、皇太子千秋节皆遣使奉表朝贡，贡方物。其他庆慰、谢恩等使率无常期，或前者未还而后者已至，虽国王不世见，然事天朝最恭谨，天朝亦厚礼之，异于他藩。每朝廷大事，必遣颁诏于其国。告哀请封，必遣近臣及行人吊祭册封之，例以为常。”[⑥] 琉球则连续朝贡40次，平均每年朝贡3.6次，明显高于永乐朝的3次。特别是宣德时期，明朝还曾3次派遣柴山出使琉球，明琉双方始终保持着热络的使节往来，

① 《明史》卷332《西域四》，中华书局1974年标点本，第8626页。

② 《明宣宗实录》卷16，宣德元年四月丙寅，台北“中研院”史语所1962年影印本，第421页。

③ 《明宣宗实录》卷38，宣德三年二月，台北“中研院”史语所1962年影印本，第952页。

④ 陈尚胜：《论宣德至弘治时期（1426—1505）明朝对外政策的收缩》，《山东大学学报》1994年第2期。

⑤ 郑永常：《来自海洋的挑战——明代海贸政策演变研究》，稻乡出版社2004年版，第91页。

⑥ （明）严从简：《殊域周咨录》卷1，中华书局2000年标点本，第19页。

双边关系受海外政策调整的影响极为有限。与之相对，明日国交仍旧断绝。自永乐十七年（1419）望海埚之战后，明朝沿海地区的倭患次第衰退，但仍有部分小规模的寇扰。[①]

一　宣德前期的明琉“经贸外交”

永乐二十年（1422）十月，中山王思绍派遣模都古奉表贡方物，标志着琉球对明朝贡“空档期”的结束。[②] 永乐二十二年（1424）二月，中山王世子尚巴志遣使告父丧，永乐帝当即命礼部遣官赐祭，赙以布帛。[③] 但是，因是年七月永乐帝薨逝，谕祭使者暂停派遣。此后，直至洪熙元年（1425）二月，明朝方才派遣周彝谕祭已故中山王思绍，并命柴山册封世子尚巴志为中山王。[④] 周彝、柴山在是年六月二十七日到达琉球。[⑤] 从《历代宝案》的记载看，在此10天前，明朝派遣的通告大行皇帝宾天的使者行人陈资茂[⑥]、颁布新帝即位诏书的使者礼部郎中漳云和通政使参议游学就已经抵达琉球[⑦]，这说明较之谕祭、册封藩王，明朝采取了皇帝事务优先的立场。是年闰七月十七日，中山王尚巴志向明朝派遣了三批使者。

其一，实达鲁使团。其使命有二：贡献各样刀、纸、扇、屏风、硫黄、螺壳等，谢谕祭、册封之恩；请求明朝按照册封武宁、思绍的惯例，下赐皮弁冠服。[⑧]

其二，郑义才使团。其使命有三。首先，进香祭奠永乐帝。[⑨] 其次，向明朝提及陈铭等人坑骗琉球使团事。永乐二十一年（1423）八月，世

① 郑樑生：《明代倭寇》，文史哲出版社2008年版，第102页。

② 《明太宗实录》卷252，永乐二十年十月癸巳，台北“中研院”史语所1962年影印本，第2354页。

③ 《明太宗实录》卷268，永乐二十二年二月戊午，台北“中研院”史语所1962年影印本，第2430页。

④ ［琉］蔡铎：《历代宝案》第1集卷1，台湾大学1972年影印本，第7—8页。

⑤ ［琉］蔡铎：《历代宝案》第1集卷16，台湾大学1972年影印本，第508页。

⑥ ［琉］蔡铎：《历代宝案》第1集卷16，台湾大学1972年影印本，第507页。

⑦ ［琉］蔡铎：《历代宝案》第1集卷16，台湾大学1972年影印本，第511页。

⑧ ［琉］蔡铎：《历代宝案》第1集卷16，台湾大学1972年影印本，第507—509页。

⑨ ［琉］蔡铎：《历代宝案》第1集卷16，台湾大学1972年影印本，第507页。

子尚巴志派遣阿不察都朝贡。[1] 事毕后阿不察都返回福州府闽县的高惠里，并将赏赐的宝钞交予当地民人陈铭、黄思六和福清县人周文质，委托他们购买返程货物，结果被骗去宝钞4500贯。到了洪熙元年（1425）三月，归程在即，阿不察都前去讨还，结果被陈铭等辱骂："你这番子，多是叛囚恶类。你夷王禽兽之行，阳为进贡，阴为劫掠，朝廷不闻，与你这贼蛮于此往来。俟我一日机会，到京奏知，教你毁踪灭迹。"[2] 尚巴志作为受害者的委屈表露无遗，但细究之下可能并非如此。根据《明宣宗实录》的记载，宣德五年（1430）八月福建监察御史方端奏报："漳州府龙溪县海寇登岸，杀人掠财，巡海指挥杨全领军不救，全又受县人贿赂，纵往琉球贩鬻，请治全罪。"[3] 表明当时已存在福建民众私到琉球贸易的情况，当然这些民众的活动可能并不仅限于走私贸易，肆意寇掠也是常态，宣德帝就曾对右都御史顾佐说："私通外夷已有禁例，近岁官员、军民不知遵守，往往私造海舟，假朝廷斡办为名，擅自下番，扰害外夷，或诱引为寇。"[4] 从嘉靖二十一年（1542）五月"漳州人陈贵等私驾大舡，下海通番，至琉球，为其国长史、通事蔡廷美等招引入港"[5] 的情况看，琉球并不排斥这些"亦商亦寇"的私自通番者，反而主动接纳。因此，"多是叛囚恶类""阳为进贡，阴为劫掠"应该也是陈铭等人基于事实得出的结论。而琉球之所以主动向明朝提及此事，是担心陈铭等人奏报琉球与私自下海者通交，便先发制人，诉说陈铭等人的"诓骗"行径，让明朝对陈铭所言的真实性产生怀疑，避免出现"若不具奏，诚恐离间，朝贡不便"的局面。最后，琉球本国缺少通事，故选拔国人范德

---

① 《明太宗实录》卷262，永乐二十一年八月戊午，台北"中研院"史语所1962年影印本，第2394页。

② ［琉］蔡铎：《历代宝案》第1集卷16，台湾大学1972年影印本，第510页。

③ 《明宣宗实录》卷69，宣德五年八月癸巳，台北"中研院"史语所1962年影印本，第1627页。

④ 《明宣宗实录》卷103，宣德八年七月己未，台北"中研院"史语所1962年影印本，第2308页。

⑤ 《明世宗实录》卷261，嘉靖二十一年五月庚子，台北"中研院"史语所1962年影印本，第5200—5201页。

出任，希望明朝能赐其冠带。①

其三，模都古使团。其使命有四：首先，贡马45匹、硫黄“二万斤”，庆贺洪熙帝登极；其次，所乘海船“连年装载方物，经涉海洋，往来朝贡”，损坏严重，因琉球物料短少，希望明朝能代为修理；再者，恳请明朝对各船附搭的苏木等物免于抽分，给予价钞；最后，告知明朝业已收到了下赐的洪熙元年大统历。②

琉球虽频繁到明朝贡，但像这样“一月遣三使”的情况却并不多见。就身份来说，实达鲁③、郑义才同为“闽人三十六姓”的成员，分别担任通事、长史。模都古则为琉球本土人，是中山王尚巴志的王舅。因此，单就使臣级别、使命数量来说，模都古使团为最。

根据《明宣宗实录》的记载，三使团分别在宣德元年（1426）三月④、四月⑤、八月⑥抵达明朝。是年六月一日，明朝派遣柴山出使琉球，在颁赐皮弁冠服外，携带铜钱200万文收买生漆及各色磨刀石⑦，由此拉开了宣德时期明朝对琉经贸外交的序幕，这也是梁民市马后时隔43年明朝再次遣使到琉球贸易。宣德二年（1427）六月六日，柴山抵达琉球。因前五样磨刀石、生漆“本国别无所产”，尚巴志便派遣“的当头目”前往“邻国产有地方收买”，但却恰逢“邻国”战乱，客路不通，最后只买得生漆270斤、五样磨刀石3855斤，共计花费铜钱28万2700文。⑧

---

① ［琉］蔡铎：《历代宝案》第1集卷16，台湾大学1972年影印本，第510—511页。

② ［琉］蔡铎：《历代宝案》第1集卷16，台湾大学1972年影印本，第511—512页。

③ 据《明宪宗实录》，成化五年（1469）三月，“琉球国中山王长史蔡璟，以祖本福建南安县人。洪武初，奉命于琉球国导引进贡，授通事。父袭通事，传至景，升长史”。另据《历代宝案》，天顺八年（1464）八月，尚德在发给礼部的咨文中说：“本国长史蔡璟告称，伊父实达鲁，永乐年间身膺通事，屡乘朝贡。”由此，实达鲁为蔡璟之父，其曾承袭父职担任通事，为“闽人三十六姓”后裔。

④ 《明宣宗实录》卷15，宣德元年三月乙卯，台北“中研院”史语所1962年影印本，第412页。

⑤ 《明宣宗实录》卷16，宣德元年四月己巳，台北“中研院”史语所1962年影印本，第426页。

⑥ 《明宣宗实录》卷20，宣德元年八月戊子，台北“中研院”史语所1962年影印本，第546页。

⑦ ［琉］蔡铎：《历代宝案》第1集卷1，台湾大学1972年影印本，第9页。

⑧ ［琉］蔡铎：《历代宝案》第1集卷16，台湾大学1972年影印本，第516页。

小叶田淳认为，所谓的“邻国”实则就是指日本。[①] 而尚巴志以“邻国”代替“日本”应该是鉴于此前失误介入明日交涉的教训，转而对明朝采取回避日本的策略。从时间上推测，当时日本国内的战乱很可能是指宣德三年（1428）爆发的土一揆。[②] 宣德三年（1428）二月十一日，柴山携带收买的物货，启程归国。[③]

在柴山归国前的宣德三年（1428）正月十四日，尚巴志派遣郑义才到明，在谢赐海船外，又请求明朝将附搭的苏木等物折给永乐通宝[④]，这明显有别于此前奏请以价钞折给的惯例。事实上，宣德四年（1429）十二月通信使朴瑞生在使日归国后说：“日本自国都至沿海，钱之兴用，胜于布米。故行者虽适千里，但配钱缗而不赍粮。居路傍者各置行旅寄宿之所，如有客至，争请接之计，受客钱以供人马，关梁则大江设舟桥，溪涧设楼桥，其傍居者掌其桥之税，令过客人纳钱十文或五文，酌其桥之大小而纳之，以为后日修补之资。至于土田舟车之税，无不用钱，故使钱之术广，而人无负重致远之劳矣。”[⑤] 从中可以看到铜钱在当时日本国内经济生活中的地位。而“的当头目”携带铜钱前往日本收买货物时，可能也看到了铜钱蕴含的巨大经济价值。尚巴志或许是为了增加琉球的铜钱储备，以便日后开展对日贸易，于是向明朝提出了以铜钱折给的请求。

宣德三年（1428）八月，柴山返归明朝。[⑥] 是年十月十三日，柴山再次受命出使琉球，在嘉奖尚巴志诚心事大的同时，要求琉球用此前剩余的 171 万 7300 文铜钱收买屏风、生漆、磨刀石等物。[⑦] 但是，柴山并未

---

① ［日］小葉田淳：《中世南島通交貿易史の研究》，東京：刀江書院 1968 年版，第 16 頁。

② ［日］川勝守：《環中国海地域間交流と明帝国冊封体制——沖縄県『校訂本・歴代宝案』による新研究》，载《日本近世と東アジア世界》，東京：吉川弘文館 2000 年版，第 28 頁。

③ ［琉］蔡铎：《历代宝案》第 1 集卷 16，台湾大学 1972 年影印本，第 517—518 页。

④ ［琉］蔡铎：《历代宝案》第 1 集卷 16，台湾大学 1972 年影印本，第 516 页。

⑤ 《朝鲜世宗实录》卷 46，宣德四年十二月乙亥，首尔大学图书馆藏刻本，第 14 页 b。

⑥ 据《历代宝案》，在宣德三年（1428）二月十一日柴山启程归国之际，尚巴志派遣梁回等附搭柴山船队到明，进献方物，谢颁赐皮弁冠服之恩。另据《明宣宗实录》记载，是年八月梁回贡方物，谢赐皮弁冠服。由此，柴山归国也应在此时。

⑦ ［琉］蔡铎：《历代宝案》第 1 集卷 1，台湾大学 1972 年影印本，第 9 页。

立刻出使，而是直至宣德五年（1430）方才启程[①]，并在是年八月七日抵达琉球。[②] 尚巴志随即派遣阿普察都到“邻国产有地方”收买，并成功购得上述物货，而此“邻国”仍旧是指日本。[③] 是年十二月二十二日，阿普察都在返航途经由鲁奴（与论岛）时遭遇海难，人船俱没，物货无存。[④] 宣德六年（1431）四月十日，尚巴志向明朝遣使通告此事。考虑到此前琉使顺搭柴山船只到明的先例，柴山也应在此时启程归国，第二次使琉也就此结束。

综上所述，宣德前期明朝的对琉外交，主要是围绕柴山的两次出使展开的。单纯就史料记载来说，柴山两度出使主要是为了收买货物，开展贸易。这就改变了永乐、洪熙时期明朝对琉遣使过分侧重谕祭、册封等政治性事务的局面，增强了琉球对明朝贡的热情，也在客观上推动了琉球海外贸易的发展。可以说，宣德前期的明琉国交主要体现为经贸外交。然而，从当时的东亚情势分析，柴山两次出使不会只是为了开展贸易。

事实上，宣德帝即位后便有意重开对日外交。[⑤] 但明日关系中断已久，对日本国内的情形及日本对明朝的态度都难以准确把握，一旦贸然遣使，可能会重蹈永乐朝的覆辙，明朝需要依靠第三方助力对日交涉。而对明恭顺事大、与日本关联紧密的琉球自然就成了明朝的首选。当然，明朝对此也存有疑虑：永乐朝的“引路”要求已使琉球连续三年不曾朝贡，这或许已经给琉球带来了极大麻烦，而琉日关系也可能因此出现了裂痕，琉球能否承担起助力复交的使命并不确定。而且琉球一旦知晓明朝本意，极有可能推诿拒绝，即便勉强接受，或许也会虚与委蛇，不肯

---

① （明）萧崇业：《使琉球录》卷下，《使琉球录三种》，大通书局 1988 年标点本，第 133 页。

② ［琉］蔡铎：《历代宝案》第 1 集卷 12，台湾大学 1972 年影印本，第 397 页。

③ ［日］宮田俊彦：《琉明・琉清交涉史の研究》，東京：文献出版 1996 年版，第 199—200 頁。

④ ［琉］蔡铎：《历代宝案》第 1 集卷 16，台湾大学 1972 年影印本，第 523 页。

⑤ 对于宣德帝重开对日外交的意图，一方面是营造“四方番国皆来朝”的局面；另一方面，永乐十七年（1419）的望海埚之战和己亥东征虽给倭寇以重创，但倭寇侵扰并未根绝，从宣德七年（1432）明朝发往日本的国书中有“且使海滨之民皆得以永享太平之福”之语看，恢复对日外交也是为了“禁倭”。

尽力。在此背景下，就有了柴山两次到琉球收买货物。

在明朝眼中，漆器和刀具都是日本的主要进贡物。[①] 基于此，明朝也会产生日本国内不缺少生漆、磨刀石的认识。此外，从永乐朝多次赐予日本铜钱[②]的情形推察，又会得出日本喜好铜钱的结论。派遣柴山携带大量铜钱到琉球，让其代为收买生漆、磨刀石的意图就在于：首先，以生漆、磨刀石代替日本色彩浓厚的漆器、刀具，降低琉球的警戒心，进而以仍具有日本色彩的生漆、磨刀石的交易，探查琉球与日本关系的状况，评估借助琉球实现明日复交的可行性；其次，通过琉球向日本释放明朝急需日本物货的信号，并以 200 万文的巨额贸易之利，吸引日本到明朝贡。从结果看，此次收买使明朝看到了琉日仍旧通好的事实。但与此同时，明朝也获知了日本国内局势动荡的情报，加之贸易额过低，仅占此前预期的 14.1%，难以向日本展现与明朝贸易的优越性。这些情况表明，当时并非明日复交的最佳时期。柴山第二次到琉球收买货物时有两个不同之处。其一，在出使命令下达后，柴山并未即刻启程，而是迟滞近 2 年后方才前往，柴山此举很可能是为等待日本国内局势恢复稳定。其二，在收买的物货中加入了屏风，其依据可能有三：首先，屏风同为日本物货；其次，通过屏风交易再次确认琉日关系；最后，鉴于此前生漆、磨刀石贸易额有限，以增加交易品类的方式确保预期贸易额的实现。此后，阿普察都率领的船队虽遭海难倾覆，但收买结果却是："前项遗下铜钱一百七十一万七千三百文尽买屏风、生漆及各样磨刀石等件。"[③] 表明交易顺利完成，且达到了预期的贸易额，这也预示着日本国内局势可能已经趋于稳定。在情形已明的态势下，宣德帝第三次派遣柴山出使，并正式向琉球提出了"转谕"日本的要求。

---

① 程红梅：《明代中日朝贡贸易与漆器交流》，《海交史研究》2002 年第 1 期。

② 据《明太宗实录》所载，永乐二年（1404）十一月，赐义满"钞钱彩币"；永乐三年（1405）十一月，赐义满"钞五千锭，钱千五百缗"；永乐四年（1406）六月，赐义满"钱钞彩币"；永乐五年（1407）五月，赐义满"铜钱一万五千缗"，王妃"铜钱五千缗"；永乐六年（1408）五月，赐义满"钱十万"；永乐九年（1411）二月，赐义满"钱五千缗"。

③ ［琉］蔡铎：《历代宝案》第 1 集卷 16，台湾大学 1972 年影印本，第 523 页。

二　明朝的“转谕”要求与琉球的应对

宣德七年（1432）正月二十六日柴山再次受命出使，次年六月二十二日抵达琉球，除向中山王及王妃颁赐赏物、携带铜钱2000贯收买“洒金果合彩色屏风、彩色扇、五样磨刀石、腰刀、衮刀、硫黄、生漆、细沙鱼皮”① 等物货外，还肩负着请求琉球转谕日本的使命，其所携带的国书如下：

> 朕闻王□与日本国接境，商贾往来，道路无阻。兹遣内官柴山等来王国中公干，并遣敕谕一道，王宜遣人赍去与日本国王，令其遣使往来和□及买卖生理，同享太平之福。如日本国王有使臣来朝，就令附搭柴山等船同来。王其体至怀、故怀。②

从中可知，国书的文意有四：首先，明朝从地理、经济、交通三个方面，点明了琉球与日本的密切关联，这实则也是在列举让琉球转谕的理由；其次，要求琉球向日本遣使，转送明朝敕谕；再者，强调明朝对日本并无政治、军事上的野心，只是想与日本和平相处、通商贸易；最后，如有日本使者，可附搭柴山船队到明。以此国书颁降为开端，明琉双方围绕“转谕”一事展开了一系列的外交折冲，个中情形被详细收录在了宣德九年（1434）八月十五日中山王尚巴志发给礼部的咨文中：

> 宣德八年六月二十二日，钦差内官柴山等赍捧敕谕到国开读，并遣敕谕一通：“王宜遣人赍去与日本国王，令其遣使往来和好及卖买生理，同享太平之福。钦此、钦遵。”即日又承准钦差内官柴山等说：要就驾来船三只，买办完日，同去日本国开读。除外，缘钦承官钱买办屏风等件，并自进方物，装载钦差内官柴山、内使阮渐等船三只事完，于宣德九年五月初一日，即差使者南米结制等同通事

① ［琉］蔡铎：《历代宝案》第1集卷1，台湾大学1972年影印本，第11—13页。

② ［琉］蔡铎：《历代宝案》第1集卷1，台湾大学1972年影印本，第13页。

李敬，及撰拨火长，并精装人等七十名，及米粮等物，分装各装各船，赍捧敕谕一通，随同附搭护送钦差内官柴山等船三只，前往日本国王处开读。行间，蒙钦差内官柴山等取请敕谕，就留自收在船外，后蒙变词，言说："不去日本国开读，我要回还。"然此今见南风，不是回还时月，以行累使再三告留外，然后卑爵出往山北赛祭海神处。间据通事郑长等前来告报：本国所用其僧，一名"受林"，有奴婢八志罗，纵容其妻与本僧通奸，却乃谋杀本主身死，负罪奔投钦差内官柴山等驿内，蒙收留匿带，内已于宣德本年六月二十四开洋去讫。缘卑爵切思：本邦自洪武、永乐年来，至今忠事圣朝，朝贡以时，抚字听令，不敢忘上圣恩。切见钦差内官柴山等当先说要买办完日，同去日本国开读，及至本国已定差使，赍捧敕谕随同前往，却行留阻，又说称"今五月犯我本命"等词，不去开读。及拐带罪人，径行回还。①

单从尚巴志的表述看，琉球在接到明朝的转谕请求后，并未拒绝，而是以实际行动积极践行转谕。与之相对，柴山却状况百出，终致转谕无法实现。字里行间，刻画了琉球恭顺事上、柴山肆意阻挠的形象。但是，考虑到琉球本不愿介入明日交涉的心态，尚巴志所言可能并非事实，而柴山的诸多奇怪举动或许另有隐情。

按照国书所言，转谕之事，包括向日本遣使、转送敕谕、带回日使在内都应由琉球全权负责，柴山只是传达转谕请求、携带日使归国，并不参与具体事务。因此，柴山主动提出"买办完日，同去日本国开读"的要求明显不合时宜，且属僭越职权之举。如前所述，在转谕之外，柴山也向琉球提出了收买货物的请求。此次收买的物货在品类上多于以往，且皆为日本所产。琉球的反应与此前相比并无二致，仍说"即差头目管领人船，装载铜钱前至邻国"收买。然而，在已经接受明朝转谕请求的情况下，仍然以"邻国"回避日本，掩盖与日本"商贸往来"的事实，自然会

① ［琉］蔡铎：《历代宝案》第1集卷16，台湾大学1972年影印本，第538—540页。

使柴山对琉球的转谕诚心产生怀疑。在此背景下，便不难理解“买办完日，同去日本国开读”的主张了。柴山应该是想通过日本物货收买的完成情况，特别是会不会出现贸易量减少、是否会再度发生“海难”等，以这些细微的波动间接体察琉球对明朝转谕请求的心态。而“同去日本国开读”应该是为了实时监督琉球，避免受到蒙蔽，确保转谕的顺利完成。

在“买办完日”，琉球遵照前议，组建了以南米结制为首的转谕使团，准备与柴山“同去日本国开读”。与之相对，柴山却将此前交予琉球的日本敕谕重新收回，“就留自收在船”，表明柴山似乎并不信任琉球转谕使团。此外，又以“今五月犯我本命”“却行留阻”。当然，柴山此言并非是说不去日本，只是五月不合适，这就给人一种感觉：柴山应该是在等待着什么。此后不久，又蒙“变词”，不愿前往日本，准备归国，意味着柴山已经单方面放弃了借助琉球转谕日本的计划。对琉球来说，既然柴山已主动放弃转谕之议，自己就应顺水推舟，这样既能避免卷入明日交涉，又能免于招致明朝不满，为何偏要以风信不顺为由，“再三告留”呢？与之同时，尚巴志离开首里王都，远赴山北祭祀海神之处，不久之后便发生了奴婢八志罗杀害本主僧人逃奔柴山处的事件。柴山非但没有将八志罗拘捕发还，反而加以收留，并“匿带”归国。那么，如何看待上述事件呢？解开问题的关键应该还是所谓的“八志罗事件”。

若按咨文所言，“八志罗事件”只不过是琉球国内的一桩普通刑事案件，但实际情况却并非如此。“奴婢八志罗”和“僧人受林”实则是被捏造的，其真正的人物原型应该是“倭人八郎”和“僧正琪”。宣德十年（1435）三月十五日，明朝在发给中山王尚巴志的敕谕中明确指出：

> 王奏内官柴山今次□事，及私带罪人回还等因。又王国先有倭人八郎来告，同日本国书与僧正琪内搭琉球船前来买卖，就带日本国书与内官柴山。王知而怒，□僧正琪杀正，八郎惊惧走柴山处求救，柴山就带引来京。①

① ［琉］蔡铎：《历代宝案》第1集卷1，台湾大学1972年影印本，第14页。

从中可以看到，“八郎事件”其实是关涉明、日、琉三方的国际事件。从尚巴志在知晓“就带日本国书与内官柴山”后只杀正琪的表现看，负责国书保管、转交的应该是僧人正琪，倭人八郎只是随行，这或许就是尚巴志将杜撰的“受林”“八志罗”分别定位为“本主”“奴婢”的依据所在。对于正琪的所属，前述咨文、敕谕皆未言明。宫田俊彦认为是日本僧人，但并未给出具体的理由。[①] 尚巴志在咨文中说：“本国所用其僧，一名‘受林’。”从“其僧”的表述看，受林并非琉球本土僧人，由此作为“受林”原型的正琪应该也是如此，当为外来僧人。而琉球佛教又被认为是南宋咸淳年间由日本僧人禅鉴传入的。[②] 此后，因琉日经贸往来密切，琉球对佛教的重视和对外来僧人的礼遇，使得日本僧人渡琉的情况急剧增加，琉球本土僧人也多“游学日本”，双方僧人往来相当频繁。[③] 综合这两点考虑，正琪应该是附搭商船到琉的日本僧人。从携带国书，并在到达后直接交予柴山的举动看，正琪的指向性极其明确，说明其对柴山的在琉动向已有准确把握，这意味着正琪与柴山或许在此前就已经有了某种程度的接触。

事实上，宣德五年至六年（1430—1431）柴山第二次使琉时，曾在当地建造了大安禅寺。据《大安禅寺碑记》所载，柴山在前往琉球途中，曾遭遇暴风，因赖“神佛之光”庇佑，才得“波涛一息，河汉昭明”，“迅风顺渡，不崇朝而抵岸焉”。柴山为“安奉佛光”“以答扶危之惠”，便建造了大安禅寺。根据《琉球国由来记》的记载，琉球的佛寺一般建于“岩石峨峨，峻坂险路”[④] 之处，一方面符合禅修之意，另一方面也可增强佛寺的神秘主义色彩。然而，大安禅寺的建造理念却明显有别于此。大安禅寺建于“海岸之南”，且“辟山为地，引水为池，救之陾陾，筑之登登，成百堵之室，辟四达之衢”[⑤]，特别注重规模宏大和交通便利两个

① ［日］宫田俊彦：《琉明・琉清交涉史の研究》，東京：文献出版 1996 年版，第 150 頁。

② ［日］宮家準：《補陀落渡海考》，《神道宗教》1977 年第 88 號。

③ （清）徐葆光：《中山传信录》，《清代琉球纪录续辑》，大通书局 1988 年标点本，第 95 页。

④ 《琉球国由来記》卷 10，《琉球史料叢書》，東京：東京美術刊 1973 年整理本，第 1 册，第 206 頁。

⑤ （明）萧崇业：《使琉球录》卷下，《使琉球录三种》，大通书局 1988 年标点本，第 133 页。

方面。以规模宏大的佛寺“安奉佛光”“以答扶危之惠”倒也合理，但确保交通便利似与此主旨无关。其实，对柴山来说，建造大安禅寺，也是为了让“巢居穴处者”，特别是与琉球为邻的“佛国”都“得以睹其光”①。其言外之意就是希望“巢居穴处者”“佛国”等能到大安禅寺。在此背景下，确保交通便利自然就显得格外重要。对此“佛国”，柴山虽未明言，但多半是指日本。柴山可能是鉴于日本“崇佛”和琉日商贸往来频繁，想通过建造规模宏大、交通便利的佛寺，吸引日本到琉。这样，大安禅寺就成了明朝在海外收集日本消息的情报站和明日双方进行非正式接触的据点，有助于改善片面依赖琉球和对日交涉渠道单一的局面。

如果沿着这一思路加以推测的话：柴山在等候收买船队归航期间，很可能结识了到琉一睹大安禅寺的日本僧人正琪。鉴于对琉球转谕诚心的怀疑，柴山应该向正琪提出了助力明日交涉的请求。正琪接受了这一请求，进而返回日本疏通。在收买事毕后，柴山之所以收回此前给予琉球的日本敕谕，一方面是对琉球的不信任，另一方面也是萌生了撇开琉球，借助正琪独立与日本交涉的想法。“今五月犯我本命”只是借口，目的是拖延时间，等候正琪返琉。之后，正琪不负所托，成功带回了“日本国书”。当然，同期日本史料中对此国书并无记载，伪作的可能性极大，而僧人正琪也可能只是日本某一地方势力（或许是萨摩②）的使者，并非幕府使臣。但对柴山来说，随着国书的呈递，正琪日本使臣的身份确认无疑，柴山也就下定了借助正琪独立到日本的决心。为了避免引起琉球怀疑，便说放弃转谕，准备归国。但尚巴志很可能已经察觉到了柴山的意图，因为当时南风正盛，并不利于返归明朝，加之已经获知正琪将日本国书交予了柴山，综合这两点，尚巴志就会产生正琪可能要导引

---

① （明）萧崇业：《使琉球录》卷下，《使琉球录三种》，大通书局 1988 年标点本，第 133—134 页。

② 如前所述，萨摩是“南岛路”的重要经由地，在日琉通交中发挥着重要作用。根据《琉球国由来记》的记载，日本禅师芥隐承琥在前往琉球时，“风便亦稀”，“因来萨州宝福寺（俗曰“山寺”），盘结一庵（遗址犹在，曰“琉球谷”），观时节因缘矣。”从中可以隐约推察出萨摩与日僧渡琉之间的联系。而岛津氏自始便致力于对明贸易，与岛津氏有关的日僧对此应该有所了解。当其在琉球遇到明使后，出于为岛津氏打开对明通交的局面而接受柴山委托就在情理之中。因此，正琪是萨摩僧人的可能性较大。

柴山凭借南来信风前往日本的认识。然而，一旦此行成功，不仅会损害琉球的转谕之诚，招致明朝的怀疑和不满，单就日本僧人到琉一事，就坐实了琉日通好。如果此后明朝再以此为借口命琉球承担对日交涉中介，也就无法拒绝了。更为重要的是，当时日本僧人到琉频繁，不能保证以后就不会再发生日本僧人交通到琉明使的事件。如何阻断僧人这一明日在琉的交涉渠道，也成了尚巴志必须要解决的问题。

在此情势下，尚巴志下定了诛杀正琪的决心，以此使柴山独立使日无法成行，并借此警告、震慑在琉日僧，使他们皆以正琪为戒。之后，尚巴志便遣使“再三告留”，借以争取时间，进而派人将正琪杀害，自己则远赴山北，表明对僧人被杀之事毫不知情。而八郎未被诛杀，可能并非是因“惊惧逃走”，应该是尚巴志故意放跑的：一方面，八郎只是同行，并非“主谋”；另一方面，故意让八郎告知柴山真相，间接向柴山表明自身对充当明日交涉中介者的反感，让柴山看到琉球不愿承担转谕使命的心态，以此杜绝正琪被杀后，柴山重提转谕要求的可能。随着正琪被杀，柴山失去了中介使者，不得不偕八郎归国。两个月后，尚巴志也派遣领沙每、梁永保到明陈情，在塑造自身恭敬事大形象的同时，将转谕失败的责任推给柴山。

在宣德帝即位后不久，足利义持去世，其弟足利义教袭位，日本随即向朝鲜遣使通报。宣德三年（1428）十二月，朝鲜派遣朴瑞生出使日本，“贺新主嗣位，致祭前主”[①]。次年十二月，朴瑞生归国，其在奏报中言及了足利义教在接见时对他说过的话：“欲继父王之志，服事上国，恐以前日之事，祇被留拘。请归告国王，俾达吾志于上国，为远夷沾圣化。”[②] 表明在即位伊始，足利义教就有了继承先父义满之志，重开对明国交的打算，并且向朝鲜提出了代为转达明朝的请求。然而，日本的转达请求却使朝鲜陷入了难以决断的境地。根据《朝鲜世宗实录》的记载，当时朝鲜世宗说：

① 《朝鲜世宗实录》卷 42，宣德三年十二月甲申，首尔大学图书馆藏刻本，第 20 页 a。

② 《朝鲜世宗实录》卷 46，宣德四年十二月辛巳，首尔大学图书馆藏刻本，第 17 页 a。

> 此意甚美！盖小国不能自达于大国，必赖藩屏之臣导达诚意，自古而然。今不奏达，则是沮其迁善之心，且非我国，则实无凭借之处，宜将其意转奏上国。然彼辈反覆无常，后日若不朝聘，则恐朝廷还使我国，问罪于日本。若不听其请，而朝廷异日闻之，则必归咎我国矣。此非国论之难断者乎？……若复以此意遣人来请，则将何以处之？①

对此，左右大臣认为：“日本国王悔前日之非，复欲臣事，其意虽美，然此国自古乍臣乍叛，未可以信今日之言而转奏之也。倘后日背之，则反为我国之患，而悔无及矣。……但劝其事大之意，不可转达于上国也。”世宗对左右大臣所言并不满意，下令“更议以闻”②。但在此后，《明宣宗实录》《朝鲜世宗实录》皆未有朝鲜向明朝转达日本复交之意的记载。这说明，此后的讨论结果可能仍是维持前议。也就是说，朝鲜出于自身国家利益的考虑，并未向明朝转达。

宣德七年（1432），日本下定了独立遣使到明的决心。按照《满济准后日记》的记载，宣德七年（1432）六月三日，“唐船事、大略今日治定了、寄合船事、赤松令奉行面面催促之、舟修理以下事可申付”③。次年五月，以龙室道渊为代表的日本使团到明朝贡，宣德帝对日本使团220人皆给予赏赐④，并于次月派遣鸿胪少卿潘赐等出使日本，以答朝贡之诚。⑤这说明，在柴山第三次使琉期间，明日国交已经恢复。在此背景下，明朝虽已知转谕失败的真相，但也不想再与琉球发生冲突，便将柴山交由法司问罪，八郎交付锦衣卫处决，并通过到明琉使转达嘉奖之意，以此安抚中山。⑥对此，尚巴志心领神会，随即遣使拜谢：“深蒙恩宠，

---

① 《朝鲜世宗实录》卷46，宣德四年十二月辛巳，首尔大学图书馆藏刻本，第17页a。

② 《朝鲜世宗实录》卷46，宣德四年十二月辛巳，首尔大学图书馆藏刻本，第17页a。

③ 神户市役所：《神户市史·資料一》，神户：凸版印刷株式會社1938年版，第9頁。

④ 《明宣宗实录》卷102，宣德八年五月甲寅，台北“中研院”史语所1962年影印本，第2277页。

⑤ 《明宣宗实录》卷103，宣德八年六月壬辰，台北“中研院”史语所1962年影印本，第2298页。

⑥ ［琉］蔡铎：《历代宝案》第1集卷1，台湾大学1972年影印本，第14页。

补□是图，惟坚葵藿之诚，上祝万年之寿，无任瞻天仰圣，激切屏营之至，谨奉表称谢。”[①]

综上所述，宣德时期柴山三次出使琉球并不是彼此分立的，其归结点应该都是为了借助琉球转谕日本。但因琉球中山对充当明日交涉中介的消极态度，最终以失败告终。然而，根据《看闻日记》的记载，宣德七年（1432）八月十六日，“室町殿明日兵库御下向、是唐船被渡御览以次须磨明石等名所共可被御览云云”[②]。从中可知，幕府在明日复交之际，准备派到明朝的使船中便装有“磨明石”（“磨刀石”）等物，这应该就是受柴山到琉球收买货物影响的结果。由此，柴山三次出使虽未实现借助琉球转谕日本的目标，但无疑成功传递了明朝欲与日本“往来和好，买卖生理”的心意，起到了间接促成日本朝贡的作用。此外，根据历代《使琉球录》的记载，琉球虽佛寺众多，但却规定到琉册封使者“不得轻易往来”，也不能与当地僧人交谈，僧人“亦不敢见”中国使者。[③] 而且，“国禁僧不得渡海入中国，惟至日本参学者有之”[④]。琉球在佛寺、僧人问题上对中国采取的防备、疏离姿态或许也是“八郎事件”的后遗症。从这个意义上说，柴山出使也极大地影响了琉球的佛教政策。

---

① ［琉］蔡铎：《历代宝案》第1集卷12，台湾大学1972年影印本，第406页。

② 神户市役所：《神户市史·資料一》，神户：凸版印刷株式會社1938年版，第1頁。

③ （明）陈侃：《使琉球录》，《使琉球录三种》，大通书局1988年标点本，第18页。

④ （清）周煌：《琉球国志略》卷16，《丛书集成初编》，上海：商务印书馆1936年排印本，史地类，第3247册，第208页。

结　　语

从整个明琉关系的演进轨迹看，明初的近70年的时间，是中琉国交的建立期和琉球统一国家的形成期，奠定了有明一代双方交往的政策基调和制度基础，是深刻理解此后双边关系发展、演变的起点和前提。特别是对于明朝来说，这一时期是以明朝为中心的东亚区域秩序的形成确立期，其间各种政治势力相互角力，国际形势变幻诡谲，明朝的对外交往面临着极大挑战。在这样的背景下，明朝是如何开展对琉球外交的，双边关系有着怎样的特殊内涵，最终又产生了什么样的影响，颇值得思考。

就琉球本身的特性来说，它是东亚海域内部的重要枢纽，也是东亚关系的重要参与者。除明朝外，其与高丽、朝鲜、日本、安南、占城、暹罗等都保持着密切联系，是联接东北亚和东南亚、东海和南海的桥梁，被誉为“万国津梁”。因其国内物产匮乏，日常所需难以自给，不得不仰给于外，这就培育了琉球“海外贸易立国”的性格。琉球是深深根植于东亚关系中的存在，其对东亚关系的感知极其敏感，而东亚局势变动带给琉球的影响也最为明显，村井章介甚至提出了“以琉球为中心的国际秩序”这一概念。琉球在东亚的地位是建立在与明朝关系基础之上的，而明朝与琉球关系的变动往往体现出的又是东亚整体局势的改变。可以说，琉球是反观东亚关系的“晴雨表”。因此，当我们把中琉关系放入明初东亚国家关系的宏观背景下，依托关联性史料线索，以东亚内部国家关系普遍联动的视角进行研讨，就会发现那些看似支离破碎、平淡无奇而又“风马牛不相及”的文本叙事背后或许暗含着某种整体性的关切，

“微观”的明琉关系也会折射出“宏观”的东亚场景。

具体来说，明初中琉关系的发展演变，并不只是明琉双方彼此互动所致，而是与东亚整体地缘政治局势的演进紧密关联在了一起。在这个过程中，明朝对琉球的认知逐步立体和完善，对琉球在东亚区域秩序体系构建过程中所应该承担的角色、发挥的作用等的定位也渐趋清晰明确。起初，明朝主要是从面临的“北虏”和“南倭”这两个现实问题出发，将琉球定位在了强化正统以配合北征和树立藩屏以牵制日本两个方面。随着洪武七年（1374）吴祯在“琉球大洋”捕获“倭寇”和琉球首次遣使贡马，明朝看到了琉球与高丽、耽罗之间可能存在的联系，认识到了琉球在东亚海域内部具有的广泛关联性特质。这种认知的转换，成了明朝重新对琉球进行角色定位的契机，也奠定了此后明朝借助琉球构建东亚区域秩序的前提和基础。洪武十六年（1383）梁民出使琉球，可以看作明朝依靠琉球联动影响高丽、日本的首次尝试。此后，洪武二十一年（1388）遣使移居地保奴、永乐十五年（1417）明朝关联日朝琉、永乐十七年（1419）吕渊通过琉球“引路”出使日本、宣德帝请求琉球“转谕”日本等无不与此一脉相承。

近来，有研究从“圈层”的角度探讨明朝对外交往的顶层设计，并将琉球定位在了“以恩威并施、拉拢与防备并行为特点”的“第二层级”。“圈层”说对丰富明朝对外交往的内涵大有助益，但不免有被“圈层”“固化”的危险，在解释上难免形式化。实际上，自洪武二年（1369）正月“倭人入寇”事件发生后，明朝开始将辽东残元势力、高丽、日本三者做体系性思考。对明朝来说，东亚已经成了一个具有联动性特质的有机整体，这种联动性、整体性的认识本身就淡化了“圈层”的“界限”。洪武七年（1374）通过“索马”促成高丽征讨耽罗，就是明朝以“以点带面”的方式从整体视野深刻介入东亚事务的表现。在此过程中，琉球在东亚海域内部的广泛关联性显现，琉球自然也就成了耽罗以外的，明朝构建东亚区域秩序的又一战略支撑点，明朝对琉球的系列政策也就具有了浓厚的“关联东亚”色彩。这些情况表明，明朝的东亚外交不会完全拘泥于被“切割”的“圈层”划分中，对琉球也不会只停留在两国关系下的“恩威并施”和“拉拢防备”。

明初的外交策略极其灵活，外交手段也相当多样。从总体上说，明朝的对外交往是在“不征”的基调下展开的，通过放弃天子的征伐之权，明朝谋求建立一种基于国与国关系的“和平共处型”的外交模式。由此，在对外交往中，“伐兵”较之“伐交”已明显居于次要地位，“伐交”地位的提升无疑对外交策略、手段提出了更高的要求，外交策略、手段选取的得当与否对外交意图的达成往往起着至关重要的作用。从与琉球、高丽、朝鲜、日本的交往史实看，明朝采取了诸如“避重趋利”“因势利导”“以口舌代戈矛”，以及借助第三方、营造威压态势等策略，并依靠颁降诏令、主动遣使、索马、市马、军事威逼、移居、贸易等具体手段，尽力实现自身的利益诉求，进而催生出了“诏令外交”“宦官外交”“马匹外交”“军事外交”“移民外交”“经贸外交”等多种外交形式。总地来看，这些外交策略、手段、形式并不都达到了预期的效果，但却从侧面体现出明初东亚区域秩序构建的复杂性和艰巨性。

外交从本质上说是内政的延伸，对外交往的最终目的在于确保、实现本国的国家利益。共同利益诉求的存在，也是双边关系建立的前提和基础。明初的中琉交往，既有和谐的一面，也有冲突的一面，其根本还是在于是否威胁到了各自国家的核心利益这一底线。洪武二十六年（1393）明朝诛杀“非议诏书”的琉球官生和宣德八年（1433）琉球中山王一手炮制“八郎事件”就表明，一旦外交有碍国政，触及国家根本，双方都会果断处置，毫不手软。明朝自不待言，琉球也不会因自身“国弱民贫”、朝贡制度所确定的上下尊卑之别而委曲求全。当然，在具体表现形式上还是有所差异的，较之明朝的“公开处置”，琉球主要还是采取“暗自对抗”的立场。此外，也存在着像高丽恭愍王那样的，在平衡内政与外交的基础上追求国家利益最大化的情况。

明琉国交的建立及明朝初期系列优待政策的推行，对琉球的发展至关重要。通过加入以明朝为中心的东亚秩序中，琉球确立了自身的国家地位和国际地位。借助明朝权威和引入相关文物制度（诸如官制、服饰等），琉球整备了以“王”为顶点的国内统治秩序。朝贡贸易体制的渐趋强化及其对明通交贸易窗口地位的获得，为冲绳岛从经济层面统合奄美诸岛、先岛诸岛创造了条件，在客观上推动了琉球群岛的一体化进程。“朝贡不时”特权的赐予、海船的持续下赐和“闽人三十六姓”的派遣，确保了琉球东亚转手贸易地位的稳定，提高了其远洋航海能力，有利于拓宽海外贸易网络。这些无疑都为明朝中期琉球王国体制的最终建立和“大航海时代”的到来奠定了基础，而琉球“万国津梁”的雄心实则也脱胎于此。

宣德朝以后，中日国交正常化，倭寇侵扰逐渐销声匿迹，中朝关系也基本稳定，“东海晏然”持续近百余年。在此情势下，琉球的战略重要性再度降低。加之明朝自身国力衰退，对外态度日渐消极，明朝也就改变了优待琉球的方针，转而以“多端违法，俱有显迹”“节省冗费，以苏民力”为借口，限制琉球贡期、申严贡道、停止海船下赐、削减入京人数、按市价折给物货等。较之其他海外国家来说，明朝的对琉政策越发具有了“一视同仁”的色彩。直至嘉靖时期，“宁波事件”发生，明日关系恶化，沿海倭患复炽，琉球才又重新获得明朝的关注和重视。此后，直至明朝灭亡，琉球自觉或不自觉地卷入了明朝与东亚国家的关系之中，明琉关系及琉球自身在东亚的国际地位也随之发生重大改变。

附录一　明朝初期遣使琉球一览

出使时间	归国时间	使者	官职	出使目的
洪武五年（1372）正月	洪武五年（1372）十二月	杨载	行人	通告建国，敦促朝贡
洪武七年（1374）十二月	洪武九年（1376）四月	李浩	刑部侍郎	“赏赐”和“市马”
		梁子名	通事	
洪武十五年（1382）二月	不详	路谦	尚佩监奉御	护送中山使团归国
洪武十六年（1383）正月	洪武十六年（1383）九月	梁民	内使监丞	劝导三王“罢战息兵”
		路谦	尚佩监奉御	
洪武十八年（1385）正月	不详	蔡英夫	行人	补赐山南、山北镀金银印，下赐中山、山南海舟各一只
洪武二十一年（1388）七月	不详	不详	不详	移居地保奴
洪武三十一年（1398）	不详	不详	不详	通告太祖驾崩，建文帝即位
建文四年（1402）九月	不详	不详	不详	通告永乐帝即位
永乐元年（1403）八月	不详	边信	行人	赏赐
		刘元	行人	
永乐二年（1404）二月	不详	不详	不详	吊祭察度；册封武宁
永乐二年（1404）四月	不详	不详	不详	册封汪应祖，赏赐冠带、衣服
永乐五年（1407）四月	不详	不详	不详	册封思绍
永乐十三年（1415）五月	不详	陈秀芳	行人	册封他鲁每，赏赐诰命、冠服、钞

续表

<table>
<tr><th>出使时间</th><th>归国时间</th><th>使者</th><th>官职</th><th>出使目的</th></tr>
<tr><td>永乐十三年（1415）十一月</td><td>不详</td><td>不详</td><td>不详</td><td>遣使思绍，通告“直佳鲁事件”</td></tr>
<tr><td rowspan="5">洪熙元年（1425）二月</td><td rowspan="5">不详</td><td>陈资茂</td><td>行人</td><td>通告永乐帝宾天</td></tr>
<tr><td>漳云</td><td>礼部郎中</td><td rowspan="2">颁布洪熙帝即位诏书</td></tr>
<tr><td>游学</td><td>通政使参议</td></tr>
<tr><td>周彝</td><td>行人</td><td>谕祭思绍</td></tr>
<tr><td>柴山</td><td>内官</td><td>册封尚巴志，颁赐衣物</td></tr>
<tr><td>宣德元年（1426）六月</td><td>宣德三年（1428）八月</td><td>柴山</td><td>内官</td><td>颁赐皮弁冠服，收买货物</td></tr>
<tr><td rowspan="2">宣德三年（1428）十月</td><td rowspan="2">宣德六年（1431）四月</td><td>柴山</td><td>内官</td><td rowspan="2">嘉奖尚巴志，收买货物</td></tr>
<tr><td>阮渐</td><td>内使</td></tr>
<tr><td rowspan="2">宣德七年（1432）正月</td><td rowspan="2">宣德九年（1434）六月</td><td>柴山</td><td>内官</td><td rowspan="2">赏赐中山王及王妃，收买货物，要求琉球“转谕”日本</td></tr>
<tr><td>阮渐</td><td>内使</td></tr>
</table>

表中数据源于《明实录》《中山世谱》《球阳》《历代宝案》等。

附录二　明初琉球遣使到明一览

<table>
<tr><th colspan="2" rowspan="3">时间</th><th rowspan="3">国家</th><th rowspan="3">使者</th><th rowspan="3">目的</th><th colspan="5">当年到明次数</th></tr>
<tr><th rowspan="2">中山</th><th colspan="3">山南</th><th rowspan="2">山北</th></tr>
<tr><th>王</th><th>王叔</th><th>王弟</th></tr>
<tr><td>洪武五年（1372）</td><td>十二月</td><td>中山</td><td>泰期</td><td>奉表贡方物</td><td>1</td><td></td><td></td><td></td><td></td></tr>
<tr><td>洪武七年（1374）</td><td>十月</td><td>中山</td><td>泰期</td><td>奉表贡马及方物</td><td>1</td><td></td><td></td><td></td><td></td></tr>
<tr><td>洪武九年（1376）</td><td>四月</td><td>中山</td><td>泰期</td><td>上表谢恩贡方物</td><td>1</td><td></td><td></td><td></td><td></td></tr>
<tr><td>洪武十年（1377）</td><td>正月</td><td>中山</td><td>泰期</td><td>进表贺正旦贡物</td><td>1</td><td></td><td></td><td></td><td></td></tr>
<tr><td>洪武十一年（1378）</td><td>五月</td><td>中山</td><td>不详</td><td>贡方物</td><td>1</td><td></td><td></td><td></td><td></td></tr>
<tr><td rowspan="2">洪武十三年（1380）</td><td>三月</td><td>中山</td><td>不详</td><td>贡马及方物</td><td rowspan="2">1</td><td rowspan="2">1</td><td rowspan="2"></td><td rowspan="2"></td><td rowspan="2"></td></tr>
<tr><td>十月</td><td>山南</td><td>师惹</td><td>奉表贡方物</td></tr>
<tr><td rowspan="2">洪武十五年（1382）</td><td rowspan="2">二月</td><td rowspan="2">中山</td><td>泰期</td><td rowspan="2">奉表贡方物</td><td rowspan="2">1</td><td rowspan="2"></td><td rowspan="2"></td><td rowspan="2"></td><td rowspan="2"></td></tr>
<tr><td>亚兰匏</td></tr>
<tr><td rowspan="3">洪武十六年（1383）</td><td rowspan="2">正月</td><td>中山</td><td>亚兰匏</td><td rowspan="2">进表贡马及方物</td><td rowspan="3">1</td><td rowspan="3">1</td><td rowspan="3"></td><td rowspan="3"></td><td rowspan="3">1</td></tr>
<tr><td>山南</td><td>师惹</td></tr>
<tr><td>十二月</td><td>山北</td><td>摸结习</td><td>贡方物</td></tr>
<tr><td rowspan="4">洪武十七年（1384）</td><td rowspan="3">正月</td><td>中山</td><td>不详</td><td rowspan="3">进表贡方物</td><td rowspan="4">2</td><td rowspan="4">1</td><td rowspan="4"></td><td rowspan="4"></td><td rowspan="4">1</td></tr>
<tr><td>山南</td><td>不详</td></tr>
<tr><td>山北</td><td>不详</td></tr>
<tr><td>六月</td><td>中山</td><td>阿不耶</td><td>上表贡方物</td></tr>
</table>

续表

时间		国家	使者	目的	当年到明次数				
					中山	山南			山北
						王	王叔	王弟	
洪武十八年（1385）	正月	中山	不详	贡方物，上表贺	1	1			1
		山南	不详						
		山北	不详						
洪武十九年（1386）	正月	中山	亚兰匏	上表贡方物	1				
洪武二十年（1387）	二月	中山	亚兰匏	贡方物及马	1	1			
	十二月	山南	耶师姑	进表献马贺正旦					
洪武二十一年（1388）	正月	山南	汪英紫氏	入贺贡方物	2		1		2
			函宁寿						
		山北	不详	贡方物					
		中山	亚兰匏	进表贡马及方物					
	八月	中山	甚模结致等	上表贺天寿圣节					
		山北							
洪武二十三年（1390）	正月	中山	亚兰匏	表贺正旦贡方物	1				1
			屋之结						
		山北	李仲	贡方物					
洪武二十四年（1391）	二月	中山	亚兰匏	奉表贡马及方物	1		1		
			嵬谷致						
	九月	山南	耶师姑	奉表贡马及方物贺天寿圣节					
			寿礼给智						
洪武二十五年（1392）	五月	中山	渥周结致	奉表贡马遣官生	2	1			
	十一月	中山	察都	表贺冬至					
	十二月	山南	南都妹	贡方物遣官生					
洪武二十六年（1393）	正月	中山	麻州	贡方物	2		1		
	四月	中山	寿礼结致	贡方物遣官生					
	五月	山南	不里结致	贡方物					
洪武二十七年（1394）	正月	中山	亚兰匏等	奉表贡方物	1	1			
		山南							

续表

<table>
<tr><th colspan="2" rowspan="3">时间</th><th rowspan="3">国家</th><th rowspan="3">使者</th><th rowspan="3">目的</th><th colspan="5">当年到明次数</th></tr>
<tr><th rowspan="2">中山</th><th colspan="3">山南</th><th rowspan="2">山北</th></tr>
<tr><th>王</th><th>王叔</th><th>王弟</th></tr>
<tr><td rowspan="4">洪武二十八年(1395)</td><td rowspan="3">正月</td><td>山北</td><td>不详</td><td rowspan="3">贡方物</td><td rowspan="4">2</td><td rowspan="4"></td><td rowspan="4">1</td><td rowspan="4"></td><td rowspan="4">1</td></tr>
<tr><td>山南</td><td>耶师姑</td></tr>
<tr><td>中山</td><td>亚兰匏</td></tr>
<tr><td>四月</td><td>中山</td><td>亚撒都</td><td>奉表贡方物</td></tr>
<tr><td rowspan="9">洪武二十九年(1396)</td><td rowspan="2">正月</td><td>山北</td><td>善佳古耶</td><td rowspan="2">奉表贡方物</td><td rowspan="9">3</td><td rowspan="9">1</td><td rowspan="9">1</td><td rowspan="9"></td><td rowspan="9">2</td></tr>
<tr><td>中山</td><td>程复</td></tr>
<tr><td rowspan="4">三月</td><td>中山</td><td>隗谷结致</td><td>表贡方物</td></tr>
<tr><td>山南</td><td>不详</td><td>表贡方物</td></tr>
<tr><td rowspan="2">山南</td><td>吴宜</td><td rowspan="2">贡方物</td></tr>
<tr><td>堪弥结致</td></tr>
<tr><td rowspan="3">十一月</td><td>山北</td><td>善佳古耶</td><td>贡方物</td></tr>
<tr><td rowspan="2">中山</td><td>蔡奇</td><td>贡方物遣</td></tr>
<tr><td>阿勃耶</td><td>官生</td></tr>
<tr><td rowspan="5">洪武三十年(1397)</td><td rowspan="3">三月</td><td>中山</td><td>友赞结致</td><td rowspan="3">贡方物</td><td rowspan="5">2</td><td rowspan="5"></td><td rowspan="5">1</td><td rowspan="5"></td><td rowspan="5">2</td></tr>
<tr><td>山北</td><td>恰宜斯耶</td></tr>
<tr><td>山南</td><td>渥周结致</td></tr>
<tr><td rowspan="2">十二月</td><td>山北</td><td>恰宜斯耶</td><td rowspan="2">上表贡方物</td></tr>
<tr><td>中山</td><td>友赞结致</td></tr>
<tr><td rowspan="9">洪武三十一年(1398)</td><td>正月</td><td>山北</td><td>不详</td><td>进表贡方物</td><td rowspan="9">3</td><td rowspan="9"></td><td rowspan="9"></td><td rowspan="9"></td><td rowspan="9">1</td></tr>
<tr><td rowspan="5">三月</td><td rowspan="5">中山</td><td>亚兰匏</td><td rowspan="5">贡方物、谢恩</td></tr>
<tr><td>押撒都结致</td></tr>
<tr><td>每步结致</td></tr>
<tr><td>撒都奴侍</td></tr>
<tr><td>女官生姑鲁妹</td></tr>
<tr><td rowspan="3">四月</td><td rowspan="2">中山</td><td>鸦勒佳稽</td><td rowspan="2">贡方物</td></tr>
<tr><td>程复</td></tr>
<tr><td>中山</td><td>阿不耶</td><td>贡方物</td></tr>
</table>

续表

时间		国家	使者	目的	当年到明次数				
					中山	山南			山北
						王	王叔	王弟	
建文（1399—1402）	“三王奉贡不绝”								
永乐元年（1403）	二月	中山	三吾良叠	奉表贺贡方物	2			1	1
	三月	山北	善住古耶	请赐冠带衣服					
		中山	渥周结致长史王茂	贡方物					
		山南							
永乐二年（1404）	二月	中山	三吾良亹	通告察度薨逝	2	1		1	1
	三月	山北	亚都结制	贡方物					
	四月	山南	隗谷结制	贡方物请赐冠服					
	十月	中山	“其舅及相”	贡方物					
		山南							
永乐三年（1405）	三月	中山	三吾良亹	奉表贡物谢恩	3	3			2
	四月	山北	赤佳结制	贡方物					
		中山	养埠结制	赍表献物贺圣节					
		山南	泰赖结制	奉表贡物谢恩					
	五月	山南	不详	遣官生					
	十二月	中山	不详	贡方物贺正旦					
		山南							
		山北							
永乐四年（1406）	正月	中山	不详	进阉人	2	1			
	三月	中山	三吾良亹	贡方物，遣官生					
		山南							
永乐五年（1407）	三月	山南	忝赖结制	贡方物	2	1			
	四月	中山	三吾良亹	贡方物					
		中山	不详	通告武宁薨逝					
永乐六年（1408）	三月	中山	阿勃吾斯	奉表贡方物谢恩	1	1			
		山南	蔑达姑耶	贡方物					

续表

<table>
<tr><th colspan="2" rowspan="3">时间</th><th rowspan="3">国家</th><th rowspan="3">使者</th><th rowspan="3">目的</th><th colspan="5">当年到明次数</th></tr>
<tr><th rowspan="2">中山</th><th colspan="3">山南</th><th rowspan="2">山北</th></tr>
<tr><th>王</th><th>王叔</th><th>王弟</th></tr>
<tr><td rowspan="2">永乐七年
（1409）</td><td>四月</td><td>中山</td><td>不详</td><td>贡方物贺圣节</td><td rowspan="2">1</td><td rowspan="2">1</td><td rowspan="2"></td><td rowspan="2"></td><td rowspan="2"></td></tr>
<tr><td>五月</td><td>山南</td><td>阿勃吾斯古</td><td>贡方物</td></tr>
<tr><td rowspan="5">永乐八年
（1410）</td><td>三月</td><td>中山</td><td>三吾良亹</td><td>贡方物</td><td rowspan="5">3</td><td rowspan="5">1</td><td rowspan="5"></td><td rowspan="5"></td><td rowspan="5"></td></tr>
<tr><td>四月</td><td>山南</td><td>乃佳吾斯古</td><td>贡方物贺圣节</td></tr>
<tr><td rowspan="2">六月</td><td rowspan="2">中山</td><td>阿乃佳结制</td><td rowspan="2">贡方物</td></tr>
<tr><td>林佑</td></tr>
<tr><td>十二月</td><td>中山</td><td>三吴良亹</td><td>贡方物贺正旦</td></tr>
<tr><td rowspan="6">永乐九年
（1411）</td><td rowspan="2">四月</td><td rowspan="2">中山</td><td>坤宜堪弥</td><td rowspan="2">贡方物</td><td rowspan="6">4</td><td rowspan="6"></td><td rowspan="6"></td><td rowspan="6"></td><td rowspan="6"></td></tr>
<tr><td>程复</td></tr>
<tr><td>六月</td><td>中山</td><td>模都菁</td><td>奉表谢恩</td></tr>
<tr><td>十一月</td><td>中山</td><td>三吾良亹</td><td>贡方物</td></tr>
<tr><td rowspan="2">闰十二月</td><td rowspan="2">中山</td><td>泰勃奇</td><td rowspan="2">贡方物贺正旦</td></tr>
<tr><td>郭伯姑赖耶</td></tr>
<tr><td rowspan="2">永乐十年
（1412）</td><td>二月</td><td>山南</td><td>阿勃吾斯古</td><td>贡方物</td><td rowspan="2">1</td><td rowspan="2">1</td><td rowspan="2"></td><td rowspan="2"></td><td rowspan="2"></td></tr>
<tr><td>四月</td><td>中山</td><td>坤宜堪弥</td><td>贡方物贺圣节</td></tr>
<tr><td rowspan="6">永乐十一年
（1413）</td><td>正月</td><td>中山</td><td>甚麻之里</td><td>贡方物</td><td rowspan="6">4</td><td rowspan="6">2</td><td rowspan="6"></td><td rowspan="6"></td><td rowspan="6"></td></tr>
<tr><td>二月</td><td>中山</td><td>恭勃奇</td><td>贡方物及派遣官生</td></tr>
<tr><td rowspan="2">四月</td><td>中山</td><td>三吾良亹</td><td rowspan="2">贡方物</td></tr>
<tr><td>山南</td><td>吾是佳结制</td></tr>
<tr><td>八月</td><td>山南</td><td>邬剌谁结制</td><td>贡方物</td></tr>
<tr><td>十二月</td><td>中山</td><td>威巴鲁</td><td>贡物贺正旦</td></tr>
<tr><td>永乐十二年
（1414）</td><td>闰九月</td><td>中山</td><td>三吾良亹</td><td>贡方物</td><td>1</td><td></td><td></td><td></td><td></td></tr>
<tr><td rowspan="5">永乐十三年
（1415）</td><td>三月</td><td>山南</td><td>邬是佳结制</td><td>贡方物请封爵</td><td rowspan="5">3</td><td rowspan="5">1</td><td rowspan="5"></td><td rowspan="5"></td><td rowspan="5">1</td></tr>
<tr><td rowspan="2">四月</td><td>中山</td><td rowspan="2">不详</td><td rowspan="2">贡方物</td></tr>
<tr><td>山北</td></tr>
<tr><td>八月</td><td>中山</td><td>宜是结制</td><td>贡方物</td></tr>
<tr><td>十一月</td><td>中山</td><td>直佳鲁</td><td>不详</td></tr>
</table>

续表

<table>
<tr><th colspan="2" rowspan="3">时间</th><th rowspan="3">国家</th><th rowspan="3">使者</th><th rowspan="3">目的</th><th colspan="5">当年到明次数</th></tr>
<tr><th rowspan="2">中山</th><th colspan="3">山南</th><th rowspan="2">山北</th></tr>
<tr><th>王</th><th>王叔</th><th>王弟</th></tr>
<tr><td rowspan="3">永乐十四年（1416）</td><td>正月</td><td>中山</td><td>三吾良亹</td><td>贡方物并谢罪</td><td rowspan="3">2</td><td rowspan="3">1</td><td rowspan="3"></td><td rowspan="3"></td><td rowspan="3"></td></tr>
<tr><td rowspan="2">四月</td><td>中山</td><td>韩完义</td><td>贡方物</td></tr>
<tr><td>山南</td><td>郑仪才</td><td>贡方物谢袭封之恩</td></tr>
<tr><td rowspan="4">永乐十五年（1417）</td><td rowspan="2">四月</td><td>中山</td><td rowspan="2">甚谩志里等</td><td rowspan="2">贡方物</td><td rowspan="4">3</td><td rowspan="4">1</td><td rowspan="4"></td><td rowspan="4"></td><td rowspan="4"></td></tr>
<tr><td>山南</td></tr>
<tr><td rowspan="2">八月</td><td>中山</td><td>亚勃结制</td><td>贡方物</td></tr>
<tr><td>中山</td><td>邬梅住尼九</td><td>贡方物</td></tr>
<tr><td rowspan="3">永乐十六年（1418）</td><td>二月</td><td>中山</td><td>怀机</td><td>贡方物</td><td rowspan="3">3</td><td rowspan="3"></td><td rowspan="3"></td><td rowspan="3"></td><td rowspan="3"></td></tr>
<tr><td>五月</td><td>中山</td><td>不详</td><td>贡方物</td></tr>
<tr><td>十一月</td><td>中山</td><td>阿乃住</td><td>奉表贡物</td></tr>
<tr><td rowspan="4">永乐十七年（1419）</td><td>正月</td><td>中山</td><td>邬梅柱尼</td><td>贡方物</td><td rowspan="4">4</td><td rowspan="4"></td><td rowspan="4"></td><td rowspan="4"></td><td rowspan="4"></td></tr>
<tr><td>四月</td><td>中山</td><td>农巴鲁尼</td><td>贡方物</td></tr>
<tr><td>七月</td><td>中山</td><td>不详</td><td>贡方物</td></tr>
<tr><td>十二月</td><td>中山</td><td>甚谩志里</td><td>贡方物</td></tr>
<tr><td>永乐二十年（1422）</td><td>十月</td><td>中山</td><td>模都古</td><td>贡方物</td><td>1</td><td></td><td></td><td></td><td></td></tr>
<tr><td>永乐二十一年（1423）</td><td>八月</td><td>中山</td><td>阿不察都</td><td>奉表贡物</td><td>1</td><td></td><td></td><td></td><td></td></tr>
<tr><td rowspan="5">永乐二十二年（1424）</td><td>二月</td><td>中山</td><td>不详</td><td>通告思绍薨逝</td><td rowspan="5">3</td><td rowspan="5">2</td><td rowspan="5"></td><td rowspan="5"></td><td rowspan="5"></td></tr>
<tr><td>六月</td><td>山南</td><td>阿勃马结制</td><td>贡方物</td></tr>
<tr><td>八月</td><td>中山</td><td>郑义才</td><td>贡方物</td></tr>
<tr><td>十月</td><td>中山</td><td>安丹尼结制</td><td>贡方物</td></tr>
<tr><td>十二月</td><td>山南</td><td>阿勃马结制</td><td>贡方物</td></tr>
<tr><td rowspan="6">洪熙元年（1425）</td><td>二月</td><td>中山</td><td>李杰</td><td>贡方物</td><td rowspan="6">5</td><td rowspan="6"></td><td rowspan="6"></td><td rowspan="6"></td><td rowspan="6"></td></tr>
<tr><td>四月</td><td>中山</td><td>邬梅支</td><td>贡方物贺圣节</td></tr>
<tr><td>闰七月</td><td>中山</td><td>佳期巴那</td><td>贡方物</td></tr>
<tr><td rowspan="2">八月</td><td rowspan="2">中山</td><td>浮那姑是</td><td rowspan="2">奉表贡方物</td></tr>
<tr><td>南者结制</td></tr>
<tr><td>十二月</td><td>中山</td><td>宋比结制</td><td>奉表贡方物</td></tr>
</table>

续表

时间		国家	使者	目的	当年到明次数				
					中山	山南			山北
						王	王叔	王弟	
宣德元年（1426）	三月	中山	实达鲁	奉表贡方物谢袭封恩并请赐冠服	5				
	四月	中山	郑义才	进香长陵					
	八月	中山	模都古	贡方物					
	九月	中山	郭伯祖每	贡方物					
	十月	中山	佳期巴那	贡方物					
宣德二年（1427）	四月	山南	谓慈悖也	奉表贡方物	2	2			
		山南	安丹结制	进香长陵					
	七月	中山	浮那姑是	奉表贡方物					
	十月	中山	阿蒲察都	奉表贡方物					
宣德三年（1428）	八月	中山	郑义才	贡方物谢赐皮弁服及海舟恩	2				
			梁回						
	九月	中山	南者结制	来朝贡方物					
宣德四年（1429）	正月	中山	谓慈浡也	入贺圣节	3	2			
	四月	中山	郭伯兹每	贡方物					
		山南	梁密祖						
	七月	中山	漫泰来结制	奉表贡方物					
	十月	山南	步马结制	贡方物					
宣德五年（1430）	六月	中山	阿蒲察都	贡方物	4				
	九月	中山	佳期巴那	贡方物					
	十月	中山	魏古渥制	贡方物					
	十一月	中山	郭伯兹每	贡方物					
宣德六年（1431）	八月	中山	由南结制	奉表贡方物	3				
	九月	中山	谓慈勃也	贡方物谢赐冠带并海舟之恩					
	十月	中山	郭祖每	贡方物					

续表

时间		国家	使者	目的	当年到明次数				
					中山	山南			山北
						王	王叔	王弟	
宣德七年（1432）	三月	中山	漫泰来结制	奉表贡方物	4				
	六月	中山	南者结制	贡方物					
		中山	步马结制	贡方物					
	十二月	中山	阿普尼是	贡方物					
宣德八年（1433）	二月	中山	魏古渥制	奉表贡方物	2				
			阿蒲察都						
	五月	中山	物志麻结制	奉表贡方物					
宣德九年（1434）	三月	中山	郑长	奉表贡方物	3				
			步马结制						
		中山	义鲁结制	贡方物					
	六月	中山	杨布勃也	奉表贡方物谢赐衣服海舟恩					

表中数据源于《明实录》。

附录三 明初琉球与高丽、朝鲜遣使往来一览

时间	遣使方	受使方	使者	出使目的
洪武二十二年（1389）八月	中山	高丽	玉之	“奉表称臣”、归还高丽被掳人口、进献方物
洪武二十二年（1389）八月	高丽	中山	金允厚 金仁用	报聘答礼、请求刷还被掳人口
洪武二十三年（1390）八月	中山	高丽	玉之	“称臣奉表”、归还高丽被掳人口、进献土物
洪武二十五年（1392）八月	中山	朝鲜	不详	献方物
洪武二十五年（1392）闰十二月	中山	朝鲜	李善	“称臣奉书”、“进贡礼物”、刷还被掳人口
洪武二十七年（1394）九月	中山	朝鲜	不详	奉笺献礼物、刷还被掳人口、请求发回在逃山南王子
洪武三十年（1397）八月	中山	朝鲜	不详	致书献方物、发还被掳及漂风人口
洪武三十一年（1398）二月	山南	朝鲜	山南王	山南王温沙道避难朝鲜
建文二年（1400）十月	中山	朝鲜	不详	奉笺献方物
永乐七年（1409）九月	中山	朝鲜	不详	进献方物、发还被掳人口、开展附搭物货贸易
永乐八年（1410）十月	中山	朝鲜	模都结制	进献方物、送还被虏人口、开展附搭物货贸易

续表

时间	遣使方	受使方	使者	出使目的
永乐十四年（1416）正月	朝鲜	琉球	李艺	刷还高丽被掳人口
永乐十六年（1418）八月	琉球国王二男贺通连	朝鲜	不详	进献方物
永乐二十一年（1423）正月	“琉球国”	朝鲜	不详	进献土物（朝鲜因伪使却之）
宣德四年（1429）九月	朝鲜	琉球	金源珍	送还琉球漂风人口
宣德六年（1431）九月	中山	朝鲜	不详	谢送还漂风人口之恩
宣德六年（1431）十一月	中山	朝鲜	夏礼久 宜普结制	进献礼物、巩固和好之盟、开展附搭物货贸易

表中数据源于《高丽史》《朝鲜王朝实录》《历代宝案》等。

附录四　明初琉球与日本往来一览

时间	遣使方	受使方	往来详情
永乐元年（1403）	琉球	日本	“琉球国舟”漂着到日本武藏国六浦
永乐二年（1404）八月	琉球	日本	琉球向室町幕府派遣使船
永乐十二年（1414）十一月	日本	琉球	室町幕府致书琉球国世主
永乐十七年（1419）	琉球	日本	陪同吕渊前往日本
永乐十八年（1420）五月	琉球	日本	请求幕府准许永乐十七年（1419）的琉球船归国

表中数据源于《南方纪传》《供僧方年贡等散用状》《御内书案》《老松堂日本行录》《历代宝案》等。

参考文献

一　史料类

（一）中国史料

（东汉）班固：《汉书》，中华书局 1962 年标点本。

（西晋）陈寿：《三国志》，中华书局 1959 年标点本。

（北齐）魏收：《魏书》，中华书局 1974 年标点本。

（唐）魏征：《隋书》，中华书局 1974 年标点本。

（宋）李昉：《太平广记》，中华书局 1957 年标点本。

（宋）郑思肖：《心史》，国家图书馆藏明崇祯十二年刻本。

（元）苏天爵：《元文类》，《万有文库》第二集，上海：商务印书馆 1936 年影印本。

（元）脱脱：《宋史》，中华书局 1977 年标点本。

（元）汪大渊著，苏继庼校释：《岛夷志略校释》，中华书局 1981 年校释本。

（元）佚名：《大元马政记》，广文书局 1972 年影印本。

（元）佚名：《元高丽纪事》，广文书局 1972 年影印本。

（明）陈鹤：《明纪》，《四部备要》，上海：中华书局 1936 年影印本，史部，第 43 册。

（明）陈讲：《马政志》，《续修四库全书》，上海古籍出版社 2002 年影印本，史部，第 859 册。

（明）陈仁锡：《皇明世法录》，《四库禁毁书丛刊》，北京出版社 1997 年影印本，史部，第 16 册。

(明)陈子龙选辑:《明经世文编》,中华书局1962年影印本。
(明)程敏政:《明文衡》,吉林人民出版社1998年标点本。
(明)邓士龙:《国朝典故》,北京大学出版社1993年标点本。
(明)官修:《诸司职掌》,正中书局1981年影印本。
(明)黄景昉:《国史唯疑》,上海古籍出版社2002年标点本。
(明)黄省曾著,谢方校注:《西洋朝贡典录校注》,中华书局2000年标点本。
(明)黄佐:《南雍志》,《四库全书存目丛书》,齐鲁书社1996年影印本,史部,第257册。
(明)李贤:《明英宗实录》,台北“中研院”史语所1962年影印本。
(明)李贤:《大明一统志》,东京大学东洋文化研究所藏天顺五年御制序刊本。
(明)刘吉:《明宪宗实录》,台北“中研院”史语所1962年影印本。
(明)陆釴:嘉靖《山东通志》,《四库全书存目丛书》,齐鲁书社1996年影印本,史部,第187—188册。
(明)罗日褧:《咸宾录》,中华书局2000年点校本。
(明)马欢:《瀛涯胜览》,上海古籍出版社2002年影印本。
(明)申时行:《大明会典》,《续修四库全书》,上海古籍出版社1995年影印本,史部,第789—792册。
(明)宋濂:《元史》,中华书局1976年标点本。
(明)王圻:《续文献通考》,现代出版社1986年影印本。
(明)谢肇淛:《五杂俎》,上海书店出版社2009年标点本。
(明)徐阶:《明世宗实录》,台北“中研院”史语所1962年影印本。
(明)徐师曾:《文体明辨粹抄》,早稻田大学图书馆藏逍遥文库,史料番号:6-1038-2。
(明)严从简:《殊域周咨录》,中华书局2000年标点本。
(明)姚广孝:《明太祖实录》,台北“中研院”史语所1962年影印本。
(明)杨士奇:《明太宗实录》,台北“中研院”史语所1962年影印本。
(明)杨士奇:《明宣宗实录》,台北“中研院”史语所1962年影印本。

（明）杨时乔：《皇朝马政记》，正中书局 1981 年影印本。
（明）叶春及：《惠安政书　附〈崇武所城志〉》，福建人民出版社 1987 年标点本。
（明）叶向高：《明神宗实录》，台北“中研院”史语所 1962 年影印本。
（明）张萱：《西园闻见录》，明文书局 1991 年影印本。
（明）郑晓：《今言》，中华书局 1984 年点校本。
（明）郑若曾：《筹海图编》，中华书局 2007 年标点本。
（明）郑若曾：《琉球图说》，早稻田大学图书馆馆藏，史料番号：ル4－4709－1。
（明）郑舜功：《日本一鉴》，东北师范大学图书馆馆藏 1939 年影印本。
（清）巴岱：《清世祖实录》，中华书局 1985 年整理本。
（清）蔡方炳：《历代马政志》，《续修四库全书》，上海古籍出版社 2002 年影印本，史部，第 859 册。
（清）谷应泰：《明史纪事本末》，中华书局 1977 年点校本。
（清）顾祖禹：《读史方舆纪要》，中华书局 2005 年标点本。
（清）钱谦益：《国初群雄事略》，中华书局 1982 年标点本。
（清）谈迁：《国榷》，中华书局 1958 年点校本。
（清）王鸿绪：《明史稿》，雍正元年敬慎堂刻本。
（清）徐松：《宋会要辑稿》，中华书局 1957 年影印本。
（清）张廷玉：《明史》，中华书局 1974 年标点本。
（清）赵翼：《廿二史札记》，凤凰出版社 2008 年标点本。
（清）周煌：《琉球国志略》，《丛书集成初编》，上海：商务印书馆 1936 年影印本，史地类，第 3245—3247 册。
方宝川、谢必震主编：《琉球文献史料汇编（明代卷）》，海洋出版社 2014 年版。
黄润华编：《国家图书馆藏琉球资料汇编》，北京图书馆 2000 年影印本。
金毓黻主编：《辽海丛书》，辽海书社 1933 年影印本。
柯劭忞：《新元史》，上海：开明书店 1935 年影印本。
王菡编：《国家图书馆藏琉球资料三编》，北京图书馆 2006 年影印本。

吴相湘主编:《明太祖御制文集》,学生书局 1965 年影印本。
吴相湘主编:《明朝开国文献》,学生书局 1966 年影印本。
杨讷、陈高华主编:《元代农民战争史料汇编》(中),中华书局 1985 年版。
殷梦霞编:《国家图书馆藏琉球资料续编》,北京图书馆 2002 年影印本。
应再泉主编:《方国珍史料集》,浙江大学出版社 2013 年版。
张德信、毛佩琦主编:《洪武御制全书》,黄山书社 1995 年版。
赵尔巽:《清史稿》,中华书局 1977 年标点本。
浙江文丛编辑出版中心:《新编本宋濂全集》,浙江古籍出版社 2012 年标点本。
周宪文主编:《使琉球录三种》,大通书局 1988 年标点本。
周宪文主编:《清代琉球纪录集辑》,大通书局 1988 年标点本。
周宪文主编:《清代琉球纪录续辑》,大通书局 1988 年标点本。

(二)外国史料

[琉] 蔡铎等:《历代宝案》,台湾大学 1972 年影印本。
[琉] 蔡温:《中山世谱》,茨城大学图书馆藏刻本。
陳荆和:《校合本大越史記全書》,東京:東京大学東洋文化研究所 1983 年版。
[日] 袋中:《琉球神道記》,東京:明世堂 1943 年版。
[朝] 官修:《朝鲜王朝实录》,首尔大学图书馆藏刻本。
[日] 近藤瓶城主编:《史籍集覽》第 21 冊,東京:近藤出版部 1926 年整理本。
[日] 近藤瓶城主编:《續史籍集覽》第 1 冊,東京:近藤出版部 1930 年整理本。
[韩] 金龙善主编:《高丽墓志铭集成》,汉城:翰林大学校出版部 1993 年整理本。
[朝] 金正浩:《大东地志》,首尔大学图书馆藏刻本,史料番号:古 4790 – 37 – 6。
[朝] 金宗瑞:《高丽史节要》,首尔大学图书馆藏刻本。
[朝] 李荇、洪彦弼主编:《新增东国舆地胜览》,平壤:朝鲜科学院出

版社 1959 年影印本。
［日］林子平：《三国通览图说》，早稻田大学图书馆藏刻本，史料番号：ル3－1547－1。
［朝］卢思慎主编：《东国舆地胜览》，首尔大学图书馆藏刻本，史料番号：贵 1932－25－17。
那霸市企划部市史編輯室：《久米村系家譜》，那霸：那霸市史編輯委員会 1980 年版。
［日］前間恭作遺稿，末松保和編纂：《训読吏文》，東京：極東書店 1962 年版。
［日］瑞溪周凤：《善邻国宝记》，清华大学馆藏东方学会印本。
神户市役所：《神户市史・資料一》，神户：凸版印刷株式会社 1938 年版。
［朝］申叔舟：《海東諸国紀》，東京：岩波書店 1991 年影印本。
［日］外間守善、西鄉信綱主编：《おもろさうし》，東京：岩波書店 1972 年版。
［琉］向象贤：《中山世鉴》，琉球大学伊波普猷文库藏书，史料番号：092.5 Sh59。
［日］新井白石：《南岛志》，《丛书集成续编》，新文丰出版公司 1988 年影印本，第 245 册。
许樵云译注：《马来纪年（增订本）》，新加坡：青年书局 1966 年版。
［日］伊波普猷、東恩納寬惇、横山重主編：《琉球史料叢書》，東京：東京美術刊 1973 年整理本。
［日］伊藤松辑录：《邻交征书》，上海辞书出版社 2007 年版。
［日］伊知地季安：《南聘纪考》上卷，琉球大学伊波普猷文库藏手抄本，史料番号：092.4 Ki11。
［朝］郑麟趾：《高丽史》，人民出版社 2014 年标点本。
［琉］郑秉哲：《球阳》，筑波大学图书馆藏手抄本，史料番号：360－29。
［日］正宗敦夫編校：《延喜式》，東京：現代思潮社 1978 年校对本。
《朝鲜通信使文献选编》第 1 册，复旦大学出版社 2015 年标点本。
《大日本史料》第 7 编第 27 册，東京：東京大学出版会 1995 年版。

《大日本史料》第6编第37册，東京：東京大学出版会1976年版。
《大日本史料》第6编第38册，東京：東京大学出版会1976年版。
《大日本史料》第6编第40册，東京：東京大学出版会2000年版。
《东国舆地志》，首尔大学图书馆藏刻本。
《韩国文集丛刊》，首尔：景仁文化社1990年影印本。
《琉球国中碑文记》，琉球大学伊波普猷文库藏书，史料番号：092.1 R98。
《异国出契》，日本国立公文书馆内阁文库藏手抄本，史料番号：和35088。
《遗老说传》，琉球大学伊波普猷文库藏手抄本，史料番号：092.2 Te21 1-3。
《中山王府相卿传职年谱》，琉球大学伊波普猷文库藏书，史料番号：092.5 Sh95。

二　著作类

（一）中文著作

曹永年：《蒙古民族通史》第3卷，内蒙古大学出版社2002年版。
晁中辰：《明代海外贸易研究》，故宫出版社2012年版。
陈高华：《陈高华文集》，上海辞书出版社2005年版。
陈懋恒：《明代倭寇考略》，人民出版社1957年版。
陈文石：《明洪武嘉靖间的海禁政策》，台大文学院1966年版。
陈武强、郭海东：《明代中国日本琉球三国关系与东亚国际秩序研究》，四川大学出版社2017年版。
程鲁丁：《琉球问题》，文献书局1949年版。
刁书仁：《明清中朝日关系史研究》，吉林文史出版社2001年版。
范忠义、仝晰纲：《明代倭寇史略》，中华书局2004年版。
复旦大学文史研究院编：《世界史中的东亚海域》，中华书局2011年版。
傅角今、郑励俭：《琉球地理志略》，商务印书馆1948年版。
高荣盛：《元代海外贸易研究》，四川人民出版社1998年版。
高荣盛：《元史浅识》，凤凰出版社2010年版。
郭振铎、张笑梅主编：《越南通史》，中国人民大学出版社2001年版。
何慈毅：《明清时期琉球日本关系史》，江苏古籍出版社2002年版。

胡焕庸：《台湾与琉球》，京华印书馆 1945 年版。
黄枝连：《天朝礼治体系研究（上卷）》，中国人民大学出版社 1992 年版。
李花子：《明清时期中朝边界史研究》，知识产权出版社 2011 年版。
李庆新：《明代海外贸易制度》，社会科学文献出版社 2007 年版。
梁嘉彬：《琉球及东南诸海岛与中国》，广益印书局 1965 年版。
梁英明：《东南亚史》，人民出版社 2010 年版。
米庆余：《琉球历史研究》，天津人民出版社 1998 年版。
钱穆：《中国学术思想史论丛（六）》，生活·读书·新知三联书店 2009 年版。
万明：《明代中外关系史论稿》，中国社会科学出版社 2011 年版。
万明：《中国融入世界的步履：明与清前期海外政策比较研究》，故宫出版社 2014 年版。
王崇武：《明靖难史事考证稿》，商务印书馆 1948 年版。
王颋：《驾泽抟云——中外关系史地研究》，南方出版社 2003 年版。
王颋：《圣王肇业——韩中日交涉史考》，学林出版社 1998 年版。
吴重翰：《明代倭寇犯华史略》，商务印书馆 1939 年版。
吴壮达：《琉球与中国》，正中书局 1948 年版。
萧启庆：《内北国而外中国：蒙元史研究》，中华书局 2007 年版。
萧启庆：《元代史新探》，新文丰出版公司 1983 年版。
谢必震：《明清中琉航海贸易研究》，海洋出版社 2004 年版。
谢必震：《中国与琉球》，厦门大学出版社 1996 年版。
谢必震、胡新：《中琉关系史料与研究》，海洋出版社 2010 年版。
谢成侠：《中国养马史》，科学出版社 1959 年版。
徐勇、汤重南主编：《琉球史论》，中华书局 2016 年版。
徐玉虎：《明代琉球王国对外关系之研究》，台湾学生书局 1981 年版。
杨国桢：《闽在海中：追寻福建海洋发展史》，江西高校出版社 1998 年版。
杨仲揆：《琉球古今谈》，台湾商务印书馆 1990 年版。
叶泉宏：《明代前期中韩国交之研究》，台湾商务印书馆 1991 年版。
张志洲主编：《重新讲述蒙元史》，生活·读书·新知三联书店 2016 年版。

章巽：《我国古代的海上交通》，商务印书馆 1986 年版。

赵树国：《明代北部海防体制研究》，山东人民出版社 2014 年版。

郑红英：《朝鲜初期与明朝政治关系演变研究》，社会科学文献出版社 2015 年版。

郑克晟：《明代政争探源》，故宫出版社 2014 年版。

郑樑生：《明代倭寇》，文史哲出版社 2008 年版。

郑永常：《海禁的转折：明初东亚沿海国际形势与郑和下西洋》，稻乡出版社 2011 年版。

郑永常：《来自海洋的挑战——明代海贸政策演变研究》，稻乡出版社 2004 年版。

（二）外文著作

［日］安里延：《沖縄海洋發展史》，東京：三省堂 1941 年版。

［日］北島萬次編：《日朝交流と相克の歴史》，東京：校倉書房 2009 年版。

［日］幣原坦：《南島沿革史論》，東京：冨山房 1899 年版。

［日］邊土名朝有：《琉球の朝貢貿易》，東京：校倉書房 1998 年版。

［日］浜下武志：《沖縄入門——アジアをつなぐ海域構想》，東京：筑摩書房 2000 年版。

［日］朝尾直弘：《日本の社会史》第 1 卷，東京：岩波書店 1987 年版。

［日］赤嶺守：《琉球王国——東アジアのコーナーストーン》，東京：講談社 2004 年版。

［日］赤嶺守編：《中国と琉球人の移動を探る——明清時代を中心としたデータの構築と研究》，東京：彩流社 2013 年版。

［日］川勝守：《日本近世と東アジア世界》，東京：吉川弘文館 2000 年版。

［日］村井章介：《アジアのなかの中世日本》，東京：校倉書房 1988 年版。

［日］村井章介：《日本中世境界史論》，東京：岩波書店 2013 年版。

［日］島村幸一：《琉球：交叉する歴史と文化》，東京：勉誠出版社 2014 年版。

［日］島尻勝太郎・嘉手納宗徳・渡口真清三先生古稀記念論集刊行委員會：《球陽論叢》，那霸：ひるぎ社 1986 年版。

［日］稲村賢敷：《琉球諸島における倭寇史跡の研究》，東京：吉川弘文館 1957 年版。

［日］東恩納寛惇：《黎明期の海外交通史》，東京：帝國教育會出版部 1941 年版。

［日］豊見山和行：《琉球・沖縄史の世界》，東京：吉川弘文館 2003 年版。

［日］豊見山和行：《琉球王国の外交と王権》，東京：吉川弘文館 2004 年版。

［日］夫馬進：《增訂使琉球錄解題及び研究》，宜野灣：榕樹書林 1999 年版。

［德］傅海波、［英］崔瑞德主编：《剑桥中国辽西夏金元史》，史卫民译，中国社会科学出版社 2007 年版。

［苏］Б. Я. 弗拉基米尔佐夫：《蒙古社会制度史》，刘荣焌译，中国社会科学出版社 1980 年版。

［日］高良倉吉：《新琉球史　古琉球篇》，那覇：琉球新報社 1992 年版。

［日］高良倉吉：《琉球王国》，東京：岩波書店 1993 年版。

［日］高良倉吉：《アジアのなかの琉球王国》，東京：吉川弘文館 1998 年版。

［日］宮城栄昌：《琉球の歴史》，東京：吉川弘文館 1996 年版。

［日］宮田俊彦：《琉明・琉清交涉史の研究》，東京：文献出版 1996 年版。

［日］谷光隆：《明代馬政の研究》，京都：京都大学東洋史研究会 1972 年版。

［日］和田久徳：《琉球王国の形成——三山統一とその前後》，宜野灣：榕樹書林 2006 年版。

［日］和田清：《明代蒙古史论集》，潘世宪译，商务印书馆 1984 年版。

［韩］河宇鳳、孙承喆、李薫：《朝鮮と琉球——歴史の深淵を探る》，宜野灣：榕樹書林 2011 年版。

［日］黒島敏、屋良健一郎編：《琉球史料学の船出——いま、歴史情報の海へ》，東京：勉誠出版社 2017 年版。

［日］吉成直樹:《琉球の成立——移住と交易の歴史》，鹿児島：南方新社 2011 年版。

［日］吉田伍東:《日韓古史斷》，東京：冨山房 1977 年版。

［日］吉原公平:《蒙古馬政史》，東京：東學社 1938 年版。

［日］加藤三吾:《琉球の研究》上卷，佐世保：魁成舎 1906 年版。

［日］加藤雄三、大西秀之、佐々木史郎:《東アジア内海世界の交流史》，京都：人文書院 2008 年版。

［日］榎本涉:《東アジア海域と日中交流》，東京：吉川弘文館 2007 年版。

［日］京都女子大学東洋史研究室編:《東アジア海洋域圏の史的研究》，京都：京都女子大学 2003 年版。

［日］井上徹:《海域交流と政治権力の対応》，東京：汲古書院 2011 年版。

［日］競馬雑誌社:《競馬大鑑》，東京：競馬雑誌社 1907 年版。

［日］来間泰男:《グスクと按司》，東京：日本経済評論社 2013 年版。

［法］雷纳・格鲁塞:《蒙古帝国史》，龚钺译，商务印书馆 1996 年版。

［韩］李基白:《韩国史新论》，厉帆译，国际文化出版公司 1994 年版。

［日］明代史研究会:《山根幸夫教授退休記念明代史論叢》，東京：汲古書院 1990 年版。

［日］末松保和:《青丘史草 1》，東京：笠井出版社 1965 年版。

［日］木宫泰彦:《日中文化交流史》，胡锡年译，商务印书馆 1980 年版。

［日］木下尚子等:《13—14 世紀の琉球と福建》，熊本：熊本大学 2009 年版。

［新］尼古拉斯・塔林主编:《剑桥东南亚史》第 1 卷，贺圣达译，云南人民出版社 2003 年版。

［韩］全海宗:《中韩关系史论集》，全善姬译，中国社会科学出版社 1997 年版。

［日］入間田宣夫、豊見山和行:《北の平泉、南の琉球》，東京：中央公論新社 2002 年版。

［日］山里純一:《古代の琉球弧と東アジア》，東京：吉川弘文館 2012 年版。

［日］山内晋次：《日宋貿易と「硫黄の道」》，東京：山川出版社 2009 年版。

［日］杉山正明：《忽必烈的挑战》，周俊宇译，社会科学文献出版社 2013 年版。

［日］四日市康博：《モノから見た海域アジア史》，福岡：九州大学出版会 2008 年版。

［韩］孫承喆：《朝鮮・琉球關係史料集成》，漢城：韓國國史編纂委員會 1998 年版。

［日］檀上寛：《明代海禁＝朝貢システムと華夷秩序》，京都：京都大学学術出版会 2013 年版。

［日］檀上寛：《天下と天朝の中国史》，東京：岩波書店 2016 年版。

［日］桃木致朗：《海域アジヤ史研究入門》，東京：岩波書店 2008 年版。

［日］藤田丰八：《中国南海古代交通丛考》，何健民译，上海：商务印书馆 1936 年版。

［日］田中健夫：《中世海外交渉史の研究》，東京：東京大学出版会 1959 年版。

［日］田中健夫：《倭寇——海上历史》，杨翰球译，武汉大学出版社 1987 年版。

［日］田中健夫：《東アジア通交圏と国際認識》，東京：吉川弘文館 1997 年版。

［日］喜舎場一隆：《琉球・尚氏のすべて》，東京：新人物往來社 2000 年版。

［日］小葉田淳：《中世南島通交貿易史の研究》，東京：刀江書院 1968 年版。

［日］新里恵二、田港朝昭、金城正篤：《沖縄県の歴史》，東京：山川出版社 1991 年版。

［日］野口鉄郎：《中国と琉球》，東京：开明書院 1977 年版。

［日］伊波普猷：《古琉球》，那覇：沖縄公論社 1911 年版。

［日］伊波普猷：《沖縄女性史》，那覇：小泽書店 1919 年版。

［日］伊波普猷：《孤島苦の琉球史》，東京：春陽堂1926年版。
［日］伊波普猷：《をなり神の島》，東京：樂浪書院1938年版。
［日］伊藤陽次郎：《南部馬史》，青森：南部馬史發行所1918年版。
［日］原田禹雄：《冊封使録からみた琉球》，宜野灣：榕樹書林2000年版。
［美］珍妮特·L. 阿布－卢格霍德：《欧洲霸权之前：1250—1350年的世界体系》，杜宪兵等译，商务印书馆2015年版。
［日］真境名安興：《沖縄一千年史》，福岡：沖縄新民報社1923年版。
［日］知名定寛：《沖縄宗教史の研究》，宜野灣：榕樹社1994年版。
［日］中村栄孝：《日鲜関係史の研究》，東京：吉川弘文館1965年版。
［日］佐久間重男：《日明関係史の研究》，東京：吉川弘文館1992年版。
［日］佐藤信、藤田覚主編：《前近代の日本列島と朝鮮半島》，東京：山川出版社2007年版。
［日］佐竹靖彦：《宋元時代史の基本問題》，東京：汲古書院1996年版。

三　论文类

（一）中文期刊论文

安艺舟：《十五“不征之国”新论——兼谈明太祖的地缘政治理念》，《东南亚研究》2015年第5期。
波·少布：《元朝的马政制度》，《黑龙江民族丛刊》1995年第3期。
陈捷先：《〈南岛志〉简介》，《台大历史学报》1985年第19期。
陈尚胜：《朝贡制度与东亚地区传统国际秩序》，《中国边疆史地研究》2015年第2期。
陈尚胜：《东亚海域前期倭寇与朝贡体系的防控功能》，《中国边疆史地研究》2017年第1期。
陈尚胜：《论宣德至弘治时期（1426—1505）明朝对外政策的收缩》，《山东大学学报》1994年第2期。
陈学霖：《“华人夷官”：明代外蕃华籍贡使考述》，《中国文化研究所学报》2012年第54期。
程红梅：《明代中日朝贡贸易与漆器交流》，《海交史研究》2002年第1期。

达力扎布：《北元初期史实略述》，《内蒙古社会科学》1990 年第 5 期。
刁书仁：《洪武时期高丽、李朝与明朝关系探析》，《扬州大学学报》（人文社会科学版）2004 年第 1 期。
刁书仁、崔文植：《明前期中朝东段边界的变化》，《史学集刊》2000 年第 2 期。
范江涛：《〈明史〉中琉球朝贡问题论述》，载《明清海防研究》（第四辑），广东人民出版社 2010 年版。
方宝川：《明代闽人移居琉球史实考辨》，《福建师范大学学报》（哲学社会科学版）1988 年第 8 期。
葛兆光：《在“一国史”与“东亚史”之间——以 13—16 世纪东亚三个历史事件为例》，《中国文化研究》2016 年第 4 期。
黄新宪：《封贡体制与琉球来华留学生教育》，《河北师范大学学报》1998 年第 2 期。
赖正维、李郭俊浩：《回顾与展望：中琉关系史研究三十年》，《中国边疆史地研究》2017 年第 1 期。
黎虎：《孙权对辽东的经略》，《北京师范大学学报》（社会科学版）1994 年第 5 期。
李健、刘晓东：《明初“倭人入寇”与明朝的应对》，《辽宁大学学报》（哲学社会科学版）2018 年第 3 期。
李金明：《明清琉球册封使与中国文化传播》，《历史档案》2005 年第 3 期。
李领：《元顺帝企图避乱济州岛发微》，《北大史学》2011 年第 16 期。
李新峰：《恭愍王后期明高丽关系与明蒙战局》，《韩国学论文集》1998 年第 7 期。
李新峰：《论元明之间的变革》，《古代文明》2010 年第 4 期。
李玉昆：《中琉关系史研究述略》，《海交史研究》1992 年第 1 期。
李治安：《元初华夷正统观念的演进与汉族文人仕蒙》，《学术月刊》2007 年第 4 期。
李治安：《元和明前期南北差异的博弈与整合发展》，《历史研究》2011 年第 5 期。

刘景纯:《明朝前期安置蒙古等部归附人的时空变化》,《陕西师范大学学报》2012 年第 2 期。
刘淼:《明代前期海禁政策下的瓷器输出》,《考古》2012 年第 4 期。
刘浦江:《元明革命的民族主义想象》,《中国史研究》2014 年第 3 期。
刘晓东、年旭:《禁倭与申交:明太祖对日交涉目的探析》,《外国问题研究》2016 年第 1 期。
柳岳武:《明朝时期中、日、琉球关系研究》,《安徽史学》2006 年第 4 期。
米庆余:《明代中琉之间的册封关系》,《日本学刊》1997 年第 4 期。
朴延华:《关于双城总管府的设置与收复》,《朝鲜·韩国历史研究》2012 年第 12 期。
孙卫国:《略论明初与丽末之中韩关系》,《韩国学论文集》1997 年第 6 期。
孙卫国:《论明初的宦官外交》,《南开学报》1994 年第 2 期。
万明:《乡国之间:明代海外政策与海外移民的类型》,《暨南学报》2016 年第 4 期。
汪义正:《古代东北亚航路的形成》,《暨南史学》2012 年第 7 辑。
王剑:《洪武初年东北亚国际格局的变迁与明代的对策》,《黑龙江社会科学》2000 年第 3 期。
王剑:《纳哈出盘踞辽东时明朝与高丽的关系》,《中国边疆史地研究》2006 年第 4 期。
王磊、张法瑞:《略论元代的马政》,《古今农业》2011 年第 1 期。
王立芳:《移民琉球与东南亚的闽人》,《八桂侨刊》2008 年第 2 期。
乌云高娃:《忽必烈的东亚海外政策及禅宗的影响》,《海交史研究》2015 年第 2 期。
吴霭华:《久米村人在中国册封琉球王过程中所扮演之角色》,《台湾师范大学历史学报》1993 年第 21 期。
吴霭华:《十四至十九世纪琉球久米村人与琉球对外关系之研究》,《台湾师范大学历史学报》1991 年第 19 期。
吴大昕:《朝鲜己亥东征与明朝望海埚之役》,《外国问题研究》2017 年第1期。
谢必震：《论朱元璋的琉球移民政策及其作用》，《安徽史学》1988年第1期。
谢必震：《明赐琉球闽人三十六姓考述》，《华侨华人历史研究》1991年第1期。
谢必震：《明清时期中国培养琉球留学生述略》，《教育评论》1992年第2期。
谢忱、谢必震：《中琉历史关系研究的回顾与展望》，《海交史研究》2020年第1期。
修斌、姜秉国：《琉球亡国与东亚封贡体制功能的丧失》，《日本学刊》2007年第6期。
徐恭生：《九十年代以来中琉关系史研究概述——以中国大陆为中心》，《福建师范大学学报》（哲学社会科学版）2002年第4期。
徐恭生：《琉球国在华留学生》，《福建师范大学学报》（哲学社会科学版）1987年第4期。
徐勇：《琉球学还是冲绳学——复兴琉球学的课题与前景》，《琉球远望》2016年3月号。
许振兴：《朱元璋对元明政权更替的解释》，《贵州文史丛刊》1987年第1期。
薛磊：《元代双城总管府刍议》，《中国历史地理论丛》2007年第3期。
尤淑君：《明末清初琉球的朝贡贸易与其多重认同观的形成》，《世界历史》2015年第3期。
张存武：《朝鲜人所知的盛世琉球》，《"中研院"近代史研究所集刊》1998年第30期。
张德信：《论朱元璋对传统文化的认识与理解》，《史学集刊》1995年第3期。
张辉：《"铁岭立卫"与辛禑朝出师攻辽》，《中国边疆史地研究》2003年第1期。
张佳：《重整冠裳：洪武时期的服饰改革》，《中国文化研究所学报》2014年第58期。
张杰：《朱元璋设置铁岭卫于鸭绿江东始末》，《辽宁大学学报》（哲学社会科学版）2004 年第 1 期。

张金奎:《明初倭寇海上三角“贸易”略论》,《求是学刊》2014 年第 1 期。

张士尊:《高丽与北元关系对明与高丽关系的影响》,《绥化师专学报》1997 年第 1 期。

张献忠:《试论高丽辛禑王朝对明朝和北元的“骑墙”外交》,《南开学报》（哲学社会科学版）2012 年第 3 期。

张奕善:《明太祖的沙漠战争》,《台湾大学历史学系学报》1988 年第 14 期。

赵现海:《洪武初年甘肃地缘政治与明朝西北疆界政策》,《古代文明》2011 年第 1 期。

赵轶峰:《明前期皇帝的即位诏——从洪武到正统》,《求是学刊》2011 年第 1 期。

周婉窕:《山在瑶波碧浪中——总论明人的台湾认识》,《台大历史学报》2007 年第 40 期。

朱丽莉:《围绕“己亥东征”的朝日交涉及其背后的明朝因素》,《韩国研究论丛》2015 年第 2 期。

宗惠玉:《论望海埚之战》,《延边大学学报》（社会科学版）1989 年第 Z1 期。

（二）外文期刊论文

［日］阿波谷伸子:《大館記 – 3 –》,《ビブリア天理図書館報》1983 年第 80 號。

［日］比嘉実:《『おもろそうし』の海外交渉資料（一)》,《歴代宝案研究》1990 年創刊號。

［日］比嘉実:《琉球王統譜神号の思想史的研究：禅譲論受容の背景》,《沖縄文化研究》1990 年第 16 期。

陳波:《蘭秀山の乱と明初海運の展開——中国・朝鮮史料による東アジア海域世界の変動の再構築》,《東洋史論集》2011 年第 39 期。

［日］池内宏:《元の世祖と耽羅島》,《東洋学報》1926 年第 16 卷。

［日］池田栄史:《琉球における中世貿易陶磁の様相》,《九州史学》2006 年第 14 號。

［日］赤岭守：《琉中关系史研究的回顾与展望》，《近代中国史研究通讯》1990 年第 29 期。

［日］川越泰博：《〈明実録〉稿本所載の琉球国紀事について》，《日本歷史》1991 年第 519 期。

［日］川越泰博：《倭寇、被掳人与明代的海防军》，《中国边疆史地研究》1998 年第 3 期。

［日］大葉昇一：《元・明初の耽羅（濟州島）》，《昭和女子大学文化史研究》1999 年第 3 期。

［日］大隅晶子：《明代の東アジア世界》，《大妻女子大学比較文化学部紀要》2007 年第 8 期。

［日］豊見山和行：《琉球列島の海域史研究序說：研究史の回顧と二、三の問題を中心に》，《琉球大学教育学部紀要》2006 年第 68 期。

［日］岡本弘道：《明代初期における琉球の官生派遣について》，《歷代宝案研究》1996 年第 6・7 合併號。

［日］岡本弘道：《明朝における朝貢國琉球の位置附けとその變化》，《東洋史研究》1999 年第 4 號。

［日］岡本弘道：《古琉球期の琉球王国における「海船」をめぐる諸相》，《東アジア文化交涉研究》2008 年創刊號。

［日］高瀬恭子：《明代琉球国の「久米村人」の勢力について》，载《南島——その歷史と文化 五》，東京：第一書房 1985 年版。

［日］高良倉吉：《琉球史研究をめぐる四〇年》，《沖縄文化》2006 年第 2 期。

［日］高橋公明：《中世東アジア海域における海民と交流——済州島を中心として》，《名古屋大学文学部研究論集》1987 年第 98 期。

［日］宮家準：《補陀落渡海考》，《神道宗教》1977 年第 88 號。

［日］宮崎市定：《洪武から永樂へ：初期明朝政權の性格》，《東洋史研究》1969 年第 27 巻。

［日］亀井明德：《南西諸島における貿易陶瓷器の流通经路》，《上智アジア学》1993 年第 11 期。

［日］黒島敏：《琉球王国と中世日本：その関係の変遷》，《史學雜誌》2000 年第 109 期。

［美］亨利・赛瑞斯：《论明代在中原的蒙古人》，王倩倩译，载《中国边疆民族研究》，中央民族大学出版社 2012 年版。

［韩］洪仲伀：《琉球王国制陶始祖——朝鲜人张献功》，《世界历史》1997 年第 2 期。

［日］荒木和憲：《十五・十六世紀の島津氏—琉球関係》，《九州史学》2006 年第 144 期。

［日］筧敏生：《耽羅王權と日本》，《續日本紀研究》1989 年第 262 號。

［韩］姜在彦：《「応永の外寇」と博多の人びと》，《韓國文化》2003 年第 283 號。

［日］栗林宣夫：《日本国王良懐の遣使について》，《文教大学教育学部紀要》1979 年第 13 期。

［日］平田守：《琉明関係における琉球の馬》，《南島史学》1986 年第 28 期。

［韩］朴元熇：《明"靖难之役"与朝鲜》，《明史研究》1991 年第 1 期。

［日］萩原淳平：《明初の北邊について》，《東洋史研究》1960 年第 19 卷。

［日］三国谷宏：《明と琉球との関係について》，《東洋史研究》1938 年第 3 卷。

［日］三上次男：《冲绳出土的中世纪中国陶瓷》，《海交史研究》1988 年第 2 期。

［日］森公章：《耽羅方脯考》，《續日本紀研究》1985 年第 239 號。

［日］森公章：《古代耽羅の歴史と日本——七世紀後半を中心として》，《朝鮮学報》1986 年第 118 輯。

［日］山里純一：《『隋書』流求伝について——研究史・学説の整理を中心に》，《琉球大学法文学部紀要 史学・地理学篇》1993 年第 36 期。

［日］上間篤：《攀安知とその家臣団の氏素性を探る》，《名桜大学紀要》2007 年第 13 號。

［日］石原道博：《日明交渉の開始と不征國日本の成立》，《茨城大學文

理學部紀要》1954 年第 4 號。

［日］孫薇：《冊封・朝貢について——中琉の冊封・朝貢関係を中心に》，《沖縄文化研究》1991 年第 17 期。

［日］孫薇：《閩人三十六姓と明初の対琉政策》，《沖縄文化研究》2000 年第 26 期。

［日］孫薇：《「貢品」と「下賜品」に見る中琉関係》，《沖縄文化研究》2003 年第 29 期。

［日］藤田明良：《蘭秀山の乱と東アジア海域世界——十四世纪舟山群島と高麗・日本》，《歴史学研究》1997 年第 698 期。

［日］網野善彦、姫田忠義：《海と太陽と日本人》，《民映研通信》1993 年第 42 號。

［日］向正树：《元代"朝贡"与南海信息》，《元史论丛》2005 年第 10 辑。

［日］岩井茂树：《明代中国的礼制霸权主义与东亚的国际秩序》，《日本中国史研究年刊》2006 年。

［日］蔭木原洋：《明使仲猷祖闡・無逸克勤帰国以後の日明関係》，《東洋史訪》1997 年第 3 期。

［日］蔭木原洋：《洪武帝期の対外政策考——済州島に焦点を当てて》，《東洋史訪》1998 年第 4 期。

［日］蔭木原洋：《洪武帝初期の対琉球政策——馬・高麗・納哈出を通して》，《東洋史訪》2008 年第 14 期。

［日］真栄平房昭：《琉球 = 東南アジア貿易の展開と華僑社会》，《九州史学》1983 年第 76 期。

［日］真栄平房昭：《明朝の海禁政策と琉球——海禁・倭寇論を中心に》，《交通史研究》2008 年第 67 號。

［日］中村哲：《琉球王国形成の思想：政治思想史の一齣として》，《沖縄文化研究》1974 年第 1 期。

［日］中島樂章：《永楽年間の日明朝貢貿易》，《史淵》2003 年第 140 期。

［日］佐伯弘次：《室町前期の日琉関係と外交文書》，《九州史学》1994 年第 111 期。

［日］佐伯弘次：《応永の外寇と東アジア》，《史淵》2010 年第 147 期。

（三）学位论文

李领：《元明鼎革与高丽政局》，硕士学位论文，内蒙古师范大学，2005 年。

林堃辉：《征战与纳降：论明洪武时期的蒙古政策》，博士学位论文，中国文化大学，2001 年。

屈广燕：《历史传统与现实战略的融合——明朝前期与朝鲜半岛国家关系的构建（1368—1450）》，博士学位论文，复旦大学，2014 年。

沈玉慧：《明末清初的中日交涉与琉球》，硕士学位论文，中国文化大学，2003 年。

王晓云：《明代中国、日本、琉球关系之研究》，硕士学位论文，福建师范大学，2004 年。

易红：《明琉关系研究》，博士学位论文，东北师范大学，2014 年。

朱法武：《外力冲击下的中琉封贡关系研究》，博士学位论文，山东大学，2010 年。

后　记

我与琉球结缘颇为偶然。

2010 年 9 月，我考入东北师范大学历史文化学院，师从刘晓东教授攻读明清史专业的硕士研究生。当时，史苑的东亚史研究蔚然成风，老师对明清时期的东亚关系也保持着浓厚的学术兴趣。2011 年寒冬，我像往常一样，照例在周四前往老师办公室，在汇报学习之余，帮老师处理一下报账之类的琐事。在诸事停当，准备离开时，老师对我说："研究琉球怎么样?"就这样，揭开了我与琉球近十年不解之缘的序幕。从硕士到博士，一以贯之，以至于今。

在研究之初，可谓是"不得要领"。一方面，掌握的史料有限，对明初中琉关系的理解，基本停留在"就事论事"的文本表面；另一方面，视野狭窄，没有跳出双边国交的思维框架。在很长一段时间里，"沉浸"其中而难以"自拔"。当时感觉，明初的中琉关系难道真的就如此"索然无味"吗？此后，随着每周集体研讨汇报制度的确立，各种想法相互碰撞，彼此之间相互借鉴，取长补短。再加上语言能力的提高、史料搜集范围的扩大和对老师研究旨趣的领会模仿，对明初中琉关系的研究思路也逐步萌生出了新的设想，即针对明初中琉关系史料较为匮乏的现实，依托相对丰富的中丽、中朝、中日等关系史料，先行构筑起明初东亚关系的"宏观场景"，进而在东亚国家间关系普遍关联、联动的前提下，利用关联性史料，将中琉关系"嵌入"其中，借助"宏观场景"，间接定位和诠释明初中琉关系的发展演变轨迹，以此呈现出立体、动态、连贯的“明初中琉关系相”，而本书就是对这一设想的具体实践。当然，受制于自身的能力水平，书中还有很多不尽如人意的地方，比如部分章节的论述稍显冗长，对有些问题点的把握并不十分准确全面，存在着主观推测的牵强之处等。因此，本书更多的只是对构建体系化的明初中琉关系史的一种粗浅尝试，同时也算是对自己近十年中琉关系研究的一个初步总结。不当之处，还请各位专家学者及读者批评指正！

饮水思源，缘木思本。感谢我的导师刘晓东教授！没有老师的培养，就没有今天的我！感谢辽宁师范大学历史文化旅游学院赵毅教授、福建师范大学闽台区域研究中心谢必震教授、山东大学历史文化学院陈尚胜教授、北京师范大学历史学院陈奉林教授、南京师范大学社会发展学院王剑教授、兰州大学历史文化学院沈一民教授、台北“中研院”史语所邱仲麟研究员和王鸿泰研究员，以及东北师范大学历史文化学院赵轶峰教授、刁书仁教授、罗冬阳教授、李德山教授、费驰教授、吴大昕教授对我的指导，他们不辞辛劳，提出了众多建设性和创新性的意见建议。感谢中国社会科学出版社李金涛编辑，书稿的审阅、校对、编辑、出版等都倾注了他大量的精力和心血，他一丝不苟的工作态度、专业高效的工作能力、认真负责的工作热情让我获益良多。感谢山东社会科学院历史研究所刘良海所长和宋暖研究员，感谢他们长久以来对我的支持和鼓励。另外，感谢山东社会科学院给予的部分出版资助。最后，感谢我的家人和陪伴着我的朋友们，你们是我内心永远的依靠和不断前行的坚强后盾！

李　健

2021 年 12 月 30 日于济南